国旗・国歌・国慶

ナショナリズムとシンボルの中国近代史

小野寺史郎［著］

東京大学出版会

Flags, Anthems, and National Days:
The History of Modern Chinese National Symbols

Shiro ONODERA

University of Tokyo Press, 2011
ISBN 978-4-13-026140-1

国旗・国歌・国慶——ナショナリズムとシンボルの中国近代史　／　目次

図表一覧

凡例

・漢字は特に必要のある場合を除き常用漢字表による。
・引用文中で訳語を補った場合は〔　〕で示す。省略した場合は……で示す。
・本文中の日付は、一九一二年一月一日より前については基本的に陰暦を用い、必要に応じて（　）内に陽暦を併記する。なお、より正確にはそれぞれ「太陰太陽暦」「太陽暦」または「夏暦」「グレゴリオ暦」等とすべきだが、煩雑を避けるため史料から直接引用した箇所などを除き「陰暦」「陽暦」という表記で統一する。
・“national day”に当たる言葉は現在の中国語では「国慶節」が一般的だが、本書の対象とする時期においては「国慶日」という言葉が専ら用いられている。したがって本書も特に必要のある場合を除きこれを「国慶日」と表記する。

豊子愷「民族教育的 FIRST STEP」『教育雑誌』第 24 巻第 1 期，1934 年 9 月

序章　ナショナリズム研究とシンボルの歴史学

右の絵は、近代中国における最も著名な諷刺画家・挿絵作家・「漫画家」である豊子愷（一八九八—一九七五）が描いたものである。やはり近代中国を代表する教育誌である『教育雑誌』（商務印書館）の一九三四年九月号に掲載された。豊は日本留学の経験をもち、散文家、美術・音楽教育家としても知られる。またツルゲーネフ『初恋』などの訳書もある当時第一級の知識人でもあった。

満洲事変後の一九三二年一月二十八日、上海でも第十九路軍と日本の海軍陸戦隊の衝突が起こる（第一次上海事変）。日本は三個師団相当の増援を派遣、国民政府も第五軍を投入したため、同年三月の停戦まで激しい市街戦が続いた。この結果、上海の市民と市街は甚大な被害を受け、当時中国最大の出版社であった商務印書館も、附設の東方図書館とその蔵書三十五万冊もろとも灰燼に帰した(1)。そのため、一九〇九年以来の歴史を持つ『教育雑誌』も長期の停刊を余儀なくされた。一九三四年九月号はその復刊第一号であり、その巻頭に掲載されたのがこの絵である。

絵の中心に位置する旗竿には中華民国国旗である青天白日満地紅旗が掲げられ、その下で女性と思われる教師がオルガンを弾いている。手をつないで周りを囲む子供たちとともに国旗を見上げて歌っているのはおそらく中華民国国歌であろう。空には当時の科学技術の粋であった飛行機が編隊で、これもやはり国旗に向かうように飛んでいる。絵に描かれた女性と子供に対して、この旗と飛行機を軍隊＝男性性の象徴と解釈することも可能であろう。未曾有の国難に直面した中国の知識人たちが「民族教育的ＦＩＲＳＴ ＳＴＥＰ」として目指したものが何であったのか。豊子愷特有の簡略化された表現ながら、それを余すところなく示した絵と言える。

第一節　研究目的

儀式やシンボルといった一見呪術的な要素が、実は他ならぬ近代国家においてこそ重大な意味を持つということを、遅くとも一九七〇年代には歴史学は明確に認識していた。その先駆的なそして今なお代表的な成果として挙げられるのが、ジョージ・L・モッセの一九七五年の著作である。モッセは同書において、十九世紀のドイツ統一の過程に起源をもつ、反議会主義的な、世俗宗教としての国民の神話やシンボル、儀礼や祝祭への参加を通じて国民の統一性を具現化し実感させる政治様式を「新しい政治」と名づけた。モッセによれば、ドイツにおけるこの「新しい政治」は、第一次大戦後の大衆政治の時代に展開され、一九三三年の国民社会主義の勝利においてクライマックスに達した(2)。モッセの分析手法とその結論は、以後のファシズム研究、そしてナショナリズム研究に大きな影響を与えた。

現在に至るナショナリズム研究の基礎を築いた一九八〇年代の古典的著作の中で、最も明確な関心を持ってこの問題提起を受け止めたのはエリック・ホブズボームらの論文集である。そこで強調されたのは、一八七〇年代から第一次大戦にかけての選挙制民主主義の広範な進展と大衆政治の出現の中で、服従や忠誠心を調達するための新たな方法として、ドイツだけでなく、イギリス、そしてヨーロッパ各国においても公的な儀式や記念日、建築物、広場、記念碑といった「伝統」が大規模に創り出されていったということである(3)。

これ以後、一方ではナショナリズムが近代の産物であるという考え方が歴史学に広く受け入れられたことによって、そしてもう一方ではアナール学派以来の社会史研究に日常生活と国家の関係という問題意識が導入されたことによって、各国の近代史の分野でナショナリズムと儀式やシンボルの関係についての研究が盛んに行われることになった。

フランス史においてはピエール・ノラが、一九八四年から一九九二年までの八年をかけ、一二〇人もの歴史家を動員して、大著『記憶の場』を編纂した。(4)同書はナショナリズムに対する問題意識という面ではモッセやホブズボームと立場を異にするものの、「フランス的国民意識のあり方を探る」というテーマの下、「単一にして不可分な共和国」を表象するシンボルとしての三色旗、ラ・マルセイエーズ、バスチーユ記念日、自由・平等・友愛という標語、ジャンヌ・ダルク、エッフェル塔といったシンボルについて検討を加えたその方法論においては共通する点が多い。

アメリカ合衆国史においても、一九九〇年代にナショナリズムと儀式やシンボルの関係についての研究が数多く発表されている。例えば代表的な成果として、グインターの研究は、国旗制定に関する最初の決議が大陸会議で成立した一七七七年から、国旗の取り扱いに関する公式規定が第二回国旗会議で最終的に確定した一九二四年までの時期を対象として、アメリカ国旗の意匠と使用法の変化について検討した。同書は「市民宗教」の概念を援用し、南北戦争を経て一八八〇年代から九〇年代にかけて国旗崇拝が確立する過程に様々な団体が果たした役割を重視した点に特徴がある。また、国旗の取り扱いに関する規定を最初に定めたのがアメリカであり、以後多くの国がそれに倣ったという指摘も重要である。(5)これに対し社会史家ボドナーは、アメリカの記念行事の分析から、歴史的な物語やシンボルに関する「公的記憶」は、十九世紀には個別民衆的な利害と公的な利害とのせめぎあいによって形成されるものであったが、第一次大戦を契機として、国家権力によって統制され、愛国主義の喚起に利用されるものという性格が支配的になっていったと指摘した。(6)また地理学者フットは、ホブズボームやボドナーの議論に言及しつつ、記念碑の分析を通じて、アメリカ史上における暴力と悲劇が、聖別・選別・復旧・抹消の四つのパターンをとって「景観」に刻み込まれる過程を明らかにしている。(7)

日本近代史の分野においてもこのテーマに関する研究が盛んになるのは一九九〇年前後である。そこでは、明治以来の国民統合の象徴としての天皇のあり方が中心的な論点となった。代表的なものとしては、明治初年以来の錦絵において不可視化・神秘化されていた天皇の姿が、明治五年に始まる洋服の導入と軍人化によって「可視的な権力」として再構築され、各地の巡幸、そして明治二〇年代の小学校への「御真影」の下付にいたる過程について、図像分析の手法を用いて検討を加えた多木浩二の研究が挙げられる[8]。また、タカシ・フジタニは多木の研究やフーコーの権力論に依拠して、明治初期の巡幸の時代を経て、ホブズボームの指摘した一八七〇年代から一九一四年にかけての世界的な「国家間の儀式の競争」の時代に、日本においても天皇を中心とした国家儀式の体系が創造されたと主張した[9]。一方で原武史はフジタニらを批判し、天皇・皇太子の巡幸・巡啓が、明治後期以降もその時々の必要に応じて形式を変えながらも「視覚的支配」を通じた「臣民」としての統合の重要な契機であり続けたことを指摘する。原は大正末期以降、親閲式、観兵式その他の儀式の行われる「聖なる空間」となった皇居前広場の機能とその戦後の変遷についても詳細な検討を加えている[10]。

社会史に日常生活と政治的問題との関係という問題意識が持ち込まれた際に見出されたのが、人々と国家を結びつける媒体としての儀式やシンボルであった。つまり、儀式やシンボルという分析視角の有効性は、国家が国民一人一人に忠誠を要求する近代という時代において、国家という存在が実際に人々の前にどのような形で立ち現れ、働きかけたのか。また人々は国家の存在をどのように認識し、行動したのか。このような問いを可能にすることにある。「近代戦は国民の忠誠感覚に依存する。だが、国家それ自体は、それをとおして思い描くシンボリズムのほかには、なんら触知できる実在性を有さない[11]」。特に「君主という目に見える「人格」に対して忠誠を誓わせることで、君主の体現する国家への忠誠心をも同時に引き出しうる君主制国家とは異なり、君主の存在しない共和制国家では、国家という抽象的な存在それ自体に対して、直接、忠誠心を抱かせなければならない[12]」。ここに、国家を象徴するナショナル・シンボルの必要性が生じる。人はシンボルを通じてしか国家を思い描くことはできないし、また何らかの共有された儀式によってしか国家に対する忠誠を表現することもできない。

近年の中国近代史研究においてもナショナリズムは主要なテーマの一つとなっている[13]。近代中国ナショナリズムの研究に儀式やシンボルという分析視角を導入することは特に有用であると思われる。ホブズボームは欧米各国の分析から「ネイションとは国家形成の基礎となるよりも、むしろ国家設立の結果作り出されることの方が多い」ことを指摘したが[14]、その欧米との接触によって急速な近代国家建設を余儀なくされた世界の他の地域においては、この傾向はより顕著であったと考えられるからである。中国も例外ではない。少なくとも本書の対象とする清末から南京国民政府期、年代で言えば十九世紀末から一九三〇年代にかけては、ナショナリズムが革命を導いたというよりも、革命の後に国家、政党あるいは知識人たちが上からナショナリズムを創り出そうとした、という方が正確である。そして冒頭に見たように、近代中国の国家、政党あるいは知識人たちは、ナショナリズムを創り出すツールとしての儀式やシンボルの重要性について極めて自覚的であった。

本書は以上のような問題意識に基づき、近代中国の各時期の政府・政党・知識人などが、ナショナリズムの喚起に儀式やシンボルをどのように利用しようとしたのか。それは具体的にはどのような政策や運動として実行されたのか。人々はそれをどのように認識し、行動したのか。以上の課題について検討する。

ただ、具体的な検討を進めるに際してはさらに研究の対象を一定程度限定する必要がある。近代国家における儀式やシンボルの一覧表を作成する上で、政治学の古典であるC・E・メリアムの『政治権力』は非常に有用である。同書は一九三二年六月にベルリンを訪れたメリアムが、当時のドイツの政治的激動を目の当たりにして約六週間で書き上げたという逸話を持つ。一九三二年七月のドイツの国会選挙は、国民社会主義ドイツ労働者党が第一党となった選挙として知られる。それは、後にモッセによって「新しい政治」と名づけられる、儀式とシンボルを通じた「大衆の国民化」がまさに頂点に向かった時代であった。メリアムはその観察から、「いかなる権力といえども、物理的な力に依存するだけでは自己を維持することはできない」ことを見出す。[15] そして権力が自らを正当化する常套手段として、大衆の知性に訴えかける「クレデンダ」と、大衆の情緒や感情に訴えかける「ミランダ」の存在を指摘する。この「ミランダ」の例としては、人々の視覚・聴覚・美的感覚を魅了して動員するシンボル、すなわち「記念日および記憶に残されるべき時代、公共の場所および記念碑的な道具立て、音楽と歌曲、旗・装飾品・彫像・制服などの芸術的デザイン、物語と歴史、念入りに仕組まれた儀式、行進・演説・音楽などをともなった大衆的示威行為」が挙げられる。[16] この他に、その国家を示す国名そのもの、現在あるいは過去の君主や指導者の身体とその家族、国家の領域を視覚化する地図、モットーやスローガンなど多くの図像・言説・場・行為も国家の象徴となり得るだろう。

近代中国にも大量の儀式とシンボルが存在した。中でも一九二〇年代後半以降の中国国民党・国民政府の下で、総理遺像・総理遺嘱・中山陵・総理奉安大典・総理記念週など、「国父」孫文の個人崇拝に関わる儀式とシンボルが非常に重視されたことが近年注目されている。そのため後述するように、これらの孫文をめぐる儀式やシンボルについてはすでに一定以上の研究の蓄積がある。これに対し本書は、孫文を含む近代中国の様々な儀式とシンボルにも目を配りつつ、国家そのものの象徴である国旗・国歌、そしてそれらが使用される場としての国家記念日を主たる検討の対象とする。国家に関わるシンボルの中でも、国旗・国歌・国璽・国章・国花などは、近代国家であれば例外なく一定のフォーマットに従ったそれを持つ。それらは「国家間システムの儀礼や情報のなかで、比較可能な同質の形式が前提とされている」ものであり、「他の象徴にはない特権的な運用と画一化された儀式行為がその特徴である」。[17] そのため、これらのシンボルについては、同時代の、あるいはそれに先立つ他国家との比較が相対的に容易である。また一方で、これらは国民党・国民政府に特徴的な孫文崇拝とは異なり、清末以来の近代中国において一貫して課題となったテーマであり、そのため長期的な視野からの検討が可能である。このように、共時的な比較という視点を横糸とし、通時的な変化という視点を縦糸とすることで、近代中国におけるナショナリズムと儀式やシンボルの問題に新たな知見を提供することが可能となると考える。

第二節　先行研究

近代中国における国旗や国歌の成立過程に関する研究自体は従来から存在した。一九八〇年代以降に限っても、清朝の最初の「国旗」である黄龍旗の成立過程に関する汪林茂の研究や[18]、革命派の国旗をめぐる孫文と黄興の論争についての劉雲波の研究が挙げられる[19]。また、近代中国における国歌の変遷を概説的に論じたものとしては皮後鋒の論文がある[20]。台湾においても、中華民国の国号・国旗・国歌・国花について論じた孫鎮東や陳恒明の研究がある[21]。ただ、これらはいずれも国旗や国歌の変遷に関する事実関係の解明自体を目的としたもので、それ以上の問題意識には乏しいものであった。

これに対し一九九〇年代以降、前述のような各国の近代史分野における研究の影響を直接受けた欧米の研究者の中から、近代中国における儀式やシンボルとナショナリズムの関係に着目する研究が現れた。汪利平は、モッセやホブズボーム、フジタニらの研究を引きつつ、一九二五年の死去に際して孫文が遺嘱やレーニンに倣った遺体の保存、南京への埋葬の指示などを通じて自分自身をナショナル・シンボルに作り上げようとしたこと、南京における中山陵の造営と一九二九年の奉安大典の実行方法をめぐって、孫文の後継者を自任する国民党指導者たちの間で「遺教」の解釈権が争われたことを明らかにした。汪はそこから、排他的な解釈を確立しにくい曖昧さゆえに、様々な政治勢力がそれを利用し得たことが、孫文を政治を超越した国民統合のシンボルにしたと主張した[22]。これに対しジョン・フィッツジェラルドは、汪が国民統合の中心を欠く「社会・政治的真空状態」と見なした北京政府期の国旗である五色旗の統合作用に着目した。フィッツジェラルドは近代中国の国民統合について論じた著書の中で、五色旗を“liberal politics”、国民政府期の青天白日満地紅旗を“party-state”というそれぞれの統合原理を表現するものとして対比的に論じた[23]。

また、ヘンリエッタ・ハリソンは、清末以来の烈士追悼儀式と“militarism”の関係を論じた。ハリソンによれば、清末、プロイセン式軍隊の導入によって服従、規律、そして国家のために死ぬという価値観が政府の側から強調されるようになる。しかし実際に人気を博した死者はむしろ、権威に反抗した英雄的個人としての徐錫麟や秋瑾であった。辛亥革命後の民国政府も追悼儀式や記念碑の建立に際して、死者を権威に反抗した個人ではなく、国家のために死んだ兵士の一人と意味づけようとした。さらに、各地に設けられた「大漢忠烈祠」は、多くの点で日本の靖国神社をモデルとしたものであり、政府がそこに誰を祀るかを決定し、そこに祀られた兵士は民国の“citizen as soldier”が持つべき愛国心、服従、「尚武」といった価値を体現するモデルと位置づけられた。しかし、打ち続く内戦の中で喝采を浴びたのはやはり、国家を支える兵士ではなく、国家に反抗する文民であった[24]。

二〇〇〇年に刊行されたハリソンの著書は、このシンボルや儀式と“citizenship”の関係という問題をさらに全面的に展開したものとなった。同書は、辛亥革命以降に展開された新しい政治文化全般を対象とする。これには、国旗の掲揚、洋服の着用、男性の断髪、女性の纏足の廃止と公的な場への参加、陽暦の採用、お辞儀や握手といった作法、国慶日の祝祭などが含まれる。これらの政治文化を通じて新しいナショナル・アイデンティティの感覚が作り出され、人々は日常生活におけるこれらの政治文化への参加を通じて民国への忠誠を示した。このような“modern citizen”というアイデンティティの出現の一方で、「中国」をエスニック・アイデンティティと見なす感覚も生じたが、北京政府期においてはこの二種のアイデンティティをそれぞれ体現するエリートと非エリートが存在したわけではない。国慶日への参加状況などから見れば、社会の分割単位として重要だったのは学校・商会その他の帰属集団であった。

このような状況が一変するのは国民政府期である。そこでは、政府と大衆が明確に区別され、党がゴールを示し、大衆組織はそれに従うものとされた。また、北京政府期においては“modern citizen”は複数存在したアイデンティティの在り方の一つに過ぎなかったが、国民党・国民政府はそれを絶対化し、それ以外の中国アイデンティティの在り方を排除した。さらに国民党・国民政府は国旗・国歌を自らのイデオロギーと結びついたものに変更することで、ナショナル・シンボルに対する敬意を党に対するそれへと変換しようとした。そして死後の孫文は、その記念儀式を通じて、国民党とその支配する国家の中心的なシンボルとなった(25)。

ハリソンの著書は以後の研究に大きな影響を及ぼし、二〇〇〇年代には近代中国における儀式とシンボルに関する研究が数多く発表された。

先駆的な成果として挙げられるのは沈松僑の論文である。沈松僑はベネディクト・アンダーソンやホブズボームの議論に依拠して、清末において漢人の始祖とされる「黄帝」をめぐるシンボルや言説が作り上げられ、さらにそれに様々な勢力が異なった意味づけをしていった事例を紹介する。また当時の国民史構築の主張の中で、岳飛・文天祥といった異民族と戦った「民族英雄」の語りが生み出された経緯についても詳細に検討を加えている(26)。同様に岳飛廟をめぐる「集団的記憶」の歴史的変遷や、清末から民国にかけての教科書に現れた「黄帝」イメージの変遷を扱った研究としては孫江や黄東蘭の論文が挙げられる(27)。

清末における愛国主義の創成と烈士追悼儀式の成立の関係を論じた代表的な研究としては吉澤誠一郎のものが挙げられる(28)。また、姜瑞学は、辛亥革命記念日「双十節」は、北京政府がそれを通じて民衆の動員と国民の統合を図る試みであったと論じた(29)。一方李学智は、同じく国慶活動に着目して北京政府期の政治と社会の関係を論じながら、姜瑞学の研究を批判し、民国初年においては国慶活動は「官民一体」で行われたものの、それ以後はむしろ官民の分裂と対立がその特徴になると主張した。特に一九二〇年代以降、国慶日は人々にとって娯楽であるとともに政治的意志表明の場ともなった[30]。

二十一カ条要求をめぐる「国恥日」の成立に関しては、専論ではないものの羅志田やポール・コーエンによる言及がある。羅志田はこの「国恥」の記念が教科書などに止まらず、「口頭教育」や戯劇を通じて通俗文化のレベルにまで普及が試みられたことを重視する[31]。これに対しコーエンは、毎年の国恥記念においてその時々の状況に応じてその意味づけが変化していったこと、「国恥」のシンボリズムが商業的利用の対象となったこと、そして国民政府下でその記念の様式が固定化されていったことなどを指摘した。このルーチン化と再演は、むしろ「国恥」の「記憶」を弱めることになった[32]。

前述のように南京国民政府期の孫文崇拝の成立については多くの先行研究がある。潘光哲はアメリカの "founding father" ワシントンとの関係において、孫文の「国父」イメージの歴史的形成過程について論じた。潘光哲はそこで、現在も残る「孫中山崇拝」の「政治的神話」と「支配イデオロギー」の解体を訴えている[33]。

一九二九年の中山陵造営と孫中山奉安大典、総理記念週の成立過程、これらによって作り上げられた孫中山崇拝の社会生活領域への影響については李恭忠が徹底した実証研究を行った。李によれば、国民党・国民政府はこれらを利用して「主流歴史記憶」を作り出し、「党治国家」の権力構造を表現しようとしたものの、商業広告によって孫文シンボルの独占が阻まれたことなどから、必ずしも所期の目的を果たすことはできなかった[34]。

陳蘊茜も同様に、国民党・国民政府が、追悼儀式、謁陵儀式、遺嘱の朗読、総理記念週、各種の記念日、遺像、中山記念堂、中山公園、中山路といった儀式やシンボルを通じて孫文の個人崇拝を作り上げた過程について検討した。陳蘊茜の議論は、これらの儀式やシンボルが、党と国家に対する忠誠を調達する手段であったと同時に、国家が時間と空間の組織化を通じて社会を強力に統制する契機となったという側面を強調する点に特徴がある。しかし、それらは民間の習俗や信仰の様式と乖離した点で、大衆に対する吸引力を欠いたものだったと結論づけられる[35]。

記念碑や記念公園を主題とした研究としては王暁葵の論文が挙げられる。辛亥革命の「烈士」を追悼する広州の「黄花崗公園」の設立には国民党・国民政府の他、地域社会やさまざまな諸個人が関わった。そのため、その構造や記念碑の形態は非常に多様である。これに対し、人民共和国の下で建設された「広州起義烈士陵園」は、中国共産党に一元的に管理され、個人、地域社会、民衆団体などが排除されたため、様式が極めて単純である。王暁葵によればこれは「中国の近代における公共空間の形成において、個人、地域社会、文化伝統などの要素が次第に政治権力に統合され」たことを示す[36]。

この他には、清朝の近代世界への対応という視点から国旗や国歌の成立の意味を探った遊佐徹の研究[37]、清末・民国初年における国旗決定の問題を当時の民族論との関係から論じた張永の研究[38]や、同じく近代中国の民族論・民族政策を論じた中で国旗問題に言及した松本ますみの研究[39]、民国初年の国会について論じた中で国旗の制定をめぐる国会論議を取り上げ、政治史的な観点から分析を加えた李学智の研究などが挙げられる[40]。

日中戦争期のシンボルや儀式についての代表的な研究者としては丸田孝志が挙げられる。丸田は、共産党や日本の「傀儡政権」が儀式やシンボル、民間習俗などを通じて農村にどのように介入し、動員を試みたかを論じている[41]。ただ、丸田の中心的な問題意識は中国農村の社会構造は如何なるものであったのか、という点にある。

また、石川禎浩は歴史認識の形成過程という視点から、清末の「黄帝熱」の具体的な成立と伝播の経緯、孫文の遺書の成立過程と以後の国民党におけるその扱い、中国共産党成立の日付が党史の編纂過程で作り上げられた経緯、といった問題について論じている。石川は、孫文崇拝が胡適に代表される知識人に対してむしろ反感をもって迎えられたこと、その一方で「遺嘱」の暗誦が農民に政治的言語を身につけさせるのに有用であったことを指摘している[42]。

第三節　全体構成

以上のように、この十年で個別研究はそれ以前とは比較にならないほどの深化を遂げた。しかし未だに、近代中国のシンボルや儀式をめぐって、ハリソンの著書を超える包括的な見取り図や枠組を提示した研究はない。李恭忠や陳蘊茜、王暁葵らの研究がやや総合的・長期的と言えるものの、国民党・国民政府によってシンボルや儀式とその解釈の徹底した独占と統制が図られたが、その結果硬直化し、また民俗的なものとの接点を持たなかったそれらは広範な支持を得ることができなかった、という理解は基本的に共通する。

ハリソンの著書の方法論的な特徴としては、「少数の西洋の影響を受けた政治家やエリートが多数の非自発的な公衆に近代ナショナリズムを押しつけるという「トップダウン」モデルに挑戦し……国家と大衆との間の複雑な相互作用を検討する」点が挙げられる(43)。

ただ、この試みの成否自体は措くとしても、ハリソンの研究についてはすでにいくつかの批判がなされている。その一つに、社会史的な手法を用い、問題を構造的に把握する傾向が強いため、「ナショナリズムの断続的な表出の背後に存在した社会的・政治的ダイナミクスについて検討していない」ことが挙げられる(44)。過去の研究が学者や官僚、政治家の論争だけを対象としてきたというハリソンの批判は十分説得的なものだが(45)、個々のシンボルが特定の状況下でどのような意味を持つかは多分にその文脈に依存するということを考えると、やはり政治史・思想史からのアプローチもどうしても必要となる。これは政権交代のたびに何度もシンボル・儀式体系が改編されたという近代中国の特徴を考えると、とりわけ重要な視点であるように思われる。さらにこのためもあって、ハリソンの記述においては、政府、政党、知識人、あるいは学生、商人、都市住民などが主体としてそれぞれどのような認識に基づき、どのような（時に戦略的な）選択を行ったかについては必ずしも明示的でない。また「党のどの部門が宣伝活動という重要な仕事を実行する責任を負っていたのか、どのようにそしてどこでこれらの活動が指揮されたのか、そしてそれらが草の根のレベルで有効であったのか、について、ハリソンが我々に伝えることはあまりにも少ない[46]」。

そのため本書はこの問題について、社会文化史に加え、政治史や思想史からの把握を試みる。また、シンボル操作のプロセスに具体的に関与した主体の問題についても重点的に分析を加える。

同書の中心的な概念である"citizenship"が「ナショナリズム」あるいは「近代化」とどういった関係にあるのか定義されていない、というのもしばしばなされた指摘である[47]。"citizenship"は、二十世紀において中国への一体化を標榜する愛国主義の名の下に中国の伝統に対する批判や破壊がなされたのはなぜか、というパラドックスに対する回答としてハリソンが提示した「新しい中国アイデンティティの概念」である[48]。結果として同書では"citizenship"の名の下に、国旗や国歌といった一般にはより「ナショナリズム」に関係が深いと見なされるシンボルと、確かにシンボルとしての意味も持つであろうものの、一般にはむしろ「近代化」（あるいは西洋化）の問題として扱われるであろう断髪・纏足廃止・洋服・陽暦・握手といった行為規範があまり区別されることなく論じられている。これは同書の大きな特長であるとともに、その議論をある意味でわかりにくくしている一因でもある。これが、本書が"citizenship"ではなくより狭義の「ナショナリズム」に関わるシンボルを対象とする理由である。

最後に、辛亥革命から説き起こし、孫文の奉安大典をもって筆を擱くという対象時期の問題である。そのため、やはり「ナショナリズム」と「近代化」の関係について言えば、"republican citizen"以前の清末における新しい政治文化の展開や、一九三〇年代に盛んになる「中国文化の復興」といった主張、さらには国民政府下での憲政を求める動きを近代中国アイデンティティとの関係でどのように位置づけるのか、という問題が取り残される。これは北京政府期と南京国民政府期の状況をいささか二項対立的に捉える傾向の強い議論全体の枠組とも関係する。一九一一年から一九二九年にかけての状況は、その前後との関連において位置づけられる必要がある。これが、本書が可能な限り長期的な視野からの検討を試みる理由である。

以上の問題設定に基づき、第一部で清末から北京政府期にかけてのシンボルと儀式の実態について検討し、第二部でそれらとの比較において南京国民政府期のシンボルと儀式をめぐる政策の特徴の解明を試みる。

まず第一章「中国最初の国旗」は、清朝の最初の「国家」シンボルである「黄龍旗」の問題を取り上げる。この黄龍旗は当初は官船の識別という限られた目的で採用されたものだったが、清朝が西洋との接触を拡大させ、近代国家への移行を試みる中で、開明派官僚・条約港知識人や新軍・新式学堂・報館などを中心に、次第に「国家」としての清朝を象徴する「国旗」と位置づけられ、外交儀礼や教育など様々な場面で使用されていくこととなる。本章はその具体的な過程とナショナリズムの形成との関係を明らかにする。

第二章「国旗をめぐる争い」は、清末の革命派内部における国旗をめぐる論争と、民国初年の国旗制定過程に焦点をあてる。孫文は、自らが清朝に対する最初の蜂起の際に用いた「青天白日旗」やそれを元にした「青天白日満地紅旗」を新国家の国旗に推したが、革命派内で支持を得られず、辛亥革命後に成立した中華民国は「五色旗」を国旗に採用した。本章はこの一連の政治過程を検討することで、国旗の選択と新国家の体制構想との関係を明らかにする。

第三章「革命を記念する」は、民国成立一周年を記念するために制定された「国慶日」について論じる。国慶日の様式は、清末にすでに成立していた烈士追悼儀式を継承したものでもあった。本章はそれに加え、この儀式がフランス革命記念日・アメリカ独立記念日をモデルとしていわば再構築され、国家の成立を記念する「祝典」へとその性格を変えていく過程について検討する。

第四章「国楽から国歌へ」は近代中国における国歌の問題を取り上げる。近代中国における国歌の制定と使用の開始は国旗や革命記念日などに比して大幅に遅れることとなった。民国成立後、教育部は国歌案を大々的に募集したものの正式な決定はなされず、その後袁世凱政権が採用した「国楽」も一九一六年の洪憲帝制の失敗によって否定された。一九一九年に教育部が改めて古代の聖王・舜の作とされる「卿雲歌」を国歌として採用したが、それは当時において新しい中国音楽の創出を試みていた音楽家・教育家などからは評価されなかった。本章はこのような北京政府期の国歌をめぐる政策や議論の意味を問う。

第五章「共和革命と五色旗」は、第二章を受けて、中華民国の国旗となった五色旗を当時の人々がどのように認識したのかという問題を検討する。北京政府期には国旗が争点となった事件がいくつか存在した。袁世凱の洪憲帝制の際には「五族共和」を象徴する五色旗は帝国には適さないとして国旗の改変が論じられた。また、一九一七年の張勲による復辟事件に際しては、清朝の「正朔」と黄龍旗の使用が命じられたが、上海では商界が中心となり、五色旗を掲げて「共和」への支持を明確にするよう訴える運動が起こる。そして一九一九年の五四運動の際には五色旗はデモ行進や集会で一般に用いられるようになる。

第六章から第九章が第二部となる。第六章「国民革命と青天白日旗」は、ナショナリズムの体現者を自任しながらも五色旗をナショナル・シンボルと認めず、青天白日満地紅旗が正当な中華民国国旗であると主張し続けた孫文グループを対象とする。彼らは北京政府期においてこの問題をどのように認識していたのか。そしてその状況が、国民党・国民政府が一応の中国統一を成し遂げるに至る国民革命の過程でどのように変化したのか。

第七章「党旗と国旗」では、国民革命後に正式な中華民国国旗となった青天白日満地紅旗について論じる。国民党・国民政府は国民革命期に普及したこの青天白日満地紅旗を愛国心の拠り所となる神聖な存在とすべく、その製造販売の一元的な管理統制や、各種の儀式における使用法の厳密な規定を図った。また、「青天白日」の意匠を国民党の公式イデオロギーである三民主義と結びつけ、パンフレットや各地での講演などを通じてその浸透を試みた。

第八章「党歌と国歌」は、南京国民政府期の国歌、そしてそれと不可分の関係にあった中国国民党党歌の問題を取り上げる。国民党は、一九二九年の孫文の逝去四周年と党の第三次全国代表大会に先立って孫文の訓辞を歌詞とした党歌を採用、翌一九三〇年には国歌制定までの暫定国歌とすることを決定する。この後、国歌制定の試みが教育部などを中心に行われ続けたものの、結局適当な案を提出することができなかった。そのため、歌詞が国歌に適さないといった反対意見も根強かったものの、国民党党歌が正式に国歌として採用されることとなる。

第九章「暦の上の革命」は、第三章との対比において、国民政府の記念日政策の確立過程とその意味について検討する。国民党・国民政府の記念日体系は、二つの点で北京政府と異なっていた。一つは、アメリカのワシントン誕生日になぞらえて「総理誕辰記念日」が創設されたように、国民党の創設者である孫文の個人的な経歴が国家記念日に加えられたこと。もう一つは、この政策が近代化の一環として強硬に進められた陰暦の使用禁止政策と密接に関係していたことである。

以上の各章の内容を終章においてまとめ、本書の結論とする。

（1）　高綱博文「上海事変と日本人居留民――日本人居留民による中国人民衆虐殺事件の背景」中央大学人文科学研究所編『日中戦争――日本・中国・アメリカ』中央大学出版部、一九九三年。

（2）　ジョージ・L・モッセ、佐藤卓己・佐藤八寿子訳『大衆の国民化――ナチズムに至る政治シンボルと大衆文化』柏書房、一九九四年（原著一九七五年）。

（3）　エリック・ホブズボウム、テレンス・レンジャー編、前川啓治・梶原景昭訳『創られた伝統』紀伊國屋書店、一九九二年（原著一九八三年）。

（4）　ピエール・ノラ編、谷川稔監訳『記憶の場――フランス国民意識の文化＝社会史』第一―三巻、岩波書店、二〇〇二―二〇〇三年（原著一九八四―一九九二年）。この他、フランス革命時の祭典の問題を論じた代表的な研究に、モナ・オズーフ、立川孝一訳『革命祭典――フランス革命における祭りと祭典行列』岩波書店、一九八八年、や、立川孝一『フランス革命と祭り』筑摩書房、一九八八年、リン・ハント、松浦義弘訳『フランス革命の政治文化』平凡社、一九八九年（原著一九八四年）、などがある。

（5）S・M・グインター、和田光弘・山澄亨・久田由佳子・小野沢透訳『星条旗一七七七―一九二四』名古屋大学出版会、一九九七年（原著一九九〇年）。

（6）ジョン・ボドナー、野村達朗・藤本博・木村英憲・和田光弘・久田由佳子訳『鎮魂と祝祭のアメリカ――歴史の記憶と愛国主義』青木書店、一九九七年（原著一九九二年）。

（7）ケネス・E・フット、和田光弘他訳『記念碑の語るアメリカ――暴力と追悼の風景』名古屋大学出版会、二〇〇二年（原著一九九七年）。以上の他、一九七〇年代以降の欧米における記念祭を比較対照して論じた、ウィリアム・M・ジョンストン、小池和子訳『記念祭／記念日カルト――今日のヨーロッパ、アメリカにみる』現代書館、一九九三年（原著一九九一年）、も参照。

（8）多木浩二『天皇の肖像』岩波書店、二〇〇二年（初版一九八八年）。

（9）T・フジタニ、米山リサ訳『天皇のページェント――近代日本の歴史民族誌から』日本放送出版協会、一九九四年。

（10）原武史『可視化された帝国――近代日本の行幸啓』みすず書房、二〇〇一年、同『増補　皇居前広場』筑摩書房、二〇〇七年（初版二〇〇三年）等。

（11）D・I・カーツァー、小池和子訳『儀式・政治・権力』勁草書房、一九八九年（原著一九八八年）、一五頁。

（12）和田光弘「訳者あとがき」前掲グインター『星条旗一七七七―一九二四』三一〇頁。

（13）現在の中国ナショナリズム研究の概要については、黄興濤「近代中国ナショナリズムの感情・思想・運動」飯島渉・久保亨・村田雄二郎編『シリーズ20世紀中国史1　中華世界と近代』東京大学出版会、二〇〇九年、を参照。

（14）E・J・ホブズボーム、浜林正夫・嶋田耕也・庄司信訳『ナショナリズムの歴史と現在』大月書店、二〇〇一年（原著一九九二年）、九八頁。

（15）C・E・メリアム、斎藤真・有賀弘訳『政治権力――その構造と技術』東京大学出版会、一九七三年（原著一九三四年）、一四七頁。

（16）同右一五二頁。阿部斉『概説現代政治の理論』東京大学出版会、一九九一年、六―七頁、も参照。

（17）長志珠絵「国旗・国歌」西川長夫・大空博・姫岡とし子・夏剛編『グローバル化を読み解く八八のキーワード』平凡社、二〇〇三年、一二五頁。

(18) 汪林茂「清末第一面中国国旗的産生及其意義」『故宮文物月刊』第一〇巻第七期、一九九二年十月。

(19) 劉雲波「論孫、黄〝国旗式様之争〟」『中州学刊』第九六期、一九九六年十一月。概説としてはこの他、忻平「五色旗——青天白日満地紅旗」忻平・胡正豪・李学昌主編『民国社会大観』福州、福建人民出版社、一九九一年、等。

(20) 皮後鋒「中国近代国歌考述」『近代史研究』第八六号、一九九五年三月。概説としてはこの他、忻平「中国国歌史略」『社会科学研究』第四七期、一九八六年十一月、同「《卿雲歌》——《三民主義歌》」前掲忻平・胡正豪・李学昌主編『民国社会大観』、等。

(21) 孫鎮東『国旗国歌国花史話』台北、伝記文学雑誌社、一九八一年、陳恒明『中華民国政治符号之研究』台北、商務印書館、一九八六年。なお、学術論文の形式をとっていないものの、周開慶「国慶紀念日的由来」「国慶和国旗」『行知集』台北、暢流半月刊社、一九七五年、は、辛亥革命記念日である国慶日と中華民国国旗の成立の経緯について詳細に論じている。

(22) Liping Wang, "Creating a National Symbol: The Sun Yatsen Memorial in Nanjing," *Republican China*, Vol. 21, No. 1 (April 1996).

(23) John Fitzgerald, *Awakening China: Politics, Culture, and Class in the Nationalist Revolution*, Stanford: Stanford University Press, 1996, pp. 180–190.

(24) Henrietta Harrison, "Martyrs and Militarism in Early Republican China," *Twentieth Century China*, Vol. 23, No. 2 (April 1998).

(25) Henrietta Harrison, *The Making of the Republican Citizen: Political Ceremonies and Symbols in China, 1911–1929*, Oxford: Oxford University Press, 2000. また、同著の内容を元にした概説書として Henrietta Harrison, *China: Inventing the Nation*, London: Arnold, 2001. がある。

(26) 沈松僑「我以我血薦軒轅——黄帝神話与晩清的国族建構」『台湾社会研究季刊』第二八号、一九九七年十二月、同「振大漢之天声——民族英雄系譜与晩清的国族想像」『近代史研究所集刊』第三三期、二〇〇〇年六月。

(27) 黄東蘭「岳飛廟——創造公共記憶的〝場〟」孫江主編『事件・記憶・叙述』杭州、浙江人民出版社、二〇〇四年、孫江・黄東蘭「岳飛叙述、公共記憶与国族認同」『二十一世紀』第八六期、二〇〇四年十二月、孫江「連続と断絶——二十世紀初期中国の歴史教科書における黄帝叙述」『中国研究月報』第六二巻第一〇号、二〇〇八年十月。

(28) 吉澤誠一郎『愛国主義の創成——ナショナリズムから近代中国をみる』岩波書店、二〇〇三年、特に第五章「愛国ゆえに死す――政治運動における死とその追悼」を参照。同様のテーマを扱った研究として、瞿駿『辛亥前後上海城市公共空間研究』上海、上海辞書出版社、二〇〇九年、がある。

(29) 姜瑞学「北洋政府与中華民国国民塑造――以〝双十節〟為中心的考察」『聊城大学学報（社会科学版）』二〇〇六年第三期。

(30) 李学智「政治節日与節日政治――民国北京政府時期的国慶活動」『南京大学学報（哲学・人文科学・社会科学版）』第四三巻第五期、二〇〇六年九月。

(31) 羅志田『乱世潜流――民族主義与民国政治』上海、上海古籍出版社、二〇〇一年、七四―七八頁、Zhitian Luo, "National Humiliation and National Assertion: The Chinese Response to the Twenty-one Demands," *Modern Asian Studies*, Vol. 27, Part 2 (May 1993), pp. 310-311.

(32) Paul A. Cohen, *China Unbound: Evolving Perspectives on the Chinese Past*, London: RoutledgeCurzon, 2003, pp. 151-166.

(33) 潘光哲「「国父」形象的歴史形成」曾一士総編輯『第六届孫中山与現代中国学術研討会論文集』台北、国立国父紀念館、二〇〇三年、同『華盛頓在中国――製作「国父」』台北、三民書局、二〇〇六年。

(34) 李恭忠「喪葬政治与民国再造――孫中山奉安大典研究」南京大学博士学位論文、二〇〇三年、同「開放的紀念性――中山陵建築精神遡源」『二十一世紀』網絡版、第一三期、二〇〇三年四月、同「開放的紀念性――中山陵建築精神的表達与実践」『南京大学学報（哲学・人文科学・社会科学版）』第四一巻第三期、二〇〇四年五月、同「中山陵徴地考」『江蘇社会科学』第二一五期、二〇〇四年七月、同「孫中山崇拝与民国政治文化」『二十一世紀』第六八期、二〇〇四年十二月、同「建造中山陵――現代中国的工程政治」『南京社会科学』第二〇八期、二〇〇五年六月、同「中山陵――政治精神的表達与実践」黄東蘭主編『身体・心性・権力』杭州、浙江人民出版社、二〇〇五年、同「〝総理紀念週〟与民国政治文化」『福建論壇（人文社会科学版）』第一六四期、二〇〇六年一月、同「孫中山先生葬事籌備処述略」『歴史檔案』第一〇一期、二〇〇六年二月、同「〝党葬〟孫中山――現代中国的儀式与政治」『清華大学学報（哲学社会科学版）』第二一巻第三期、二〇〇六年五月、同『中山陵――一個現代政治符号的誕生』北京、社会科学文献出版社、二〇〇九年。また、李霞・李恭忠「領袖崇拝与民族認同」『天府新論』第一二八期、二〇〇六年三月、も参照。

(35) 陳蘊茜「時間、儀式維度中的〝総理紀念週〟」『開放時代』第一七八期、二〇〇五年七月、同「空間重組与孫中山崇拝――以民国時期中山公園為中心的考察」『史林』第九〇期、二〇〇六年一月、同「合法性与〝孫中山〟政治象徴符号的建構」『江海学刊』第一四二期、二〇〇六年三月、同「植樹節与孫中山崇拝」『南京大学学報（哲学・人文科学・社会科学版）』第四三

巻第五期、二〇〇六年九月、同「〝総理遺像〟与孫中山崇拝」『江蘇社会科学』第二二九期、二〇〇六年十一月、同「建築中的意識形態与民国中山紀念堂建設運動」『史林』第一〇三期、二〇〇七年十二月、同「民国中山路与意識形態日常化」『史学月刊』第三二六期、二〇〇七年十二月、同『崇拝与記憶――孫中山符号的建構与伝播』南京、南京大学出版社、二〇〇九年。陳蘊茜はもともと近代中国において「公園」が空間認識の変化に及ぼした影響について検討しており、そこから中山公園の問題に着目した。陳蘊茜「論清末民国旅游娯楽空間的変化――以公園為中心的考察」『史林』第八〇期、二〇〇四年十月、同「日常生活中殖民主義与民族主義的衝突――以中国近代公園為中心的考察」『南京大学学報（哲学・人文科学・社会科学版）』第四二巻第五期、二〇〇五年九月。

(36) 王暁葵「二〇世紀中国の記念碑文化――広州の革命記念碑を中心に」若尾祐司・羽賀祥二編『記録と記憶の比較文化史――史誌・記念碑・郷土』名古屋大学出版会、二〇〇五年、同「革命記憶与近代公共空間――従〝黄花崗公園〟到〝広州起義烈士陵園〟」前掲『身体・心性・権力』。

(37) 遊佐徹「大清国「黄龍旗」と二〇世紀の中国「国旗」」『文化共生学研究』第二号、二〇〇四年二月、同「宣統三年の大清国国歌」『中国文史論叢』第一号、二〇〇五年三月。

(38) 張永「従〝十八星旗〟到〝五色旗〟――辛亥革命時期従漢族国家到五族共和国家的建国模式転変」『北京大学学報（哲学社会科学版）』第三九巻第二期、二〇〇二年三月。

(39) 松本ますみ『中国民族政策の研究――清末から一九四五年までの「民族論」を中心に』多賀出版、一九九九年。

(40) 李学智「《中華民国国旗史略》正誤」『歴史檔案』第六二期、一九九六年五月、同「《中華民国史辞典》正誤両則」『天津師大学報（社会科学版）』第一二六期、一九九六年六月、同「辛亥上海起義旗幟考」『歴史教学』第四〇五期、一九九七年八月、同「民元国旗之争」『史学月刊』第二三一期、一九九八年一月、同「《中華民国史大詞典》正誤二則」『近代史研究』第一四〇期、二〇〇四年三月。同『民国初年的法治思潮与法制建設――以国会活動為中心的研究』北京、中国社会科学出版社、二〇〇四年、も参照。最初のものは趙友慈「中華民国国旗史略」『歴史檔案』第四一期、一九九一年二月、の事実関係の誤りに対する批判であり、同じく趙論文に対する批判としては徐公喜「関於〝青天白日満地紅〟的両個問題」『歴史檔案』第四九期、一九九三年二月、がある。趙友慈には「中華民国国旗国歌歴史沿革」『文史資料選編』第四三輯、一九九二年六月、同「中華民国国旗考」『文史春秋』第四〇期、二〇〇〇年五月、などもあるが、いずれも史料的な典拠が示されておらず、学術的な論文という性格の文章ではない。

(41) 丸田孝志「陝甘寧辺区の記念日活動と新暦・農暦の時間」『史学研究』第二二一号、一九九八年七月、同「華北傀儡政権における記念日活動と民俗利用——山西省を中心に」曽田三郎編『近代中国と日本——提携と敵対の半世紀』御茶の水書房、二〇〇一年、同「抗日戦争期・内戦期における中国共産党根拠地の象徴——国旗と指導者像」『アジア研究』第五〇巻第三号、二〇〇四年七月、同「時と権力——中国共産党根拠地の記念日活動と新暦・農暦の時間」(Ⅰ)(Ⅱ)『社会システム研究』第一〇・一一号、二〇〇五年三・九月、同「太行・太岳根拠地の追悼のセレモニーと土地改革期の民俗」『近きに在りて』第四九号、二〇〇六年五月、同「国共内戦期冀魯豫区の大衆動員における政治等級区分と民俗」『アジア社会文化研究』第一一号、二〇一〇年三月。

(42) 石川禎浩「二〇世紀初頭の中国における〝黄帝〟熱——排満・肖像・西方起源説」『二〇世紀研究』第三号、二〇〇二年十二月、同「死後の孫文——遺書と記念週」『東方学報』第七九冊、二〇〇六年九月、同「思い出せない日付——中国共産党の記念日」小関隆編『記念日の創造』人文書院、二〇〇七年。東アジア各国における「抗日勝利日」の日付に関する川島真の研究も、問題意識の点では共通する点があると言ってよいだろう。川島真「「抗日勝利日」——歴史記念日の揺らぎ」『中国研究月報』第五九巻第八号、二〇〇五年八月、同「戦争をめぐる記念日の「歴史認識」——東アジアの敗戦・終戦記念日」『読書人の雑誌　本』第三〇巻第九号、二〇〇五年八月。日本と東アジアにおける「終戦記念日」をめぐる問題については、佐藤卓己『八月十五日の神話——終戦記念日のメディア学』筑摩書房、二〇〇五年、及び、佐藤卓己・孫安石編『東アジアの終戦記念日——敗北と勝利のあいだ』筑摩書房、二〇〇七年、が代表的な研究として挙げられる。

(43) Chang-tai Hung, "Henrietta Harrison. *The Making of the Republican Citizen: Political Ceremonies and Symbols in China, 1911–1929*" (Review), *China Review International*, Vol. 8, No. 2 (Fall 2001), p. 390.

(44) Julia C. Strauss, "*The Making of the Republican Citizen: Political Ceremonies and Symbols in China, 1911–1929*, by Henrietta Harrison" (Review), *The China Journal*, issue 46 (July 2001), p. 226.

(45) Harrison, *The Making of the Republican Citizen*, p. 4.

(46) Chang-tai Hung, op. cit., p. 391.

(47) Peter Zarrow, "Henrietta Harrison. *The Making of the Republican Citizen: Political Ceremonies and Symbols in China, 1911–1929*" (Review), *American Historical Review*, Vol. 107, No. 2 (April 2002), pp. 520–521.

(48) Harrison, *The Making of the Republican Citizen*, p. 1.

第一部　清末・北京政府のシンボルと儀式

第一章　中国最初の国旗

第一節　はじめに

本章は中国最初の国旗とされる黄龍旗の問題を論じる。序章においても触れたが、このテーマに関しては長く汪林茂の論文が代表的な研究であった(1)。汪は、黄龍旗の採用と外交の場面における使用の拡大を、伝統的な「天朝」から近代的な「国家」へ、という清朝の自己認識と世界観の変化を示すものとして論じた。これに対し、近年発表された遊佐徹の論文は、黄龍旗の使用が実際には長期にわたり船籍の識別という役割に限定されていたことを指摘している(2)。

本章はまず、これらの先行研究を参照しつつ黄龍旗の成立過程を概観する。そしてその後に、清朝下の人々がこの黄龍旗をどのように認識したのか、そしてその認識がどのように変化していったのかについて、先行研究で触れられていない、国内における黄龍旗の実際の使用の展開、その新聞や雑誌における報道などを手がかりに検討する。

第二節　黄龍旗の成立

清朝においても「旗」という形式で何者かを象徴するという制度は当然ながら存在した。皇帝や官僚の儀仗に用いる旗、「八旗」に代表される軍旗などがそれである。しかし、国民・領土・主権からなる「国家」総体を象徴する旗というものは、やはりその概念ともども、西洋近代の産物であった。

遊佐徹が指摘するように、すでにアヘン戦争後の道光二十四（一八四四）年に結ばれた望厦条約や黄埔条約には「合衆国旗号」や「仏蘭西旗号」を他国の船が掲げた場合の取り締まりに関する条項が確認できる。(3)

第二次アヘン戦争の結果、咸豊八（一八五八）年に天津条約、咸豊十（一八六〇）年に北京条約が結ばれ、それによって漢口・九江・鎮江・南京・天津など十一の都市が新たに開港される。清朝はこれらの条約港を通じて本格的に西洋諸国との関係を構築していくことになる。またこれに前後して外国人税務司制（一八五四年）や総理各国事務衙門（一八六一年）に代表される制度上の整備も進められていく。

沿海・沿江における西洋船舶の増加は様々な問題をもたらした。前述のような西洋諸国の艦船が掲げる「旗」の問題もその一つである。そもそも咸豊六（一八五六）年、香港船籍のアロー号が掲げていた英国旗を広東の官憲が引き降ろしたとするいわゆるアロー号事件が第二次アヘン戦争の発端となったことはよく知られる。(4)それ以外にも、イギリス・フランス等の「各国旗号」を掲げる「髪逆」（太平天国軍）や、それによって清朝の課税を逃れる「内地奸商」船の増加が問題となっていたことが当時の外交文書などから確認できる。(5)また清朝はこの時期に西洋から艦船を購入し始めるが、その際にもやはり「旗」が問題となった。同治元（一八六二）年、総理衙門は休暇でイギリスに一時帰国中だった初代海関総税務司レイ（Horatio Nelson Lay、李泰国）に艦船の購入と乗組員の雇用を命じたが、これらの船を回航して来る際に掲げる旗が無かったため、レイは独自の旗を考案し、清朝に“national ensign”として採用することを提案したという(6)。

この中で同じ同治元年、漢口で両江総督曾国藩麾下の湘軍水師と英国海軍が衝突を起こし、湘軍の艦船が焼き打ちされるという事件が発生する。英国側はこの原因を、湘軍側の艦船が所属国を示す旗を掲げておらず、識別ができなかったためと主張した。

湘軍水師にも、船に掲げる旗に関する規定は存在した。例えば、帆柱の旗には「上半分はいずれも紅色を用い、下半分はいずれも白色を用いて、あるいは北斗を画き、あるいは太極図を画き、あるいは如意を画き」、船尾の旗には「某営・某哨」と所属部隊を明記し、さらに船首などの旗に「〔指揮官の〕姓を書き、色や様式は各々の便宜に従う」といったものがそれである(7)。ただ、これらはいずれも所属部隊の識別を第一の目的としたものであり、したがって各船にはそれぞれ異なる旗が掲げられていた。

これに対し同年五月、フランス公使クレツコフスキー（Michel-Alexandre Kleczkowski、哥士耆）が総理衙門に「外国船はこれまでいずれも各国の旗号を立てており、認識しやすい。もしその旗幟を異動することがあれば、ただちにその国の禁を犯すとみなし、道理によって説き伏せることができる」という「各国旗号」について説明した文書を送った。総理衙門はこれに基づいて曾国藩に次のような書簡を送り、意見を求めた。

我々は、湖北・江南でいずれも英人が我が兵・勇〔義勇兵〕と殴り合い兵船を焼き壊すということがあったため、しばしばこれまで問い合わせたが、同国〔イギリス〕は言葉に窮し、〔艦船を〕識別することができなかったと強弁した。まさにクレツコフスキー公使の議論が既にあるのであるから、もし我が処〔営務処〕の師船〔軍艦〕もまた一律に黄色龍旗を立てれば、外国は果たして遠望して官船であると知ることができ、敢えて軽挙妄動しない。事前予防の一策である。たとえあるいはそうでなくとも、我もまた彼の国の例にのっとってこれと弁論することができ、彼はおのずから再び本意をまげて言い逃れをすることはできない。ただ行軍をさまたげるか否かについては、我々は臆断しようがない。[8]

六月十日にこの書簡を受けとった曾は、「行軍にさまたげはない」として、湖北・江西各巡撫、兵部右侍郎彭玉麟、福建提督楊岳斌と協議の上、「以後は、各営の旗幟を通常通り掲げるほかに、各営に命じて別に龍旗一面を添えさせる。三角尖旗を用い、大船は高さ一丈、小船は旗の高さ七八尺とし、その斜長および下横長〔三角形の斜辺と底辺〕は便宜に従うこととし、いずれも黄色龍旗を用い、龍の頭が上を向くようにすることを提案する」と回答した。[9]

総理衙門の恭親王奕訢はこれを承認する旨を曾国藩に回答するとともに、[10]閏八月二十四日、以上の経過と黄龍旗の案を同治帝に上奏、各省の総督・巡撫にも同様にさせるよう願った。朝廷はただちに諭旨を下して批准、全国に通達し、また総理衙門からイギリス・フランス・ロシア・アメリカ、通商大臣薛煥からプロイセン・ベルギー・ポルトガルの各国公使に、「黄龍旗幟」を「中国官船」の目印とするという内容の照会を送った。[11]

以上が黄龍旗制定のあらましである。日本においても、郵便商船の用いる「御国旗」について規定した明治三（一八七〇）年正月二十七日の「商船規則」が日章旗の使用に関する最初の法令とされる。[12]したがって、明治日本において「シンボルをめぐる議論は、社会の内部で生じた問題解決としてではなく、国際社会からの要請や相互の互換性という十九世紀の国民国家に顕著な要因によってその開始点を規定されてい」[13]たという長志珠絵の分析は、ほぼそのまま同時期の清朝にも当てはまる。さらにさかのぼれば、一七七七年に初めてアメリカ国旗が制定されたのも軍艦の識別のためであったとされる。[14]

ただ、この決定の当初から黄龍旗が国家総体を象徴する「国旗」と見なされていたわけではない。汪林茂も指摘したように、黄龍旗の使用は当初「官船」に限られ、あくまでもその使用の目的は、外国人に「中国官船」であることを一目でわからせることにあった。[15]さらに、少なくともこの間の文書の往来を見る限りでは、黄龍旗導入の際に問題となったのは「行軍をさまたげるか否か」という極めて実務的な問題だけであり、旗の意匠の是非については議論された形跡がない。この点からも、この旗はあくまで便宜的なものとして採用されたと考えられる。

しかし、恭親王の奏文がこの黄龍旗導入の理由として述べていることは重要である。つまり、西洋側のロジックに則ることで問題の解決が図られたということである。したがってこの黄龍旗の導入は、清朝が意図するとせざるとにかかわらず、西洋由来の国際システムにさらにもう一歩組み込まれる契機となったとも言える。

第三節　外交と官庁における使用

このように、当初は「官船」の識別という限られた目的で採用された黄龍旗であったが、その使用は清朝と西洋の接触の量的・質的増大に伴って次第に拡大し始める。

艦船への掲揚以外で最初に海外で黄龍旗が用いられたのは、同治七（一八六八）年、欧米に初めて清朝の本格的な外交使節団が派遣された時とされる。任期を終えて帰国するアメリカ駐清公使バーリンゲイム（Anson Burlingame、蒲安臣）に率いられたこの使節団は、彼の用意した長方形の黄龍旗を乗船や鉄道の客車に掲げ、またアメリカ・イギリス・フランス・プロイセン・デンマーク・オランダ・ロシア等の各国で外交儀礼にこの旗を用いたという[16]。十九世紀西洋の外交儀礼にとって、国家の象徴としての国旗は不可欠の存在であった。ただ、この時に使用された長方形の黄龍旗はその場限りのもので、その後は使用されていない。

同治十一（一八七二）年十一月には、福州船政局・上海洋炮局で製造した蒸気船や各関口の巡河船に黄龍旗を掲げることを総理衙門が各国に照会している[17]。同年に輪船招商局の商船、翌同治十二（一八七三）年には海関にも黄龍旗の掲揚が義務づけられ、黄龍旗の使用は軍事・外交・通商関係の官庁を中心に広まっていった[18]。

光緒三（一八七七）年、清朝がイギリスに初の在外公館を設置する。初代の出使英国大臣〔駐英公使〕となった郭嵩燾は同年に著した『使西紀程』の中で「各国旗式」を紹介し、それらと比較して黄龍旗が三角形であるのは不都合であるとし、これを正式に長方形に改めることを提案した。しかし、「一朝の旗式」は「開創の天子」の定めるものであり、郭嵩燾の言は不穏であるとする反対派の論理のためにこの意見は採用されなかった[19]。

しかし、後の光緒十四（一八八八）年八月に総理海軍事務衙門の醇親王奕譞が直隷総督・北洋大臣李鴻章と協議のうえ上奏した「北洋海軍章程」には、「兵船国旗」を長方形のものに改めることが規定されている。

西洋各国には、国旗・兵船旗・商船旗の別がある。国旗にもまた兵・商の別がある。おおむね旗式は方長〔長方形〕を貴び、斜長〔三角形〕をこれに次ぐとする。同治五年〔元年の誤り〕、総理各国事務衙門が初めて中国の旗式を定め、斜幅黄色で、中に飛龍を画くものとした。船を雇ったり盗賊を捕えたりする際に用いたが、未だ上奏して万年の国旗とは定めていない。今中国は兵・商各船が日々益々増加し、時に各国と交際するので、おのずからあらためて旗式を定め、体制を尊ぶべきである。兵船の国旗を改めて長方形とし、これまで通り黄色とし、中に青色の飛龍を画くものとする。各口の陸営の国旗も同形式とする[20]。

「北洋海軍章程」は西太后の懿旨を得て頒布された。これを受けて両広総督張之洞は、天津軍械局に旗のデザインを確認した後、沿海の文武各衙門、兵船に照会した他、布政使・按察使・塩運使及び巡撫衙門・水陸提督・粤海関などに転送している[21]。郭嵩燾の提案から十年間の認識の変化は注目に値する。

ただ、海軍に比べて陸軍の黄龍旗採用は遅れた。日清戦争後の光緒二十一（一八九五）年に設立された新建陸軍で従来の「姓旗」〔個々の部隊指揮者の姓を書いた旗〕を禁止し、黄龍旗を軍旗として規定したのが最初と思われる〔図1－1〕[22]。この間の時間的なズレは、船舶の識別という黄龍旗の当初の目的に由来するとともに、当時の政府内部にも

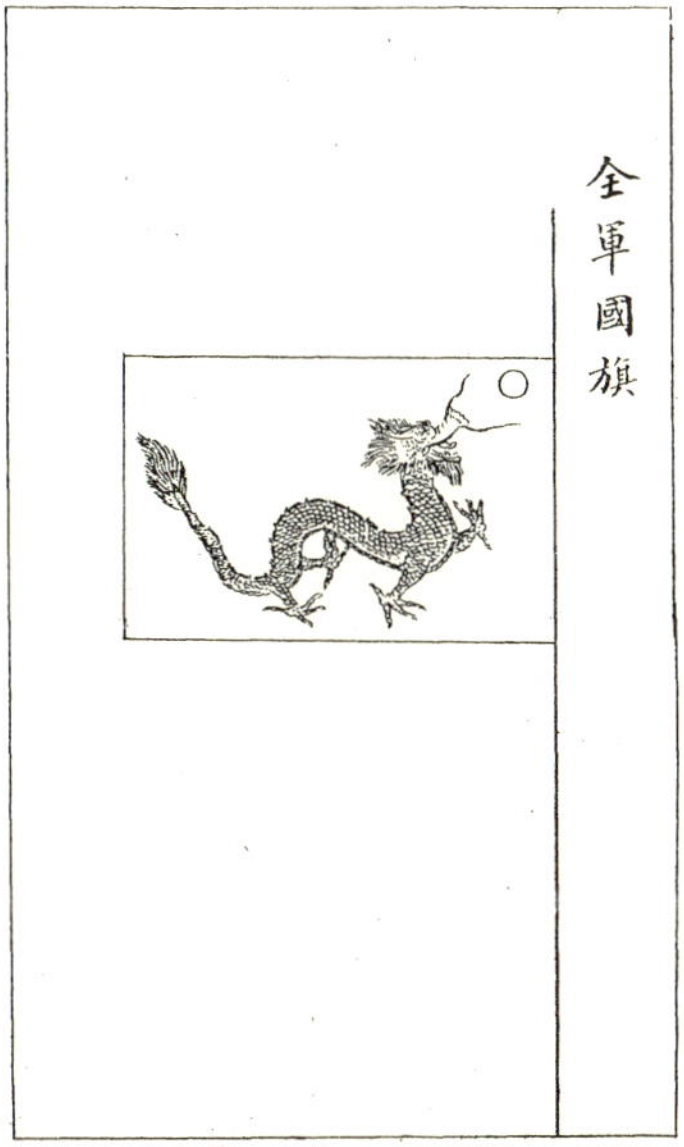

図 1-1　「全軍国旗」袁世凱『新建陸軍兵略録存』光緒 24（1898）年

国旗という存在をめぐる認識の定着にズレが存在したことを示すものとも言える。それでは、政府の外部ではどうだったのか。

第四節　使用と認識における偏差

汪林茂は、光緒元（一八七五）年の李鴻章と総税務司ハートの艦船の購入をめぐる交渉の中で双方が黄龍旗を中国国旗として扱っていること、光緒二（一八七六）年に出版された葛元煦の『滬游雑記』に「大清国旗」として黄龍旗が描かれていることから（図1－2）、「遅くとも光緒初年には、黄龍旗はすでに多くの中国人に中国国旗とみなされていた」と主張した[23]。これに対し遊佐徹は、『滬游雑記』の記載は各国の船籍識別用の手引きに過ぎず、黄龍旗の「国旗」化の論拠としては不十分であると指摘し、以下のように「国旗」として黄龍旗を詠み込んだ詩があることから、黄龍旗が「清朝」「中国」を象徴するものとして広く認知された時期を一九〇〇年前後と推定した[24]。

清末の代表的な詩人であり外交官でもあった黄遵憲の一八八五年の詩に次のようなものがある。

水是堯時日夏時、　治水は堯の時代に行い暦は夏の時代にできた、

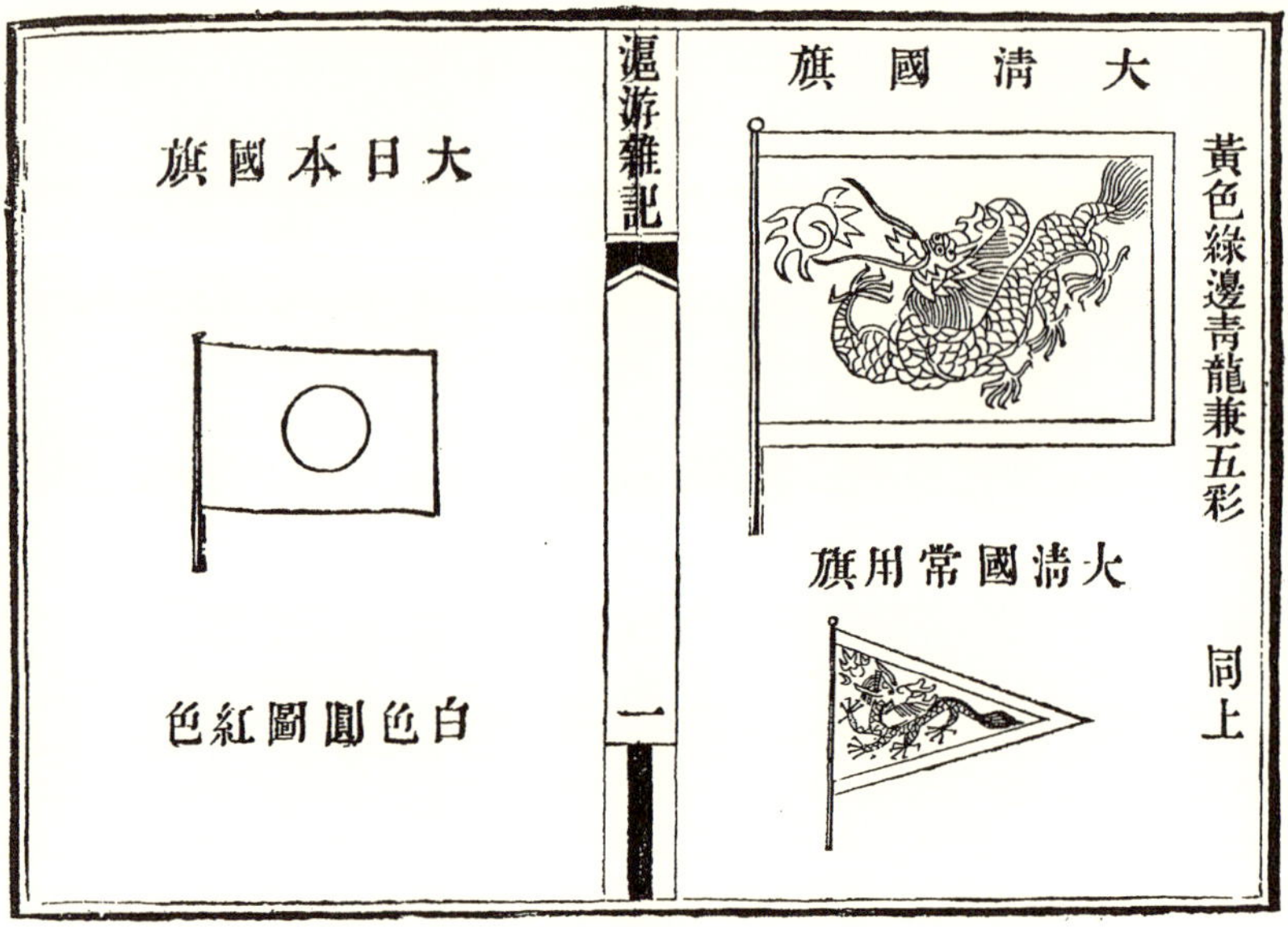

図 1-2　「大清国旗」「大清国常用旗」葛元煦『滬游雜記』光緒 2（1876）年

衣冠又是漢官儀。　衣冠も漢代の官制のものである。
登楼四望真吾土、　楼閣に登って真のわが土地を四方
　　　　　　　　　に望んでも、
不見黄龍上大旗。　黄龍が大旗に上るのは見えない。(25)

この詩は、日本や欧米の状況をつぶさに観察した黄遵憲が自国に戻り、清朝の衰微の様に直面してこれを嘆いたもので、この詩の中で清朝の象徴としての黄龍旗は読者の感情を掻き立てるべきものとして効果的に用いられている。この他に「香港感懐」「馮将軍歌」「自香港登舟感懐」「哀旅順」「哭威海」「馬関紀事」「降将軍歌」「聶将軍歌」といった詩にも黄龍旗への言及が見える。これらはそれぞれ香港・旅順・下関などにおける清朝の屈従を嘆いたもの、故人の清朝への忠誠を称えたものである。黄遵憲が作詞した軍歌「出軍歌」「軍中歌」「旋軍歌」にも同様の表現が見える。(26)

詩人として黄遵憲と交友があり、日清戦争後の日本による台湾島接収に抵抗した台湾民主国の中心人物としても知られる丘逢甲が、光緒二十六（一九〇一）年の義和団事件最終議定書（辛丑条約）の締結を知り、悲憤慷慨

して詠んだとされる詩にも次のような一節がある。

我工我商皆可憐、　我が商工の民はみな哀れむべきである、
強弱豈非随国勢。　強弱はどうして国力に従わないことがあろう。
不然十丈黄龍旂、　そうでなければ十丈の黄龍旗が、
何嘗我国無公使。　なぜ我が国では公に使われないのか。
彼来待以至優礼、　彼が来るときには最高の礼をもって待遇するが、
我往竟成反比例。　我が行くときにはなんと反対である。
且看西人領事権、　なおかつ西洋人の領事権を見れば、
雷厲風行来照会。　疾風迅雷のごとく厳格迅速に照会する。
大官小吏咸朒縮、　大官も小吏もみなちぢこまり、
左華右洋日張示。　華と洋の間を行ったり来たりして日々告示を出す。
華商半懸他国旂、　華商のなかばは他国の旗をかかげ、
報関但用横行字。　通関手続にはただ横文字だけが用いられる(27)。

確かにこれらの例から、遅くとも一八八〇年代後半から一八九〇年代までに、少なくとも欧米や日本との接触の経験を持つ知識人たちの間では、「国旗」に対する明確な認識が共有されていたと考えてよいだろう。これらの詩においては「黄龍旗」＝「国旗」は「我国」「吾土」「我工我商」の運命と分かちがたく結びつけられており、読者の憤りを喚起すべきものとして用いられている。

しかし、当時黄龍旗が使用されたのが船舶や外交・通商関係の官庁であったことからも推測できるように、このような認識が、清朝が西洋と直接接する限られた場においてまず発生したものであったことを考慮に入れる必要がある。

黄遵憲は広東出身の外交官であり、丘逢甲の詩で問題とされているのも海関の情景である。したがって、このような黄龍旗に対する認識の広まりは、上海や広州などの開港場を舞台に言論活動に従事した条約港知識人の出現と相関的な関係にあった。そしてそれは、この時期に対外的な衝撃の下に萌芽しつつあったナショナリズム自体が、多分に地域的・階層的な偏差と断絶を含んでいたこととも対応していた[28]。

例えば光緒十（一八八四）年に創刊された『点石斎画報』は、同年に起きた清仏戦争のイラストの中で清朝側の城塞・艦船に（ごく小さくながら）三角形の黄龍旗を描いている（図1‐3、1‐4）[29]。したがって少なくとも上海では黄龍旗が清朝あるいはその軍隊を示す旗であるということ自体はある程度一般に知られていたと思われる。しかし、このように一八八〇年代にすでに黄龍旗が清朝の旗であるという認識が一定程度共有され、条約港知識人や華僑を中心にそれを萌芽的なナショナリズムと結びつける思考も現れていたにもかかわらず、少なくとも当時の清朝の側には、民の忠誠を調達するためにこの黄龍旗を利用しようという発想は希薄であったように思われる。

黄龍旗を三角形から長方形にするという前述の「北洋海軍章程」の規定に対し、出使美国大臣〔駐アメリカ公使〕張蔭桓は光緒十五（一八八九）年の奏文で次のように述べている。

私は公使としての命を奉じて海外におもむき、通例として国旗を掲げているが、南北アメリカではつねに中国の旗の様式は官・商が同一であるのをいぶかっている。華商は久しく斜幅〔三角形〕の龍旗を使用しており、中国の慶典及び私が国境を出入するに際しては、高く掲げて栄耀とみなしており、未だ抑圧して変更させてはいなかった。しかし西洋の風俗では国旗を最も厳粛なものとみなしており、識別する所が無いわけにはいかない。かつ〔北洋海軍〕章程内にも、外洋を視察して各公使と相談するとあった。今、北洋海軍の国旗はすでに長方形の形式にした。私は海外におり、敬んで国旗を掲げているが、長方形の形式で、絵はこれまで通りのものを用い、その他の華商には永遠に斜幅の龍旗を使用させ、それによって等差を示すことを提案する[30]。

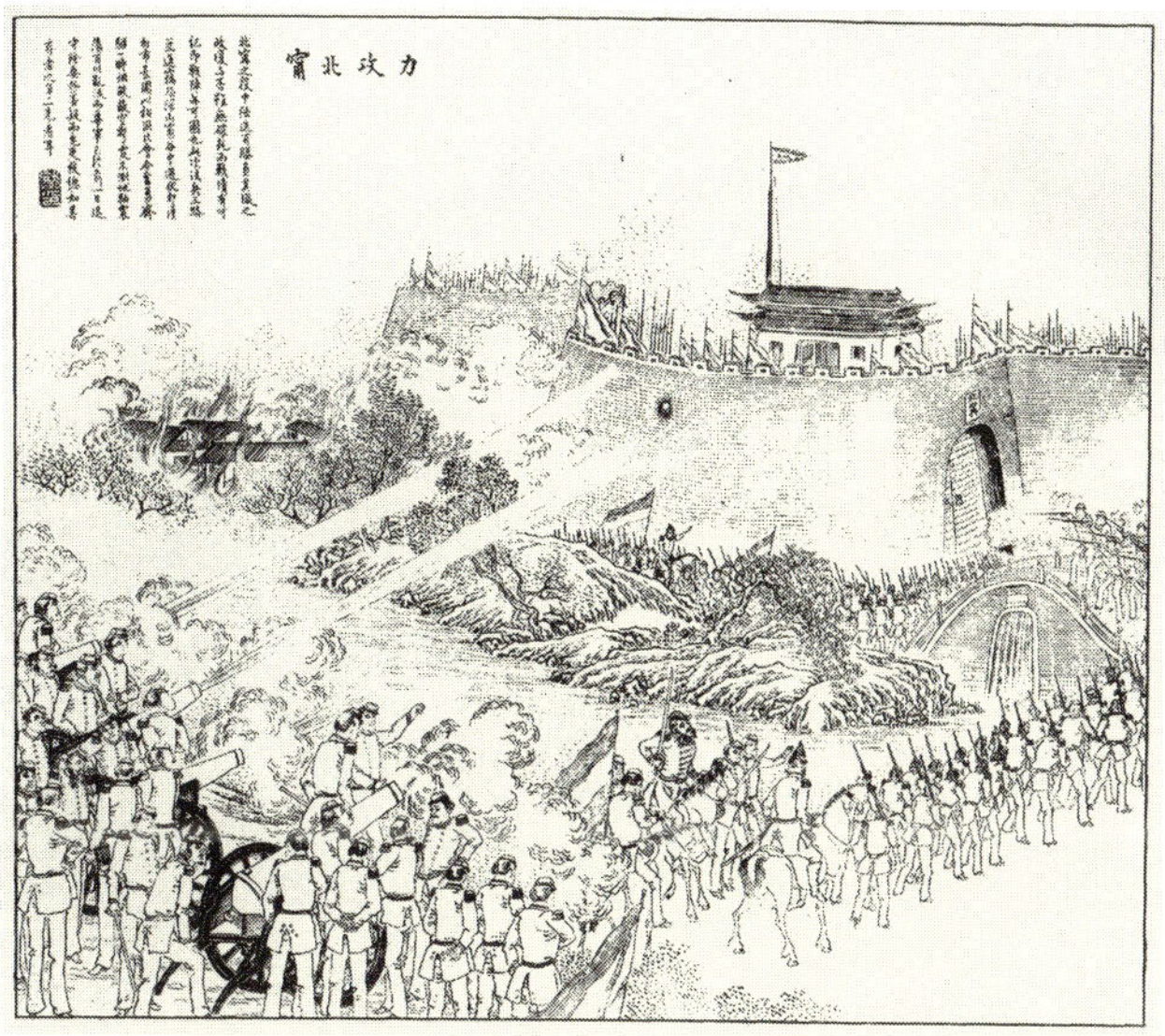

図 1-3　「力攻北寧」『点石斎画報』第 1 号，光緒 10（1884）年 4 月

図 1-4　「法犯馬江」『点石斎画報』第 13 号，光緒 10（1884）年 7 月

張蔭桓の「西洋の風俗」に対する理解の当否は措くとして、つまるところ彼の主張は、当時すでに南北アメリカの華僑の間に黄龍旗の使用が浸透し、それを掲げることを「栄耀とみなして」すらいたにもかかわらず（むしろそれゆえにこそ）、「官」と「商」の用いる「国旗」を区別すべきだ、というものであった。

したがって国内においては、官・軍以外の人々が実際に自分で黄龍旗を掲げるという行為を経験するのはさらに後であった。一九二〇年代に書かれた文章には、光緒二十六（一九〇〇）年の義和団事件の際、八カ国連合軍に北京を追われた光緒帝と西太后が西安に逃れる途上、これを護衛した保鏢〔警備業者〕が車に黄龍旗を掲げたが、「この時には国内の商民が国旗を掲げた例はまだ無かったので、異例の待遇であった」という記述が見える[31]。別の文章にもやはり、従来は黄龍旗の使用は税関と官船に限られていたが、光緒二十七（一九〇一）年、醇親王載灃が、義和団によるドイツ公使ケッテラー（Clemens von Ketteler、克林徳）殺害事件の謝罪使としてドイツに派遣された際、上海商会はこの旗を掲げて歓送した。これが「商民」による黄龍旗の最初の使用であった、とある[32]。

これらはいずれも後に書かれた文章だが、そこから義和団事件の頃を境に「商民」の黄龍旗使用に関する清朝の方針に一定の転換があったと推測することは可能であろう。

光緒二十八（一九〇二）年六月二十六日は、光緒帝・西太后が西安から北京に帰ってから開かれた最初の「万寿聖節」（皇帝・皇太后の誕生日）である[33]。同年に創刊された『大公報』の記事によれば、この日、天津では「商民が聖寿を慶祝するために、閘口から估衣街まで、天津城内外、河東・河北の各国の暫定領地〔租界〕、数十里四方、国徽を掲げて慶賀の意を表さないところはない」という状況で、そのため「各界領地〔租界〕の居民は、その時になって準備が間に合わず、大挙して絵描き屋に向かい、先を争って一尺余りの布を買った。多少下手なものでも高値で売れた」という[34]。上海でも「庚子の歳〔一九〇〇年〕の万寿聖節は、例えば海外のホノルル・ペナン・シンガポール等の港に居住する中国の商民は、皆灯篭を吊るし旗を掲げて慶祝の意を表したが、ただ上海のみ欠如していた」として有志による「慶祝会」が企画され、その章程には「この日は会中で国旗を掲げ国体をとうとぶ」ことが定められた(35)。

興味深いのは北京の状況で、やはり『大公報』によれば「去年〔一九〇一年〕の万寿の日、京師〔北京〕の臣民は西を望んで遥祝し、多くの家々で灯篭を吊るし色布を飾り、各官庁にも龍旗を掲げるものがあった。今幸いに両宮〔光緒帝と西太后〕が帰京し、元の通りになったので、今回の聖節には、民家の灯篭や色布は甚だ少なかった」という(36)。同年の西太后の万寿聖節（十月十日）の際には「東交民巷の各国公使館および外国商店はいずれも国旗を掲げて慶賀の意を表し、城外の各民家・商店も命令を奉じて一律に色布を飾り灯篭を吊るし、ともに万寿を祝った」が(37)、これについては「去年連軍〔八カ国連合軍〕が北京にあった時、京城の商店・民家は慶賀の際に初めて灯篭を吊るし色布を飾った。今夏の皇上の万寿には、五城練局〔警察機関〕が命じなかったので、居民は敢えて冒昧〔軽率な行動をとる〕せず、市街には全く灯篭も色布も無かった。今回の太后の万寿には、各市街の商店・民家は皆絹や綿の赤い布を門に掲げたが、実は練勇〔警官〕が家ごとに呼びかけたためであった」という(38)。ここから、万寿聖節に家々が国旗を掲げるという行為が義和団事件後に開始されたことが裏づけられる。しかし天津では一般の「居民」が積極的に「国旗を掲げて慶賀の意を表した」とされるが、北京では命令が無い限り灯篭や龍旗は掲げられなかったようである。

しかし翌光緒二十九（一九〇三）年の光緒帝の万寿聖節の新聞記事には「万寿になると、各家で色布を飾るのは、乱〔義和団事件〕以後すでに慣例となっている」とあり(39)、同年の西太后の万寿聖節には北京でも「慣例通り各地区から商店・民家に通達して色布を飾らせた」という記述が見える(40)。万寿聖節に一般の人々が家々に国旗を掲げるという政治文化が一九〇三年には慣例化していたことがわかる。

光緒三十（一九〇四）年十月十日は西太后の七十歳の誕生日であり、その万寿聖節は特に大々的に執り行われた。北京では頤和園に各国の使節などの他、民間人二千人、官員六百人あまりが祝賀に訪れ、また官立の学堂の門にはいずれも鮮やかな灯篭と「龍旗」が掲げられ、九日・十日は休日となった(41)。天津でも、各国の官員やその夫人などが直隷総督衙門に集まり、祝辞を述べるとともに茶会や観劇を行い、街中でも商界が業種ごと、あるいは商務公所などが「彩棚」〔飾りつけた小屋掛け〕を作り、家々にはやはり「龍旗」が掲げられた。また、県から要請を受けて特に「皇会」〔航海の神である媽祖の祭り〕が催され、黄輦〔神輿〕に乗った天后宮〔媽祖廟〕の泥像が市内を練り歩いた。(42)

この万寿聖節の記事にも「この日は朝から晩まで街中で見物客が蟻のように混雑し、加えて官庁や民家ではいずれも龍旗を掲げて慶祝の意を表した。〔このようなことは〕実に庚子以前には、未だかつてなかったことである」(43)、「庚子年以後、およそ両宮の聖寿には、各段の巡勇が店舗や民家に色絹を飾って祝賀の意を表するよう伝えている」(44)といった記述が見える。このように警察を介して街中の商店に「龍旗」を掲げさせるという習慣は、やはり義和団事件以降の「新政」期に新しく開始されたものと見て間違いないだろう。

一方で、政府外で自発的に黄龍旗が利用された例も確認できる。例えば光緒三十二（一九〇六）年正月、女子教育の振興を訴えて自殺した杭州貞文女学校校長の恵興という女性の追悼会が北京の淑範女学校で開かれた。この際には会場の配置として、校門の外に「国旗」二本が交差して掲げられたという。(45)同年に清朝が預備立憲の上諭を宣布した際にも、上海では学界・商界の呼びかけで、七月二十一日に各商店・民家が「国旗」を掲げている。(46)

宣統元（一九〇九）年創刊の『図画日報』に掲載された、直隷総督端方の着任を報じた記事にも黄龍旗が見える。「六月二十一日午の刻、京師の学・商の両界は新直隷総督の端〔方〕制軍〔総督〕が〔前任地から〕京に到着した時に、宣武門外の下針街の畿輔先哲祠で歓迎会を開いた。この日門内外は遍く国徽を掲げ、不朽堂前及び遥集楼にはみな中国龍旗及び万国徽章を掲げた。遥集楼一階は宴会室で、室内には各国の旗幟を掲げて人の字の形にした」。イラストには、交差した黄龍旗と万国旗が描かれている（図1－5）。またこの時の写真と思われるものが『東方雑誌』に掲載されている（図1－6）。

近代国家において外交や軍隊と並んで国旗が使用される場であろう学校に目を移してみよう。清朝が公式に新式学

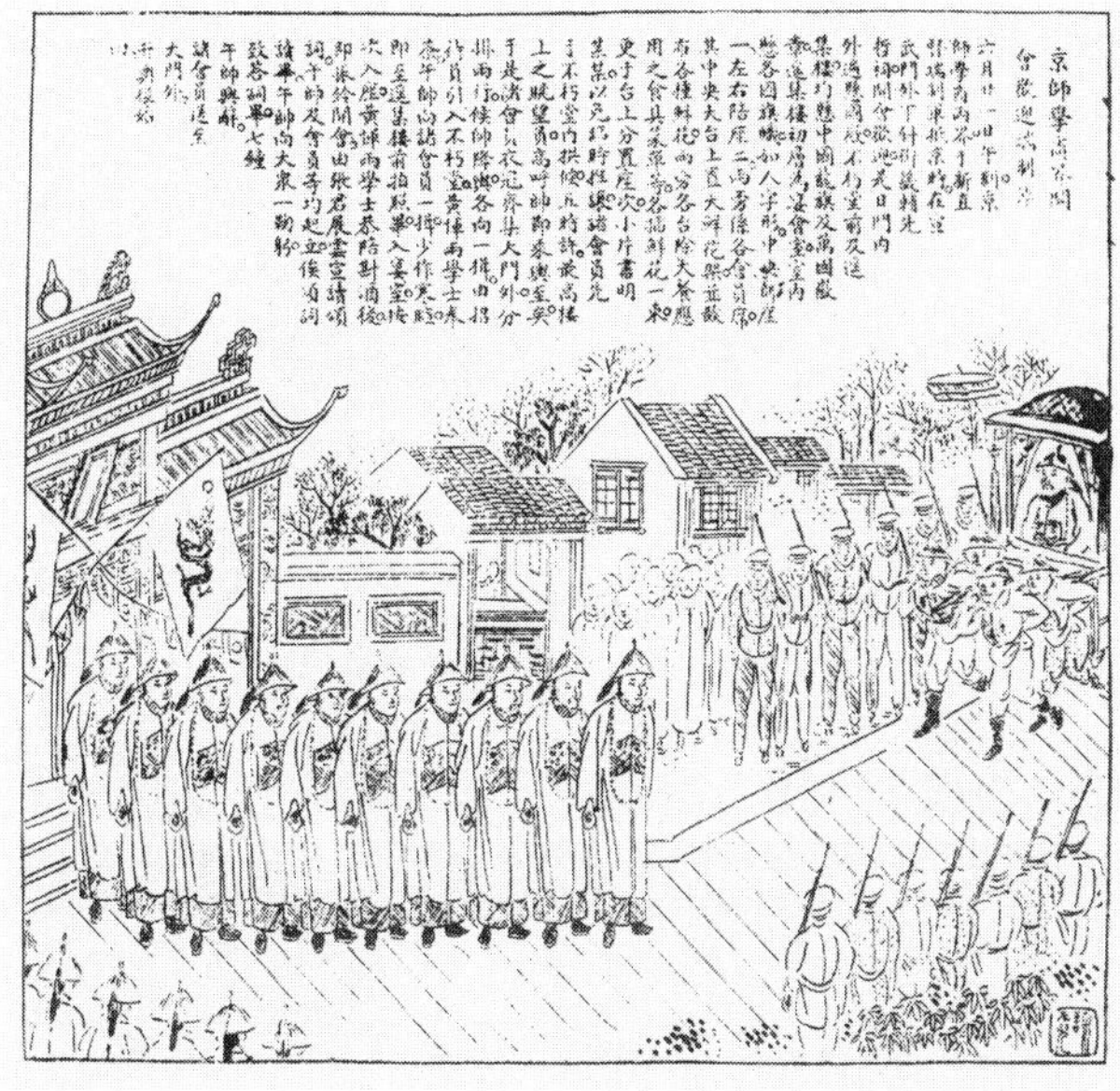

図 1-5 「京師学商界開会歓迎端制軍」『図画日報』第 3 号，宣統元（1909）年 7 月 3 日〔日付は推定〕

図 1-6 「京師学商界歓迎北洋大臣端制軍撮影」『東方雑誌』第 6 巻第 9 号，宣統元（1909）年 8 月

堂に国旗の掲揚を命じた文書は確認できないが、前述のように光緒三十年の万寿聖節の際にはすでに北京の官立学堂に黄龍旗が飾られている。また、宣統元年の『図画日報』にも、屋根の上に黄龍旗を掲げた江蘇教育総会のイラストが見える（図1－7）。同じ年に創刊された『教育雑誌』に掲載された新式学堂の集合写真にも、黄龍旗を掲げた形で写されたものが確認される（図1－8）。さらに、同誌に掲載された児童用唱歌には、黄龍旗を詠み込んだものがある。

蜂児蜂児　奇奇奇奇　飛上書来　学認字
忽然飛上　黄龍旗　我来呼万歳
替你做個　蜂児箱　来来莫客気
蜂兄蜂弟　一処棲　要做工夫　要早起

蜂が蜂が、珍しい珍しい、本に飛んで来て字を勉強している。
突然黄龍旗に飛んでいったので、私は万歳と叫んだ。
あなたの替わりに巣箱を作ろう。遠慮せずに来なさい。
蜂の兄弟が一緒に住む。仕事をしなくては。早起きしなくては。[47]

結果として黄龍旗は、こと普及という点に限っては一定の成功をみたと考えられる。ただ、使用が広まったということと、「商民」が黄遵憲や丘逢甲と同様に、黄龍旗を自らの運命と切り離せない「我が国」の象徴と認識するようになったのかどうかということは、また別問題として考えなければならない。

辛亥革命を経て、宣統帝が退位の詔を発した時の北京の「老百姓」〔庶民〕の反応を、当時の新軍士官は以下のように回想している。

二日目〔一九一二年二月十三日〕、北京城の各紙はただちに詔書の全文を発表した。その日のうちに龍旗も片づけてしまい、「老百姓」は大喜びで拱手〔礼法の一種〕し互いに言いあった。「朝代〔王朝〕が換わってしまった、「共和」の天下だ、こうなったのであれば戦いをする必要はなくなった！」しかし新しい旗幟はまだなかった。我々の同僚中の多くの人はただ「共和」〔という言葉〕を知るのみだったが、この共和がどのような「共法」であるのか、どのように新局面を築くのか、新局面とは結局どういうことなのか、誰も知らなかった。[48]

多くの「老百姓」にとって、黄龍旗は最後まで自らの「国旗」というよりも、多分に「朝代」の旗と認識されてい

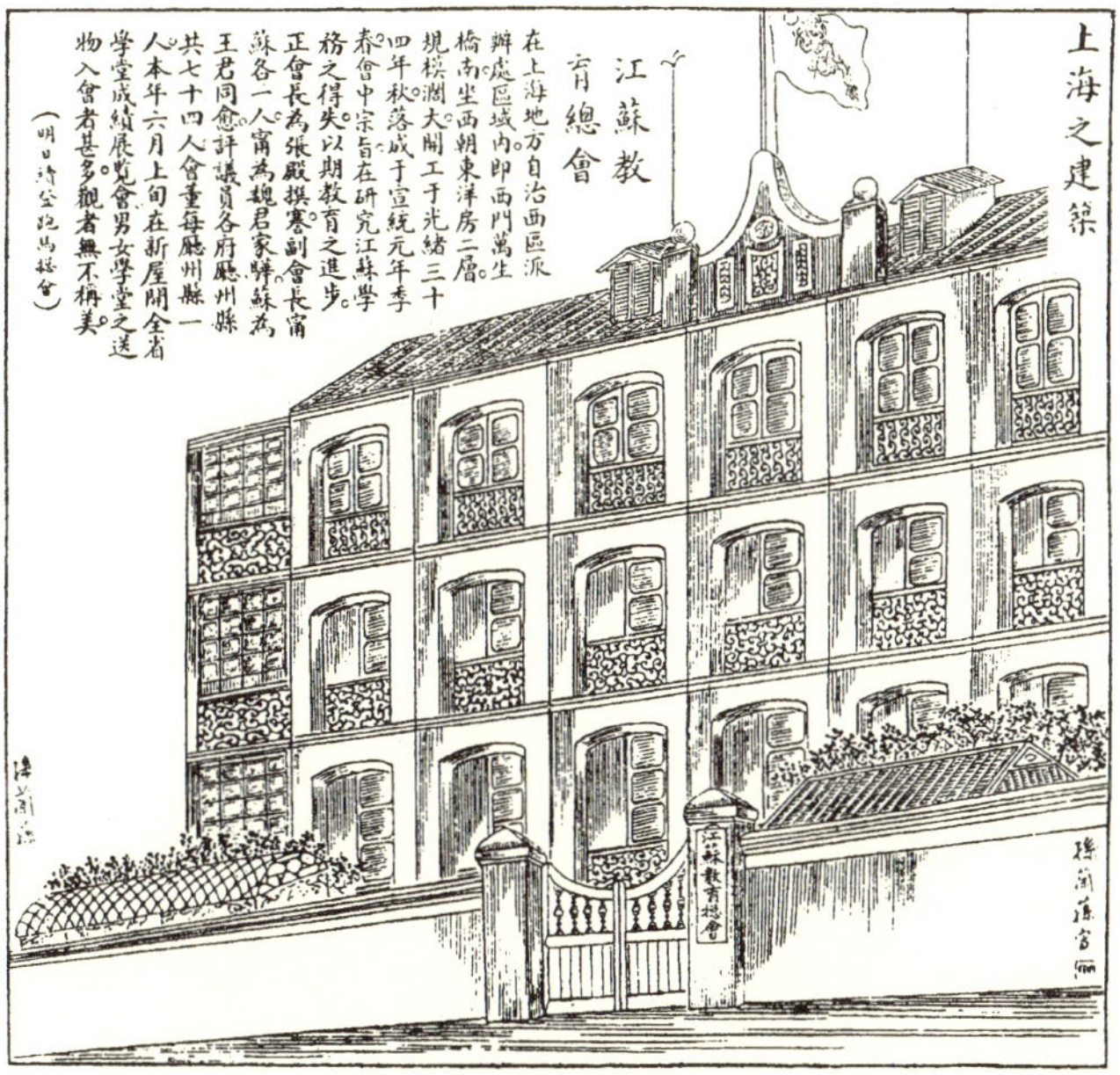

図 1-7　「上海之建築　江蘇教育総会」『図画日報』第 1 号，宣統元（1909）年 7 月 1 日

図 1-8　「上海時化小学堂戊申全体撮影」『教育雑誌』第 1 年第 3 期，宣統元（1909）年閏 2 月

たように思われる。

これにはもちろん様々な理由が考えられる。その中で、ここでは、当時から黄龍旗の意匠自体が「国旗」にふさわしくないという主張があったことを指摘しておきたい。清末の革命派の国旗をめぐる論争については次章に譲るとして、ここでは立憲派の中心人物であった康有為の議論を紹介する。

光緒二十四（一八九八）年の戊戌政変後、北米に亡命した康有為は、現地の華僑を基盤として保皇会を結成する。この保皇会は光緒三十二（一九〇六）年七月に清朝が預備立憲の上諭を宣布したのを受けて、翌光緒三十三（一九〇七）年元旦に「国民憲政会」（あるいは「国民憲政党」）と改名する。[49] これに先立つ光緒三十二年九月七日、康有為はニューヨークの保皇会機関紙『中国維新報』に、同会会員に新しい「国旗」の図案を募り、採用者には銀百元を贈るとした文章を発表している。

吾が国の龍国旗は、古に『詩経』に「龍旂揚揚」とあるのにもとづくもので（『毛詩』周頌・載見）、もともと天子の用いたものであり、国とは関係ない。同治の初め、新しく国旗を定めた際に、黄龍を用いたが、実に不適当である。かつ万国の交通に際して、彼〔西洋諸国〕が我が国俗を悟ることができず、さらに彼にあっては龍を大獣と、黄を病旗とみなすので、敬重されず、逆に軽侮を招く。将来必ず改めなければならない。吾が会の〔フランスに倣った〕三色旗は〔革命の旗であるため〕立憲の義について取るところがない。故に吾が会の新しい旗は、さらに優れた様式を求めなければならない。かつそれは将来国旗・商旗として採用されるであろう。[50]

黄龍旗の意匠が実際に西洋の目から見て不評だったのかどうかは措くとしても、ここでそれ以上に康有為をして黄龍旗を「国旗」として不適当と判断させた理由は、この旗が「我が国俗」を象徴していないということ、つまりそれが「国」と必然的な関係を持つデザインでないということである。当時において、忠誠の対象としての「天子」＝清朝と「国」を別個のものと見なすか、同一視するかは、革命派と立憲派の論争の最大の焦点の一つであった。この論争の中、「保皇」の立場を護持していた康有為にして、「天子の用いた」黄龍旗をそのまま「吾が国」を象徴する「国旗」にすることはできないと認めざるを得なくなっていた。黄龍旗が「天子」=「朝代」の旗を越えた「国」の旗となり得なかった一因は、このような点にもあったのではないだろうか。

第五節　おわりに

一八六二年に採用された黄龍旗は、当初は「官船」の識別のみを目的としたものだった。しかしそれは、増加する西洋との外交儀礼の場において清朝の「国旗」として使用され、また一八七〇年代を通じて海関衙門などを中心に国内でも使用されるようになる。その結果、遅くとも一八八〇年代後半から一八九〇年代までには、条約港知識人や華僑たちは「国旗」がいかなるものであるのかを明確に認識し、海外の「商民」たちは実際に黄龍旗を「国旗」として使用していた。そして彼らにおいてはすでに、萌芽的なナショナリズムとこの「国旗」を結びつける思考が生じていた。しかし国内では、上海・北京・天津などでも「商民」が黄龍旗を使用し始めたのは一九〇〇年代になってからであった。一九〇〇年代の「新政」期には、黄龍旗は官庁に止まらず、学校・教育会などにも掲げられ、また万寿聖節や官僚の観送迎などの際には「商民」の家々にも掲げられた。そして「商民」や学界も、追悼儀式や記念会などの舞台装置としてこの旗を利用するようになった。

しかし黄龍旗はやはり大部分の人々にとっては「天子」あるいは清朝という「朝代」の旗として認識されていた。それは、ある部分において、黄龍旗の意匠が清朝の皇帝から切り離すことができないものであったことにも起因すると考えられる。

(1) 汪林茂「清末第一面中国国旗的産生及其意義」『故宮文物月刊』第一〇巻第七期、一九九二年十月。
(2) 遊佐徹「大清国「黄龍旗」と二〇世紀の中国「国旗」」『文化共生学研究』第二号、二〇〇四年二月。
(3) 同右三七頁。
(4) 坂野正高『近代中国政治外交史』東京大学出版会、一九七三年、二三四―二三五頁。
(5) 咸豊十一年九月壬寅大学士湖広総督官文奏文、宝鋆等修『籌辦夷務始末（同治朝）』、近代中国史料叢刊第六二輯六一一、台北、文海出版社、一九七一年（初版一八八〇年）、巻二、四―八頁、同十月丁卯恭親王奏文、同巻二、一七―一九頁。ロバート・ハート（Robert Hart、赫徳）の一八六三年七月二十九日・八月三日の日記にも"Chinese Boats flying foreign flags"に関する記述がある。Katherine F. Bruner, John K. Fairbank, Richard J. Smith, eds. *Entering China's Service: Robert Hart's Journals, 1854–1863*, Cambridge: Harvard University Press, 1986, p. 301, 302.
(6) この旗は「緑地に、交差した黄色の対角線を引く」というものであったという。Chester Holcombe, *The Real Chinese Question*, New York: Dodd, Mead, 1900, p. 144. なおこの後、レイと艦隊司令のオズボーン大佐（Sherard Osborn、阿思本）が艦隊指揮権の問題をめぐって清朝と対立、結果翌年に艦隊は解散、レイも責任をとって総税務司を辞任することとなった。レイの後任がハートである。坂野正高『近代中国外交史研究』岩波書店、一九七〇年、三四九―三五七頁、井上裕正「レイ・オズボーン艦隊事件の外交史的意義について」『東洋史研究』第三四巻第二号、一九七五年九月。
(7) 羅爾綱『湘軍兵志』北京、中華書局、一九八四年、九六頁。
(8) 同治元年閏八月甲辰恭親王奏文、前掲『籌辦夷務始末（同治朝）』巻九、三三―三四頁。
(9) 「復奕訢等」（同治元年六月十三日）曾国藩『曾国藩全集・書信（四）』長沙、岳麓書社、一九九二年、二八七一―二八七二頁。
(10) 「復奕訢」（同治元年閏八月十一日）前掲『曾国藩全集・書信（四）』三〇三五頁。
(11) 同治元年閏八月甲辰恭親王奏文、前掲『籌辦夷務始末（同治朝）』巻九、三三―三四頁。鄒魯『中国国民党史稿』上海、商務印書館、一九四七年（初版一九二九年、第二版一九三八年）、一〇一六頁、は「黄龍旗」は「海禁大開之後」に総税務司ハートの提案によってできたものとし、ハートと「満廷諸臣」とのやりとりを記載しているが、同治元年にはハートは総税務司に就任しておらず、これがどの時点における決定を指すのか不明である。

(12) 内閣官報局編『法令全書』第三巻、原書房、一九七四年（初版一八八七年）、二四―三二頁。長志珠絵「ナショナル・シンボル論」『岩波講座近代日本の文化史3　近代知の成立』岩波書店、二〇〇二年、一二九―一三五頁。

(13) 前掲長「ナショナル・シンボル論」一二八頁。

(14) S・M・グインター、和田光弘・山澄亨・久田由佳子・小野沢透訳『星条旗一七七七―一九二四』名古屋大学出版会、一九九七年（原著一九九〇年）、二五―二七頁。

(15) 前掲汪「清末第一面中国国旗的産生及其意義」一九頁。

(16) 志剛『初志泰西記』長沙、湖南人民出版社、一九八一年（初版一八七七年）、三九頁。張徳彝『欧美環游記（再述奇）』長沙、湖南人民出版社、一九八一年、八九・九八頁。バーリンゲイム使節団については、阪本英樹『月を曳く船方――清末中国人の米欧回覧』成文堂、二〇〇二年、を参照。

(17) 「海船旗幟定式」『申報』同治壬申十一月三日。

(18) 前掲汪「清末第一面中国国旗的産生及其意義」二一頁。

(19) 楊堅編『郭嵩燾日記』第三巻、長沙、湖南人民出版社、一九八二年、八二―八五・一二四―一二六頁、曾永玲『郭嵩燾大伝――中国清代第一位駐外公使』瀋陽、遼寧人民出版社、一九八九年、二六五―二六八頁。

(20) 「北洋海軍章程」張俠・楊志本・羅澍偉・王蘇波・張利民合編『清末海軍史料』北京、海洋出版社、一九八二年、五〇四頁。

(21) 「張之洞札善後局照会国旗図式」（光緒十五年二月十日）前掲『清末海軍史料』五〇五―五〇六頁。

(22) 「分製旗式」袁世凱『新建陸軍兵略録存』、袁世凱史料彙刊四、台北、文海出版社、一九六六年（初版一八九八年）、巻一、三一―三二頁、劉鳳翰『新建陸軍』台北、中央研究院近代史研究所、一九六七年、七三―七九頁。

(23) 前掲汪「清末第一面中国国旗的産生及其意義」二〇頁。

(24) 前掲遊佐「大清国「黄龍旗」と二〇世紀の中国「国旗」」四一頁。

(25) 「到香港」銭仲聯箋注『人境廬詩草箋注』上海、上海古籍出版社、一九八一年（初版一九一一年）、四〇一頁。

(26) 「飲氷室詩話」『新民叢報』第二六号、光緒二十九年正月二十九日。なお、黄遵憲『日本雑事詩』（初版一八七九年、定本一八九〇年）所収の詩には、日本の三大節（新年・天長節・紀元節）に日章旗が掲げられる様子を詠んだものがあり（黄遵憲『日本雑事詩』、近代中国史料叢刊続編第一〇輯九五、台北、文海出版社、一九七四年、三五―三六頁。実藤恵秀・豊田穣訳『日本雑事詩』平凡社、一九六八年、五八頁）、黄遵憲の国旗に対する認識がこの日本をはじめとする海外滞在体験の中で形成されたであろうことをうかがわせる。ただ、長志珠絵によれば、黄遵憲が日本に滞在した一八七七年から一八八二年の時点においては、日本においても祝日・日章旗は明確に国民統合の手段として用いられていたわけではない。前掲長「ナショナル・シンボル論」一三二頁。

(27) 丘逢甲「汕頭海関歌、寄伯瑶」『嶺雲海日楼詩鈔』上海、上海古籍出版社、一九八二年（初版一九一三年）、二〇三―二〇四頁。丘逢甲は黄遵憲の友人であり、『人境廬詩草』に跋を寄せている。また『人境廬詩草』所収の「台湾行」という詩には、「堂堂藍旗立黄虎、傾城擁観空巷舞」という、虎の絵柄で知られる台湾民主国国旗に言及した一節がある。前掲『人境廬詩草箋注』六八九頁。

(28) 村田雄二郎「二〇世紀システムとしての中国ナショナリズム」西村成雄編『現代中国の構造変動3　ナショナリズム――歴史からの接近』東京大学出版会、二〇〇〇年、三六―四〇・五四―五五頁。

(29) 「基隆再捷」『点石斎画報』第一五号、光緒十年八月、にも同様に黄龍旗が描かれている。『点石斎画報』と清仏戦争との関係及びその対外イメージの形成に果たした役割という問題については、高橋孝助「『点石斎画報』における日本のイメージ――日清戦争前後における日本関係記事の紹介を中心に」宮城教育大学社会科教育講座編『新しい世界認識の総合的研究　一九九三―一九九四年度特定研究報告書』一九九五年、が詳しい。

(30) 「使美張蔭桓奏定国旗形式片」（光緒十五年四月二十七日）王彦威・王亮編『清季外交史料』、近代中国史料叢刊三編第二輯一一―一九、台北、文海出版社、一九八五年（初版一九三二―一九三五年）、巻八〇、二九頁。

(31) 王照「方家園雑詠二十首並紀事」『方家園雑詠紀事』、近代中国史料叢刊第二七輯二六六、台北、文海出版社、一九六八年（初版一九二八年）、一五頁。

(32) 「滬商用国旗之始」陳伯熙編『上海軼事大観』上海、上海書店出版社、二〇〇〇年（初版一九一九年）、五一四頁。ただし同記事は、黄龍旗は「咸豊戊午」（一八五八年）にできたとしている。

(33) 光緒帝の誕生日は六月二十八日だが、七月一日が孟秋祀礼でその三日前から斎戒しなければならず、さらに六月二十七日も斎戒日だったため、二十六日を万寿聖節とし、二十五・二十六・二十八日を休日とした。「熙朝掌故」『大公報』光緒二十八年六月三十日。

(34) 「慶典誌盛」『大公報』光緒二十八年六月二十八日。

(35)「上海慶祝会小啓」『大公報』光緒二十八年六月二十九日。
(36)「諸夏無君」『大公報』光緒二十八年六月二十九日。
(37)「時事要聞」『大公報』光緒二十八年十月十二日。
(38)「万寿餘聞」『大公報』光緒二十八年十月十三日。
(39)「懸彩誌賀」『大公報』光緒二十九年六月二十八日。
(40)「懸挂彩綢」『大公報』光緒二十九年十月十日。
(41)「万寿停課」『大公報』光緒三十年十月十一日、「万寿盛典紀聞」同十月十二日。同日の宋教仁の日記によれば、武昌も同様であったという。宋教仁『我之歴史』台北、文星書店、一九六二年（初版一九二〇年）、第一、四頁。
(42)「皇会出賽」『大公報』光緒三十年十月十一日。天津の皇会については、吉澤誠一郎「近代天津における廟会の変遷――媽祖信仰と皇会」『アジア遊学』第七八号、二〇〇五年八月、を参照。
(43)「慶祝万寿紀盛」『大公報』光緒三十年十月十二日。
(44)「普天同慶」『大公報』光緒三十年十月四日。
(45)「記北京淑範女学校為恵興女傑挙行追悼会礼式」『順天時報』光緒三十二年正月十三日。
(46)「商学補習会祝典」『申報』光緒三十二年七月二十三日、「華商体操会祝典」『順天時報』光緒三十二年八月二日、「紀南市商業体操会祝典」同八月三日。
(47)葉中泠（葉玉森）作歌「蜂」『教育雑誌』第一年第四期、宣統元年三月二十五日。
(48)唐在礼「辛亥前後我所親歴的大事」中国人民政治協商会議全国委員会文史資料研究委員会編『辛亥革命回憶録』第六集、北京、文史資料出版社、一九八一年（初版一九六三年）、三四〇頁。
(49)胡平生『民国初期的復辟派』台北、台湾学生書局、一九八五年、七二頁。
(50)「行慶改会簡要章程」（光緒三十二年九月四日）湯志鈞編『康有為政論集』北京、中華書局、一九八一年、六〇五頁。この結果採用された旗は、赤地に黒線で円を書き、円内は白色に塗りつぶし、さらにその中心に小さな黄円を配するというものだった。天（黒）の中心に「中土」（黄）があることを示すとともに、『礼記』に基づいて黒と白、赤と白の組み合わせで「文明」を意味するとした。「通告各埠従新訂定国民憲政党旗函」（一九〇六年十一月）姜義華・張栄華編校『康有為全集』北京、人民大学出版社、二〇〇七年、第八集二三三頁。なお、黄龍旗の意匠が西洋近代の目から見て不適当だとする主張はこの後も散見される。「黄龍旗が現れると、世界はみな病蛇旗とそしった。近世には龍という物は無く、それに代わるのはただ蛇だけだった」「中華民国旗之歴史」上海自由社編輯『中国革命記』第二〇冊、上海、上海自由社、一九一二年、一頁。「龍は近世においてはあまり見られず、形が蛇に似ているので、世界の我々をそしる者は、病蛇旗だと言った」尚秉和『辛壬春秋』台北、文星書店、一九六二年（初版一九二四年）、一七〇頁。

第二章　国旗をめぐる争い

第一節　はじめに

第一章で述べたように、黄龍旗は一九〇〇年代には少なくとも沿海都市などにおいて、官庁や公的機関のしるし、あるいはイベントの際の装飾として珍しいものではなくなっていた。

しかし一方で、深まる対外的危機に対処するには清朝自体の改変が不可欠という認識を持っていた立憲派・革命派には、この黄龍旗は国旗にふさわしくないとする見解が比較的早い時期から存在した。そのため、辛亥革命前後には新たな国家を象徴する国旗をめぐって議論が交わされることになる。

序章でも述べたように、辛亥革命前後の国旗問題に関する先行研究はいくつか存在する。しかしその多くは、後述の馮自由『革命逸史』に依拠してこの間の経過を概説的に述べたものに過ぎない。これには、特に辛亥革命以前の革命派の論争については史料的にほぼ当事者の回想に頼らざるを得ないという事情がある。加えて第七章で述べるように、後に中国国民党の立場から書かれた「国旗史」の記述には、孫文を辛亥革命以前に遡って中国革命の正統勢力と位置づけるための偏向が見られる。そのため、この問題に関しては正確な事実経過を把握すること自体に困難があった。

清末の革命派における国旗論争に関する最近の研究として劉雲波の論文がある。[1] また、李学智は政府公報や新聞を利用して、民国初年の臨時参議院における中華民国国旗の決定過程を明らかにした。[2] ただ、劉雲波の研究は専ら辛亥革命以前を対象としたものであり、一方李学智の研究は民国成立以後について論じたものである。そのため、いずれも辛亥革命前後の議論の連続性という問題を十分に捉え切れていない嫌いがある。そこで本章はまず、清末の革命派における国旗をめぐる議論と、辛亥革命時の様々な「旗」の使用状況を明らかにする。そしてそこからの連続性という視点から、民国初年における国旗の決定過程の意味を分析する。

第二節　興中会と青天白日旗

清末の革命派においては、その活動の非常に早い段階から黄龍旗に換えるべき旗の具体的なプランが見られる。その中でも最も古いものが、興中会の最初の蜂起、広州蜂起の計画時に採用されたとされる青天白日旗である。興中会員であった謝纘泰によれば、青天白日旗は、光緒二十一（一八九五）年二月二十日に興中会香港本部で広州蜂起が計画された際、初めて「我々の旗」として採用された。[3] 後に興中会に参加した馮自由によれば、この意匠はやはり興中会員の陸皓東によって考案されたものである。ただ、九月九日の蜂起は事前の情報漏洩のため未遂に終わり、陸皓東自身も逮捕・処刑された。そのため、この旗が最初に対外的に使用されたのは五年後、光緒二十六（一九〇〇）年閏八月十五日の恵州三洲田蜂起であったという。[4] ただ、孫文はこれに先立つ光緒二十二年十二月（一八九七年一月）に、自らのロンドン公使館監禁事件の顚末を書いた *Kidnapped in London* を出版した際、その表紙にこの「青天白日」のデザインを使用している（図2-1）。このことから、孫文がかなり早い時期からこの意匠を自らのシンボルとして利用していたことがわかる。また、光緒二十七（一九〇一）年に興中会員の尤列がシンガポールで華僑を組織して中和堂を設立した際に掲げたのが、海外華僑による青天白日旗の最初の使用であったが、当時は「多数の会員はもとよりこの旗の歴史と出処を知らなかった」という。[5] なお、当初は「青天白日」の意匠自体も一定しなかったが、後に孫文が「叉光は干支の数を表現したものである。したがって叉光は十二本排列して、十二時辰（二十四時間）を表現しなければならない」との説明を加えたことで、青地に十二本の光芒を持つ白い太陽、という現在のものに確定したとされる。[6]

辛亥革命直後から現在に至るまで数多く書かれた「国旗史」において、以上のような青天白日旗の採用と使用の開始については必ず述べられる。しかし、そもそも陸皓東自身が何に基づいて、あるいは何を意図してこの「青天白日」の意匠を考案したのかについての記述は皆無である。「青天白日」という言葉自体には、天気がよい、転じて清廉潔白である、という以上の意味はない。後述するように、当時この意匠に対し「日本の旭日旗に近い」という批判もあったことから、それをモデルとしていたという可能性も考えられるが、推測の域を出ない。ただ、この場合むしろ重要なのは、その意匠の創造者の真意はどこにあったか、ということよりも、創造者の死後、その意匠にどのような意味づけがなされたか、ということであろう。そして後に見るように、これ以後この青天白日旗には（恐らくは創造者の意図を超えた）様々な意味づけがなされて

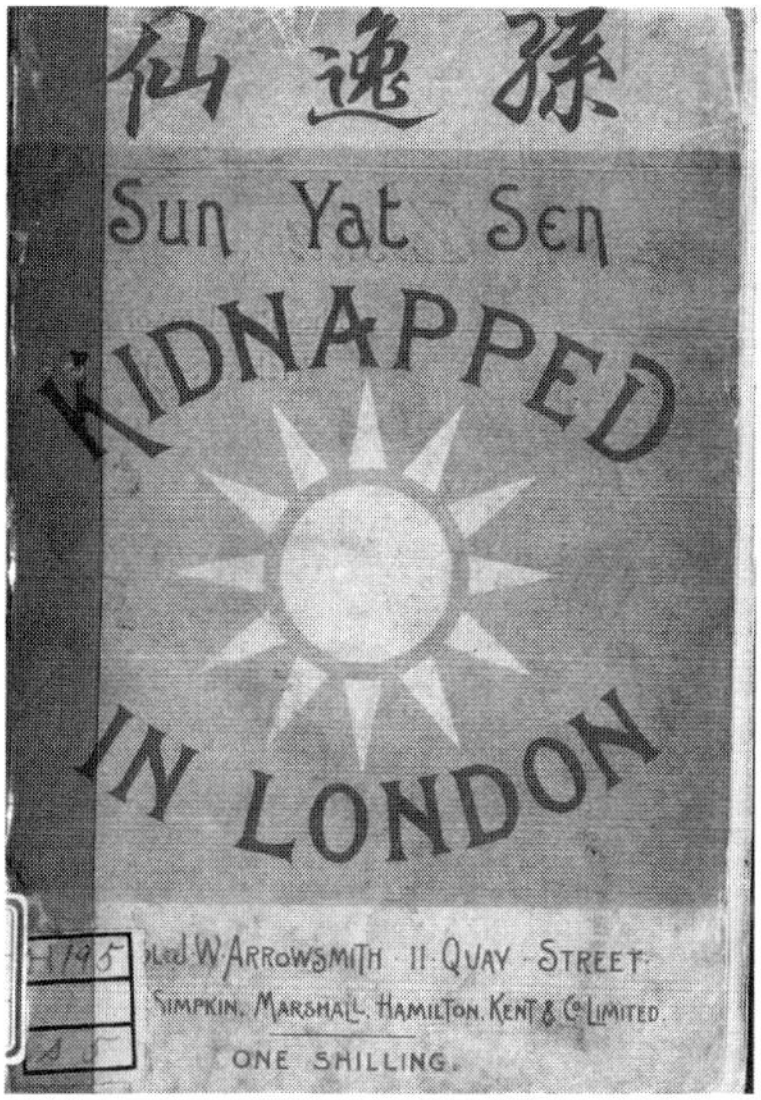

図 2-1　Sun Yat Sen, *Kidnapped in London : Being the story of My Capture by, Detention at, and Release from the Chinese Legation, London*, Bristol : J. W. Arrowsmith, 1897.

いくこととなる。

第三節　同盟会国旗論争

光緒三十一年七月二十日（一九〇五年八月二十日）、東京で広東の興中会と湖南の華興会、浙江の光復会が中心となって中国同盟会が結成される。翌光緒三十二（一九〇六）年の秋から冬にかけ、同盟会の以後の武装蜂起の方針と実行規則を定めた「革命方略」が起草されたが、馮自由はこの時に「中華民国国旗の方式」が討論されたとする[7]。ただ、後述のように、当時居合せた人々の日記や回想などからは、この論争は正確には翌光緒三十三年正月十六日（一九〇七年二月二十八日）の前後にかけて起きたものと考えられる[8]。この時間的なズレの意味についてはやはり後述するとして、ここではこの馮自由の記述や劉雲波の先行研究に依拠してこの時に提起された国旗案・主張者・論拠をまとめると表２－１のようになる[9]。

五色旗は上から順に紅・黄・青・白・黒の五色を横縞に配列したもので、「中国の歴史上の習慣にしたがう」というのは、この五色が古来「正色」とされてきたことを指すと思われる。十八星旗は、紅地に黒で九芒星を描き、九本の光芒の先端と根元に一つずつ、合わせて十八の黄色の小円（星）を配したもので、「九角旗」あるいは黒と紅の色彩から「鉄血旗」とも呼ばれた。井字旗は廖仲愷が提案したもので、「井」の文字をデザインしたものであった。

この論争において最も激しく対立したのは、青天白日旗の国旗としての採用を強く主張する孫文と、それに反対して井字旗を推す黄興であった。馮自由によれば、黄興が異議の理由として青天白日旗が「形式が美しくなく、かつ日本の旭日旗に近い」ことを挙げたのに対し、孫文は激しく反論した。さらに孫文は、三色旗が「世界の自由・平等・

表 2-1　同盟会国旗論争

国旗案	主張者	論拠
青天白日旗	孫文	陸皓東の発明であり，興中会の諸先烈及び恵州革命軍の将士は前後してこの旗の為に血を流した．故にこれを留めて記念としないわけにはいかない．
五色		中国の歴史上の習慣にしたがう．
十八星		十八行省を代表する．
金瓜斧鉞		漢族の精神を発揚する．
井字	廖仲愷・黄興	井田〔古代の理想的土地制度〕の義を表示する．

注）馮自由『革命逸史』初集，台北：中華書局，1981 年（初版 1945 年），18 頁より作成．

博愛の真義に符合する」として青天白日旗に紅地を加え「青天白日満地紅」に意匠を改めたが、結局意見の一致を見ず、章炳麟・劉揆一の調停によってこの問題は棚上げになったという[10]。

馮自由の記述はこの後に、以後の蜂起における使用例を挙げ、「党軍はみな青天白日満地紅の三色旗を革命の標幟とした。克強〔黄興〕は主帥に選任されたが、全く反対の意志表示は無かった。したがって革命の歴史上において、青天白日〔満地紅〕旗が中華民国国旗であることは、実に疑義が無い」と続ける[11]。

ただここで問題となるのが、前述した論争の時期のズレである。清朝の要請を受けた日本政府に国外退去を命じられた孫文は、この論争の数日後の正月二十日〔三月四日〕に日本を離れる。しかしその際に孫文が日本政府から受け取った見舞金の分配をめぐって章炳麟らが孫文を批判し、以後、同盟会東京本部は事実上分裂状態に陥った。したがって馮自由の記述において論争の時期が前倒しされているのは、それを同盟会の分裂と結びつけることを避けるためであった可能性がある。

この論争に関する孫・黄自身の文章は見られないが、その周辺にあった人物の当時の日記や後年の回想などからその概要をうかがうことができる。

まず広東出身で孫文の側近であり、孫文の離日後も行動を共にした胡漢民の後年の自伝には以下のようにある。

出発〔孫文の離日〕が迫ったころ、革命軍旗・国旗を議定した。〔孫文〕先生は強く青天白日の徽幟を主張し、克強は井字の徽幟を用いることを欲して、井田は社会主義〔民生主義〕の象徴であるといった。先生は〔その意匠は〕美しくないうえ、復古思想の嫌いがあるといった。党員は悉く先生に従った。克強は争って勝つことができず、頗る快々としていた。私はすでに克強と道を分かっていたが、克強はなお書簡を私に寄こして言った。「功名は自分から立てる必要はなく、また功名が成っても自らその地位には居らない〔という〕。先生はどうして第一次起義〔一八九五年の興中会広州蜂起〕の旗に執着すべきだろうか。しかし私は今は党と大局のため、強いて先生の意志に従うのみである。」私は当時ただ革命のみを求め、かつてそれの為に血を流した者のあった革命旗に対して、これを用いることに賛成していた。……よって私と精衛〔汪兆銘〕とで、つとめて克強の為に説明し、克強もこの後は二度と言わなかった。(12)

この記述によると、この時同盟会員はことごとく孫文を支持し、黄興のみが反対していたように見える。しかし、一九〇七年二月二十八日の宋教仁の日記には、この日、民報社を訪れた宋が黄興に会って話を聞いたところ、次のように述べたとある。

しばらくして、慶午〔黄興〕が突然〔同盟会を〕退会して関係を断ちたいと言い出した。その原因は〔欠文、「孫逸仙」か〕が自分の意図で新しい国旗を制定したので、慶午は適当でないと思って改めるよう求めたが、逸仙〔孫文〕は固執して譲らず、そのうえ不遜な言葉を口にしたからである。そのため慶午は怒って退会するというのだ。時に諸氏いずれもその場にいて、みなこれを勧めた。

宋教仁は「遂に彼に止めるよう勧めず」、さらにこのことで「遂に明日ただちに逸仙に〔同盟会庶務の〕辞職を申し出ることを決め、慶午のこともするがままにまかせた」という。(13) 宋教仁はもともと華興会員で親黄興・反孫文の立場にあった。(14) しかしそのためのバイアスを考慮に入れても、この論争において決して孫文の主張が同盟会内で全面的に支持されていたわけではなかったことがうかがえる。

同様に孫文に対して批判的であった章炳麟が後年に書いた『自定年譜』の記述も、やはり当時の同盟会全体が孫文の案に賛成したわけではなかったとしており、宋教仁の記述に近いものとなっている。

逸仙は南洋〔東南アジア〕より東京にもどると、青天白日旗を作り、これを壁上に張った。克強は井字旗を作り、平均地権の意を示そうとした。逸仙の壁上の物を見て、これと争って言った。「日を手本とするのは、日本に倣うものであり、必ず速やかにこれを廃さねばならない」。逸仙は声を励まして言った。「僕が南洋に在ったとき、この旗に命を託した者は数万人にのぼる。これを廃するというのであれば、まず僕を殴ればよい」。克強は怒り、同盟会籍を脱する誓いを立てたが、未だいくばくもしないうちにかえってきた。時に日本人で同盟会に入る者は八人おり、互いに争いあった。漢人にもまた異同があった。(15)

以上の経緯を見る限りでは、青天白日満地紅旗が同盟会の国旗であることは、決して「疑義が無い」ことではなかった。むしろこの国旗をめぐる論争は、当時の同盟会・革命派内部に発生しつつあった深刻な対立の表面化であり、またその対立を決定的なものとした事件であった。(16)確かに黄興自身は「強いて先生の意志に従う」こととなり、青天白日満地紅旗はその後の蜂起で用いられたが、この意匠が以後の革命派全体に国旗として認められていたかどうかは、やはり別問題と見なすべきであろう。例えばこの事件の後、東京で華興会員の一部が同盟会から分派して結成した共進会は「革命軍旗」として十八星旗を独自に採用し、それが後の武昌蜂起に用いられることとなった。(17)後述するように、辛亥革命の際にさまざまな「国旗」が使用されたこともそれを裏づける。

前述の宋教仁はこの対立を、孫文の「平素から、胸襟を開き虚心坦懐に人に対処して物事をすることができず、専制跋扈に近く、人に我慢できなくさせる」態度に対する黄興らの蓄積された悪感情が表面化したものと見なした。(18)しかしそれと同時に、ハリソンが指摘するように「青天白日旗は孫文及び、彼の個人的な歴史と彼が創設したグループが優位を占める革命という観念と結びつけられていた」という事情がある。(19)自らの最大の政治的財産である、最古参の革命家としての広州蜂起への参加を象徴する「第一次起義の旗に執着」し、「興中会の諸先烈」の犠牲を特権化し、それを理由に青天白日(満地紅)旗を同盟会全体の国旗に採用しようとした孫文の態度は、革命派内における孫文派・興中会系の正統性の主張であり、さらに革命後にその旗が象徴することになる新国家における主導権の主張に他ならなかった。

しかし、同盟会における国旗をめぐる論争が革命派の団結ではなく分裂を決定づけたということは、孫文を革命の正統勢力と見なす歴史記述にとっては不都合であった。後に国民党の立場から書かれた「国旗史」がこの論争の詳細な記述を回避する傾向にあったのはそのためであろう。

この青天白日(満地紅)旗は、清末のナショナリズムをめぐるシンボル体系全体の中にどのように位置づけられるのだろうか。留学生を対象とした革命派の宣伝刊行物や集会などで利用されたシンボルはいくつかあるが、特に重要なものとしては、革命に殉じた烈士[20]、漢人の祖としての黄帝[21]、異民族と戦った英雄としての岳飛[22]、といった言説やその図像的イメージが挙げられる。孫文が青天白日満地紅旗を「興中会の諸先烈」と結びつけようとしたことは前述の通りである。革命派は、これらのシンボルを漢人ナショナリズムと「反満」感情の喚起に利用した。その中でも特に烈士追悼儀式や黄帝の図像は、清朝側からすら利用されるほどに流行した。また、武装蜂起への会党の動員などに際しては、より民俗的なシンボルも利用された。後述するように、辛亥革命の際に使用された白旗や白い腕章については、当時民間で広範に信仰された末劫論や救世主待望論に基づくものだったという指摘がなされている[23]。

確かに、遊佐徹が指摘したように、一九〇〇年代の日本留学生の文章には、アメリカ独立戦争の「独立旗」とフランス革命の「自由鐘」という二つのイメージが革命のシンボルとして頻出する[24]。やはり前述したように孫文が青天白日満地紅旗を「自由・平等・博愛」を示すものと意味づけたのも、フランスの三色旗に倣ったものである。黄龍旗の意匠がどうしても皇帝のイメージから切り離せないものであった以上、立憲派・革命派の人的・経済的基盤となった留学生や華僑にとって、それは体制変革の暁には当然立憲制もしくは共和制の理念を体現する旗と取り換えなければならなかった。実際に第一章で触れたように、同時期の保皇会においても新たなイデオロギーを表現する「国旗」の必要性が主張されていた。

しかし一方で、当時の革命派が自らの旗をイデオロギーの媒体、あるいは宣伝文書や集会の素材として積極的に利用した例はあまり見られない。これには革命派全体の旗が結局決定されなかったということもあるが、特に一九〇〇年代後半には、日本で宣伝刊行物を作成して持ち込むという従来の手法に対する取り締まりが強化され、宣伝の中心が国内における合法的な新聞などに移行したという事情がある。(25) 海外の華僑社会においてはともかく、国内で流通する刊行物の上で、革命派の旗である青天白日満地紅旗の体現するイデオロギーや歴史について解説し、宣伝に利用するということは困難であっただろう。

そのため、革命派が限られた地域における散発的な蜂起で軍旗としてこれらの旗を使用し、かつそれが短期間で鎮圧されていた限りにおいては、それらの旗に対する一般の認知はかなり低いものであったと考えられる。また、革命派内でもそれぞれの分派がそれぞれの蜂起でそれぞれの旗を使用し続けたが、それを統一するというようなことも問題とならなかった。

そのため、この革命派の旗が大きな問題となったのは、実際に蜂起が成功し、軍旗が全国で大々的に使用され、そして新国家の公式の統一されたシンボル体系を構築する必要が生じた時であった。

第四節　辛亥革命と国旗問題

一　辛亥革命と旗

宣統三年八月十九日（一九一一年十月十日）の武昌の新軍蜂起に端を発する辛亥革命は瞬く間に各地に波及し、わずか一カ月余りの間に東三省・直隷（河北省）・河南省・山東省などを除く十四省が清朝からの独立を宣言した。この蜂起、そしてその後の独立各省の軍政府成立の際に、様々な旗が用いられたことが確認される。

再び馮自由の記述によって「南京政府建立後」に用いられた旗と使用者・地域を整理すると、表2－2のようになる。この他、広東省恵州の陳炯明は、同盟会国旗論争の際に同郷の廖仲愷が井字旗を提案したと聞いていたことから、挙兵の際それを採用して掲げたが、広州の革命軍と合流してからは用いなかったという(26)。

ただ、後述するように五色旗は同年十月（十二月）の各省都督府代表連合会で初めて提案されたもので、蜂起直後から使用されたわけではなかった。実際にこの後に見るように、上海の「光復」の際には十八星旗が使用されている(27)。各地で蜂起した革命軍は、当初そのほとんどが腕に白い布を巻き、「光復」「滅満興漢」といった文字を書いた白旗を掲げて目印としていた(28)。上海ではこの格好を真似て革命軍を騙り恐喝をはたらく「匪賊」まで出没したらしいことから、この識別法が当時広く知られたことがわかる(29)。

ただこれらの白旗は、それを用いた蜂起軍にとっても一般の市民にとっても、「国旗」として認識されていたわけではなかったと考える。そもそも革命の発端となった武昌でも、前述のように共進会が採用し、かねて用意していた十八星旗のほとんどが、八月十八日（十月九日）の爆弾暴発事件で当局の捜索を受けた際に党員名簿や銃器・弾薬と共に焼失あるいは押収されてしまった。このため、翌日の蜂起に用いられた十八星旗は急遽運び出された二枚だけだ

表 2–2　辛亥革命時の国旗

旗	使用者	使用地域
十八黄色星旗	共進会（焦達峰・孫武）	湖北・湖南・江西
青天白日三色旗	広東軍政府	広東・広西・福建・雲南・貴州
五色旗	上海・江蘇軍政府（宋教仁・陳其美）	江蘇・浙江・安徽及び各省

注）馮自由『革命逸史』初集 22 頁より作成.

ったという。[30] 蜂起の主導者だった熊秉坤自身の回想によれば、十八日午後五時の時点で熊が鄧玉麟らと密会して蜂起を決定した際に、用意してあった旗幟が押収されてしまったため、やむなく「肩章を裏返しにとめ、白い包帯を右腕に巻いて符号の代わりにし、識別し易くする」ことを決めたという。そのため、蜂起翌日の八月二十日（十月十一日）に臨時の軍政機関として組織した「謀略処」で、「中国を中華民国と称する」「本年を黄帝紀元四六〇九年とする」等と並んで、「革命軍旗は十八星旗とする」と決定したのが、辛亥革命における最初の「旗」に関する規定となった。[31] 武昌蜂起の成功に各省・各組織がそれぞれに呼応したという辛亥革命の性質上、最初から統一されたシンボルが存在しなかったのはむしろ当然であったとも言える。

二　国旗統一問題

それではこれらの旗はどのように統一されていったのか。

上海では九月十三日（十一月三日）に「十八星」の「民国軍旗」を掲げた革命軍が入城、安民の布告と共に白旗を掲げさせたが、[32] 翌日に清朝からの独立を宣言した後にはさまざまな旗幟が用いられた。

民国軍の気勢をうかがいたいのならば、上海の旗を見ればよい。最も多いのは白旗であり、その次は星旗であり、また次は民国軍万歳、大漢光復、還我河山〔我らの山河を取り戻そう。岳飛の言葉とされる〕といった賛辞を書いた旗であり、その次は太極図旗〔後述の大韓帝国旗か〕であり、ひるがえり目に触れるものは皆それである。

これらを真似た紙の旗を作って子供の玩具として売る者までおり、黄浦江沿いでは家屋の屋根のみならず、子供の手にも旗、女性の手にも旗、西洋人の手にも旗で、南洋大学の学生は李鴻章の銅像にまで旗を持たせてしまったという(33)。蜂起後間もない「民国軍」によってさまざまな旗幟が用いられたこと、それらの旗幟がいかなる形であれ上海市民によって大規模に使用されたことがわかる。

このような状況下、武昌蜂起から一カ月を経た九月二十一日（十一月十一日）の『申報』に、正式な国旗の早期決定の必要性を主張する評論が掲載された。

旗式は早日に頒布すべきである。国は共和であっても、心志は実に画一〔統一〕にし、後日の分裂のおそれを免れなければならない。一人の心志というものにとって、旗式は実に最重の要素である。旗式が画一であれば、心志が附属する所があり、無益の紛岐はおのずから少ない。もし今日旗式が未だ定まらない時に、甲は甲式を用い、乙は乙式を用い、あるいは亡国朝鮮の八卦旗等、種々雑多な各式を用いれば、ただ内に対して心志を一にすることがないだけでなく、外に対しても不統一の心志を明らかにすることになる。これは軍政府の急務であり、注意しなければならないことである(34)。

ここで述べられているのは、国家の分裂への恐れと、「旗式」が人々の「心志」の統合において「最重の要素」だという認識である。「共和」国家を建設するに際して、抽象的な理念に加え、国旗という視覚的なシンボルを媒介とした国民の意識の統合が必要であるということが明確に認識されていたことがわかる。

上海都督府もこれに先立つ九月十八日（十一月八日）、民政部長李平書の名で、「即日より黄帝紀元を用い、再び宣統という字を用いることを許さない」こととあわせて、「各地方の掲げる国旗は、すべからく本民政府と同じ形式としなければならない」と布告し、上海市内における「国旗」の統一を図っていた(35)。

九月二十五日（十一月十五日）、独立各省の代表が上海で各省都督府代表連合会を開く。同三十日（二十日）、湖北軍政府が中華民国中央軍政府と承認されたため代表会自体は武漢に移転したが、この際、各省代表のうち一人ずつが上海に留め置かれた。上海に残った代表たちは武漢とは別に独自に会議を進め、十月十四日（十二月四日）に選挙を行って大元帥に黄興、副元帥に黎元洪を選出、上海に臨時政府の樹立を図った。黄・黎の辞退により実際の就任はされなかったものの、この時、中華民国の統一国旗案についても建議がなされていた。奉天諮議局代表として同会に参加した呉景濂の回想によれば、多数の代表と江蘇都督程徳全・浙江都督湯寿潜・黄興らが共同で検討した結果、「革命行為は政治改造より起こったもので、専ら種族革命ではないことを表明でき、また満・蒙・回・蔵各族の心理を緩和し、漢人と共同して努力し、共和に賛助させることができる」五色旗が適当であるという案を提出、臨時政府成立の後に国旗案として提出することを決議した、という(36)。これが五色旗を中華民国国旗案とする最初の決議である。

この五色旗がどのような経緯で提案されるに至ったのかについては不明な点が多い。ただ、片岡一忠は、宋教仁が江蘇都督として擁立した元江蘇巡撫程徳全と関係の深かった張謇が初期の「五族共和」論者であったことが五色旗の採用に影響を与えた可能性を示唆している(37)。またこの会議に参加した同盟会員の田桐もその回想で「五色旗は程徳全が提案したものであった」として次のように述べている。

漢陽が失陥し、陳英士〔陳其美〕は上海で独立し、程徳全は江蘇巡撫の身分でこれに呼応した。時に私〔田桐〕は黄公〔黄興〕とともに上海に来た。徳全は英士と相談した。英士は上海城内の〔江蘇〕教育会で会議を開きこの事を討論した。私もまた会場にあった。この旗の形状を黒板上にかき、あわせて説明して言った。「フランスは三色旗、ロシアもまた三色旗である。縦横が異なるに過ぎない。中国の五色は、漢・満・蒙・回・蔵の五族を代表することができる。これを五族共和という」。当時の徳全の意においては、すでに心は民国にあったが、また旧主に違背する嫌いも無かった。五族共和と名づけたのは、清の官吏に反正〔寝返り〕の口実をもちやすくさせたのである。これが五色旗の動機であった。会議を開いて〔この案を〕提出した後、衆人はみな、好〔よい〕、好、といった。ここにおいて反対者は一言も発することなく、遂に通過した[38]。

九月十二日（十一月二日）には漢口が、続いて十月七日（十一月二十七日）には漢陽が失陥、内閣総理大臣となった袁世凱率いる清軍が武昌にも迫っていた。これに対し激しい戦闘の続いた南京は江蘇都督程徳全の参戦によって十月十二日（十二月二日）に革命軍の手に落ちる。これは両軍の膠着状態を招くと共に、革命軍にとって武漢の地位の相対的低下と上海・江蘇への主導権の移行を意味した。上海で決議された五色国旗案が後に臨時参議院を通過したことは、田桐の言うようにこの意匠が「清の官吏」を含めて広く受け入れられやすかったことともに、南京臨時政府成立に至るこの時期の上海・江蘇の政治的主導権を裏づけるものとも考えられる[39]。また、同じくその場にいた同盟会湖北分会の居正の回想によれば、この時に五色旗を国旗にすることに加え、十八星旗を陸軍旗、青天白日（満地紅）旗を海軍旗にすることについても決定がなされたという。

中華民国大元帥を選挙した後、続いて各種の旗幟について議論し、五色旗を国旗とし（江蘇都督代表提案）、武昌起義の十八星旗を陸軍旗とし（鄂〔湖北〕軍都督代表提案）、青天白日〔満地紅〕旗を海軍旗とした（福建都督代表提案）。討議の後、新しく選ばれた大元帥黄克強先生に私から渡して見てもらった。黄先生は同盟会時代に孫先生が青天白日を国旗にしたがっていたのに、今ただ海軍にのみ用いるということについて慎重に考慮し、遅疑して敢えて決定しなかった。しかし次の日、上海の各紙に全て掲載されてしまった。黄先生は私を呼んで各紙を示し、しばらく愕然としていた。黄先生が言うには、すでに流布してしまったのだから、私が決定する必要はない。まして国旗は法律で定めるべきものであるのだから、ただ他日を待つ他ない[40]。

上海の各紙に掲載された、というのは十月十六日（十二月六日）・十月十八日（十二月八日）の『申報』や『時事新報』、『民立報』などに掲載された図を指すと思われる（図２－２、２－３、２－４）。

十月二十七日（十二月十七日）に南京臨時政府が成立、この際に五色旗が国旗として使用された[41]。またこの日に

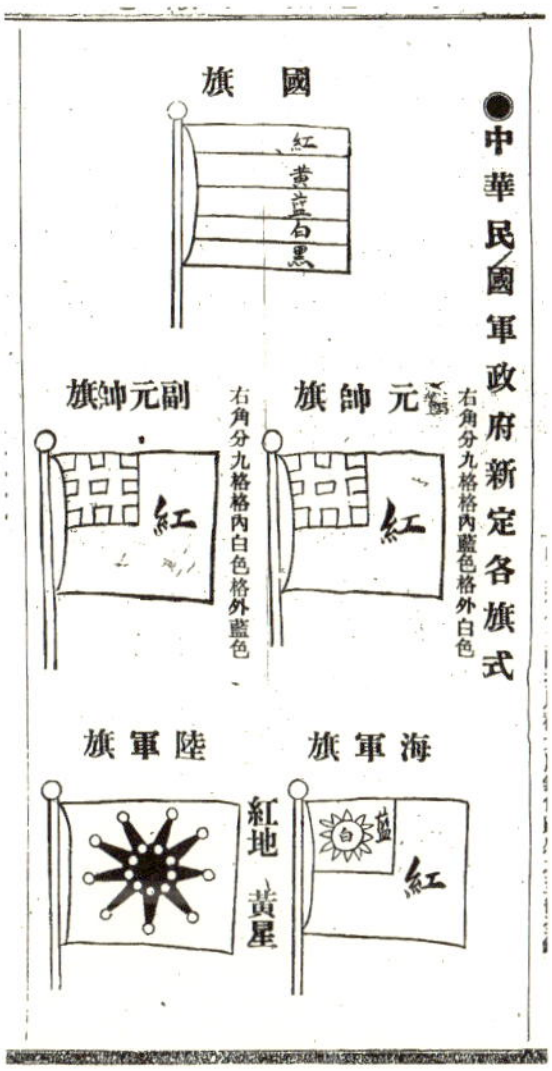

図 2–4　「中華民国軍政府新定各旗式」『時事新報』辛亥 10 月 18 日（1911 年 12 月 8 日）

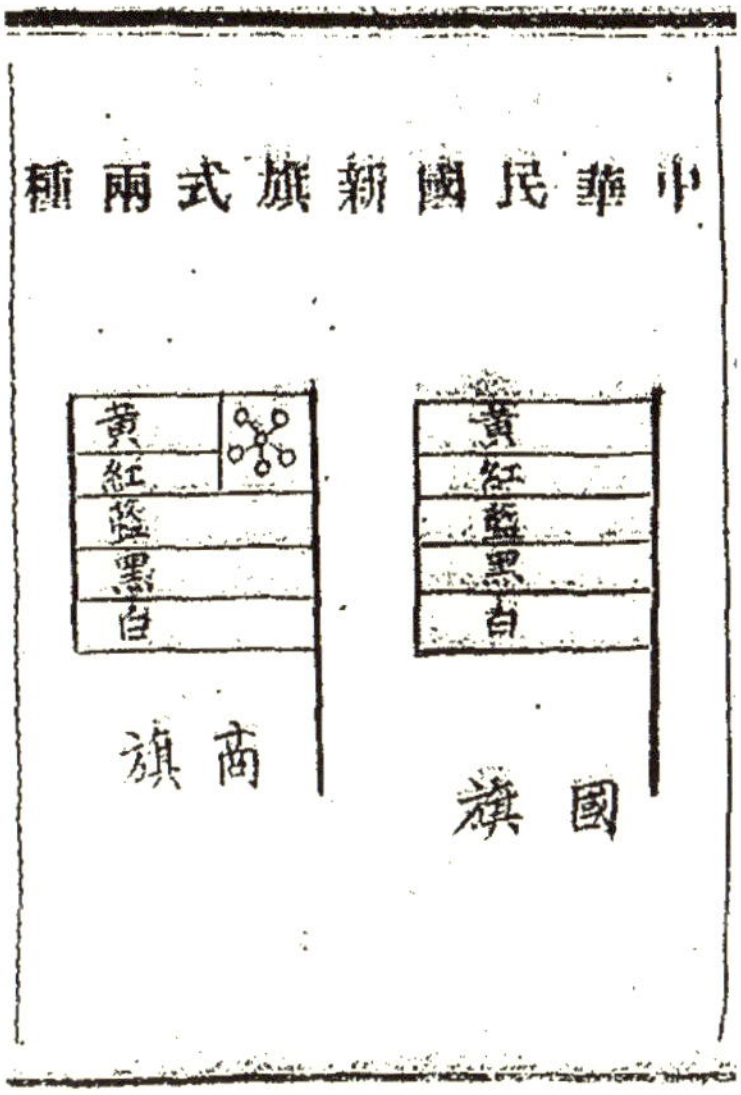

図 2–2　「中華民国新旗式両種」『申報』辛亥 10 月 16 日（1911 年 12 月 6 日）

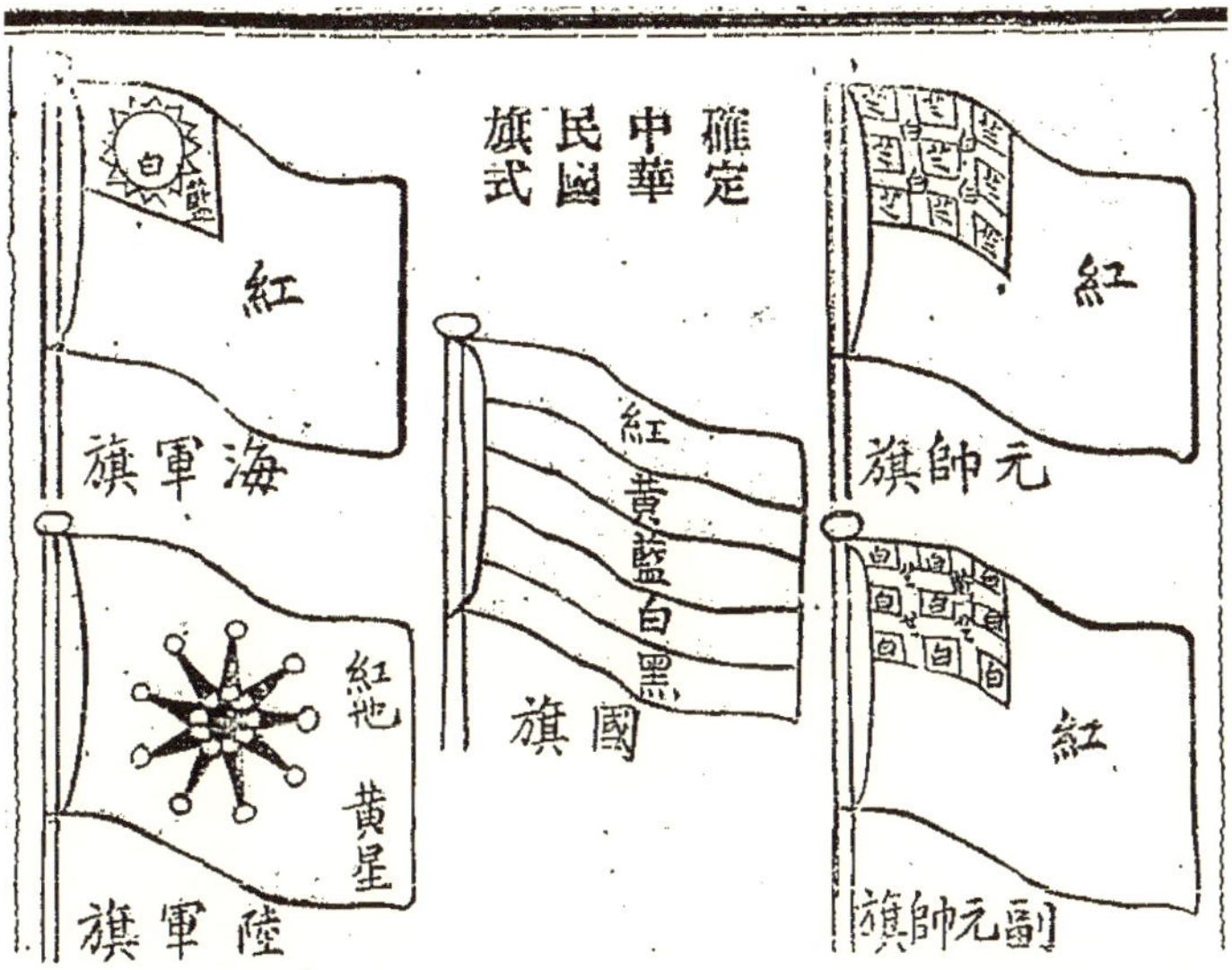

図 2–3　「確定中華民国旗式」『申報』辛亥 10 月 18 日（1911 年 12 月 8 日）

「諸先烈士」の追悼会を行うのに先立って上海都督陳其美は「五色民国旗一千面」を市政庁から市内の各商店に購入させ、半旗に掲げさせた。

さらに陳其美は十月二十八日（十二月十八日）に「従前各地で作成した国旗は、みな自由に過ぎ、奢る者は綢紗を用い、倹約する者は布帛を用い、あるいは大きくあるいは小さく、未だ一致せず、国体を傷つけるだけではなく、さらにどうして我が同胞の万衆一心の至意を表そうか。目下東南を平定しており、胡虜〔清軍〕の平定は目前なので、おのずから国旗を統一すべきである」という通告を出して国旗の規格の早急な統一を呼びかけた。そして同時に、五色旗二万枚を製造して販売、各商店に布告の様式にしたがって自製することを奨励してその普及を図った[42]。これらの措置を受けて、商務総会も頒布された国旗を掲げるよう通告を出している[43]。

十一月六日（十二月二十五日）に孫文が帰国し、同十日（二十九日）に初代中華民国臨時大総統に選出される。孫文はアメリカで辛亥革命の報を受けた後ヨーロッパ経由で帰国したが、ロンドン滞在中に現地の華僑に新国旗の形式を問われた際、「青天白日満地紅旗である」と答え、自ら一枚の葉書に「青天白日」の図と寸法を書いて説明し、これによって即刻五十枚の青天白日満地紅旗が作成され、二日間ロンドンの唐人街に掲げられたという[44]。しかし、上海に着いた彼を出迎えた人々、民国元年一月一日（陰暦十一月十三日）に臨時政府所在地の南京へ向かう途上で彼を取り巻いた革命軍の将兵、臨時大総統就任式典に詰めかけた人々の手に振られていた国旗は、皮肉にも彼の長年用いてきた青天白日満地紅旗ではなく、五色旗であった[45]。

三　五色旗の採用

以上のような経緯を経て、正式な中華民国国旗の決定が新たに立法機関として組織された臨時参議院で行われることとなった。この過程に関しては前述の李学智の先行研究が詳しいため[46]、適宜参照しつつ時系列に沿って見ていきたい。

一月十日、南京の「参議会」（臨時参議院の正式な成立は一月二十八日）が五色旗を国旗とすることを決議、臨時大総統孫文に各省への頒布・施行を求めた。これに対し、あくまで青天白日満地紅旗を国旗に推す孫文は十二日、五色旗は国旗として不適当であり、青天白日満地紅旗を採用すべきだと回答した。

現在民国の各省がすでに用いている旗は、大別して三つある。武漢首義〔最初の蜂起〕には内外十八省の徽志を用い、江蘇・浙江は五色の徽志を用いた。〔欠文か〕今そのうちの一つを用いれば、必ずその他の二つを廃することになる。その用いるものは必ず比較して最良のものでなければならず、絶大充分の理由がなければ、折衷して論を定めることはできない。したがって本総統は今にわかに定めるのではなく、満虜〔清朝〕が亡び、民選国会が成立した後を待って、これを国民の公決に付すことを欲する。もし今決定するとしても、五色旗が比較して最良の徽志とするに足るか否かを言うのは易しいことではない。

（一）清国の旧例では、海軍は五色旗を一・二品の大官の旗としていた。今満清の国旗を廃してその官旗を用いるというのは、体を失うことを免れない。

（二）その意味を五大民族とするが、その分配して色で代表するのに、意味を取ることが確かでない。例えば黄色で満族を代表する類がそれである。

（三）すでにして五族平等を言うのに、上下に配列するのは、階級があるようである。

国旗の頒布と使用には、重んじる点が三つある。一つは旗の歴史、二つは旗の意味、三つは旗の美観である。武漢の旗は、これによって全国最初の蜂起を行ったので、尊い。江蘇・浙江の旗は、これによって南京をとりもどした。そして天日の旗は、漢族共和のために党人がこれを南方起義に用いること十余年。乙未〔一八九五〕年に陸皓東がみずからこの旗に殉じて以後、黄崗・防城・鎮南関・河口、最近では民国紀元前二〔一九一〇〕年の広東新軍の反正の際の倪映典らの流血、前一〔一九一二〕年の広東城の起義の際の七十二人の流血などは、みなこの旗によるものである。南洋・アメリカ各港の華僑の、共和に同情する者も、すでに多年用いており、外人は総て民国の旗と認めている。(47)

「清国の旧例では、海軍は五色旗を一・二品の大官の旗としていた」というのは、前述した光緒十四（一八八八）年の「北洋海軍章程」に「提督は五色長方旗を用い、諸将は三色長方旗を用い、旗の上角にはおのおの錨形の飾りをつける」とあるのを指すものと思われる。(48)

この孫文の要請によって正式な中華民国国旗の決定は延期される。そして孫文はこれ以後一貫して青天白日満地紅旗の中華民国国旗としての正当性と五色旗の不当性を主張していくことになる。

しかし、民国初年当時において青天白日満地紅旗がどれだけ支持されていたかについて、李学智は「実際上は民国の行政機関・政府官員は無論、社会各界も、海外華僑に至っても、当時いずれもすでに五色旗を国旗とみなしていた」と否定的である。(49)

実際、この後も五色旗が事実上の国旗として各省で普及していく。二月十二日に宣統帝退位の詔が発せられた翌日、上海で南北講和交渉の任に当たっていた臨時政府司法総長の伍廷芳は、清朝側の代表である唐紹儀とともに袁世凱に「各地の軍隊に通達して一律に中華民国の五色旗を掲げさせて統一を示し、この後同一の国旗の軍隊を見れば、戦いを挑んではならない。もし従前の清国軍隊でなお未だ国旗を掲げ換えない者を見れば、ただちに通告し、……民国旗に掲げ換えさせなければならない」と要請する電報を送っている。(50)袁世凱はこの後に公布した「過渡暫行条例」の中で「国旗は暫定的に五色旗を使用する」と規定し、(51)これを各国の駐華公使に照会している。(52)

三月十日、袁世凱が北京で第二代臨時大総統に就任、四月一日に孫文が臨時大総統を辞し、翌日、南京の臨時参議院が北京への臨時政府移転を決定する。政府の北京移転後、華北を含めた全土の「中華民国国旗」の統一が臨時参議院で議題となった。その経過を議事録などから概観すると以下のようになる。

五月六日、「国旗統一案」が提議され、全院委員長の谷鍾秀（直隷、統一共和党）が南京臨時参議院での議論と孫文の回答について説明した。李国珍（江西、共和党）らは「現在各省で多く五色旗が通用している」ことを理由に、議論の必要はなくただちに表決に付すべきであると主張したが、谷鍾秀はこの件を特別審査に付すことを提案、議長の呉景濂（奉天、統一共和党・共和党）が楊廷棟（江蘇、共和党）・殷汝驪（浙江、統一共和党）・籍忠寅（直隷、共和党）・張伯烈（湖北、共和党）・李国珍・潘祖彝（福建）・秦瑞玠（江蘇、共和党）の七人を特別審査員に指名する。(53)

五月十日、特別審査員の楊廷棟は、「五色旗は通行すること甚だ広く、中華民国国旗として中外みな知るので、おのずから変更するという道理は無く」、また駐日公使汪大燮はすでに日本政府に五色旗に改めることを通達し、国外の華僑もみなこれを用いている。ただ現在陸軍旗として十八星旗を、海軍旗として青天白日（満地紅）旗を使用しているが、これらのデザインは国旗と関連がないので、五色旗の左上四分の一にそれぞれ十八星旗・青天白日旗をはめ込んだものを陸軍旗・海軍旗とする、という審査案を報告した。谷鍾秀はこの案を支持したが、曾有翼（奉天、統一共和党）は、かつて武昌から大総統への電報に、十八星旗は「アメリカの〔国旗が〕十三州の意味〔であるの〕を採用したもので、十八省の同胞が鉄血主義を具有し、漢族の偉業を回復することを示す」とあったが、これでは十八省を表すのみで、東三省・新疆・内外蒙古・西蔵・青海を合わせた二十六区域を表すことができない、としてその陸軍旗への採用に反対した。籍忠寅・張伯烈・劉成禺（湖北、共和党）・殷汝驪・谷鍾秀・林森（江西、同盟会）・谷芝瑞（直隷、共和党）らは、それでは今後省の数が変化するたびに旗の星の数を変更しなければならなくなる、十八星旗はそもそも十八省を表すものではない、武昌起義の記念の旗を改変すべきではない、といった反論を行ったが、金鼎勲（吉林、統一共和党）・孫孝宗（奉天、統一共和党）・劉興甲（奉天、統一共和党）らも「二十六星」に増加すべきであると主張、両派の対立で議場は一時騒然とした。そのため、高家驥（黒龍江、統一共和党・共和党）が先に五色旗を表決に付し、陸軍旗については再審議することを提案、議長が賛成し、五色旗を国旗とする案は賛成多数で可決、陸軍旗についてては再審査に付すこととなった[54]。

五月十四日、楊廷棟が欠席したため潘祖彝が第二次報告を行い、十八星旗には本来十八省という意味はないが、十八星旗の中心に大きな一星を加えることで誤解を免れるとともに、多くの星がそれを囲むことで「中華民国統一国家」の意味を表示する。海軍旗は前回の原案の通りとする、という案を提出した。曾有翼が、中央の星を他の星と同じ大きさにし、「中央集権の意」を免れるとともに、「平等の意」を示すことを提案し、谷鍾秀・李肇甫（四川、同盟会）もこれに賛成した。議長がこの案を表決に付し、賛成多数で可決された。この時「海軍部特派員」が「世界の共和国では国旗すなわち海軍旗であり、フランス・アメリカ等の国はみなそうである。君主国体ではすなわち国旗と海軍旗は同じでない。我が中華民国は共和国なのだから、国旗は海軍旗と同じにすべきである」と発言したが、張耀曾（雲南、同盟会）は、共和国が必ず国旗を海軍旗とするわけではないと反対、彭允彝（湖南、同盟会・統一共和党）・陳景南（河南、同盟会・統一共和党）・張伯烈・孫鐘（河南）らも同意した。また谷鍾秀が「日本・フランス・ドイツの国旗はみな商旗と同じである」として商旗に国旗を用いることを提案、孫鐘・王嘉賓（江蘇、同盟会）らが同意、表決の結果、賛成多数で可決された。議長が最後に全案について三読会を開く必要がなければ表決に付すとしたが、全員が賛成し拍手は万雷のようであった[55]。

これらの議論の中で欧米や日本の国旗が参照対象として盛んに言及され、また特に問題となった十八星旗の解釈について、アメリカ国旗が非常に強く意識されていたことがわかる。

五月十六日、議長がこの国旗案と国旗・陸海軍旗の図を示して拍手で承認を受け[56]、同案が臨時参議院から臨時大総統へ送られた。

以前の起義の初めに当たって、沿江の各省は五色旗を国旗とし、通用してすでに広く、全国でほぼすでに一致している。蓋し旗は常なり。周官の司常は九旗の名物を掌り〔『周礼』春官宗伯。司常は天子の旗を掌る官職〕、中国の漢宋諸儒の学説はいずれも仁義礼智信を五常とする。およそ書籍の伝える所、制度上の身分の区別、声音臭味の差異も、ほとんど五を定数とする。彩色の一端に至っては、近世の科学家の主張では、七つに区分するが、中国の習慣にあっては五色の二字で、早くから人民の心理に浸透している。いわんや中華民国は五大民族が結合して成っており、旗の色が五つであるのにも隠然として謀らずして合している。このため五色旗を中華民国国旗とするのは、道徳上、歴史上、習慣上、政治上、種々の方面について観察すれば、ただ全国の精神を代表するに足るだけでなく、中華民国の永久不磨の特色となるであろう。

また、特に「国旗の五色はもとより五族同等の意を含むものの、何色を何族に分配するということではない。陸軍旗の十九星もまた絶対に区域を示すものではない」ことを強調し、全国に通電（公開電報）を発して誤解を免れるべきことを要請している点が注目される(57)。

しかし二十八日、臨時大総統袁世凱は、五色旗を国旗とすることについては問題ないが、参議院を通過した、五色旗の左上四分の一にそれぞれ十八星旗・青天白日旗をはめ込んだ陸海軍旗は彩色・形式が煩雑で錯綜しており、陸海軍旗は遠望して識別が容易でなければならないため不適当である。また各国の制度では軍旗・商旗は国旗を縮小してその一部とするか専用の旗を使うかしており、国旗自体が欠けることはないが、参議院の定めた方式では国旗を破損する嫌いを免れない。軍旗と国旗に関連が少ないということだが、陸海軍の行動の際には先に国旗を掲げ次いで軍旗を掲げるので、一枚の旗の上で関連させる必要はない、として、「星旗を陸軍旗とし、天日旗を海軍旗とし、五色旗の内に加える必要はない」とする咨覆を参議院に送り、覆議を要請した(58)。

五月三十日、参議院でこの修正案が議論され、「海軍部委員」が発言を求めたが政府委員は総統の提案に反対できないとして却下(59)、表決を経てこの案を特別審査会に付すこととなった(60)。

図 2-5　時事新報館編輯『中国革命記』第 11 冊，上海，時事新報館，1911 年．青天白日満地紅旗の青と白の部分が誤って逆に塗られている．また，陸軍旗が「十八星」で，後の「十九星」と異なっている点にも注意が必要である．

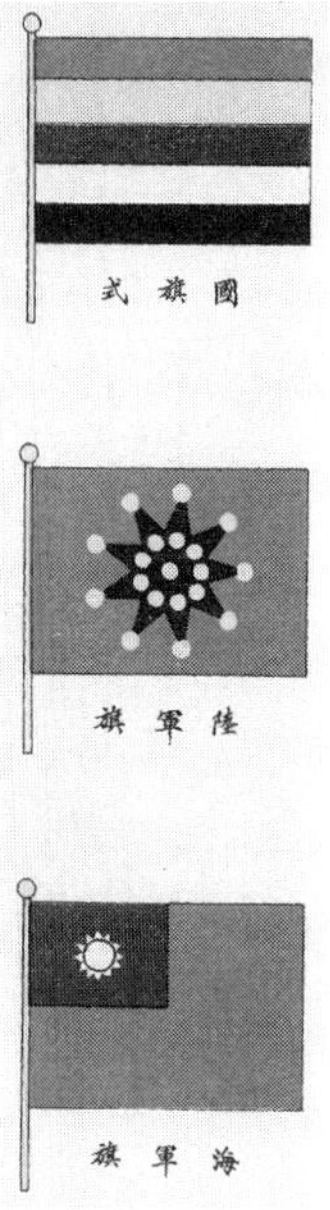

図 2-6　「国旗及陸海軍旗」印鋳局官書科編『法令輯覧』第 9 冊，北京，印鋳局官書科，1917 年，第 17 類 54 頁．

六月五日、楊廷棟が、袁世凱の主張に審査会が同意したことを報告した。二読会で周珏（浙江、統一共和党）が「共和国の国旗は国民の精神を示すものであり、現在国旗は五色に定まった、すなわち五族平等の意味である。もし五色を用いず他の様式に改めるならば国民の精神を消滅させる。〔そこで〕本員〔私〕は中心に青天白日を用い、五色を周囲にめぐらせることを主張する。〔そうすれば〕五族平等を示すことができる上、国民の精神を発揚することもできる」と提案したが、約法上、大総統覆議案は修正はできるが覆すことはできないと陳承沢（福建）が発言、劉彦（湖南、同盟会・統一共和党）も大総統の覆議案に賛成、議長が審査報告を表決に付し、賛成多数を得た。張伯烈がそこで三読会を省略することを提案、賛成を得て、議長が全案を表決に付し、賛成多数を得た(61)。そしてすでに決定済みの五色国旗とともに、六月八日付の臨時大総統令で正式に「五色旗を国旗とし、商旗は国旗を流用し、十九星旗を陸軍旗とし、青天白日〔満地紅〕旗を海軍旗とする」ことが全国に公布された[62]（図2－5、図2－6）。

第五節　おわりに

以後、孫文の死後にその遺志に従って青天白日満地紅旗を国旗とした国民政府が北伐によって北京政府を消滅させ、全国の「易幟」を完成させるまで、国際的・国内的に五色旗が中華民国の唯一の国旗として通用することとなる[63]。

この民国初年の北京臨時参議院における五色国旗の決定について馮自由は、「この時同盟会員が参議院で過半数を占めることができず、かつ院内の共和党内の同盟会分子が徒らに武昌起義の記念品〔十八星旗〕を擁護することだけを考え、母党の助けとなることを願わなかった」ことが原因であったと結論している[64]。確かに蔡元培や、「五族共和」自体への批判から五色旗を否定した戴季陶のように[65]、当時において孫文に近い立場から五色旗の国旗としての採用に反対する意見も存在した。しかし一つには本章が明らかにしたように、青天白日満地紅旗が革命派内で全面的に支持されていたわけではなかったということ、そしてもう一つには辛亥革命において「孫中山及び同盟会のその他主要な指導者も直接蜂起の発動にも指導にも参加していなかった」ことから[66]、すでに一定以上普及していた五色旗を中華民国国旗とすることに広い同意が得られたというのが、むしろこの一九一二年の北京臨時参議院における国旗の決定をめぐる議論の実状であった。そしてそれは上に見たように、臨時参議院の正式な手続きと討論を経、中華民国臨時約法に基づいて公布されたものであった。

ただ、なぜこの五色旗が、孫文らが「南方起義に用いること十余年」の青天白日〔満地紅〕旗や、武昌蜂起に用いられた十八星旗を押さえて中華民国国旗として普及したのか、という問題は依然として残る。この問題について李学智は、五色旗が「立憲派人士の支持を獲得し、満・蒙・回・蔵の人民を団結させ共和に賛同させ、ともに民国を建設するのに、間違いなく積極的な作用を及ぼした」点を肯定的に評価している(67)。また、民国初年の時点においては「どんな政治的スローガンにも「五族共和」のように中国の各民族・各社会階層に普遍的に受け入れられたものはなかった」として(68)、「五族共和」に対する支持を五色国旗成立の要因とみなす見方がある(69)。

この点についてもう少し詳しく論じてみよう。まず指摘できるのは、「国旗方式の問題のため、嘗て激烈な争議を発生した」という馮自由の記述とは異なり(70)、北京臨時参議院の議論においては、五色旗を国旗にするということ自体にはほとんど異議が提起された様子がないということである。むしろそこで「激烈の争議」となったのは、「十八省」に含まれない東三省出身議員からの、十八星旗の陸軍旗としての採用に対する批判であった。彼らの「二十六星旗」という主張は、南北講和会議以前に汪兆銘と楊度が組織した「国事共済会」の「宣言書」の中で、彼らが新政権の領土を「二十二行省」プラス「藩属（蒙古・西蔵・回部）」と認識しており、その意味でこの時期の南方出身の革命派と東北出身の立憲派のこの問題に関する認識が驚くほど共通性を持っていたという村田雄二郎の指摘に重なる(71)。辛亥革命以前において革命派が「反満」革命を、立憲派が満洲王朝の存続の下での改革を求めていたという点で対立するように見えながらも、彼らが「エスニックな差異の統合という次元では、思いのほか近い場所に立っていた」とするならば(72)、「五族共和」のスローガンと五色旗は、その彼らの構想する新国家の象徴として極めて適合的であった。これが民国初年において五色旗が革命派・立憲派双方に広範に支持された理由の一つだったと考えられる。

例えば、康有為は宣統帝退位後に帝国憲政党（保皇会を改組した国民憲政党を一九〇七年に改称したもの）を「国民党」と改称しているが、この際に五色旗を党旗に採用している。

今すでに時運は遷移し、新旧は代謝したが、五大族を合して大一統とし、帝号を存して共和を行うのは、実に吾が旧旨であり、なお吾が心をとらえている。……ただ今の国体はすでに君主立憲ではなく、今は特に丙午〔一九〇六年〕以前の旧名に復し、吾が党の名を「国民党」と定め、旗は五色を用い、五大族を合するのも、また吾が党の満漢不分の初志である。(73)

五色旗が「五族共和」と結びつくことで広範に支持されたことを示す一例と言えよう。

さらに、五色旗が「五族共和」を示すとされながらも、どの色がどの「族」に対応するわけではない、あるいは「十九星」が省の数に対応するものではない、と強調されたように、以上の議論においては、さまざまな対立する意見間の妥協の結果、意匠に対する意味づけが次第に曖昧になっていく傾向が見られる。ただ、むしろその曖昧さこそが、これ以後もこれらの旗の意匠に対してさまざまな政治的党派が独自の意味づけを行っていくことを可能とし、結果としてこれらの旗が使われ続ける原因となったとも言えよう。

一方、この問題を当時のナショナリズムをめぐるシンボル体系全体という視点から整理することも可能であろう。清末の革命派にとって、支持を獲得するのに最も有効な宣伝方法は、過激な「排満」の主張によって漢人のナショナリズム感情を煽ることであった。「兵士や一般民衆にたいする革命宣伝は、……彼らの認識を理性的な段階に引きあげる方向ではなく、その感性的認識に迎合する方向で展開された(74)」。そしてまさにそれゆえにこそ、一定の力を持ち得たのである。しかし、清朝の滅亡後、その領土を継承した中華民国にとって、あまりにも強く「排満」と結びつけられた革命派の一部のシンボルは非常に扱いにくいものとなった。また、従来の革命派が国家の側に立ったことで、権力を破壊することを目的としたものから、権力の構築と維持を目的としたものへと、シンボルに求められる性質も変化した。そこで必要となったのが、対外的・対内的に国家の正当性を示す公式のシンボルの体系であって、中華民国はこのような公式のシンボルに国民の忠誠を収斂させることでその統合を図った。一方この過程で、革命派が「反満」感情の動員と清朝権力への抵抗に利用した民俗的な色彩の濃いシンボルは、国家の公式シンボルの体系に組み込まれることなく、清末と同様に統治イデオロギーや国家機構の外に置かれることとなった。これは一方では清末からの統治層の人的連続性によるものであると同時に、革命後の中華民国が強く「文明」を志向した政権であったことにも関係する。この問題は次章で詳しく展開することとする。

（1）劉雲波「論孫、黄〝国旗式様之争〟」『中州学刊』第九六期、一九九六年十一月。
（2）李学智「民元国旗之争」『史学月刊』第二三一期、一九九八年一月。
（3）Tse Tsantai. *The Chinese Republic: Secret History of the Revolution*. Hongkong: South China Morning Post, 1924, p. 9. 引用箇所には Abstracts from Diaries and Correspondence とある。「序言」国史館審編処編『中華民国国旗与国歌史料』台北、国史館、二〇〇三年、には「一八九三年秋、陸皓東が革命党の人士である尤列の家で青天白日旗をデザインした」とあるが、史料的根拠は示されていない。
（4）馮自由『中華民国開国前革命史』第一冊、台北、世界書局、一九五四年（初版一九二八年）、一三頁、同「中華民国国旗之歴史」『革命逸史』初集、台北、中華書局、一九八一年（初版一九四五年）、一七―一八頁。馮自由の「中華民国国旗之歴史」は、一九一二年三月に出版された「中華民国旗之歴史」上海自由社編輯『中国革命記』第二〇冊、上海、上海自由社、の記述と、紹介されているエピソードやその順序などについてほぼ一致する。この『中国革命記』の記事は、姜泣群編『民国野史』第一編、上海、光華編輯社、一九一四年、などにも転載されており、非常に早い段階で辛亥革命に至る「国旗史」が構築されていたことをうかがわせる。ただ『中国革命記』の記事は著者が不明な上、黄龍旗を三角形から四角形に改めたのを「十五年前」（「北洋海軍章程」は一八八八年に発布されたので、この時点から二十四年前）とし、陸皓東を「陸浩東」とするなど誤りも多い。また、国民党の准公式党史である鄒魯『中国国民党史稿』上海、商務印書館、一九四七年（初版一九二九年、第二版一九三八年）、一〇一六頁、も「恵州起義の時に、陸皓東が青天白日旗を製作した」とするなど、事実関係に混乱が見られる。馮自由の記述はこれらの既存の「国旗史」を、他の史料や自身の回想によって補ったものと考えられる。
（5）馮自由『華僑革命開国史』台北、商務印書館、一九七五年（初版一九四六年）、七三―七五頁。前掲『中国革命記』第二〇冊二頁、は「シンガポール中華堂」にこの新しい旗を掲げたところ、「一般の奴隷根性の僑民は、みな奇異に思った。しかし英官は毫も干渉しなかった。そのため南洋各島の革命党は、遂に相率いて採用し、黄龍病旗はこれにより大いに色を滅じた」としている。この他、同盟会系の『中興日報』（シンガポール）や『中国日報』（香港）のカレンダーに青天白日旗が印刷され、宣伝されたという。同三頁。

(6) 前掲馮『革命逸史』初集一八頁。なお、管見の限り青天白日旗の意味づけに関する最も早い記述は、前掲『中国革命記』第二〇冊一頁、の「光明正照、自由平等の義を隠蔵する」というものである。ただ、この「自由平等」という意味づけは、後述するように一九〇七年に自由・平等・博愛に三色を対応させた青天白日満地紅旗が成立した後に遡及的に当てはめられたものである可能性が高い。青天白日旗及び青天白日満地紅旗の意匠に対する意味づけが体系化されるのは、中国国民党の改組後である。第七章を参照。

(7) 前掲馮『革命逸史』初集一七—二四頁。

(8) 前掲鄒『中国国民党史稿』に引用されている「革命方略」には、占領地や蜂起に同調した住民は「国旗」を掲揚して軍威を発揚すること、また「軍事用票」に「国旗」をデザインすることを定めた記載はあるものの、国旗の意匠自体に関する規定は設けられていない（五五・六二・六四・六七頁）。ただ「革命方略」は数度にわたり改訂されているため、『中国国民党史稿』所載のものがどの時期のものかは不明である。後述する宋教仁の日記のこの事件の記述についての松本英紀の訳注は、一九〇六年の秋冬の間に「革命方略」を作成した時に国旗に関して孫文と黄興の意見が対立し、問題は継続して審議することになったが、この日孫文が独断で青天白日旗の制定を決定したことからもう一度紛糾が起こった、と解釈している（松本英紀訳註『宋教仁の日記』同朋舎出版、一九八九年、五一〇頁）。しかしこの論争を「革命方略」作成時とする『革命逸史』の記述と、孫文の離日直前とする後述の胡漢民・宋教仁・章炳麟らの記述は内容がほぼ一致しており、全く同じ対立が二度起きたとは考えにくい。そのため本書はこの論争を一九〇七年に起きたものとする李新主編『中華民国史　第一編全一巻　中華民国的創立（下）』北京、中華書局、一九八二年、一二七—一二八頁、等の解釈に従う。

(9) 前掲劉「論孫、黄〝国旗式様之争〟」、前掲馮『中華民国開国前革命史』第一冊一九九—二〇〇頁。前掲馮『革命逸史』初集一八—一九頁、には若干の文字の異同がある。前掲鄒『中国国民党史稿』七六・一〇一六頁、もほぼ同じ内容である。前掲『中国革命記』第二〇冊二—三頁は「全体賛成、皆異議無し」であったとしている。黄興に近い立場であった居正の「梅川日記」（一九五〇年）は「同盟会時代、総理孫先生が幹部に提出して、国旗に定めようとしたが、幹部の意見が一致することができず、そのため懸案となった」としている。陳三井・居蜜合編『居正先生全集』上巻、台北、中央研究院近代史研究所、一九九八年、一八五頁。

(10) 前掲馮『革命逸史』初集一八―一九頁。
(11) 同右。
(12)「胡漢民自伝」中国国民党中央委員会党史史料編纂委員会編『革命文献』第三輯、台北、中央文物供応社、一九五三年、二一―二三頁。
(13) 宋教仁『我之歴史』台北、文星書店、一九六二年（初版一九二〇年）、第六、一二頁。訳は前掲松本訳『宋教仁の日記』三四六―三四七頁、を参考にした。
(14) 松本英紀「中部同盟会と辛亥革命――宋教仁の革命方策」『宋教仁の研究』晃洋書房、二〇〇一年。
(15) 章炳麟『章太炎先生自定年譜』上海、上海書店、一九八六年（初版一九二八年）、一二頁。
(16) 李根源『雪生年録』、近代中国史料叢刊第二輯一五、台北、文海出版社、一九六六年（初版一九三四年）、巻一、一三頁、はこの国旗論争と孫文の見舞金問題を同盟会分裂の二大原因と位置づけている。また前掲劉「論孫、黄〝国旗式様之争〟」一三九頁、も「旗幟の様式の争いは、実は同盟会の内部派閥がはじめて公然とあらわれたものであった」としている。
(17) 李白貞「共進会従成立到武昌起義前夕的活動」中国人民政治協商会議全国委員会文史資料研究委員会編『辛亥革命回憶録』第一集、北京、文史資料出版社、一九八一年（初版一九六一年）、五〇二頁。
(18) 前掲『我之歴史』第六、一二頁。
(19) Henrietta Harrison, *The Making of the Republican Citizen: Political Ceremonies and Symbols in China, 1911–1928*, Oxford: Oxford University Press, 2000, p. 101.
(20) 吉澤誠一郎『愛国主義の創成――ナショナリズムから近代中国をみる』岩波書店、二〇〇三年、特に第五章「愛国ゆえに死す――政治運動における死とその追悼」を参照。
(21) 沈松僑「我以我血薦軒轅――黄帝神話与晩清的国族建構」『台湾社会研究季刊』第二八号、一九九七年十二月、石川禎浩「二〇世紀初頭の中国における〝黄帝〟熱――排満・肖像・西方起源説」『二〇世紀研究』第三号、二〇〇二年十二月、孫江「連続と断絶――二十世紀初期中国の歴史教科書における黄帝叙述」『中国研究月報』第六二巻第一〇号、二〇〇八年十月。
(22) 沈松僑「振大漢之天声――民族英雄系譜与晩清的国族想像」『近代史研究所集刊』第三三期、二〇〇〇年六月。
(23) 藤谷浩悦「湖南省の辛亥革命と民衆文化――姜守旦再来の謡言を中心に」馬場毅・張琢編『叢書現代中国学の構築に向けて（四）改革・変革と中国文化、社会、民族』日本評論社、二〇〇八年。

(24) 遊佐徹「大清国「黄龍旗」と二〇世紀の中国「国旗」」『文化共生学研究』第二号、二〇〇四年二月。
(25) 小野信爾「辛亥革命と革命宣伝」小野川秀美・島田虔次編『辛亥革命の研究』筑摩書房、一九七八年、六三頁。
(26) 前掲馮『革命逸史』初集二一―二二頁。
(27) 李学智「辛亥上海起義旗幟考」『歴史教学』第四〇五期、一九九七年八月。
(28) 片岡一忠「辛亥革命時期の五族共和論をめぐって」田中正美先生退官記念論集刊行会編『中国近現代史の諸問題――田中正美先生退官記念論集』国書刊行会、一九八四年、二九三頁。
(29)「査辦匪徒」『民立報』辛亥九月二十日。
(30) 鄧玉麟「辛亥武昌起義経過」中国史学会主編『辛亥革命』、中国近代史資料叢刊、上海、上海人民出版社、一九五七年、第五巻九九―一〇三頁。
(31) 曹亜伯『武昌革命真史』上海、上海書店、一九八二年（初版一九三〇年）、正編三七頁、は、武昌蜂起直後八月二十日（十月十一日）の謀略処の議定事項に「国旗を五色と規定し、紅・黄・藍・白・黒で漢・満・蒙・回・蔵を一家と為すということを表す」という項目があったとする。これによれば武昌の軍政府も蜂起直後から五色旗を使用していたことになるが、前掲片岡「辛亥革命時期の五族共和論をめぐって」二八八頁は、この部分の記述を「中華民国の国旗に五色旗が採用されたという事実をもって、蜂起直後の武昌にあって五族共和を政体とする決定がなされ、五色旗が国旗と定められたと、逆に判断した結果ではないか」と推測している。ここでは前掲『中華民国史　第一編全一巻　中華民国的創立（下）』二六七頁の謀略処の決議の箇所が「革命軍旗を十八星旗とする」となっているのに従う。なおこの間の経緯に関しては、呉琨煌「武昌首義九角旗的故事」『藝文誌』第三七期、一九六八年十月、及び李志新「武昌首義与九角十八星旗」『伝記文学』第七九号、一九六八年十二月、に詳しい。
(32)『申報』宣統三年九月十四日。
(33) 鈍根「海上間談」『申報』辛亥九月二十四日。
(34) 無名「敬告民軍政府」『申報』辛亥九月二十一日。
(35)「改易徽号」『民立報』辛亥九月十八日。
(36) 呉景濂「組織南京臨時政府的親身経歴」中国人民政治協商会議全国委員会文史資料研究委員会編『辛亥革命回憶録』第八集、北京、文史資料出版社、一九八二年、四一二頁。李西屏「武昌起義紀事」中国人民政治協商会議湖北省委員会編『辛亥

首義回憶録』第四輯、武漢、湖北人民出版社、一九八一年（初版一九六一年）、八一頁、にも同様の記述がある。
(37) 前掲片岡「辛亥革命時期の五族共和論をめぐって」二九四頁。
(38) 江介散人（田桐）「革命閑話」『太平雑誌』第一巻第三号、一九二九年十二月十五日。ただしこの文章は、「九星旗」を劉仲文（劉公）が青天白日旗を東京から持ち帰って改変したものとするなど、事実関係に不明な点もある。
(39) 藤岡喜久男『張謇と辛亥革命』北海道大学図書刊行会、一九八五年、三一六頁。
(40) 「梅川日記」（一九五〇年）前掲『居正先生全集』一八五頁。
(41) 王孝煃「秋夢録」『南京文献』第五号、一九四七年五月、七頁。
(42) 「国旗命意」『民立報』辛亥十月二十八日。
(43) 「国旗応逐日升掛」『申報』辛亥十一月七日。
(44) 中国国民党中央執行委員会宣伝部編『党旗和国旗』出版地不詳、出版者不詳、一九二九年、二七―二九頁、李紓「辛亥年間同盟会員在倫敦活動補録」『史学月刊』第二五四期、二〇〇一年十一月。また孫文の息子の孫科も十月二十三日（十二月十三日）にハワイで『西字早報』の取材を受け、「民国の旗式は新たに製成したものではなく、十六年前の最初の蜂起のとき、すでに国内で飛揚したことがある。この旗は陸皓東の定めたもので、青天白日は、自由の日光が環球を照耀するという意味である」と答えたという。「孫公中山在檀事略」前掲『革命文献』第三輯、一二頁。
(45) 「臨時政府成立記」『東方雑誌』第八巻第一一号、一九一二年五月、許師慎編纂『国父当選臨時大総統実録』台北、国史叢編社、一九六七年、上冊六八頁、任鴻雋「記南京臨時政府及其他」前掲『辛亥革命回憶録』第一集四一〇―四一一頁、袁希洛「我在辛亥革命時的一些経歴和見聞」中国人民政治協商会議全国委員会文史資料研究委員会編『辛亥革命回憶録』第六集、北京、文史資料出版社、一九八一年（初版一九六三年）、二八八頁。
(46) 前掲李「民元国旗之争」。
(47) 「大総統復参議会論国旗函」『臨時政府公報』第六号、一九一二年二月三日。
(48) 「北洋海軍章程」張俠・楊志本・羅澍偉・王蘇波・張利民合編『清末海軍資料』北京、海洋出版社、一九八二年、五〇四頁。
(49) 前掲李「民元国旗之争」四七頁。
(50) 『臨時政府公報』第一七号、一九一二年二月二十日。

(51)「帝国与民国過渡之条件」『申報』一九一二年二月二十一日。
(52)「照会暫用国旗式様」『大公報』一九一二年二月二十七日。
(53)「参議院第二次会議速記録」『政府公報』第一一号、一九一二年五月十一日、「初六日参議院会議記」『民立報』一九一二年五月十二日。所属政党は張玉法『民国初年的政党』台北、中央研究院近代史研究所、一九八五年、による。なお、この後同盟会・統一共和党は八月二十五日に国民公党・国民共進会・共和実進会と合併して国民党となる。
(54)「参議院第四次会議速記録」『政府公報』第一四号、一九一二年五月十四日、「初十日参議院会議記」『民立報』一九一二年五月十八日。
(55)「参議院第六次会議速記録」『政府公報』第一七号、一九一二年五月十七日、「十四日参議院会議記」『民立報』一九一二年五月二十一日。
(56)「十六日参議院会議記」『民立報』一九一二年五月二十三日。
(57)「参議院咨大総統規定国旗及陸海軍旗式様請公布施行」(一九一二年五月二十八日)『海軍雑誌』第一年第一期、一九一二年八月十五日。経世文社編訳部編『民国経世文編』上海、経世文社、一九一四年、内政四、三二―三三頁、にも参議院「議決国旗一案咨大総統文」として採録されている。なお文中の「近世の科学家」云々という部分は、当時の教育総長蔡元培が、これに先立つ五月十三日の参議院における発言で、次のように五色旗を不適当とみなす見解を示したのに反論したものであろう。

聞くところでは諸君は国旗統一問題について、みな五色旗を用いることを主張している。元培が思うに国旗というものは、国民の程度を表明するもので、歴史上の時代の程度の表示でもある。旗を用いる程度は、文明の程度にもとづき、全国が統一すれば、旗の精神の特色が包括しないことがなく、外国人もまた嘗て我が国の人民を日本の人民やヨーロッパの人民と比較して、あるいは中華の人民は純粋に奴隷的性質であると謂い、あるいは中華の人民は遠大な志を有し、高尚な思想を有し、ヨーロッパ人と同じであると謂う。常に図画を用いて比較していう、これは日本人の図画で、これは中国人の図画で、図画から中華の人民が深遠な志を有することがわかる、と。私は五色国旗に対して、あまりよいとは思わない。科学より論じれば、色というのは七色あるべきで、五色に止まるものではない。歴史上の習慣より論じれば、青・黄・赤・白・黒とは相符合しない。もし起義の時の記念であるというのであれば、これを以前に用い、以後もこれによるのは、ちょうどなおざりな挙動を表明するのに足る。第一には前清の八旗と相混淆し、第二には五色で五大民族を表明するというのも、意味を取ることが適当ではない。国旗は全国の人民の精神に関わるものであり、貴院が提議したこの案について、諸君の注意を請いたい。（「各国務員之政見（七）蔡教育総長元培」『民立報』一九一二年五月二十四日）

ただ蔡元培はこの発言の前日の五月十二日に北京で、五族の団結を主張する「五族国民合進会」を黄興・姚錫光・段祺瑞らと共に発起人として結成しており、少なくともこの時点では「五族共和」自体には反対していないように見える。「五族国民合進会啓」中国蔡元培研究会編『蔡元培全集』第二巻、杭州、浙江教育出版社、一九九七年、五〇―六三頁。また、五色旗の五色については、実際にはこれ以後も基本的にそれぞれ五族に対応するものと理解され続けたようである。例えば当時の日本の報道には、「革命派の用ふる五色旗は木火土金水に象ると云ふものあるも革派の説明する所に依れば人種の代表なりと即ち左の如し　漢満蒙蔵回々　赤黄藍白黒」（「五色旗の説明（革派の所謂国旗）」『読売新聞』一九一二年一月十五日）とある。また一九一三年の中国年鑑でも、五色旗は“the five races in the Union”を象徴するとした上で、“*Red*: Chinese; *Yellow*: Manchus; *Blue*: Mongols; *White*: Tibetans; *Black*: Mohammedans”と注記されている。H. T. Montague Bell and H. G. W. Woodhead, *The China Year Book 1913*, London: George Routledge, 1913, p. 506.

（58）「北京電報」『民立報』一九一二年五月二十九日、「西方訳電」同六月一日、「臨時大総統咨参議院陸海軍旗式文」（一九一二年五月二十六日）『海軍雑誌』第一年第一期、一九一二年八月十五日。

（59）陸海軍旗は国旗と関係したデザインにすべきであるという内容の闕名「論国旗案之交覆議」前掲『民国経世文編』内政四、三三一―三四頁、がこれにあたると思われる。

（60）「参議院第十三次会議速記録」『政府公報』第三八号、一九一二年六月七日、「参議院三十日会議情形」『申報』一九一二年六月六日。

（61）「初五日参議院会議記」『民立報』一九一二年六月十一日、「参議院六月五号議事紀聞」『申報』一九一二年六月十一日、「参議院咨大総統陸海軍両旗式様沿用已久無事更張請飭分別照式製用以帰一律文」『海軍雑誌』第一年第一期、一九一二年八月十五日。

（62）『政府公報』第四三号、一九一二年六月十二日。

（63）John Fitzgerald, *Awakening China: Politics, Culture, and Class in the Nationalist Revolution*, Stanford: Stanford University Press, 1996, p. 181.

(64) 前掲馮『革命逸史』初集二三頁。

(65) 戴季陶は当時のチベット独立の可能性に対する危機感から「五族連合」を激しく批判した。天仇〔戴季陶〕「嗚呼五色旗」『民権報』一九一二年五月二十九日、桑兵・黄毅・唐文権合編『戴季陶辛亥文集』香港、中文大学出版社、一九九一年、九一〇頁。また謝纘泰は「一九一二年七月十五日、革命の本来の旗（青天白日旗）を保存し不朽のものとするため、私の民国国旗のデザインを考慮し承認するよう袁世凱大総統に送った」と述べ、国旗案は五色旗の左上角に青天白日を配したもの、陸軍旗案は青天白日満地紅旗、海軍旗案は白地の左上角に青天白日を配したものであったとそのデザインを説明している。ただしこの案がその後どうなったのかは不明である。Tse, *The Chinese Republic*, p. 32.

(66) 前掲李「民元国旗之争」五〇頁。

(67) 同右。張永「従〝十八星旗〟到〝五色旗〟——辛亥革命時期従漢族国家到五族共和国家的建国模式転変」『北京大学学報（哲学社会科学版）』第三九巻第二期、二〇〇二年三月、も「十八行省」を示す十八星旗を、漢人を中心とする狭隘な「民族建国主義」思想に基づくものとし、「五族共和」を示す五色旗の国旗としての採用を、民族の団結と領土の統一に寄与したと評価する。

(68) 胡岩「〝五族共和〟口号的提出及其意義」『西蔵研究』第五四期、一九九五年二月、四二頁。

(69) 「五族共和」に関する近年の専論としては、前掲片岡「辛亥革命時期の五族共和論をめぐって」の他、平山大樹「中華民国成立初期における「五族共和」と漢民族主義について」『地域文化研究』第三号、二〇〇〇年一月、村田雄二郎「辛亥革命期の国家想像——五族共和をめぐって」『現代中国研究』第九号、二〇〇一年九月、同「孫中山与辛亥革命時期的〝五族共和〟論」『広東社会科学』第一〇九期、二〇〇四年九月、などがある。松本ますみ『中国民族政策の研究——清末から一九四五年までの「民族論」を中心に』多賀出版、一九九九年、第二章「中華民国時代の民族論と民族政策」も参照。

(70) 前掲馮『革命逸史』初集二二頁。

(71) 前掲村田「辛亥革命期の国家想像」二二一—二二三頁。

(72) 同右二二五頁。

(73) 「致各埠書」（一九一二年二月十九日）上海市文物保管委員会編『康有為与保皇会』上海、上海人民出版社、一九八二年、三六八頁。胡平生『民国初期的復辟派』台北、台湾学生書局、一九八五年、七四頁、によって修正した。

(74) 前掲小野「辛亥革命と革命宣伝」『辛亥革命の研究』七九頁。

第三章　革命を記念する

第一節　はじめに

祝典はどうして起こったのか？　旧事業を記念し新事業を奨励するためである。……それを祝うのは、あるいは毎年、あるいは十年ごと、あるいは五十年ごと、あるいは百年ごとだが、要するに過去の感情を借りて、新たな活力とするのであり、その意図は極めて深くかつよいものである。たとえばアメリカの七月四日、フランスの七月十四日は、その開国成功の日であり、毎年それを祝って衰えることがない。……大抵およそ富強の国であればその祝典はいよいよ多く、およそ文明の事業であればその祝典はいよいよ盛んである。どうして好んで奢侈浪費して俗人の耳目を驚かすのであろうか。それは過去を記憶し、現在を振興し、未来を激励するためであり、いわゆる歴史の思想、精神の教育、その関係はこのように重大なのである。中国にはこれまでいわゆる祝典はない。中国は保守主義によって天下に名高いが、その先人の事業に対しては、賛歎があっても継承はなく、因循があっても拡充はなく、考証があっても記念はない。そのために歴史の思想は甚だ薄弱で、愛国・愛団体・愛事業の感情もそのために生じないのである。(1)

これは梁啓超が光緒二十七（一九〇一）年末に『清議報』第一〇〇期刊行を記念した文章の冒頭部分である。そしてまた、清末において近代国家における「祝典」「記念」の重要性を明確に論じた最も早い議論の一つでもある。

梁啓超は一年余り後の光緒二十九（一九〇三）年の元旦にも同様の主張を行っている。

東西各国には、毎年必ず一日か二日の大祝典があり、国民の栄誉の記念となっている。たとえばアメリカの七月四日、フランスの七月十四日には、いずれも国を挙げて歓喜し、鼓舞する。もし人がその日にあい、その会に加われば、忽ち歴史上無限の感情を起こし、先人に思いを馳せ、さらにその強固な勇猛・進歩・自立の精神を増加させる。たとえば我が中国には何が有るか。一年のうち普天同慶〔天下が喜びを共にする〕と呼べるのは、ただこの元旦のみである。元旦の何が珍しいのか。地球が太陽の周りを回って、一周して元に戻ったに過ぎない。国民衆族がこの土地に居住してすでに四千年、いまだかつて人事上・歴史上記念すべき慶祝すべき日はない。(2)

アメリカ華僑を基盤として結成された保皇会は、光緒三十一（一九〇五）年に制定した「保皇会公議改定新章」に、「毎年六月二十八日は皇上の万寿なので、会員は恭視礼〔礼法の一種〕を行わなければならない。六月十三日は保皇会の創立日なので、記念を行わなければならない」と定めている。(3) ただ、ここで注意しなければならないのは「皇上の万寿」と「記念」の区別である。これは前述の梁啓超の文章における「祝典」の定義と関連する。第一章で見たように、義和団事件後に始まる「新政」の下、皇帝と皇太后の万寿聖節の様式は大きく改変され、「商民」も含めて黄龍旗を掲げこれを祝うものとされた。しかし梁啓超の前述の文章において「記念」の対象となるのはあくまで過去の「事業」である。そのためこの定義に従うならば、君主の誕生日そのものは「愛国・愛団体・愛事業の感情」を生じさせるための「祝典」とはなり得ないことになる。

しかしこれらの梁啓超の文章は同時代の立憲派・革命派を中心に大きな影響を及ぼしたと考えられる。例えば、やはり第一章でも触れたように、光緒三十二（一九〇六）年七月十三日に清朝が預備立憲の上諭を宣布した際には、各地で実際に記念会が開催されている。上海では学界・商界の呼びかけで、七月二十一日に各商店・民家が「国旗」を掲げ、演説会・宴会が開かれ、商学補習会体育部・華商体操会・南市商業体操会といった団体が軍服・体操服で軍楽隊の演奏を伴って市内を行進した(4)。翌週の七月二十八日には『申報』館・『同文滬報』館・『中外日報』館・『時報』館・『南方報』館が合同で張氏味莼園で「慶祝立憲会」を開催、鄭蘇龕（鄭孝胥）・馬相伯の演説、茶会、芝居の上演などが行われ、官吏や学界・商界の千人余りが参加した(5)。ただ、これらの祝賀会はいずれも各都市の学界・報界がそれぞれ独自に企画したもので、政府が何らかの働きかけを行った様子はない。そのため、各都市でこれらの催しが開かれた時間も、日曜日である七月二十一日が最も多かったものの、基本的にはバラバラであった。

宣統二（一九一〇）年正月の『教育雑誌』には「宣統二年庚戌学歴」と題した記事が掲載されている。これは同年行うべき主な学校行事をまとめたもので、そこでは日曜日と「元旦」、二月と八月の「上丁」、「端午」、「中秋」が休日とされた他、数多くの「記念日」「国恥記念日」が記載されている（表3-1）。これらの記念日には、午後の一時間を使って学生に当時の歴史についての講義を行い、「国民の愛国心の養成に資する」とされた。

この「宣統二年庚戌学歴」の上でもやはり「皇帝万寿」「皇太后万寿」（及び「孔子生日」）と「記念日」「国恥記念日」は明確に区別されており、「記念日」「国恥記念日」が「事業」を記念することを通じて「国民の愛国心」を養成するためのものとされた一方、「皇帝万寿」「皇太后万寿」等にはその機能は期待されていない。このような考え方は間違いなく梁啓超の「記念」観に通じるものである。こと記念日に関しては、清末の時点においてもフランス・アメリカがモデルとして志向されていた。この点は注目に値する。

一方、近代中国における記念儀式というテーマに関連して近年盛んに論じられるものに、清末における烈士追悼の問題がある。吉澤誠一郎によれば、死を政治的に意味づける装置としての烈士追悼の様式は、光緒二十四（一八九八）年の戊戌政変における譚嗣同の死に際して作り出されたものである。「憂国の志士を追悼するということは、決して革命運動に携わる集団に特有のことではなく、清朝の官憲すら追悼会を組織していた」という指摘は特に重要で

表 3-1　「宣統二年庚戌学歴」『教育雑誌』第 2 年第 1 期，宣統 2（1910）年正月

正月初十	皇太后万寿
正月十三	皇帝万寿
二月十四	国恥記念日（光緒戊戌〔1898 年〕，ドイツと膠州湾租借条約を結んだ）
二月廿八	記念日（道光戊戌〔1838 年〕，〔広東〕虎門で鴉片を焼いた）
三月初一	記念日（光緒丙午〔1906 年〕，教育宗旨を宣布した）
七月十三	記念日（光緒丙午，預備立憲の詔を下した）
七月廿一	国恥記念日（光緒庚子〔1900 年〕，連合軍が北京に入り，両宮〔光緒帝と西太后〕が西に逃れた）
七月廿四	国恥記念日（道光壬寅〔1842 年〕，英国に戦敗して南京条約を結び，香港を割譲し五口で通商するようになった）
八月初三	記念日（光緒丙午，鴉片の吸引を禁じ，十年を期限として禁絶する上諭を下した）
八月初四	記念日（光緒乙巳〔1905 年〕，科挙を廃止した）
八月初八	国恥記念日（咸豊庚申〔1860 年〕，英仏軍が北京に侵攻し，文宗〔咸豊帝〕が熱河に逃れた）
八月十六	国恥記念日（光緒甲午〔1894 年〕，日本と戦い，陸海軍が大敗した）
八月廿七	孔子生日．儀礼を行う．休日
九月初一	記念日（宣統己酉〔1909 年〕，各省諮議局成立）

ある。この「中国のために死すること」を顕彰する儀式の様式は、清朝の国家儀礼の中心とはならなかったものの、中華民国の建国とともに体制化され、重視されることになる。(6) そしてヘンリエッタ・ハリソンによれば、民国政府はこれらの儀式を通じて軍人をモデルとした新たな国民（citizen）の形成を図ると同時に、自らの正当性を強化しようとした。(7)

中華民国の最重要の記念日であり、烈士追悼儀式であったのが、辛亥革命を記念する「国慶日」である。この国慶日は、清末の「国民の愛国心」を養成する記念日や「中国のために死すること」を顕彰する烈士追悼儀式の様式をその重要な構成要素として継承するものであったものの、一方でそこには様々な新しい要素も取り入れられた。

本章は、民国初年の国慶日の制定と実施の過程を検討し、それを通じて、中国における近代的政治儀式がどのような主体によって、いかなる意図をもって展開されたのか、そしてその特徴はどこにあったのかを明らかにする。

第二節　何を、いつ記念するのか

一九一一年十月十日（辛亥八月十九日）の武昌蜂起、その後の清朝からの各省の独立と臨時政府の組織を経て、一九一二年一月一日（十一月十三日）、孫文が臨時大総統に就任、中華民国が成立する。そして翌二日、「中華民国は改めて陽暦を用い、黄帝紀元四千六百零九年辛亥十一月十三日を中華民国元年元旦とする」と中華民国紀年と陽暦の採用が宣言される。(8) 南北和議を経て二月十二日（十二月二十五日）に宣統帝の退位の詔が発せられ、陰暦の大晦日に当たる二月十七日（十二月三十日）には再び臨時大総統布告によって「現在、共和政体がすでに成立したので、おのずから改めて陽暦を用い、それによって大同（『礼記』礼運。万物が融合して一つとなった理想状態）であることを示さなければならない。陰暦壬子年正月初一日より、あらゆる内外文武の官の用いる公文は一律に改めて陽暦を用い、大中華民国元年二月十八日すなわち壬子年正月初一日、のように書かなければならない」として、(9) 公文書上でも陽暦を使用することが通達される。

一九一二年七月十日から八月十日まで、教育部は全国の教育家を北京に招集して臨時教育会議を開催し、新国家の教育制度の基本的な枠組を決定したが、そこで論じられたテーマの一つに記念日の問題があった。七月十五日、同会で「各学校学年学期及休業日期之規定草案」が議論された。この際、草案の「記念日・日曜日はいずれも一日休業とする」という規定をめぐり、参加者の李歩青が「記念日は各省でことなるが、いったい何日を記念日とするのがよいか」と質問した。これに対し、邵章は「清帝退位民国統一の日を記念日とすべきである」と主張した。劉宝慈は「孔子誕日もまた記念日とし、孔子問題案とあわせて論じるべきである」と発言したが、邵章は「民国成立の記念日は必ず全国の観念に関係する一日を択ばなければならず、したがって清帝退位民国統一の日が最もよいとおもう」と続け、呉鼎昌も「孔子誕日は記念日と区別すべきである。民国記念日は一日だけでなければならず、複数日あってはならない」と主張した[10]。この日の議論では結論が出ず、七月十八日の会議で施作霖が再び「吾が国が専制を転覆し、改めて共和を建設して以来、アメリカ・フランスに方式を倣わないことがなかった。記念問題は彼の国の人士の甚だ重視するところである。吾が国も今、民国立国記念を立てることを欲するが、〔陰暦〕八月十九日に従うか、それとも南京政府成立の日を記念とするか」と発言したところ、議論が紛糾した。そこで黄炎培が「私の考えでは記念を三種とする。（一）陰暦八月十九日を革命記念日とする。（二）陽暦二十五日〔ママ。「陰暦十二月二十五日」の誤りか〕を南北統一記念日とする。（三）陽暦正月一日を立国記念日とする。おもうに立国記念が最も重要である。南北が統一されていなかった時、南京にはすでに政府があり、約法はすでに頒布され、総統はすでに推挙され、参議院もすでに成立していた。したがって今回の北京政府の成立は実は南京〔政府の成立〕にもとづくのである」と主張した。表決の結果、黄炎培の意見が賛成多数で可決され、これを参議院に送付することになった[11]。

「学校学年学期及休業日期規程」は九月三日に教育部から公布されたが、該当の箇所には「記念日・日曜日はいずれも一日休業とする。前項の記念日とは、民国記念日・孔子誕日・地方記念日・本校記念日等である」とのみ記載された。また同じく九月三日に公布された「学校儀式規程」は「元旦及び民国記念日には、祝賀式を行う。学年開始日には、始業式を行う。学生の卒業時には、卒業式を行う。各種記念日〔孔子誕日・本校成立日等〕には記念会式を行う」とし、「祝賀式」には「国旗を講堂に立て、職員・学生は、順序に国旗に向かってまっすぐに起立し、音楽を演奏して国歌をうたい、職員・学生は三鞠躬礼〔お辞儀による敬礼〕を行い、校長は訓辞を行い、また音楽を演奏して国歌をうたい、終了して退場する」と規定した[12]。しかしこれにもやはり「民国記念日」の具体的な内容に関する規定はない。

この臨時教育会議においては「専制」から「共和」に政体を改めた民国において、アメリカ・フランスに倣って国家成立の記念日を設定する必要性が主張された。国家成立の起源をどこに求めるかという問題をめぐり、邵章が宣統帝の退位による「民国統一の日」を挙げたのに対し、黄炎培はそれ以前にすでに民国は存在していたと主張して臨時政府の成立した「立国記念日」を重視した。しかしこの問題は武昌蜂起一周年が近づくにつれて変化を見せる。つまり、当初は烈士追悼を中心として催しが企画される中で、民国成立の起源としての武昌蜂起の重要性が強調されていく。その認識はそれがアメリカ独立記念日・フランス革命記念日と類比されることで強化され、それによって武昌蜂起の日こそが国家記念日にふさわしいとみなされるようになるのである。

九月に入り武昌蜂起一周年が近づくと、旧革命派が中心となって政府や教育界・商業界に呼びかける形で各省で記念の催しが企画される。そこにおいてまず大きな問題となったのは、蜂起時点の陰暦を用いるのか、それとも新たに導入された陽暦を用いるのか、という点だった。つまり、臨時教育会議における議論のように武昌蜂起を「辛亥八月十九日」とした場合、一周年は壬子八月十九日つまり一九一二年九月二十九日になり、武昌蜂起を「一九一一年十月十日」とした場合、一周年は一九一二年十月十日つまり壬子九月一日になるのである。

九月九日、武昌の副総統兼湖北都督黎元洪が大総統及び各機関に通電を発し、「去年の武昌起義の日は陰暦八月十九日すなわち陽暦十月十日であり、義旗を一振して民国が創設された。義士の戦没を回顧し、週年大会を開いて先人の功績を追悼し特に記念の意を表すべきである」として、「十月十日」に武昌に代表を派遣するよう要請した(13)。この提案は九月十二日の臨時参議院で議論され、谷鍾秀（直隷、国民党）が「(陰暦)八月十九日は全国の記念日であり、決して武昌一地方の記念ではない。各省でいずれも集会を開いて追悼しなければならず、どのような儀式にするかは政府が制定しなければならない」との意見を提出した(14)。これを受けて九月十六日に黄興が各省都督・議会・報館・団体に通電を発し、「数十年来、仁人志士は世界の潮流に応じ、生命を犠牲にし、すみやかに改革を謀り、起っては倒れ、倒れては起って、去年の〔陰暦〕八月十九日に至って、時機が正に熟し、武昌の義旗が一たび挙がるや、全国が援助し、ついに成功を告げた。さかのぼれば民国成立の基であり、まさにこの日を民国の一大記念日とすべきである」として代表を武昌の追悼儀式に派遣するとともに、全国で祝典を開催するよう要請した(15)。これらの通電によって武昌蜂起一周年を烈士の追悼とともに民国成立の祝典として記念する催しが各省で企画される。例えば同盟会広東支部は、各界に三日間、旗を掲げ色布を飾り、茶会・演説・花火・演劇等を開催して革命を記念するよう要請した。「九月二十九日すなわち旧暦八月十九日は去年の武漢起義の日であり、実に我が中華民国記念の時である。往時を追想するに、この日吾が党の諸先烈は、おのおのその首と心血肉体を棄てて、この民主共和の幸福にかえた。また黙然としてその霊魂をうやまい、我々生存する同胞の、嗚咽すべく感動すべき情に捧げようではないか。……ああ、アメリカ独立の祭日には自由の鐘を鳴らし、フランス革命の記念には共和の楽を奏するが、我が国がどうしてその美しさにひけをとるだろうか(16)」。また湖南省では、都督譚延闓が「九月二十九日（すなわち陰暦八月十九日）は中華民国挙義光復の期である」ので「教育総会を会場とし、三日間を会期として、十九日に軍警界、二十日に政学界、二十一日に工商界とし、沿道の商店家屋は一律に灯篭を掲げ色布を飾って慶祝する」ことを各衙門に命じ、銅貨、記念章、国旗数万件を作成して廉価で販売するとした(17)。

これらの企画は、烈士の追悼と「民主共和」成立の慶祝の二つを目的としていた点で共通していた。しかし黎元洪の提案が「十月十日」に記念会を開くというものであったにもかかわらず、その後の議論ではほぼ全て武昌蜂起一周年は陰暦八月十九日つまり陽暦九月二十九日とされた。これに対し黎元洪は九月二十一日、「去年の倡義〔蜂起〕は陰暦八月十九日すなわち陽暦十月十日で、陰陽の暦を対照すると〔今年は〕八月十九日と十月十日が一致しない。民国はすでに陽暦を用いているので、陽暦の周期によって記念すれば毎年日付を変更することを免れる」と各省に通電を発した(18)。

このような中で九月二十三日、張伯烈・劉成禺（共に湖北、共和党）は臨時参議院に「三大紀念日之建議案」を提出し、以下の三つの記念日を定めること、そして武昌蜂起の記念日を陽暦で行うことを法で規定することを要請した。民国成立以来、記念日とするに足るものは三つ。〔陰暦〕八月十九日は武昌起義の日であり、専制を排除し共和を創造した。フランス・アメリカ各国と軌を一にする。その記念とするに足るものの一である。〔陽暦〕正月初一日は南京共和政府成立の日であり、〔臨時〕約法数章はこれより発生し、民国の基礎はこれによって大いに定まった。その記念とするに足るものの二である。三月初十日は、北京共和政府成立の日であり〔一九一二年三月十日、袁世凱が第二代臨時大総統に就任〕、清帝が退位し民国が成立を告げた。五族が平等となり、四海が統一された。その記念とするに足るものの三である。ただ、正月初一日及び三月初十日は、この時すでに陽暦に改定していたので記念の日にはおのずから異議は無いが、八月十九日はなお陰暦に属すので、もし毎年陰暦の日で記念をするならば、殊に改暦の意義と合わない。かつ陰陽二暦を対照すると日付が異なるので、日付が変わると記念の意義を失ってしまう。去年の陰暦八月十九日はすなわち陽暦十月初十日であり、武昌の決起は世界が周知しているので、永遠に陽暦十月初十日を武昌起義記念の日とするのが最も適当である(19)。

同日、臨時大総統袁世凱も臨時参議院に同様の諮詢案を提出していた。そこで臨時参議院は張伯烈らの提案とその諮詢案を合わせて特別審査会に付して審査することを決議、張伯烈・兪道暄（安徽、国民党）・鄧鎔（四川）・陳国祥（貴州、共和党）・谷鍾秀・楊策（吉林、国民党）・張鶴第（江蘇、共和党）が特別委員に指名された(20)。

翌九月二十四日、臨時参議院でこの問題についての検討が開始される。まず、特別委員の張伯烈が袁世凱の「国慶日及紀念日諮詢案」の説明を行った。この案は「武昌起義の日すなわち陽暦十月十日を国慶日とし、南京政府成立の日すなわち陽暦一月一日と南北統一の日すなわち陽暦二月十二日を記念日とする」というもので、張伯烈らの案が「清帝が退位」した日として袁世凱が臨時大総統に就任した三月十日を挙げていたのに対し、前述の臨時教育会議における黄炎培の案と同様に二月十二日を採用した点、そして「国慶日」という表現によって「武昌起義の日」をはじめて明確に他の「記念日」から差異化した点に特徴があった。

これに対し蔣挙清〔新疆〕が、「審査報告について、私は甚だ賛成である。武昌起義の日を国慶日とするのは、多くの人もまた異議が無いだろう。しかし私は記念日の一件については、甚だ不公平におもう。四月十七日すなわち陽暦三月十九日は黄花崗諸義士起義の日だが〔ママ。黄花崗蜂起は辛亥三月二十九日つまり一九一一年四月二十七日。発言者もしくは記録者の誤りと思われる〕、〔この案では〕記念日とすべきでないようにみえる。公平を期すならば、武昌起義を起義とみなすのに、黄花崗起義を起義とみなさないということはありえない。時勢によって論じれば、広州起義が先にあり、武昌起義が後にあったが、記念日とすべきであることは同一である。第二に、記念日は決して国家が某日を定めて記念日とするというものではない。国民の心理によれば、去今の両年の広州・福建・南京・北京では、みなこの日に典礼を挙行しているので、全国人民がもとよりこの日を記念すべきとみなしていることは疑いない」と主張、張華瀾〔雲南〕・徐傅霖〔広東、国民党〕・梁孝粛〔広東〕・劉彦〔湖南、国民党〕・李肇甫〔四川、国民党〕・彭允彝〔湖南、国民党〕・楊永泰〔広東、国民党〕・陳家鼎〔湖南、国民党〕らも「中国共和成功のその原因は、広州の役より起こった。黄花崗諸義士の死節〔節に殉じた〕は、全国の人民を甚だ感動させた。かつ歴史について論じれば、フランスでパリ市獄を襲撃した日と同じであり、もしこの日を記念日としないのであれば、公平を示すに足らない」「広州の役は、死者傷者が甚だ多くかつ惨酷を極めた。広州の役の惨殺がなければ、恐らく武昌起義の激烈さはなかった。……もし広州の役を記念日に加えるならば、革命の最後の惨酷を示すことで、死事〔革命に殉じた〕者に栄光を享受させ、人民の愛国の精神を奮い起こさせることができる」「広州の一役を記念日とするのは、……死者の勲功を追想することで、天下の後世に教えを垂れ、その祖宗が国を愛し種族を愛し自由を愛し共和を愛する心を持っていたことを革命者の子孫に知らしめることであり、成功失敗によって論じるべきではない」といった理由で黄花崗蜂起の重要性を主張、これを記念日に加えることに賛成した。

しかし兪道暄・段宇清（雲南、国民党）・谷鍾秀らは「中華民国の成立以前に各所で死節を全うした人は数え切れず、もしことごとく記念日とするならば、記念日でない日が無くなってしまう」「武昌起義は全国が呼応し遂に共和の成立に至ったので、当然国慶日とすべきであるが、その他は各省が各省の記念日とすることができるのみで、武昌と並論することはできない」といった理由でこれに反対した。また胡璧城（安徽、国民党・共和党）・王慶雲（安徽）は「もし広州の記念日を加えるならば、安徽の徐錫麟（一九〇七年七月六日の安徽巡撫恩銘暗殺）・熊成基（一九〇八年十一月十九日の新軍蜂起）諸君の惨死の日も加えるべきである」と主張、鄧鎔は「四川の（陰暦）七月十五日（一九一一年九月七日の四川総督趙爾豊による保路運動弾圧）を記念日とすべきである」と主張、劉声元（四川）は「四川龍川独立の日（ママ。一九一一年十一月五日の龍泉駅新軍蜂起か）も記念日とすべきである。これは決して一省に関わることではなく、実に全国に関わるものである」と主張、劉盥訓（山西、国民党）は「呉樾の一事（一九〇五年九月二十四日の出洋五大臣暗殺未遂）も記念とすべきである」と主張した。

以上のうち「広州の役の日」「呉樾死事の日」「徐錫麟・熊成基死事の日」がそれぞれ表決に付されたがいずれも否決され、袁世凱の原案が出席者六十二人中五十人の賛成を得て、三読会を省略してそのまま可決されることとなった。(21)

以上の議論から、武昌蜂起の日を「国慶日」として最重要の記念日とすること、そしてその日付が陽暦で定められるべきことについては、この時点でほとんど異論が無かったことがわかる。また採用された三つの記念日、すなわち武昌蜂起の日、南京臨時政府成立の日、宣統帝退位の日は、基本的に臨時教育会議における黄炎培の案と同じであり、これらが中華民国成立に関して最大の記念すべき事件であるということについてもある程度共通の認識が成立していたと見てよいだろう。

ただその上で問題となったのは、民国成立に至るそれ以外の様々な事件のうち、どれを記念に値するものと見なすかということであった。この問題については、二つの点が注目される。一つは、実際に採用された三つの記念日が民国の成立に直接つながる、したがって「祝典」という性格のものであったのに対し、黄花崗蜂起、徐錫麟・熊成基らの蜂起、呉樾の暗殺事件、四川保路運動への弾圧等がいずれも専ら烈士追悼に関わるものだったこと。もう一つは、例えば楊永泰が黄花崗蜂起記念日の採用に賛成する発言を行った際に「私は広東人であり、まだ発言しなかったのは、私に地方観念が過重だという者があることを恐れたからである」と述べていることからわかるように(22)、多分にそれらの烈士追悼が、同じ地方の代表によって新国家全体にとって意味を持つものと主張され、そしてそれが全国の代表の賛同を得られなかった、という構図が見えることである。

以上の議論を経て臨時参議院から臨時大総統へ諮詢案に対する回答が送られた。

民国は陽暦を正式な暦とするので、革命記念に陽暦を用いなければならないということはおのずから疑義が無い。ただ畢竟何日より起算すべきかについては、おのずから詳細に検討を加えなければならない。湖北起義の日を主張する者があり、南京政府成立の日を主張する者があり、清の太后が詔を下して共和を宣布した日を主張する者があり、また民国政府の正式成立や列強が中華民国を承認した日を主張する者がある。最後の二説は臨時政府中の臨時の二字に係わるものなので、討論すべき価値は無い。その他の三説はみなこれを主張するのに理由があり、道理がある。しかし果たして名を定めることについて少々研究を加えれば、この問題は甚だ解決し易い。名を定めるとはどういうことか。すなわち革命記念日と共和記念日の区別がそれである。もし革命を記念するのならば武昌起義の日を取るべきであり、もし共和を記念するのならば南京政府成立あるいは清の太后が詔を下して共和を宣布した日を取るべきである。

フランス革命は三回で、一は一七八九年七月、一は一八三〇年七月〔七月革命による第二共和制成立〕、一は一八七〇年二月〔ナポレオン三世の失脚と第三共和制成立〕で、その間に興亡して政府が何度も名前を易えた。その記念の日とすべきものもまさに少なくないが、フランスは民軍起義の第一日、すなわち一七八九年七月十四日の、民軍がパリ市獄を攻撃した日のみを取っている。誠にフランスの国節〔国家記念日〕を革命の記念日としている。民軍起義の第一日、すなわち革命の起点である。アメリカは一七七四年九月五日に反対英国大会〔第一回大陸会議〕を開き、一七七五年四月十九日に英国に宣戦し、一七七六年七月四日に独立を宣言し、一七八三年九月三日に英国の独立承認を得た。しかしワシントンを大統領としてアメリカ合衆国が最終的に完全に組織されたのは、さらに数年後の一七八七年である。その記念の日となすべきものは至って繁多であるが、アメリカは一七七六年七月四日のみを取って唯一の国節としている。誠にその国節を独立の記念日としている。一七七六年七月四日は十三州が独立を宣言した日である。そうであればすなわちフランスの国節は革命の性質を含有し、アメリカの国節は独立の性質を含有している。したがってフランス・アメリカ各国はいずれも革命・独立の日を国節としている。我が国の国節もまたフランス・アメリカの方式に倣うべきである。これより方法を定めれば、すなわち武昌起義の日を国慶日とし、更に南京政府成立の日及び北京宣布共和南北統一の日を記念日として、国慶日の補助とする。(23)

ここから、当時においてフランス革命・アメリカ独立戦争に関する知識が広範に共有されていたこと(24)、そしてそれが国慶日決定の最大の根拠とされたことがわかる。これを受けて九月二十八日、臨時大総統令で正式に「武昌起義の日すなわち陽暦十月初十日を国慶日とする」こと、この日を休日とし、懸旗結綵〔旗を掲げ色布を飾る〕、閲兵、追悼祭祀、叙勲、刑罰の執行停止、貧者への施し、宴会を行うこと、「南京政府成立の日すなわち陽暦正月一日、および北京宣布共和南北統一の日すなわち陽暦二月十二日を記念日とし、いずれも休日とする」ことが公布された(25)。

この臨時参議院における議論と並行して、十月十日という期日の周知徹底が図られる。例えば呉稚暉は自らが留学時に体験したフランス革命記念日について紹介した文章を『民立報』に転載し、あるべき革命記念日の姿を説くとともに陽暦で記念を行うことの妥当性を主張した。

中華民国の革命記念日は、参議院がすでに全会一致をもって毎年陽暦十月十日と定めたが、誠に適切である。全国で互いにしっかりと覚え、それぞれ新旧の暦を使って差異を生じ、笑い話となるようなことがないように望む。十月十の三字は甚だ丁度よく、正に三月三・五月五・七月七・九月九等と同様に覚えやすい。八月十九と比べて大いに歯切れがよい。もし重九〔重陽〕等の例を援用して双十節と命名すれば、なお便利で趣がある。……最後にアメリカ・フランスの前例によれば、最も価値のある国家大記念日は十月十日に如くものは無い。十月十日の武昌起義はすなわち七月四日のボストン独立であり、七月十四日のパリ革命である。現在アメリカの唯一の節日は七月四日である。フランスの唯一の節日は七月十四日である。みな挙事の始を重んじ、建国・統一等は関係がない。したがってこの後の中国の唯一の節日もまた十月十日である。(26)

しかし臨時参議院においてはほぼ異論なく採用された陽暦記念日だったが、各省のレベルでは様々な混乱があった。例えば武昌では、蜂起前日に捕えられて処刑された彭楚藩・楊宏勝・劉復基ら「三烈士」の追悼会が実際にこの年の陰暦八月十九日、つまり陽暦九月二十九日に行われた。会場となった都督府には前もって彭楚藩の柩が置かれ、霊前には帷幕が張られ、案〔机〕上に彭楚藩の遺影が掲げられた。霊堂の両側には招待所、前面には白布の棚子〔小屋掛け〕が設けられ、さらにその棚子の両側に楊宏勝・劉復基の遺影が配された。会場に至る者は絶えず、痛哭する彭楚藩の父と妻を慰めた。果物や祭祀の品々と蠟燭を供えた霊案の前に彭楚藩の二人の子供が立ち、その前に整列した参会者の最前列には彭楚藩の友人である第四師師長蔡漢卿以下の官員と、黎元洪の派遣した代表が立った。十二時に軍楽隊が演奏を開始、参列者は脱帽して三鞠躬礼、軍隊は「鎗礼」〔捧げ銃〕を行い、軍界代表・稽勳局湖北調査会代表らが祭文を読み上げ、彭楚藩の父が答礼し、最後に宴会を行って散会した。この追悼会には一万人以上が参加したとされる。(27)この他、江西・湖南・安徽・廈門等でも九月二十九日に「光復記念会」や追悼儀式が開催され、(28)各紙に武昌蜂起を記念する記事が掲載された。

十月十日の『申報』の「社論」はこのことについて次のように述べている。

あるいは武昌倡義の時は民間ではなお旧暦を奉じて記念とし、陰暦の八月十九日に従っている。これは習慣上の記念である。習慣上の記念は民間が率先して行っているのでもとより厳禁すべきものではない。しかし民国紀元はすでに陰暦を捨てて陽暦に従っており、またさらに参議院の議決で十月十日を国慶日と規定した。一国の体制について言えば、おのずから法律によって習慣を矯正すべきである。(29)

当時において「民間が率先して行っている」「習慣上の記念」と、法によって規定された国家の記念との差が明確に認識されていたことがわかる。

第三節　誰が、どう記念するのか

以上の経緯を経て決定された民国初年の国慶日の儀式は、具体的には誰によって、どのように実行されたのか。

第一回国慶日の北京における儀式は、政府が主催した部分と、従前の革命派を母体とする在野の団体である革命記念会による部分とに分けられる。革命記念会は陳家鼎・張継が孫文に提案して発起したもので、黄興・陳其美ら多くの同盟会員が参加(30)、総務として陳家鼎・張継・黄中慧・白逾桓が準備事務に当たり(31)、黄興が臨時主席に推挙された(32)。九月十二日の『民立報』に発表された陳家鼎による発起趣意書は次のように説明している。アメリカやフランスでは独立戦争・革命戦争の後、「記念館」「独立庁」「凱旋門」といった「記念物」を築いて人物と事跡を顕彰し、「偉人銅像」や「革命遺劇」は全国で遍く見られる。我が国では民国は成立したが人心は未だ定まらず、「国家締造の艱難、烈士経歴の危険」を教える者がないため、「国史」は知られず、「国基」も定まらない。過去に革命党は政策の僅かな相違で道を分かったが、「愛国の心」は一つである。

在野に革命記念会があるのは、神聖な革命党の精神を社会に残し、雄偉荘厳の大訓を千古に垂れるためである。それは歴史的であって現在的ではなく、全体的であって少数的ではない、つまり草野〔民間〕的であって政府的でないのである。およそ政党の活動は、みな辞退するのでせいいっぱいで、ただ革命の旧友に連絡し、革命の歴史を調査し、革命記念館を修築し、革命の功績者を顕彰し、銅像を建て、革命文藝・演劇及び雑誌を編集する、これらがすべて本会の行うことである。銅像・記念館等は、国民の高尚な名誉心を発揚するだけでなく、国民の偉大な責任心を喚起するものであり、自国人に英雄を崇拝する心を生じさせるだけでなく、外国人に中国を崇拝する心を生じさせることができる(33)。

ここでは、記念する事柄自体の決定に続き、その記念の具体的な方法についても、アメリカ・フランスの事例が言及されている。

この革命記念会も当初は九月二十九日に記念活動を行う予定だったが、前述の臨時参議院の決定を受けて十月十日に変更した(34)。また会場として天壇を使用する予定であったが、黄中慧の父親が銀十万両で購入していたという広さ百五十余間の琉璃廠工藝局の建物を提供することになった(35)。政府も礼俗司が作成した「追祭辦法」案で「天壇祈年殿を指定して追悼祭祀の場所とする」ことを予定していたが(36)、この琉璃廠共和記念会場（革命記念会は十月七日の会合で名称を共和記念会と改めた(37)）で大総統あるいはその代理が追悼祭祀を行うと変更された(38)。

革命記念会は具体的な活動として、「今回の革命に関する物品、例えば戦利品や、革命運動の各種道具や実蹟、刺繡、絵画、図像、慶祝の対聯、烈士の写真などの一切の美術物件の、共和精神を発揚し革命の記念となるもの」を展示品として同会に送付するよう布告した(39)。さらに全国の学校を十月十日より三日間休日とし、北京の各学校に提灯会の準備をさせるよう教育部に要請、各官庁及び北京市東西の鉄道駅と正陽門にそれぞれ記念の「牌楼」を建てて飾りつけさせるよう大総統に要請、城内外警察庁及び商務総会に各商店に国旗を掲げることを布告させるよう内務部に要請、また三日間「紅報」（特別号）と臨時号外の発刊を各報館に要請、会場での各種革命書籍の販売を各書店に要請、会場での写真撮影を各写真館に要請、会場での演武を「武技家」に要請するなどして準備を進めた(40)。内務部の命令を受けた内外城巡警総庁は、十月十日から十二日の三日間、旗を掲げ色布を飾るよう商民に通告している(41)。

以下、第一回国慶日当日の北京の様子を具体的に見ていく（図3－1）。

まず早朝に、内城正面の大清門の扁額を撤去し「中華門」と改名する開幕式が行われた。臨時大総統袁世凱の代理である国務総理趙秉鈞が各国務員及び各部局員を率い、軍楽隊の演奏の中、三鞠躬礼を行った。各官庁・各団体の代表と共和記念会会員がこれに参加、門前に設けられた「彩楼」には宣統帝の退位の詔が掲示され、一般の閲覧に供された(42)。この中華門から正陽門の周囲三面には「電灯牌楼」が建てられ、夜間には電飾が点された(43)。

また政府の催しとして、臨時大総統袁世凱が総統府で閲兵を行った。臨時編成の一個師一万三千名の士兵が東単牌楼から北新橋の東四牌楼大街（哈達門大街）に整列し、師長王廷楨の下、陸軍総長段祺瑞の予行閲兵を受けた後、順に東門から総統府に入った。総統府内には閲兵台が設けられ、軍楽隊が演奏を行い、大元帥服に勲章佩用の袁世凱と国務総理・各部総長が南向きで台上の席に着いた。士兵は閲兵台通過時に「向右看斉之礼」（右向け右）を行って袁の「挙手答礼」を受け、最後に「中華民国万歳大総統万歳」と叫んで西門から退出した。各国の駐在武官や外交官、北京の紳商など数百人がこれを参観し「みな総統の尚武の精神を賞賛した」という(44)。

国旗と「国慶」の二字を掲げた「牌楼」が設置された国務院正庁中院の会場では、午前九時から十二時までと、午後五時からの二回に分けて茶会が開かれた。午前の会には、臨時参議院議員・秘書、国務院・各部・大理院・蒙蔵事務局・大総統府の上級職員、各国公使、各省代表、中外の新聞記者、満・蒙・回・蔵の代表、北京の著名紳董などが、

中華門前懸掛清諭之彩亭

紀念会黄鶴楼前之彩坊

琉璃廠東門彩坊

内蒙章嘉活仏追祭烈士時之撮影

琉璃廠西門彩坊

女学生運動場

正陽門前五族合鮝彩坊

共和紀念会内門正面之景

会員追祭諸烈士後之撮影

祈年殿遊人之景

図 3–1　高労〔杜亜泉〕「中華民国第一届国慶紀事」『東方雑誌』第 9 巻第 6 号，1912 年 12 月 1 日

午後の会には段祺瑞以下の陸軍及び警察関係者が招かれ[45]、また内モンゴルのチャンキャ・ホトクト〔章嘉呼図克図〕とカンジュルワ・ホトクト〔甘珠爾瓦呼図克図〕の二人の活仏が総統に謁見し、僧侶たちと共に茶会に加わった[46]。この茶会には午前・午後それぞれ七百人余りが参加したという[47]。

この日に先立つ十月一日、司法部は大総統府秘書庁の命令を受けて京外各検察庁及び州県衙門に国慶日に刑罰の執行を停止することを通令している[48]。また十月九日の臨時大総統令で「民国創業の労」によって孫文・黎元洪に大勲位、唐紹儀・伍廷芳・黄興・程徳全・段祺瑞・馮国璋に勲一位、孫武に勲二位が授与され、以下国務総理、各部総長、各省都督・民政長等にそれぞれ勲章と陸軍の官銜〔名誉官職〕が与えられた[49]。

琉璃廠工藝局の共和記念会場は全体が五色旗と万国旗、灯篭で飾りつけられ、軍楽隊が用意された。場内には「中華民国為国死事諸君」の霊位が設けられた「追魂台」の他[50]、映画館と演劇場を兼ねた「黄鶴楼」、「陳列館」、演説を行う「鉄血亭」、「運動場」等が設けられた[51]。陳列館では、「革命諸大人物」の写真、前年の各地の戦闘の状況、蜂起の際の旗幟や革命機関の名簿、汪兆銘が獄中に繋がれた際の鎖といった記念品が展示された[52]。運動場では、男子学生が競走・走り高跳び・棒高跳び・幅跳び・ハードル競争・障害物競走・砲丸投げ・円盤投げ・リレー、女子学生が「百跑跪歩〔詳細不明〕」「負力〔重しを担ぐ〕競走」「穿針〔針に糸を通す〕競走」「算学競走」「提灯競走」「匙羹〔スプーン〕競走」「拾物競走」等の競技を行った[53]。また演劇場では黄花崗蜂起から民国成立に至る「共和魂」と題した新劇が三日間をかけて演じられた他、一般の「旧劇」も上演された。共和記念会によればこの日一日の参観者は十万人を越え、大変な混雑であったという[54]。

朝八時からこの会場の追祭台で国務総理趙秉鈞が臨時大総統袁世凱の代理として「追祭」を行った。趙秉鈞は礼俗司の定めた手順に従い、軍楽隊の演奏に続いて霊位に生花や果物を供え、祭文を宣読し、三鞠躬礼を行った[55]。国務員の他、記念会代表の黄宗会らがこれに参加した。翌十一日には同じ追魂台でチャンキャ・ホトクトとチベット仏教僧が読経を行って先烈を追悼し、十二日には共和に賛成する演説を行ったという(56)。

会場が一般に開放されると、共和記念会の陳家鼎が開会を宣言し、次いで宋教仁が演説を行った(57)。

今日は中華革命第一次記念会の第一日であり、諸君が私を推薦したのを受けたが、才は薄く任は重く、任にたえないことを深く恐れる。世界に永遠に記念すべき日が三つある。一はアメリカの七月四日、一はフランスの七月十四日、一はすなわち我が中華民国の十月十日である。……遡れば武昌起義以来、未だ一年に及ばずして今日があるのは、我が五族同胞が共和に傾注し、民主に賛成することによるのに他ならない。吾等の計画は、前後の計算はいずれも未だ実行されなかったが、その最後の結果は、なんと一年の間に目的を達成することを得、アメリカの十三年間、フランスの三度の革命を見ても、その十倍を越えるのではないか？　将来の大勢の赴くところ、三年五年の後、その得る所の結果が、ヨーロッパ・アメリカを凌駕することがあり得ないとは、私は信じない(58)。

またこの記念会場において注目を集めた事件に「強制剪髪」があった。会場入口で辮髪をつけた者を見れば有無を言わさずそれを切ってまわり、切り取られた辮髪は積み上げられて山のようであったという(59)。当時北京に駐在していた日本の記者はこの様子を以下のように描写している。

余等は熱閙の内人波を泳ぎつゝ右折して大柵欄を過り、益々琉璃廠に向かって進んだ、漸く祭場の間に近づくことが出来たけれど門小にして人多く、相擁斉するのみにして進むことが出来ない、押されつつも場門に入れば、強制断髪者の一隊ありて辮子を垂れたる者を見れば直ちに辮子を捕へて切り取る、斯くて混雑の上に混雑を加へ、喧騒云はん方無い、革命以来南方一帯は断髪励行せられ、辮髪を垂れたる者は却って珍らしき程なれど、流石は清朝三百年の社稷を据へたる北京の事とて、当地は中々断髪するものなく、今日尚断髪者は三分の一にも足らない、されば強制断髪に対しての反抗は極めて激烈で、為めに由々敷大事を醸すの恐れがある、一人の辮髪垂れたる一青年は、半ば切り乱されたる頭髪を振り立て、大音声を挙げて呼びけるは、吾輩は只習慣上尚断髪せざるのみ、何んぞ強制的に断髪を執行するの要あらむ、今日断髪者の中却って共和を破壊せんとする者少なからず、徒らに唯形式的にのみ走るを以って共和の実は却って挙らない、と盛に強迫断髪者を罵って居るのも聞いた(60)。

この三日間、城内外の学校・商店は一律休業し、沿道の役所・商店は旗を掲げ色布を飾った。またこれに先立って「京師総議事会」が、国慶日の際に各学校が休日となるが、北京には国民の遊覧に適当な公園が無いため、天壇を開放することを総統府に要請、十月十日から十二日の三日間、天壇がはじめて一般に開放された(61)。十一日夜には共和記念会が数千人の「提灯会」を組織して琉璃廠から出発し、中華門で鞠躬礼を行って万歳を叫び、天壇まで行進した(62)。

当時北京に駐在していたフランスの外交官はこの第一回国慶日の様子を次のように描写している。

広場には、壇が設けられている。そこでは、眼鏡をかけた革新派が群集に長広舌をふるい、革命の美しさや、革命を勝利させるために死んだ英雄たちの功績を語っている。民衆は、アジア人の感情をたくみに隠すあの無感動な顔で耳かたむけている。それを無感覚と取ったら、たいへんなまちがいだ。この群衆のなかには、あらゆる身分の人間がいる。絹の美服、賤しい苦力の綿服、男たち、女たち。まるでパリの場末での七月十四日そっくりの印象だ。……

あくる日の晩、私たちは人力車で、都西のとても遠いところに住んでいる親しい家庭の住居へと急いでいた。そのとき、紫禁城の門の前、前門の裏にある広場を通ろうとして、大きな示威運動によって停止させられた。それは、イギリスやベルギーで見られるような、屋外での集会であった。数千の人間が紫禁城の前に並んで、「中華共和国、万万歳！」と叫んでいた(63)。

一連の儀式の企画者たちが一貫してフランス・アメリカをモデルとしていたことを考えれば、このフランス人の国慶日に対する評価は興味深い。「文明国に記念日があるのは、前代の烈士を追憶して後世の人々にあきらかに示し、開創の功を埋没させず、それによって国民の積久〔長い時間を積み重ねてきた〕という観念を振起するためである」と

『申報』の記事が論じたように[64]、記念日は新しく成立した中華民国を「文明国」として国内外に示すとともに、革命という国家の起源とその中で犠牲となった「前代の烈士」の歴史を繰り返し「後世の人々」に想起させ、それによって「国民の積久という観念」を持たせるための装置であった。また革命記念会が記念会場に「演劇場」を設ける理由を「慶典と追悼とは同じでないのだから、必ず参観者の心志に娯楽になるようにしなければならない」と説明し[65]、通告の中でも「世界各国には記念日があり、その国民が歓喜鼓舞し発揚奮起する場としないものは無い。ただ我が中国のみ欠如していた。歴代の陋習ではいずれも新年の祭りなどを娯楽の材料としてきたが、みな取るに足らない。今本会が成立して我が民国の栄光を増進するに足るようになる」と主張したように[66]、清末における烈士追悼儀式とは異なり、国慶日はそこに国民を広範に参加させ、教化する啓蒙的・文明的な「娯楽」としての面も備えていた点に特徴があった。『東方雑誌』に掲載された第一回国慶日の記事は次のように結ばれている。

今日の国慶記念は、吾が民に時機にかなった行楽を得させ、またそれに借りて人民の合群〔社会統合〕と愛国の心を喚起することができる。個人の楽しみ、国家の観念、二者が互いに発揮される。その民生・国勢への影響は、実に浅くない。これがすなわち中華民国の十月十日である。誠にアメリカの七月四日、フランスの七月十四日と、東西を照り輝かすに足る、吾が国有史以来の第一回の盛典である[67]。

第四節　おわりに

以上から、民国初年の国慶日を構成する要素を整理し、その意味を検討したい。

まず一つは、清末に成立した烈士追悼儀式との関係である。革命の過程で犠牲となった烈士の追悼と顕彰は、民国初年の国慶日の儀式においても中心的な位置を占めた。清末においても政府が中心となって烈士追悼儀式が開催された事例は存在する。ただそれが理念として中華民国のあらゆる場所で同時に開催されるべきものとされ、そして各省の政府とその周辺の旧革命派が担い手となってその理念を一定程度実現した点は、この民国初年の国慶日における新たな現象であった。そしてそれゆえにこそ、臨時参議院において革命の過程における各省のどの事件を記念日とするかが真剣に論じられたのである。純粋な烈士追悼儀式としては、国慶日に先立って黄花崗蜂起の死者を追悼する催しが広州、北京、南京、上海他各地で開催されているが、これは基本的に同盟会によるもので政府と直接関係する催しではなく、日付も陰暦三月二十九日（陽暦五月十五日）であった(68)。

二つ目は、アメリカ独立記念日・フランス革命記念日の模倣という側面である。君主制を廃した中華民国にとって、当時の世界で数少ない共和国であったアメリカ・フランスが様々な面でモデルとなったことはある意味当然の成り行きであった。これは、辛亥革命が「排満」の成功ではなく、専ら「専制」に対する「共和」の勝利と意味づけられたこととも関連するだろう。一方で、清末に梁啓超が紹介した、君主の誕生日ではなく事業の成功を祝う「祝典」という考え方がすでに普及していたこと、そしてその最大のモデルが他ならぬアメリカ独立記念日・フランス革命記念日であったことも、それらに倣った国慶日の制定と施行をよりスムーズにしたと考えられる。

ただ、蜂起以来激しい戦闘が行われた武昌ではこの第一回の国慶日に際し烈士追悼とともに傷痍軍人の行進と勲章・恩給の授与などが大規模に行われ、追悼の面が特に強調された(69)。そのため、このようなアメリカ独立記念日・フランス革命記念日に倣った共和の祝典、という側面は、民国の成立に際し実際に戦闘が行われなかった地域で特に重視された要素であったとも考えられる。

三つ目は国民の参加という面である。国慶日の儀式における演劇、運動会、そしてデモ行進や革命記念品の展示といった企画は、それぞれに近代的な国民の形成に関わる教化の意図を持ったものであり、国民をそこに広範に参加させることで「愛国」「文明」「共和」「尚武」といった価値に自らを同一化させる啓蒙的な「娯楽」としての面を備えたものであった。

四つ目は、全国規模での同時開催という問題にも関わる、記念日と暦法の関係である。臨時参議院における議論から、中華民国の記念日は陽暦でなければならないという認識が政府の側に共有されていたことは間違いない。しかし当時の社会においては、陰暦の使用が当然であり、陽暦の日付はなじみのないものであった。例えばこの民国初年の国慶日を扱った「逛天壇（天壇見物）」という当時の俗謡には「九月初一挙辧紀念会、追祭死亡烈士前」とある（一九一二年十月十日は陰暦九月一日）(70)。ただ、呉稚暉の考案した「双十節」という言葉はこれ以後国慶日の通称として広範に使用されることになり、「国慶日＝十月十日」というイメージの定着にかなりの程度貢献したものと推測される。

これ以後の北京政府期において国慶日がどのように行われたかについては、姜瑞学や李学智の論文が詳しい(71)。一九一五年の国慶日の活動が袁世凱によって中止されたため、帝制失敗後の翌一九一六年の国慶日が「共和」復活の記念として空前の盛り上がりを見せたこと、さらに張勲による復辟事件の後に行われた一九一七年の国慶日の活動も同様に「共和」の称揚を標榜して行われたという指摘は、本章の第二の結論とつながるものである。また、国慶日が社会各界の休息と娯楽の場であったことについてもやはり指摘がなされている。

ただ、李は民国初年の国慶日活動の特徴を、「官が組織・主催し、各界の民衆が積極的に参与した」という「官民同慶」の点であるとし、それが次第に官の活動は閲兵や叙勲、宴会に限られてゆき、民衆は独自に集会、演説、行進といった活動を行うというように分離していったとする。特に一九二〇年代、国慶日の活動が民衆の政府に対する批判の表現の場となっていったという指摘は重要である。しかし本章で見たように、北京政府には国慶日の民衆活動に関して国旗掲揚以外の法的規定が無く、また民国初年の時点においてすでに、政府の記念活動は追悼儀式への形式的な代表の派遣、閲兵、叙勲、宴会などに限られており、共和記念会は経費・人員の両面で政府外の組織であった。むしろこのように当初から政府行事と、政府外の知識人や社会団体の主導する活動が分離していたという点が、北京政府期における記念日活動の特徴であったと言うべきであろう。

また、姜・李論文に共通する問題として、民国初年の国慶日の画期性を前提としてしまっている点が挙げられる。本章が明らかにしたように、国慶日の様式の一定の部分は、これに先立つ清末の「新政」期にすでに成立していた。藤谷浩悦は、従来の清朝は国家祭祀の中に民間信仰を取り込むことで地域社会との緩やかな統合を図っていたが、一九〇〇年の義和団事件以降、「文明」と「富強」の目標を掲げ、城隍賽会に代表される地域社会の慣行を「野蛮」と見なし抑圧する方向に転じたと主張している(72)。この志向はむしろ民国初年のそれと強い連続性をもつ。確かに、共和記念会の開かれた瑠璃廠は、十八世紀末以来、毎年春節から二週間ほどの期間に廠甸廟会と呼ばれる大規模な祝祭が行われ、北京の人々に娯楽を提供していた場所でもあった(73)。その意味では民国初年の国慶日の、特に娯楽としての要素は、多くの人々にとって多分にそのような祝祭の延長線上にあるものと捉えられたと考えられる。しかし、旧暦を廃して陽暦で日付を定めた点に象徴的なように、国慶日は「新政」期の「文明」志向をさらに徹底した祝祭であった。企画者の意図においては、国慶日は従来の民俗的な祝祭と並列するもの、あるいはそれを取りこむものというよりも、それを消滅させ、代替するようなものとして作られたのであった。

（1）任公〔梁啓超〕「本館第一百冊祝辞并論報館之責任及本館之経歴」『清議報』第一〇〇期、光緒二十七年十一月十一日。
（2）中国之新民〔梁啓超〕「敬告我国民（癸卯元旦所感）」『新民叢報』第二五号、光緒二十九年正月十四日。
（3）高偉濃『二十世紀初康有為保皇会在美国華僑社会中的活動』北京、学苑出版社、二〇〇九年、九四頁。
（4）「商学補習会祝典」『大公報』光緒三十二年七月二十三日、「華商体操会祝典」『順天時報』光緒三十二年八月二日、「紀南市商業体操会祝典」同八月三日。
（5）「報界恭祝立憲会記事」『申報』光緒三十二年七月二十九日。

（6）吉澤誠一郎『愛国主義の創成――ナショナリズムから近代中国をみる』岩波書店、二〇〇三年、一七六・一九八頁。

（7）Henrietta Harrison, "Martyrs and Militarism in Early Republican China," *Twentieth Century China*, Vol. 23, No. 2 (April 1998).

（8）「臨時大総統改暦改元通電」（一九一二年一月二日）中国社会科学院近代史研究所中華民国史研究室他合編『孫中山全集』第二巻、北京、中華書局、一九八二年、五頁。中華民国紀年と陽暦採用の経緯については、竹内弘行「中華民国年号の成立に関する一考察」町田三郎教授退官記念論文集刊行会編『町田三郎教授退官記念中国思想史論叢』中国書店、一九九五年、が諸説を検討しているが、明確な答えは得られていない。孔子紀年・黄帝紀年に代表される清末の私紀年については、村田雄二郎「康有為と孔子紀年」『学人』第二輯、一九九二年七月、竹内弘行「清末の私紀年について」『名古屋学院大学論集人文・自然科学篇』第三一巻第一号、一九九四年七月、島下美喜「清末留学生と「黄帝紀元」」『千里山文学論集』第六〇号、一九九八年九月、樽本照雄「雑誌の黄帝紀年――旧暦新暦問題」『清末小説から』第七一号、二〇〇三年十月、等を参照。また、中村聡「アジア近代化の諸相――中国近代の紀年問題」『論叢　玉川大学文学部紀要』第四五号、二〇〇五年三月、も清末の私紀年について概観している。

（9）『臨時公報』一九一二年二月二十日。

（10）「臨時教育会紀事」「各学校学年学期及休業日期之規定草案」『民立報』一九一二年七月二十三日。臨時教育会議については、我一「臨時教育会議日記」『教育雑誌』第四巻第六号、一九一二年九月十日、を参照。

（11）「規定民国立国紀念日」『順天時報』一九一二年七月二十日。発言の日付は「北京電報」『民立報』一九一二年七月二十一日、による。南北統一記念日はこの『民立報』の記事では「陽暦二月五日」となっているが、同じく誤りと思われる。ここでは、東亜同文会調査編纂部『支那』第三巻第一六号、一九一二年八月二十日、の「立国記念日問題」と題した記事が「其一は〔陰暦〕八月十九日即革命紀念日二は南北統一したる〔陰暦〕十二月二十五日三は陽暦正月一日なり」としているのに従う。また、『大公報』の記事は「議員には孫中山の総統就任の日、あるいは袁項城〔袁世凱〕総統就任の日、あるいは武昌起義の日、あるいは清帝が詔を下し遜位した日を主張するものがあり、争いは頗る甚だしく、目下すでに審査会が武昌発難の日を民国記念日とすることを決定し、すでに全体が賛成し正式に通過した」としている。「民国大紀念日之決定」『大公報』一九一二年七月十八日。しかしこの記事の内容は『順天時報』『民立報』等と食い違う。

（12）「学校学年学期及休業日期規程」「学校儀式規程」『政府公報』第一二八号、一九一二年九月五日。

(13)「上大総統並致京外各機関」(一九一二年九月九日) 易国幹等編『黎副総統政書』上海、上海古今図書局、一九一五年、巻一四、五頁。
(14)「参議院第七十五次会議速記録」『政府公報』第一六〇号、一九一二年十月七日。
(15)「致各省都督等電」(一九一二年九月十六日) 湖南省社会科学院編『黄興集』北京、中華書局、一九八一年、二六四頁。
(16)「挙行祝典」『申報』一九一二年九月二十八日。
(17)「預備祝典」『申報』一九一二年十月一日。
(18)「覆各省」(一九一二年九月二十一日) 前掲『黎副総統政書』巻一四、六頁。
(19)「民国之三大紀念日」『申報』一九一二年九月二十九日。所属政党は張玉法『民国初年的政党』台北、中央研究院近代史研究所、一九八五年、による。
(20)「続参議院第七十九次会議速記録」『政府公報』第一七〇号、一九一二年十月十八日、「二十三日参議院紀事」『申報』一九一二年九月三十日。
(21)「参議院第八十次会議速記録」『政府公報』第一七一号、一九一二年十月十九日、「北京専電」『民立報』一九一二年九月二十五日、「参議院二十四日議事紀略」『大公報』一九一二年九月二十六日、「二十四日参議院紀事」『申報』一九一二年九月三十日。
(22)「参議院第八十次会議速記録」『政府公報』第一七一号、一九一二年十月十九日。
(23)「国節日效法法美」『申報』一九一二年十月一日。
(24)清末の革命派のフランス革命認識については、佐藤慎一「フランス革命と中国」『近代中国の知識人と文明』東京大学出版会、一九九六年、を参照。
(25)『政府公報』第一五二号、一九一二年九月二十九日。
(26)呉稚暉「答客問革命紀念日応有之盛況」『民立報』一九一二年九月二十二―二十四日。本文の後半に、革命〔呉稚暉〕「七月十四之巴黎」『新世紀』第五六号、一九〇八年七月十八日、が転載されている。呉稚暉「陽暦十月十日紀念武昌革命之餘論」『民立報』一九一二年十月三日、も参照。
(27)「追悼大会之誌盛」『順天時報』一九一二年十月五日、「武昌追悼会紀事」『申報』一九一二年十月六日。
(28)「八月十九之紀念」『民立報』一九一二年十月四日、「挙行祝典」『申報』一九一二年十月五日、「贛省紀念会盛況」同十月六日、「湖南光復紀念会盛況」同十月八日。
(29)「民国創造一周年之紀念」『申報』一九一二年十月十日。
(30)「革命紀念会消息」『民立報』一九一二年九月二十九日。
(31)「京師革命紀念会籌備紀事」『申報』一九一二年十月二日。
(32)「革命大紀念会」『順天時報』一九一二年九月二十八日。
(33)陳漢元〔陳家鼎〕「革命紀念会発起意趣書」『民立報』一九一二年九月十二日。
(34)「北京電報」『民立報』一九一二年九月二十八日。
(35)「革命紀念会消息」『民立報』一九一二年九月二十九日。
(36)「内務部通咨各部院衙門議定国慶日挙行第四項追祭辦法鈔単請査照辦理文」『政府公報』第一六〇号、一九一二年十月七日。
(37)「国慶声中之北京」『民立報』一九一二年十月十三日。
(38)「内務部通咨各部院衙門改定国慶日追祭地点希査照文」『政府公報』第一六一号、一九一二年十月八日。
(39)「革命大紀念会」『順天時報』一九一二年九月二十八日。
(40)「革命紀念会消息」『民立報』一九一二年十月二日。
(41)「内外城巡警総庁国慶日一律懸旗結彩通告」『政府公報』第一六一号、一九一二年十月八日。
(42)「北京電報」『民立報』一九一二年十月十二日、「北京電」『申報』一九一二年十月十二日、高労〔杜亜泉〕「中華民国第一届国慶紀事」『東方雑誌』第九巻第六号、一九一二年十二月一日。
(43)「国慶紀念彙紀」『順天時報』一九一二年十月十二日。
(44)「北京電報」『民立報』一九一二年十月十二日、「国慶日大閲之詳情」『順天時報』一九一二年十月十二日、前掲高「中華民国第一届国慶紀事」。ただし当日の編成や人数については各記事で出入がある。
(45)「国慶会参列人員及会場規則」『順天時報』一九一二年十月十日。
(46)前掲高「中華民国第一届国慶紀事」。
(47)「北京電報」『民立報』一九一二年十月十二日。
(48)「司法部部令」『政府公報』第一五七号、一九一二年十月四日。
(49)『政府公報』第一六三号、一九一二年十月十日。ただし孫文と黄興はこれを辞退した。「革命偉人之平民主義一」「革命偉

人之平民主義二」『民立報』一九一二年十月十四日。
(50) 「内務部通咨各部院衙門議定国慶日挙行第四項追祭辦法鈔単請査照辦理文」『政府公報』第一六〇号、一九一二年十月七日。
(51) 「革命紀念会消息」『民立報』一九一二年十月二日。
(52) 「国慶紀念彙紀」『順天時報』一九一二年十月十二日。
(53) 「国慶声中之北京」『民立報』一九一二年十月十三日。
(54) 「北京電報」『民立報』一九一二年十月十二日。
(55) 「内務部通咨各部院衙門議定国慶日挙行第四項追祭辦法鈔単請査照辦理文」『政府公報』第一六〇号、一九一二年十月七日。
(56) 前掲高「中華民国第一届国慶紀事」。「共和に賛成した」という理由でチャンキャとカンジュルワの両活仏は十月十九日に大総統令でそれぞれ「宏済光明」「圓通善慧」という名号に封ぜられ、銀一万元を与えられた。「中国大事記」『東方雑誌』第九巻第六号、一九一二年十二月一日。当時外モンゴルに続いて独立を図っていた内モンゴルに対する袁世凱の懐柔策の一環とされる。李玉偉「北洋政府的民族政策与内蒙古的民族問題」『内蒙古社会科学（漢文版）』第二五巻第二期、二〇〇四年三月。
(57) 「国慶紀念彙紀」『順天時報』一九一二年十月十二日。
(58) 「宋遯初演説詞」『民立報』一九一二年十月十七日。
(59) 「北京電」『申報』一九一二年十月十二日。
(60) 「国慶日の北京」東亜同文会調査編纂部『支那』第三巻第二一号、一九一二年十一月五日。
(61) 「国慶日籌備種種」『申報』一九一二年十月十五日。一九一四年の国慶日に北京の社稷壇が中央公園となり、一九一八年一月一日には天壇が同じく公園として市民に開放された。Mingzheng Shi, "From Imperial Gardens to Public Parks: The Transformation of Urban Space in Early Twentieth-Century Beijing," *Modern China: An Interdisciplinary Journal*, Vol. 24, No. 3 (July 1998), pp. 230-236. また、一九一四年十二月二十三日の冬至に袁世凱が北京の天壇で行った祭天儀礼について、妹尾達彦「帝国の宇宙論——中華帝国の祭天儀礼」水林彪・金子修一・渡辺節夫編『王権のコスモロジー』弘文堂、一九九八年、が触れている。
(62) 「北京電報」『民立報』一九一二年十月十三日、前掲高「中華民国第一届国慶紀事」。
(63) フェルナン・ファルジュネル、石川湧・石川布美訳『辛亥革命見聞記』平凡社、一九七〇年（原著一九一四年）、三二四

—二二七頁。

（64）「規定本地方紀念日期案」『申報』一九一二年十月五日。

（65）「国慶声中之北京」『民立報』一九一二年十月十三日。

（66）「革命大紀念会」『順天時報』一九一二年九月二十八日。

（67）前掲高「中華民国第一届国慶紀事」。

（68）孫文が広州で慰霊祭を行った他、南京でも黄興が広州死義諸烈士追悼会を開催し、参加者は三千人にのぼった。また北京でも張継が代表となって祭祀を行い、千人近い参加者があったという。居正「梅川日記」（一九五〇年）陳三井・居蜜合編『居正先生全集』上巻、台北、中央研究院近代史研究所、一九九八年、二二七頁、「広東電報」「北京電報」「血花紀念誌盛」『民立報』一九一二年五月十七日、「血花紀念誌盛（二）」同五月十八日。

（69）前掲高「中華民国第一届国慶紀事」。

（70）澤田瑞穂『中国の庶民文藝——歌謡・説唱・演劇』東方書店、一九八六年、九七頁。

（71）姜瑞学「北洋政府与中華民国国民塑造——以〝双十節〟為中心的考察」『聊城大学学報（社会科学版）』二〇〇六年第三期、李学智「政治節日与節日政治——民国北京政府時期的国慶活動」『南京大学学報（哲学・人文科学・社会科学版）』第四三巻第五期、二〇〇六年九月。

（72）藤谷浩悦「近代中国の国民統合と亀裂——民国初期の湖南省を中心に」久留島浩・趙景達編『国民国家の比較史』有志舎、二〇一〇年、四二〇—四二一頁。

（73）Mingzheng Shi, op. cit., pp. 223-224.

第四章　国楽から国歌へ

第一節　はじめに

近代国家において、国旗と並んで国家の象徴とされるのが国歌である。近代中国における国歌の成立と沿革というテーマに関する概説としては、台湾では孫鎮東の著書、[1]中国では皮後鋒の論文がある他、[2]膨大と言ってよい数の文章が書かれている。ただそれらのうち、史料的根拠を示して学術論文の形式をとったものはむしろ非常に少なく、先行する文章を断りなく引き写した結果、単純な事実関係の誤りを繰り返すものがほとんどというのが従来の状況であった。近代中国におけるシンボルというテーマについての代表的な研究であるハリソンの著書も、北京政府期の「卿雲歌」や国民革命期の「国民革命歌」についてはその存在に触れるだけであり、[3]南京国民政府期の国歌の制定過程についても事実関係を正確に把握しているとは言い難い。そのため、国歌の問題は同書の中でも最も手薄な部分となっている。[4]

近代中国における西洋音楽の受容という問題に関する代表的な先行研究としては榎本泰子の著書があり、「卿雲歌」成立の経緯について言及している。[5]しかし、榎本の研究は主として一九三〇年代上海の音楽文化や共産党の音楽を通じた宣伝活動を対象とするため、清末から北京政府・国民政府期の音楽と政治の関係は中心的な論点としては扱われていない。

近年になって、清末の国歌制定過程とその意味について検討した遊佐徹の論文や[6]、北京政府期の「卿雲歌」の成立過程とそれをめぐる音楽界・教育界の論争を追った李静の論文が発表され、この問題に関する学術的研討の条件がようやく整いつつある[7]。本章はこれらの先行研究を踏まえ、清末から北京政府期における国歌の成立とその変遷過程、そしてそれをめぐる議論の展開について検討し、そこにおいて何が問題となったのかを明らかにする。

第二節　清末の「国楽」

一八七九年から一八八六年まで出使英国大臣を務めた曾紀沢の日記に、「華祝歌」という「国調」を作詞・作曲したという記載がある。

〔光緒九（一八八三）年九月二十日〕楽章一首を作り、さらに宮商〔音律〕を配し、国調とする。……女児が国調を演奏するのを聴く。

〔十月二十八日〕作った国調を記録し、名を「華祝歌」とする。

〔光緒十（一八八四）年一月四日〕「華祝歌」を書き、あわせて宮商や節奏〔リズム〕を注記する。

〔閏五月一日〕養生会〔ロンドン万国衛生博覧会〕の楽団員が来て「華祝歌」を学んだので、そのため拍子を正すのに時間をかける[8]。

「国調」という言葉はこれ以前にあまり用例がないため、曾紀沢の造語という可能性がある。曾紀沢は中国・西洋の音楽にともに造詣が深く、ヨーロッパに同行した娘にもピアノやバイオリンを習わせていた。ただ、この「華祝歌」が具体的にどのような歌だったのかは不明である。なお、一八八四年のロンドン万国衛生博覧会には日本も雅楽・俗楽の楽器や、井沢修二ら音楽取調掛の編になる『小学唱歌集』などを出展している(9)。アジアの音楽に関する展示企画があったものと思われる。

第一章で見たように、光緒十四（一八八八）年の「北洋海軍章程」には黄龍旗の規格化に関する重要な規定が存在した。それに加えて同章程には「国楽」と「軍楽」に関する規定があり、「凡そ兵船が行軍の国楽を演奏すべき時には、中国の楽器を用いなければならない。その楽章は海軍衙門が選定し通行させる」ことが定められていた(10)。前後の文脈から見て、これもやはり他国の海軍との儀礼における使用を念頭に置いたものである。しかし、以後の議論を見る限りでは実際にこの後に海軍衙門が「国楽」を作成したということはなかったようである。また、ここでは曾紀沢の使った「国調」に替わって「国楽」という言葉が、明らかに national anthem の意味で用いられている。以後、清朝の公文書では一貫してこの言葉が用いられている。

後に出使英国大臣となった薛福成の光緒十六（一八九〇）年五月十一日の日記には、次のような記載がある。

イギリス外部〔外務省〕が丁亥〔一八八七〕年に兵部尚書〔陸軍大臣〕に送った文書に、中国の国楽の楽譜について問い合わせ、軍隊の演奏に用いるのに備えようとあった。前任の劉大臣〔劉瑞芬。曾紀沢の後任〕は次のように回答した。「中国の楽章で、訳して欧州の宮商となり、ヨーロッパの楽器に用いるのに適するものは、わずかに一曲あるだけで、名を「普天楽」という。楽譜一冊を、文章をととのえて送るので査収するように」。「普天楽」は曾侯〔曾紀沢〕がつくったものである(11)。

この「普天楽」と、曾紀沢の日記に見える「華祝歌」が同じものなのかは、やはり不明である。

イギリスのエドワード七世の戴冠式に派遣された載振も、光緒二十八（一九〇二）年六月六日、帰途ベルギーで応対した外交官と次のような会話があったと記している。

〔その外交官が〕先日私と音楽を論じた際、「春にあなたがベルギーに滞在したとき、ベルギー国王は楽部に命じて中国の国楽を練習させようとした。西洋の通例では国楽を演奏すれば、その国人は帽子を取って静聴する。私は以前コンゴの条約締結のため全権大使に任ぜられて中国に行ったが〔清朝はベルギーの植民地であったコンゴと一八九八年に条約を締結した〕、中国に国楽があるとは聞かなかった。いま連日演奏している華楽はどこから来たものかわからない」と訊ねてきたので、私は「この楽は曾侯が駐英公使だった時に作ったもので、かつて総理衙門に報告したが、国家が審査・制定することはなかった」と告げた。(12)

翌光緒二十九（一九〇三）年五月二十四日にも、駐清スペイン公使カルセール（Don Manuel de Carcer y Salamanca、賈思理）から外務部〔光緒二十七（一九〇一）年に総理各国事務衙門を改組〕に、「貴国国楽」を受領したので、首都に送って「貴国護使」が着いた時に演奏して迎える、との照会があったのが確認できる。(13)

これらの事例から、「国楽」に対する認識が、国旗と同様、やはり西洋との外交儀礼における必要性という問題を通じて清朝官僚に広まったこと、曾紀沢の作った歌がその後もヨーロッパの外交の場で用いられ続けたことがわかる。しかしその一方、曾紀沢はその歌を「国楽」にすることを提案したものの、正式に採用されることはなく、国内で使用されることもなかった。

以上が清末における、国家を象徴する歌というものについての最初期の議論である。日清戦争後の段階ですでに、張之洞や袁世凱は西洋人の指導の下で楽隊を組織し、西洋音楽を軍楽として使用していた。(14)詳細は不明だが、後述するようにその中には独自の「国楽」に類するものも存在したようである。しかし、同様に外交上の必要から制定された国旗と較べると、清朝が正式な「国楽」の制定に着手するのはかなり遅れた。第一章で見たように、艦船の識別という実用的な目的で日常的に必要となる国旗と較べると、西洋で行う儀礼の時にだけ使用される「国楽」は、出先の外交官にとってはともかく、清朝中央には差し迫って必要なものとは思われていなかった、ということだろうか。

したがって清朝が実際に「国楽」の制定に着手するのは、宣統二（一九一〇）年のことになる。これは礼部左参議曹広権の上奏による。曹の上奏は、出使各国大臣に命じて各国の「国楽」の楽譜を礼部に送らせて楽部の各部署とともに検討し、また音楽の専門家を招聘して古今の音楽を参照し「国楽」を制定することを提案する、というものだった。またこの際曹は「軍用の楽歌」についても、楽部に命じて軍諮処・海軍部・陸軍部と協議して適切な歌詞・楽譜を制作させることを提案していた。

この上奏に諭旨が下り、礼部は同年十二月二十五日にその諭旨に従う旨を上奏する。[15]そして翌宣統三（一九一一）年六月二十日、礼部はこの件について次のような上奏を行った。

東西列邦は国楽をすでに頒布し、あらゆる陸海の軍隊および外交上の公的な宴席で必ず一律に通行しており、全国で極めてあがめたてまつり、変更をゆるさない。ただ我が国のみ国楽は未だかつて編製せず、さきに出使大臣曾紀沢が提案した国楽も未だ上奏・制定して頒布施行してはいない。陸軍が成立して以来〔光緒三十二（一九〇六）年に兵部を陸軍部に改組〕、また別に一章をつくって国楽としており、各国でもすでにこれを練習していることが多いが、特に尊崇の意を表し永遠に残すには不十分である。礼部がさきに出使各国大臣に要請して楽譜を求めることを上奏したので、欧州及び日本等の国楽の楽譜がつぎつぎと送られており、共同で討議して詳細に検討した。我が国の謁見・宴席に用いられる楽章は、典麗で美しく、これを手本とするのがよい。各国の国楽については、意味を設定し音階を定めることなどについて、みな別に本源をもつので、おのずから己を捨てて人に従い、軽々しく盛典をそこなうべきではない。制定すべき国楽については、才能ある人物や音律に習熟した人員を招聘し、古今中外の詞を参酌し、詳細慎重に審訂して専用の曲を編制し、上奏するので欽定し頒布施行することを請う。[16]

曹広権の上奏では「国楽」と「軍用の楽歌」は別のものとして制定することが考えられていたようだが、ここでは

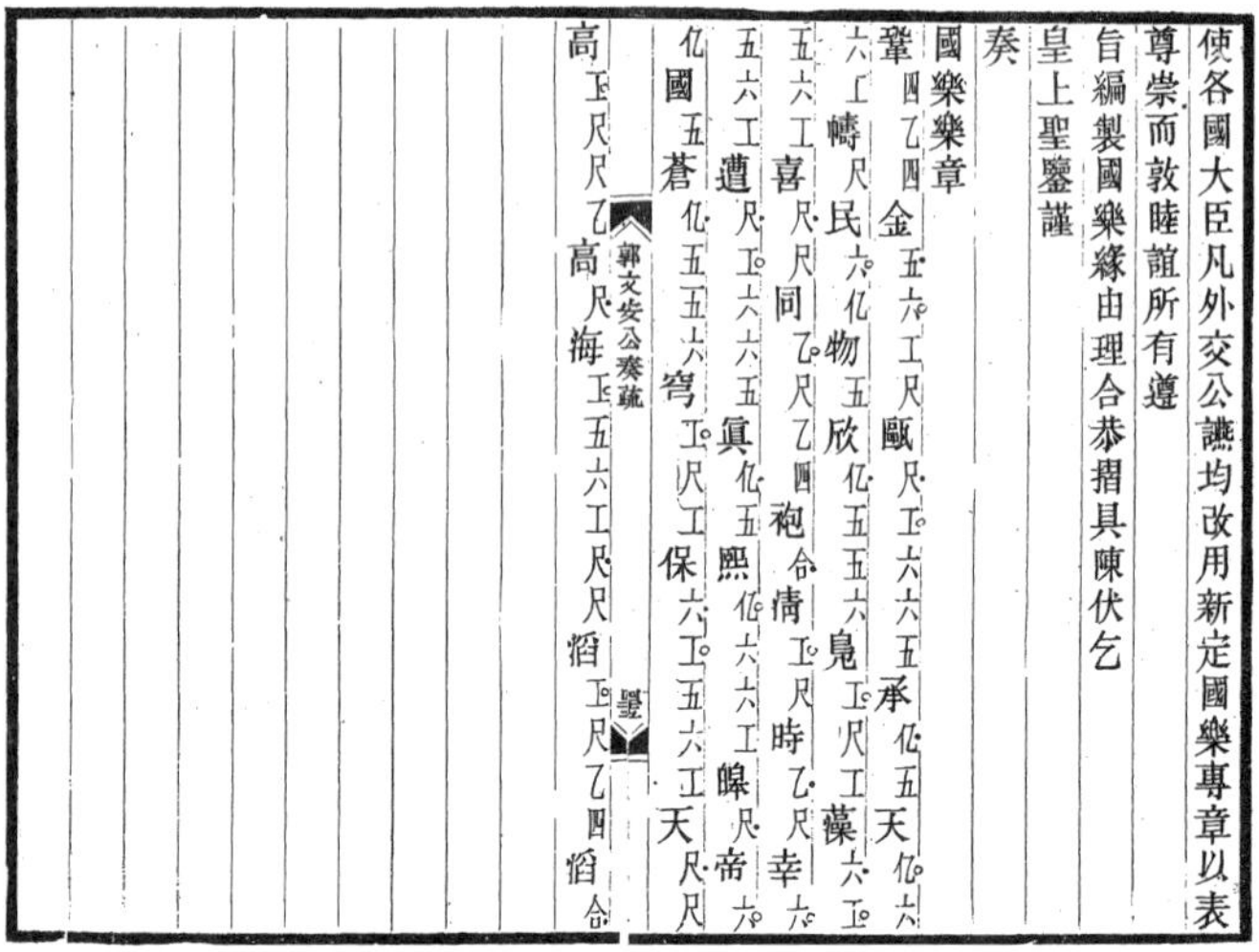
使各國大臣凡外交公讌均改用新定國樂專章以表
尊崇而敦睦誼所有遵
旨編製國樂緣由理合恭摺具陳伏乞
皇上聖鑒謹
奏
國樂樂章
鞏四乙四金五六工尺甌尺工六六五承仩五天仩六
六工幬尺民六仩物五欣仩五五六鳧工尺工藻六工
五六工喜尺尺同乙尺乙四袍合淸工尺時乙尺幸六
五六工遭尺工六六六五眞仩五熙仩六六六工皞尺帝六
仩國五蒼仩五五六穹工尺工保六工五六工天尺尺
高工尺尺乙高尺海工五六工尺尺滔工尺乙四滔合
郭文安公奏疏

図 4-1　「国楽楽章」郭則澐編『侯官郭氏家集彙刻』1934 年

軍隊も「国楽」を使用するものとされている。

この上奏に諭旨が下り、典礼院（宣統三（一九一一）年に礼部を改組）は禁衛軍軍諮官の溥侗と、海軍部参謀官・海軍協都統の厳復に命じて「『律呂正義』後編の楽制に従い、かたわらに各国の楽章を参考にして」「国楽」を編制させ、禁衛軍楽隊に交付して練習させた[17]。この「国楽」の歌詞は、内容・使用されている言葉ともに「我が国の謁見・宴席に用いられる楽章」そのものと言ってよい。上奏文ではこの歌詞に工尺譜で音階が付されていた（図4-1）。

鞏金甌、　強固な金の瓶（安泰な国家の譬え）が、
承天幬、　天のとばりに覆われ、
民物欣鳧藻、　民も万物も、鴨が水草に戯れるように喜んでいる。
喜同袍、　喜べ友たちよ、
清時幸遭、　幸いに清平な時世に遭ったことを。
真熙皞、　真に輝かしい。
帝国蒼穹保、　帝国を蒼穹が保たんことを。
天高高、海滔滔。　天は高く、海は滔滔と果てない。

厳復の八月七日の日記に「禁衛軍公所に行き、国楽を定め

図 4-2　「Chinese Imperial Anthem」，駐美使館→駐メキシコ呉〔仲賢〕代辦・駐ペルー譚〔駿謀〕代辦・陳〔尚徳〕兼領事・駐キューバ呉〔寿全〕代辦・駐サンフランシスコ黎〔栄耀〕総領事・駐マニラ孫〔士頤〕総領事・駐ニューヨーク領事・駐ハワイ陳〔慶龢〕領事，呈，宣統 3 年 10 月 10 日，中央研究院近代史研究所所蔵外務部檔案「大清国楽楽章案」02-23-004-03-004

た」という記述が見える。[18] 溥侗は京劇・崑劇の専門家で、清華大学堂で教鞭を執っていた。ただ、辛亥革命後に厳復が北京のイギリス公使館の医師グレイ（George Douglas Gray、徳来格）に送った英文書簡では、溥侗は名義上の作曲者で、実際には康熙帝や乾隆帝の作曲した歌を溥侗らがいくつか選んできて厳復に示し、厳復がそれに歌詞をあてたとしている。[19]

そして典礼院署掌院学士郭曾炘が上奏して、この「国楽」を典礼院から通行させるとともに、軍諮府・陸軍部・海軍部に命じて楽隊に演習させ、また外務部から出使各国大臣に命じて外交上の公的な宴席の際に必ず新しい「国楽」を用いさせるよう要請した。

この上奏に対し八月十三日に諭旨が下り、正式に「国楽」が決定された。[20] この「国楽」は『内閣官報』に掲載され、[21] 外務部から各国に駐在する使節に「大清帝国国楽楽章」として送付された。外務部から駐アメリカ使館へ送られたのは工尺譜だけだったが、[22] 同使館から各領事に送られたものには工尺譜に加えて“Chinese Imperial Anthem”と題した五線譜が含まれている（図4-2）。この五線譜は駐アメリカ使館で作成されたものと考えられる。

以上の経緯から、清末における「国楽」の制定がやはり専ら外交儀礼と軍隊における使用を目的としたものであったことがわかる。そもそもが西洋式の儀礼で使用するためのものである以上、「訳して欧州の宮商となり、ヨーロッパの楽器に用いるのに適する」ことを条件とせざるを得なかった一方で、「おのずから己を捨てて人に従い、軽々しく盛典をそこなうべきではない」として独自性も主張しなければならなかった点に、近代化の過程にあった非西洋国家が普遍的に共有したであろうジレンマを見て取れる。例えば日本において一八八〇年代以降国歌制定の試みが開始された際、その理由となったのはやはり「外国皆これ有り」ということであり、そこでは常に「国外」の視線が意識されていた。[23] その日本の国歌が清朝の国歌制定の際にさらに参照されたわけである。

一方、ホブズボームが指摘したように、欧米各国においては十九世紀末以降大量の儀礼やシンボルが創り出され、[24] その中で国歌も単なる儀礼の一部としてではなく、国民の服従や忠誠心を調達するための新たな方法として利用されるようになっていた。長志珠絵によれば、ヨーロッパの十九世紀は「「国歌」の時代」であり、「対外戦争を主題とした歌詞は、「敵」に対峙する共感の共同体を形成し、過去にさかのぼって歴史的体験を共有する集団を仮構する」ものであった。[25] 前述の載振の記述によれば、ベルギーの外交官は「中国の国楽」を指して「この楽は声音が緩慢で人に飽きさせ易い。国楽は踊りだすような奮いたつような気がなければならず、そうであってこそその気にしたがって形ができ、民志が発奮するのである」と言った、という。[26] これはこの時期のヨーロッパにおける国歌観を示すものであろう。

しかし、国歌のこのような作用に注目したのは清朝よりもむしろ同時期の立憲派や革命派であった。例えば光緒二十八（一九〇二）年の『新民叢報』に掲載された蔡鍔や梁啓超の文章では、王韜が同治十二（一八七三）年の『普法戦紀』の中で訳した“Was ist des Deutschen Vaterland?”〔ドイツ人の祖国とは何か〕と“La Marseillaise”〔ラ・マルセイエーズ〕の歌詞を抜き出し、「祖国歌」「法国国歌」として紹介している。そしてそこでは、これらは「国魂の所在であり」「両国の立国精神と大きな関係がある」と説明されている(27)。梁啓超が同年に発表した「愛国歌」も清末から民国初年にかけて大きな影響力を持ったとされる(28)。

当時の日本留学生の間には近代国家建設における音楽教育の重要性を訴える主張も現れていた(29)。沈慶鴻・李叔同・曾志忞らが欧米や日本の既存の曲に中国語の歌詞を付して作った「学堂楽歌」は、平易なメロディーと啓蒙的な内容を盛り込んだ歌詞によって広範に受容された(30)。

光緒三十三（一九〇七）年に女子師範学堂と女子初等・高等小学堂で「音楽」の授業を、宣統元（一九〇九）年に初等小学堂で、宣統二（一九一〇）年には高等小学堂で「楽歌」の授業を、いずれも「随意科目」として設けることが規定された(31)。また宣統二年九月にＹＭＣＡが中心となって南京で開催した「全国学校区分隊第一次体育同盟大会」の授賞式の様子を報じた新聞記事には、次のような記述が見える。

賞品授与の時には喜んで歌い踊る声が講堂に満ち、会場を震わせた。その中で北洋〔南洋公学の誤記〕と約翰〔上海約翰書院〕が最も興奮していたが、惜しむらくはその歌詞はいずれも西洋の歌詞であった。甚だしくは英皇の健康 Health of the Ouean〔Queen の誤記〕を祈る者までいた。

演説の前に楽隊がまず国歌の音調を演奏したが、会場の諸人はいずれもそれが国歌であるとわからなかった。次に会中の会員が呼び掛けて各人を起立させ、敬意を表させたが、会場中には全国各省の学界中の人がいたにもかかわらず、ついに一人として声を揚げて国歌をうたうことができる者はなかった。顔と顔を見合わせ、音楽の演奏が終わっても、諸人なお直立して待っていた。嘆息にたえようか(32)。

ここで演奏された「国歌」が何だったのかは不明だが、いずれにせよ正式な「国楽」はこの時点では未制定だったのだから、それを歌えなかった学生や教師を責めるのは酷というものである。むしろ、「西洋の歌詞」ではなく「国歌」を歌うべきという認識がこの記事の執筆者と読者に共有されるにいたっていたことの方を重視すべきであろう。

しかし、清朝の「国楽」制定の過程に例えば学部〔光緒三十一（一九〇五）年新設〕は全く関わっていない。また、前述のように日本留学生等の間では「国歌」「愛国歌」「祖国歌」といった語が使われたのに対し、清朝の公文書では一貫して「国楽」が用いられた。「国楽」はもともと各王朝の宮廷儀礼用の音楽を指す言葉であり、その点からも、この「国楽」の制定が当時の留学生を中心とする国歌や音楽教育をめぐる議論とは基本的に別の視点からなされたものであったことがうかがえる。

ただ、「国楽」公布数日後の八月十九日（十月十日）に武昌蜂起が起こり、さらに十二月二十五日（一九一二年二月十二日）には宣統帝が退位の詔を発し、清朝が滅亡してしまう。そのため、この「国楽」が実際に使用される機会は少なかったと考えられる。

第三節　民国初年の「国歌」案

中華民国成立後、教育部が中心となって、非常に早い段階から新国家の国歌制定作業が開始されている。一九一二年二月、教育部は『臨時政府公報』『民立報』などに次のような国歌案募集の広告を出した。

国歌は国家の性質を代表し、人民の精神を発揚するためのものであり、その関係は非常に強い。今、民国が成立したが、なお未だ国民が吟詠し良用するのに供する善美な国歌がないのは恥ずべきことである。本部〔教育部〕はここに楽譜を募集し、応募が多数になるのを待って、再度この学問〔音楽〕に精通する者に依頼して共同で審査・決定し、全国に頒布施行することを提案する。海内の音楽名家に楽譜を制作し歌詞を付して本部に郵送してもらえることを、切に希望する。(33)

応募作のうち、沈恩孚作詞・沈彭年作曲のものが「国歌擬稿」として二月二十五日の『臨時政府公報』に掲載された。沈恩孚は江蘇の著名な教育家である。沈彭年も同じく江蘇出身で、教育行政や音楽教育に携わった人物である。

亜東開化中華早、揖美追欧、旧邦新造。　東アジアの開化は中華が早かった、アメリカを師としヨーロッパを追い、古い国を新しく作りなおそう。

飄揚五色旂、民国栄光、錦繡河山普照。　はためく五色旗、民国の栄光、美しい山河があまねく照らす。

吾同胞、鼓舞文明、世界和平永保。　我が同胞よ、文明を鼓舞しよう、世界の平和が永く保たれんことを。(34)

この歌はこの後アメリカ華僑の間で中華民国国歌として歌われたという。(35)また同じく応募作の中から沈慶鴻作詞・鄒華民作曲の「国歌擬稿」が七月二十五日の『政府公報』に掲載された。沈慶鴻は清末以来の唱歌教育の推進者で、前述のように学堂楽歌の代表的な作者として知られる。

偉哉、吾漢満蒙回蔵五大民族、　偉大なるかな、吾れら漢・満・蒙・回・蔵の五大民族は、

共奮精神、共出気力、共捐血肉、　共に精神を奮い立たせ、共に気力を奮い起こし、共に血肉を差し出して、

消除四千餘年専制政府之毒、　四千年余り続いた専制政府の害悪を除き去り、

建立億千万年民主共和之国、　何億何千万年も続く民主共和の国を打ちたてよう。

而今而後、凡我華人、如手如足、　今から我々華人はみな、手足のごとく、

勤勤懇懇、整整斉斉、和和睦睦、　勤勉に、整然と、仲良く、

興我実業、修我武備、昌我教育、　我が産業を興し、我が軍備を整え、我が教育を盛んにし、

立願与全世界共享和平之福。　全世界と共に平和という幸福を享受することを願おう。(36)

この二案のうち、後者は前者をモデルに書かれた可能性があり、歌詞の内容が非常に似通っている。「開化」「文明」「実業」「武備」「教育」など近代化をイメージした語が多用され、その延長線上に「民国」「民主共和之国」がある。この目的を達成するために「吾同胞」「吾漢満蒙回蔵五大民族」「我華人」が団結しなければならないという論理である。「世界和平永保」「立願与全世界共享和平之福」といった、ナショナリズムよりも普遍的な理念を標榜している点も非常に特徴的である。また曲に関しては、前者は崑曲に近く、後者は西洋的な曲調であるにもかかわらず、いずれも五線譜で書かれている。これらは同じ作者による学堂楽歌とも共通する特徴である。

また、民国成立以後は公文書でも national anthem を意味する言葉として「国楽」ではなく専ら「国歌」が用いられるようになることが注目される。この点からも、この時求められたのが清朝の「国楽」に類するものではなく、音楽教育論の系譜に連なる「国歌」であったことがわかる。

七月十日から八月十日にかけて北京で教育部が開催した臨時教育会議においてもこの国歌の問題が取り上げられ、八月二日の同会議に二つの国歌案が提出された。第一案は章炳麟選の古歌に朱雲望が曲を付したものだったが、「歌詞が今日の事情及び一般社会に適さない」とされ、第二案の沈心工〔沈慶鴻〕作詞・朱雲望作曲の「中華民国立国紀念歌」も「曲調は聴くべきところがあるが、歌詞はなお検討する必要がある」とされ、これらの原案は教育部に再交付して検討されることになった[37]。

第三章でも触れた、九月三日に公布された「学校儀式規程」は、学校の「祝賀式」に「国歌を歌う」と規定していた[38]。したがって国歌の制定は急務であった。そこで教育部は、今度は歌詞のみに限定した国歌案募集を開始する。その中では、歌詞は簡明で短いこと、各章が百字をこえないこと、言葉の美しさをとうとぶのではなく、簡明にして俗でないものを最良とすること、などが条件とされ、募集期限を十一月三十日とし、採用者には銀五百元を懸賞として与えるとした[39]。

その結果、教育部に送られた歌詞は三百以上に上ったものの、「わが民国を代表するに足るものは、未だ得られなかった」。しかし「今正式政府が成立するところで、国歌が典礼での使用を待つことは、ますます差し迫っている。教育の方面より言えば、国民の視聴の統一、学校儀式の挙行は、もっとも急がれる」[40]。そこで教育部は、王壬秋〔王闓運〕・康南海〔康有為〕・章太炎〔章炳麟〕・梁任公〔梁啓超〕・銭念劬〔銭恂〕・陳伯厳〔陳三立〕・沈子培〔沈曾植〕・張季直〔張謇〕・蔡孑民〔蔡元培〕・樊樊山〔樊増祥〕の十人に国歌編撰を依頼[41]、世界各国の国歌歌詞の原文と中国語訳各一部を参考資料として送付した。

この結果、章炳麟・張謇・銭恂が国歌案を教育部に提出した。これらの案はそれぞれ以下のようなものだった。

〈章炳麟案〉

高高上蒼　華嶽挺中央　　高々とした蒼天、華山と嶽山は中央にそびえる。
夏水千里南流下漢陽　　夏水は千里を南流して漢陽に下る。
四千年文物化被蛮荒　　四千年の文物による教化は蛮夷にゆきわたる。
盪除帝制従民望　　帝制を一掃して民の望みに従い、
兵不血刃楼船不震青煙不揚　　兵は武器を血塗らず、楼閣や船は揺るがず、兵火はあがらない。
以復我土宇版章　復我土宇版章　　それによって我らの領土と人民を回復する。我らの領土と人民を回復する。
吾知所楽　楽有法常　　私は楽しむ所を知っている。楽しみにはきまりがある。
休矣五族　無有此界爾疆　　めでたいかな五族が、それこれの境界をもたないことは。
万寿千歳　与天地久長　　何千年何万年、天地とともにとこしえにあらんことを。

〈張謇案〉

仰配天之高高兮、首崑崙祖峰。
俛江河以経緯地輿兮、環四海而会同。
前万国而開化兮、帝庖犠与黄農。
巍巍兮堯舜、天下兮為公。
貴冑兮君位、揖譲兮民従。
嗚呼堯舜兮、天下為公。

天下為公兮、有而不与。
堯唯舜求兮、舜唯禹顧。
莫或迫之兮、亦莫有悪。
孔述所祖兮、孟称尤著。
重民兮軽君、世進兮民主。
民今合兮族五、合五族兮固吾圉。
吾有圉兮国誰侮。
嗚呼合五族兮固吾圉。

吾圉固、吾国昌。
民気大和兮、敦農桑。
民生厚兮、勧工通商。

仰げば天に並ぶ高さの、第一の祖峰崑崙。
俯せば長江・黄河が地を区切り、四海をめぐって合流する。
万国に先立って開化したのは、伏犠と黄帝・炎帝である。
偉大な堯舜は、天下を公と為す。
貴人の後裔の君位が、禅譲され民は従う。
ああ堯舜は、天下を公と為す。

天下を公と為し、〔天下を〕有しても〔自らは〕手を下さない。
堯は舜の求めを容れ、舜は禹の考えを容れた。
あるいはこれに迫るということがなく、憎むということもない。
孔子は祖とするところを述べ、孟子はもっとも著しいと称賛した。
民を重んじて君を軽んじ、世は民主に進む。
民は今五つの族を合する、五族を合して我らの守りを固めよう。
我らに守りがあれば、国は誰が侮るだろうか。
ああ、五族を合して我らの守りを固めよう。

我らの守りが固まれば、我らの国は栄える。
民の気は大いに調和し、農業と養蚕につとめる。
民の生活が豊かになり、工業に勤め通商する。

堯勳舜華兮、民変徳章。
牖民兮在昔、孔孟兮無忘、
民庶幾兮有方。
崑崙有栄兮、江河有光。
嗚呼崑崙其有栄兮、江河其有光。

堯は舜に禅譲し、民は変わり徳が明らかとなる。
民を導く要点は昔にある、孔孟が忘れられなければ、
庶民は正しい道を得るだろう。
崑崙に栄えあれ、長江・黄河に光あれ。
ああ、崑崙に栄えあれ、長江・黄河に光あれ。

〈銭恂案〉
我軒轅之苗裔兮宅中土而跨黄河
唐虞揖譲兮周召共和
史乗四千年圓周九万里
孰外我往復与平頗
迨孔聖出而師表万世兮
玉振金声成乃集大
祖堯舜憲文武律天時襲水土
餘事且分教於四科
磨不磷涅不淄
聖矣哉無可無不可
道統伝奕禩私淑有孟軻
漢唐崇儒術宋後亦靡佗

我ら黄帝の後裔は、中土に住み、黄河に跨る。
唐堯と虞舜は禅譲を行い、周公と召公は共和を行った。
史書は四千年、周囲は九万里、
我らのほかに誰が往来し興亡するだろうか。
聖人孔子が出るに及び、万世の模範となり、
磬〔楽器〕を打ち鐘を鳴らし集大成した。
堯・舜を祖述し、文王・武王にならい、天時に従い、地理に従い、
その他は教えを四科に分けた。
磨いても光らず、染めても染まらない。
すばらしいかな、可も無く不可も無いことは。
道統は代々伝えられ、私淑するものに孟子がいた。
漢・唐は儒学をとうとび、宋の後も変わらなかった。

社稷可変置吾道終不磨　　　　王朝は変わっても我らの道はほろびることはない。
社稷可変置吾道終不磨　　　　王朝は変わっても我らの道はほろびることはない(42)。

さらに、教育部から同様に依頼があった衆議院議員汪栄宝が、「この種の大作には、必ず歴史上の根拠があり、国民の心を動かし、かつ高尚優美で、群〔社会〕の意見を包括するに足るものでなければならない。先師〔孔子〕の「述べて作らず」という考えを採用し、帝舜の卿雲歌を民国国歌とすることを提案する」として、『尚書』所載の舜の作とされる「卿雲歌」を採用するという案を提出した。

卿雲爛兮　糺縵縵兮　日月光華　旦復旦兮　　めでたい雲が鮮やかで、長くたなびく。毎日毎日、日や月が輝く。

ただし、これでは歌詞が簡単に過ぎるとして、末尾に語句を付け足した。

時哉夫　天下非一人之天下也　　なんとよい時であることか、天下は一人の天下ではない(43)。

これらの案においては「華嶽挺中央　夏水千里南流下漢陽」「仰配天之高高兮、首崑崙祖峰。俛江河以経緯地輿兮、環四海而会同」「宅中土而跨黄河」など、領土に関する言及が最優先でなされているのが目立つ。また「卿雲歌」も含め、「巍巍兮堯舜、天下兮為公。貴冑兮君位、揖讓兮民従」「唐虞揖讓兮周召共和」といった、共和制と古代の聖王のイメージの組み合わせも特徴的である。近代化や同胞の団結といったモチーフ、新語の使用は総じて少なく、文体も文語的で、古典からの引用が多い。その意味で、沈慶鴻らの案とはむしろ対照的と言ってよい。当時において「国歌」に何を求めるのかという点をめぐり、異なる見解が存在したことがわかる。

一九一三年四月八日、国会の開院礼の際に演奏する国歌が必要となったため、内務部が教育部に問い合わせたのに対し、教育部は投稿作の中から「卿雲歌」をとり、フランス人オーストン（Jean Hautstont、欧士東）に作曲を依頼し「臨時演奏」させた。この曲は完全に西洋的な、模範的な唱歌という印象を受けるものだが、技術的な完成度という点で言えば前述の「国歌擬稿」などとは格段の差がある。また、古歌にお雇い外国人が曲を配して国歌としたというエピソードは、一八七〇年代以来複数存在した「君が代」の作曲にも、やはり海軍軍楽隊音楽教師のイギリス人フェントン（John William Fenton）やドイツ人エッケルト（Franz Eckert）が関わったという経緯を連想させる(44)。

しかしこの「卿雲歌」は正式に国歌として公布されることはなく、四月二十九日に教育部はこれら四案の歌詞を国務院に送り、大総統から国会に提出、国会の決定の後、改めて音楽の専門家に依頼して曲を作成し施行するとした(45)。翌年には、審査の結果「章の作は勢いがあって心を動かすようであり、汪の作は秀麗で華美である。おのおの優れた点はあるものの、特に我が民族の栄誉と国民の品性を発揮することが少ない。ただ張季直の作のみ、盛世の和鳴であり、音韻が調和しているので、すでに国務院は決定した」と報じられた(46)。しかしこの後この案が国会に提出された様子はなく、教育部による国歌作成の試みはここで頓挫することになる。

第四節　五四期の国歌論と「卿雲歌」の採用

一九一五年、外交部から改めて「国楽」制定の要請があったのに対し、四月十二日、大総統袁世凱は政事堂〔一九一四年五月四日に国務院を改組〕礼制館に交付して速やかに制定するよう命じた。そして国務卿〔国務総理を改称〕徐世昌が提出した礼制館の「国楽」案に、袁世凱が五月二十三日に批示を与え公布した。したがってこれが正式に採用された最初の中華民国国歌ということになる。

中国雄立宇宙間、廓八埏、　　中国は宇宙の間に雄大に存立し、八方にひろがる。
華冑来従崑崙顛、　　華の後裔は崑崙の山頂から来た。
江河浩蕩山緜連、　　長江・黄河は広くはてしなく山は連綿とつらなる。

共和五族開堯天、億万年。　共和した五族が堯の治下のようなすばらしい世界を開き、何億年何万年つづく。(47)

作詞は廕昌、作曲は王心葵〔王露〕とされるが、(48)実際には曲は礼制館が作成し、教育部から王露に送付して修正を依頼したようである。(49)王露は日本留学経験もある著名な琴楽家であり、曲は崑曲の色彩が強い。また注意すべき点として、中心となったのが教育部ではなく礼制館であったこと、民国成立以後 national anthem の意味では用いられなくなっていた「国楽」という言葉がここで敢えて使用されたことが挙げられる。ただ歌詞の内容に関して言えば、「華冑来従崑崙顚、江河浩蕩山緜連」という領土への言及、「共和五族開堯天」という共和制と古代の聖王の組み合わせといった特徴は、むしろ一九一三年に章炳麟・張謇・銭恂らが教育部に提出した案と共通する部分が多い。

しかし、八月七日に教育部が礼制館に送ったこの「国楽」に対する意見は、「華族が崑崙から移ってきたというのは、最近の考証家によってまだ証明されていない議論である」「〔堯天という句が〕共和五族という句とあまり調和しないので楽章の第三句と第五句はいずれも修正すべきである」、歌詞に対する音の配し方に中国音楽の基準から見ても西洋音楽の基準から見ても適当でない箇所が多い、など、歌詞・曲のかなりの部分について修正すべきというものであった。(50)

洪憲帝制失敗後も、この「国楽」やオーストン作曲の「卿雲歌」が学校などで使用された。(51)しかし一九一九年頃から、これらが国歌として不適当であるという意見が新聞・雑誌などに発表されるようになる。(52)例えば江蘇省立第一師範学校の教員だった教育家の呉研因は一九一九年の国慶日を前に『時事新報』に次のような文章を投稿し、この「国楽」の歌詞と成立過程を批判した。

堯は畢竟皇帝であり、当時の天下は皇帝の私産であった。堯の禅譲も、もともと彼らが私的に授受したのであり、百姓〔庶民〕は主権をもたなかったのである。……民国四年春、誰かは知らないが外国へ行ったある大使が、外国人と交際する際に、各国みな国歌を用いるのに、ただ中国だけ無かったので、政府に頒布を要請した。そこでこの歌について総統府政事堂が慎重に検討し、国会を通過せず、五月にオギャーと地に落ちて、「私生児」のように生まれてきたのだ(53)。

共和制と古代の聖王という組み合わせがここで完全に否定されているのがわかる。この意見に対する反響が『時事新報』に掲載され、やはり教育家の邰爽秋は呉研因の意見に賛意を示し、この「国楽」の曲と歌詞を批判した。

もし全国民が歌えなければならないというのならば、現在の国歌の調子は応用的な崑曲であるため、湾曲・曲折し、音の高下が柳のようで、大いに「余韻が長く続く糸のように絶えない」という趣があるが、試みに問うが我が四億の同胞のうち、どれだけの人がこれを歌えるのか？　現在の国歌で使われている歌詞は、応用的な文章で、「宇宙」「八埏」「浩蕩」「連綿」「華冑」のような類の言葉だが、我が四億の同胞のうち、どれだけの人がこれをわかるのか？……だから歌の調子は、構造が簡単でなければならず、いかなる無情無理の柳のような音の高下も、全て削除しなければならない。歌の歌詞も、白話文で編纂し、一般の知識の無い人でも、一度聴けばわかるようにしなければならない(54)。

これらの意見を受けて呉研因は国歌の内容・形式的条件を次のようにまとめた。

一、「民」の字の上で表現しなければならない。皇帝・総統の国歌の反対は、当然「民」の国歌である。「民」の国歌は、当然「民」の字の上に構想されなければならず、「庶民主義」「労働主義」等を表現しなければならず、以前の「称雄尚武〔雄を唱え武を尚ぶ〕」「国家主義」等のような悪習を二度と犯してはならない。

一、優美で荘厳でなければならない。……

一、具体的であるべきで、抽象的であってはならない。……

一、韻を踏んだ白話の歌でなければならない。……

一、歌の長さが長すぎてはならない。歌の長さはできるだけ短いのがよいが、短いものは曖昧で漠然としたものになりやすく、よくみえるのは難しいので、少しくらい長いのはかまわない。しかし長すぎると、歌う人も覚えにくい。この国歌は一般の平民が歌うものであることを忘れてはならない(55)。

以上のように、この「国楽」に対する批判は、歌詞が難解、曲が歌いにくい、袁世凱が礼制館に命じて作成させたという経緯が国歌としてふさわしくない、という点に集中している。特に、わかりやすく覚えやすいように白話の韻文を採用すべきであるという意見には、当時の白話運動の影響が見て取れる。

この『時事新報』上の意見の応酬を受け、北京の『晨報』にも、学生と思われる「纓塵」という人物の投稿が掲載された。

おおよそ世界各国は、全てその国特有の国歌を制定しており、慶祝の大典や、国民の集会では、それを高らかに唱う。最も重要なのは、国家が外国の侮辱に遇った時で、国民は非常な憤慨を起こし、ある者はデモ行進し、ある者は従軍して敵に対する。その時には万衆が声をそろえ、その響きは天地をふるわし、真摯な愛国心を表現することができる。……近来の中国は、各地で国民運動が非常に多く、国民大会・公民請願・学生デモなどで、極めて注意を促すような演説もあり、大衆も声をそろえて抵抗を叫んでいる。しかし私はいつも大衆の精神を、連貫させるものがないと感じている。それならばどうやって連貫させるのか。今すぐ音楽理論と歌曲に通じた人が、愛国歌を作るのである。字句は白話を用いなければならず、押韻しなければならない。精神的には慷慨激昂し、全篇が熱血のものでなければならない。曲調は簡単であっても、非常に勇ましくなければならず、老幼文野を問わず、全員が歌えなければならない。我々中国ではこのような歌を作ることのできる人材が多い。『晨報』で募集し、各団体——例えば学生連合会——で審査後、国を挙げて普及させることを請う(56)。

具体的な例として、イギリスの“God Save the King”よりフランスの“La Marseillaise”が範にふさわしいとこの人物は主張する。

数日後の同紙に、北京大学の学生だった顧翊羣の賛同意見が掲載された。これは、「卿雲歌」と袁世凱の「国楽」が一般社会に普及できない原因として「それらの歌詞はいずれも文言を用いている。社会の大多数の人民は、その意味がわからないだけでなく、その字すらわからない」こと、「この歌の音調は聴きにくく、歌いにくく、歌っても慷慨激昂し、愛国の念を起こさせることができない」ことを挙げた(57)。そして「通行国語」で歌詞を作り、曲はドイツの“Die Wacht am Rhein”〔「ラインの守り」。第一次大戦までのドイツ帝国の非公式国歌〕を流用するという案を提起している。これらの意見は『時事新報』上の議論と、歌詞に白話を用いて一般人にも歌いやすいものとするという部分は共通するものの、当時の学生運動とナショナリズムの高まりを背景に、「慷慨激昂し、愛国の念を起こさせる」という大衆動員の手段としての面を強調する点で異なる。これは特に呉研因が「称雄尚武」「国家主義」を明確に否定したのとは対照的である。実際にこの後『晨報』に寄せられた意見には「盲目的愛国」をたしなめる内容のものもあった(58)。

教育家や学生を中心に国歌に対する関心が高まる中、一九一九年十一月二十四日、教育部は国務総理に国歌研究会の設立を要請、許可を得て十一月二十九日に組織を命じ、十二月四日に正式に国歌研究会が設立された。会員は教育部の湯中・蔣維喬・鄧萃英・張継煦・秦汾・高歩瀛・覃寿堃・盧殿虎・陳任中・徐鴻宝・向一中・黄中塏・銭稲孫・陳衡恪・沈彭年ら十五人で、同十日に周樹人・沈彭年・銭稲孫を主事、李覚・陳錫賡を幹事とし、一切の準備事務を処理させるとした(59)。周樹人は言わずと知れた魯迅であり、沈彭年は民国初年の「国歌擬稿」の一つの作曲者でもある。

数度の会合を行って数案の国歌稿について検討し、また「卿雲歌」の使用を主張する者もあったが、結論が出なかった。翌一九二〇年四月、各方面からの国歌早期決定の要請を受けて活動を再開、最終的に「卿雲歌」を国歌とすることに決定した。理由は「新しい歌詞を選ぶより、『尚書』大伝所載の虞舜の「卿雲歌」を使用し続けたほうがよい。意味を説明し音を検討し、新しい楽譜を作ってあてれば、全国人民に容易に尊敬・信仰の心を生じさせることができ、普及を阻むものは無い」というものだった。この際、汪栄宝が追加した「時哉夫、天下非一人之天下也」という部分

図 4–3　「卿雲歌」『教育公報』第 8 年第 7 期, 1921 年 7 月 20 日

は削除された。

卿雲爛兮、糺縵縵兮、
日月光華、旦復旦兮。
日月光華、旦復旦兮。(60)

そして王露・呉梅・陳蒙〔陳仲子〕・蕭友梅ら四人の音楽家に作曲を依頼、審査の結果蕭友梅の案を採用することに決定した。(61) 蕭友梅は日本とドイツで学んだ音楽教育家で、その曲は従前の「国楽」とは異なり、完全に西洋的な、明るくシンプルなもので、覚えやすく歌いやすいという印象を受ける。

ただ蕭友梅自身は歌詞の意味が明瞭でないことに不満だったようで、(62) 確かにこの「卿雲歌」は、いかにも西洋的な明快な曲と古典から引用した難解な歌詞を組み合わせたものとなった。ともあれ教育部はこの案を十月に国務会議に提出、国歌として一九二一年七月一日から施行することを決定し、一九二〇年十一月十六日に全国各校に通達した。(63) 一九二一年三月二十五日、国務院が大総統徐世昌に教育部の編訂した国歌の正譜・燕楽譜〔宴席用の楽譜〕・軍楽譜の施行を要請、正式に教育部から通行するよう命じた大総統指令が三月三十一日に発せられた。(64) 燕楽譜は五線譜ではなく工尺譜で、教育部が依頼した人物が作成したものだったが、蕭友梅は「中国笛」では長調の音楽は不可能であるとしてこれにやはり不満だったようである。[65]教育部はこれら各種楽譜を印刷、六月三十日に各督軍・省長・特別区域に十冊ずつ送付し施行を命じた[66]（図4－3）。

第五節　一九二〇年代の「卿雲歌」評価

この「卿雲歌」が国歌としてどれだけ普及したかについて、例えば榎本泰子は「果たしてこの歌はどれだけ国民の間に定着したのだろうか」「軍閥割拠から北伐、抗日戦へと続く時代の流れのうちに、埋もれていったのが実情であろう」と否定的である。[67]この見解の当否は措くとしても、呉研因によれば、一九二三年八月に開かれた中華教育改新社の第二届年会で開幕典礼を行った際、「みながこの歌をうたわず、趙元任博士の制作した「尽力中華」を歌った」[68]、「全国の大多数は、この歌を歓迎しなかった」[69]という。少なくとも新国歌の制定を求めた教育家たちの目から見て、この「卿雲歌」が満足のいくものでなかったことだけは確かである。

そのため、この後も新国歌制定の要求は止むことはなかった。ただ、従前の議論がどちらかと言えば歌詞の内容に重点を置くものであったのに対し、この時期には曲の問題が注目されるようになる点に特徴がある。この背景には当時の中国の音楽状況がある。上海公共租界には一八七九年以来小規模な「上海交響楽隊」が存在したが、同楽隊は一九二二年に「上海工部局交響楽団」に改組、大幅に活動を拡大する。また、当時の上海には多数の劇場やダンスホール、バーなどが存在し、クラシック、ジャズ、ダンスミュージックが租界の音楽文化を構成していた。その一方でこの時期には、呉夢非・劉質平・豊子愷らの上海専科師範学校音楽科（一九一九年）、蔡元培・蕭友梅らの北京大学附属音楽伝習所（一九二二年）や上海国立音楽院（一九二七年）に代表される、西洋音楽に関する専門的な知識を身につけた知識人が現れつつあった。このような状況の下、蔡元培・蕭友梅・陳仲子・趙元任・王光祈といった教育家・音楽家、劉天華の国楽改進社（一九二七年）等を中心に、西洋音楽の受容の上でどのように新たな中国独自の音楽を創造するかという問題が浮上していた[70]。そのため、一九二〇年代の国歌をめぐる議論においては「国粋」という問題が論点の一つとなった。

たとえば国学者・歴史学者の朱希祖は、「卿雲歌」が「民主国に適していない」ことに加え、「卿雲歌」は後人の偽作した歌であって、著作者は実は虞舜ではない」ことを批判の理由に挙げた[71]。

一九二〇年代の「国家主義的教育」の首唱者である余家菊は、「卿雲歌」は「中国文化の精神を代表する」としつつ、国民の志気の鼓舞には適さないため、別に「国民歌」を作って補うという案を提起している[72]。

羅伯夔という人物はさらに明確に「西方音調」を国歌に採用したことを批判する。

教育部の公布した「卿雲歌」は、西洋の音調を採用し、荘厳なる国歌に施した。早くもすでに一般人の批判を引き起こしており、成立の必要なしといわれている。今日の学校・機関でも、採用するものとしないものがある。試みに論じるが、中国の音楽は、十二律に分かれ、これに五声八音が帰するもので、発達が最も早く、地球で一番である。……どうして金の鐘を捨て、瓦の釜を求めるのか。ついに欧化によって変えられ、その国粋を尊重しないようになってしまった。これは文化の危機である[73]。

当時ドイツで音楽を学んでいた王光祈も、国歌の曲が「国情に合う」ものであるべきという点については羅伯夔に賛同しつつ、「中国音楽には実に最大の欠点がある。つまり、活発さを欠き、変化に乏しいことである」として、転調や和音、リズムといった要素に注意することで中国音楽自体を改良することを提案している。また歌詞についても、国歌の要素として（甲）民族意識の陶冶、（乙）確かな理想をもつこと、（丙）民衆に理解しやすいこと、を挙げ、これらの基準に照らして「「卿雲歌」は全くの落第である」と評する。ただ羅伯夔が「国粋」それ自体に価値を見出すのに対し、王光祈は「内容があまりに国情とかけはなれていたならば、いきおい一般人が口にすることはない」点が問題だとしており、議論の前提は異なる。(74)

前述のようにそもそも作曲者の蕭友梅自身も「欧米各国の国歌は本来多くは国民歌であり、……選ばれて国歌となる前に、すでに多くの国民が唱うことができ、愛唱しているものである。必ずこのように選んでこそ、国民大多数の同意を得ることができるのである」と「卿雲歌」に不満を表明していた。(75) 蕭友梅や王光祈に代表される音楽に関する専門的な知識を身につけた知識人たちも「一般人が口にする」「愛唱」するような歌こそが国歌にふさわしいと考えた点では呉研因らと変わりはなかった。ただ、呉研因らが欧米各国の国歌をそのままモデルとする（さらには流用する）ことを前提としていたのに対し、「多くの国民が唱う」には「国情に合う」曲が必要だと考えた点にその議論の特徴があった。

第六節　おわりに

清末、西洋諸国との外交の場において「国楽」の必要性が認識されはじめ、また新しく創設された近代軍隊も同様の歌を必要とした。そのため、この時制定された「国楽」は専ら外交儀礼と軍隊における使用を目的としたものとなった。一方で当時すでに日本留学生などに音楽教育の重要性を訴える主張も存在したものの、その教育における利用は全く想定されていなかった。

これに対し中華民国においては非常に早くから、「国家の性質を代表し、人民の精神を発揚する」ものとして主に教育の視点から国歌の必要性が叫ばれた。教育家や音楽家の中には実際に私製の国歌案を発表する者もあり、その中には教育の場において一定の普及を見たものもあった。本章では詳述しなかったが、例えば民国初年には梁啓超の「愛国歌」の他、沈慶鴻作詞・朱雲望作曲の「中華民国立国紀念歌」や「美哉中華」などが流行したとされる。また一九二〇年代には、英国国歌"God Save the King"の曲に趙元任が詞を付した「中華民国新歌」(76)、趙元任作詞作曲の「尽力中華」、兪子夷が選んだ既存の曲に呉研因が詞を付した「這個自由的標幟」(77)、呉研因作詞・傅彦長作曲の「我的中華」(78)、王光祈作詞作曲の「少年中国歌」(79)などが知られる(80)。これらはいずれも平易な歌詞に啓蒙的な内容を盛り込んだ、清末以来の音楽教育論の系譜に連なるものであった。しかしこれら当時の教育家・音楽家たちによって作成された案のいずれもが、政府によって正式に国歌に採用されることはなく、また蕭友梅の言ったような「国民歌」となることもなかった。

その一方で、むしろ国歌には西洋的な要素を排した歌詞・曲が相応しいとする主張も存在した。これに基づくのが汪栄宝の「卿雲歌」や張謇らの国歌案である。袁世凱の「国楽」もこの延長線上にあるものと言ってよい。

一九一九年頃から、学生運動やナショナリズムの高まりを背景に、教育家や学生を中心にオーストン作曲の「卿雲歌」や袁世凱の「国楽」に対する批判の声が上がり、教育部が新国歌の作成に着手することとなった。しかしその結果採用された国歌は、「卿雲歌」の歌詞を流用し、純西洋的な曲を配するという、ある種折衷的なものとなった。一九二〇年代は、音楽に関する専門的な知識を身につけた知識人たちの中に、どのように新しい中国音楽を創造するかという問題意識が高まりつつあった時期であった。この中でこの「卿雲歌」は強い批判を受けることとなり、国歌をめぐる議論はこれ以後も続くことになる。

長志珠絵によれば、日本においては一八七〇年代以降、井沢修二を中心とする音楽取調所・音楽学校を中心に、西洋音楽の受容の上で「日本の国民」なる共同性を支える枠組みとしての「国楽」national music を創造し、そしてその具体化として「国歌」national anthem を制定するという主張がなされた。これは一九二〇年代中国の王光祈らの主張と重なるものである。しかし日本ではこの考えは一八九〇年代以降影響力を失い、結局「国歌」は御歌所を中心に「国楽」ではなく儀式唱歌として作成されることになった[81]。そして日露戦争以降「天皇賛歌」が絶対化される中、あるべき国歌をめぐる議論はなされなくなっていったという[82]。これに対し中国においては清末以来長期にわたり、ある種理念化・理想化された国歌を追求し、その視点から現状の国歌を批判する活発な議論が展開され続けることとなった。この点が近代中国の国歌をめぐる歴史の一つの特徴であったとも言えるだろう。

（1）孫鎮東『国旗国歌国花史話』台北、伝記文学雑誌社、一九八一年。
（2）皮後鋒「中国近代国歌考述」『近代史研究』第八六号、一九九五年三月。
（3）Henrietta Harrison, *The Making of the Republican Citizen: Political Ceremonies and Symbols in China, 1911–1929*, Oxford: Oxford University Press, 2000, pp. 110–111, 174–175.
（4）この点については洪長泰も書評の中で指摘している。Chang-tai Hung, "Henrietta Harrison. *The Making of the Republican Citizen: Political Ceremonies and Symbols in China, 1911–1929*" (Review), *China Review International*, Vol. 8, No. 2 (Fall 2001), p. 391.
（5）榎本泰子『楽人の都・上海——近代中国における西洋音楽の受容』研文出版、一九九八年。
（6）遊佐徹「宣統三年の大清国国歌」『中国文史論叢』第一号、二〇〇五年三月。
（7）李静「民国国歌《卿雲歌》的誕生与争論」『文藝研究』第一八一期、二〇〇七年三月。
（8）劉志恵点校輯注、王澧華審閲『曾紀沢日記』長沙、岳麓書社、一九九八年、一二八〇・一二八八—一二八九・一三〇四・一三三四—一三三五頁。王開璽「中国近代的外交与外交儀礼」『史学月刊』第二五〇期、二〇〇一年三月、も参照。
（9）寺内直子「日本文化の展示——一八八四年ロンドン衛生万国博覧会に展示された日本の音楽資料」『国際文化学研究』第二四号、二〇〇五年九月。
（10）「北洋海軍章程」張俠・楊志本・羅澍偉・王蘇波・張利民合編『清末海軍史料』北京、海洋出版社、一九八二年、四九七頁。
（11）薛福成『出使英法義比四国日記』、近代中国史料叢刊第一二輯一一七、台北、文海出版社、一九六七年（初版一八九一年）、

巻二、一八頁。手稿本を元にした蔡少卿整理『薛福成日記』長春、吉林文史出版社、二〇〇四年、五四九頁、ではこの記載は光緒十六年五月十日にあり、また最後の「按普天楽者曾侯所制」の部分がない。薛福成自身が整理の過程で加筆したものと思われる。この他、一八九六年に李鴻章がロシア・ヨーロッパを歴訪した際、歓迎会で演奏するために臨時に編成したものがあり、「李中堂楽」と呼ばれた、という説がある。歌詞は「金殿当頭紫閣重、仙人掌上玉芙蓉、太平天子朝天日、五色雲車駕六龍」というものだったという。盛巽昌「我国早期的国歌」『江蘇音楽』一九八一年第九期、等。ただこの説を挙げる文章にはいずれも史料的根拠が示されていない。また歌詞は唐の王建の詞だが、三句目は正しくは「太平天子朝元日」である。尹占華校注『王建詩集校注』成都、巴蜀書社、二〇〇六年、五二九―五三一頁。

(12) 載振・唐文治『英軺日記』、近代中国史料叢刊第七四輯七三四、台北、文海出版社、一九七二年（初版一九〇三年）、巻八、一頁。

(13) スペイン公使カルセール→外務部、照会、日付不明、中央研究院近代史研究所所蔵外務部檔案「領謝頒到国楽一通由」02-12-002-01-077。

(14) 前掲榎本『楽人の都・上海』一四頁、澤田瑞穂『中国の庶民文藝――歌謡・説唱・演劇』東方書店、一九八六年、一一三―一二四頁。

(15) 「遵擬国楽辦法摺」郭則澐編『侯官郭氏家集彙刻』、近代中国史料叢刊第三〇輯二九九、台北、文海出版社、一九六八年（初版一九三四年）、「郭文安公奏疏」四二―四三頁、「中国大事記」『東方雑誌』第八巻第六号、宣統三年閏六月二十五日。

(16) 前掲「遵擬国楽辦法摺」。陸軍で使用している「国楽」とは、次の歌と思われる。

於万斯年、亜東大帝国、
山嶽縦横独立幟、江河漫延文明波、
四百兆民神明冑、地大物産博、
揚我黄龍帝国徽、唱我帝国歌。

何億何万年続く、亜東の大帝国。
三山五嶽には独立の旗幟が縦横にたちならび、長江・黄河には文明の波がひろがる。
四億の民は神の子孫であり、地はひろく物産はゆたかである。
我が黄龍帝国徽を掲げよ、我が帝国歌を唱え。

この歌を清末から民国初年にかけて国歌として歌ったという回想が複数確認できる。劉師舜「関於中華民国国歌的回憶」『伝記文学』第二〇巻第四期、一九七二年四月、李秋生「「関於中華民国国歌的回憶」一文的補充」『伝記文学』第二〇巻第五期、一九七二年五月、李抱忱「也談国歌」『伝記文学』第二一巻第二期、一九七二年八月。また、繆塵「国歌問題」『晨報』一九二〇年二月八日、は、「〔清末以後〕中国北方である国歌が誕生し、次第に非公式に学部の認可を経て、各学校に普及した」としてこの歌詞を挙げている。

(17) 「編製国楽摺」『侯官郭氏家集彙刻』、「郭文安公奏疏」四四―四五頁、劉錦藻撰『清朝続文献通考』上海、商務印書館、一九三六年（初版一九〇五年）、巻一九九、楽一二。

(18) 王栻主編『厳復集』北京、中華書局、一九八六年、第五冊一五一一頁。

(19) From Yen Fu to G. D. Gray, 16 March 1912, Lo Hui-min, ed., *The Correspondence of G. E. Morrison*, Cambridge: Cambridge University Press, 1976, vol. 1, pp. 768-769. なお、同書簡には厳復自身による歌詞の英訳が付されている。Firm and Stable be the "golden cup" (which means the empire) domed by the Celestial concave. In it men and things happily prosper. Glad are we who live in the time of Purity. May Heaven protect and secure us from enemies and help us to reach the truly golden age! Oh! The Blue firmament is infinitely high and the seas flow everlastingly.

(20) 著者不詳『宣統政紀』、近代中国史料叢刊三編第一八輯一八〇、台北、文海出版社、一九八六年、巻六〇、二九―三〇頁。

(21) 『内閣官報』第四五号、宣統三年八月十六日。

(22) 外務部→欽差出使美国大臣張（蔭棠）、咨、宣統三年八月二十日、中央研究院近代史研究所所蔵外務部檔案「大清国楽楽章案」02-23-004-03-002。

(23) 長志珠絵「国歌と国楽の位相」西川長夫・松宮秀治編『幕末・明治期の国民国家形成と文化変容』新曜社、一九九五年。

(24) エリック・ホブズボウム、テレンス・レンジャー編、前川啓治・梶原景昭訳『創られた伝統』紀伊國屋書店、一九九二年（原著一九八三年）。

(25) 長志珠絵「国旗・国歌」西川長夫・大空博・姫岡とし子・夏剛編『グローバル化を読み解く八八のキーワード』平凡社、二〇〇三年、一二六頁。

(26) 前掲載・唐『英軺日記』巻八、一頁。

(27) 奮翮生（蔡鍔）「軍国民篇」『新民叢報』第一一号、光緒二十八年六月一日、「飲氷室詩話」『新民叢報』第二一号、光緒二十八年十一月一日。徳国格拿活「日耳曼祖国歌」『新民叢報』第二号、光緒二十八年一月十五日、も参照。

(28) 少年中国之少年（梁啓超）「愛国歌四章」『新小説』第一号、光緒二十八年十月十五日。簡譜が「飲氷室詩話」『新民叢報』第五七号、光緒三十年十月十五日、に収録されている。

(29) 高婷『近代中国における音楽教育思想の成立――留日知識人と日本の唱歌』慶應義塾大学出版会、二〇一〇年。

(30) 前掲榎本『楽人の都・上海』一七―二四頁。
(31)「奏定女学堂章程摺」(光緒三十三年一月二十四日)『学部官報』第一五期、光緒三十三年二月十一日、「奏酌量変通初等小学堂章程等摺」(宣統元年三月二十六日)『学部官報』第八七期、宣統元年四月一日、「奏改訂両等小学堂課程摺」(宣統二年十一月二十九日)『学部官報』第一四五期、宣統三年二月一日。
(32)「全国運動会三記」『時報』宣統二年九月二十一日。
(33)「教育部徴集国歌広告」『臨時政府公報』第八号、一九一二年二月五日、「中華民国教育部徴集国歌広告」『民立報』一九一二年二月十一日。
(34)「国歌擬稿」『臨時政府公報』第二三号、一九一二年二月二十五日。
(35) 呉研因「国歌談」『音楽界』第一〇期、一九二三年十月。前掲劉「関於中華民国国歌的回憶」、前掲李「也談国歌」、も参照。
(36)『政府公報』第八六号、一九一二年七月二十五日。
(37) 我一「臨時教育会議日記」『教育雑誌』第四巻第六号、一九一二年九月十日。
(38)「学校儀式規程」『政府公報』第一二八号、一九一二年九月五日。
(39)「教育部徴求国歌通告」『政府公報』第一四三号、一九一二年九月二十日、「教育部徴求国歌」『教育雑誌』第四巻第八号、一九一二年十一月十日。
(40)「請撰国歌書」『教育部編纂処月刊』第一巻第二冊、一九一三年三月。なお、同じ文章に「民国が創建されてこれまで一年、国旗・国徽はあいついですでに前後して制定された」とあるが、ここで言及されている「国徽」とは、一九一二年八月に教育部の周樹人・許寿裳・銭稲孫らが作成した国章のことであろう。「壬子日記」(八月二十八日)魯迅『魯迅全集』北京、人民文学出版社、二〇〇五年、第一五巻一七頁、「致国務院国徽擬図説明書」『教育部編纂処月刊』第一巻第一冊、一九一三年二月。
(41)「教育部徴求国歌」『教育雑誌』第四巻第一二号、一九一三年三月十日。彭虹星「民初国歌考」『台北連合報』一九五九年八月二十一日、では、教育部は一九一三年二月二十六日に蔡元培・王闓運・張謇・梁啓超・章炳麟・馬良・辜鴻銘・銭恂・汪栄宝・沈曾植・沈曾桐・陳三立・樊増祥・呉士鑑・厳復の十五人に依頼したとしており、依頼者に出入がある。ただこの文章には史料的根拠が示されておらず、また「汪榮寶」を「汪榮貴」と誤記している。

(42)「章炳麟擬国歌」「張謇擬国歌」「銭恂擬国歌」『教育部編纂処月刊』第一巻第三冊、一九一三年四月。「世界各国国歌訳意」『教育部編纂処月刊』第一巻第一冊、一九一三年二月、で、送られた米・仏・英・独・墺・日・露の国歌の訳が紹介されている。また章炳麟はこの際王露を教育部に紹介しており、教育部は実際に山東省行政公署に王露の住所を問い合わせている。「致山東都督函」「山東行政公署復函」『教育部編纂処月刊』第一巻第三冊、一九一三年四月。

(43)「衆議院議員汪栄宝送国歌函」『教育部編纂処月刊』第一巻第四冊、一九一三年五月。

(44) 塚原康子『十九世紀の日本における西洋音楽の受容』多賀出版、一九九三年、一八四―二〇八頁。

(45)「致国務院鈔送本部徴選国歌請呈大総統提交国会公決函」『教育部編纂処月刊』第一巻第四冊、一九一三年五月。

(46)「中華民国之国歌」浙江省教育会『教育週報』第四〇期、一九一四年四月二十三日、「新民国之新国歌」『湖南教育雑誌』第三年第五期、一九一四年五月三十一日、「審定之国歌」『雲南教育雑誌』第三巻第六号、一九一四年六月十五日。

(47)『政府公報』第一〇九五号、一九一五年五月二十六日。ただし、歌詞のみで楽譜は掲載されていない。

(48) 前掲孫『国旗国歌国花史話』四二頁。

(49)「函復王心葵国楽楽譜附冊留備討論」『教育公報』第二年第五期、一九一五年九月、「旧国歌歌譜簽註」『音楽雑誌』第二巻第五・六号合刊、一九二一年六月。

(50)「函復政事堂礼制館條述該館原訂之国楽楽章及楽譜以備修正時参攷」『教育公報』第二年第五期、一九一五年九月。劉成禺『洪憲紀事詩本事簿註』、袁世凱史料彙刊一〇、台北、文海出版社、一九六六年、巻一、一一九―一二〇頁、によれば、「議楽主任」となった当時の教育総長湯化龍が、前述の張謇の案を国歌とすることを主張してこの歌詞に一字一句反対したため会議は混乱に陥り、このために湯は教育総長の職を辞し、さらに公布の際には第五句の「共和五族開堯天」が「帝国五族開堯天」と改変されたとしている。また、顧翊羣「国歌問題　二」『晨報』一九二〇年二月十一日、は、礼制館が第五句を「勲華揖譲開堯天」（堯と舜が禅譲してすばらしい世界を開いた）と改変したとする。該当箇所の改変は教育部の意見に符合するものであり、第五章で見るように、この時にやはり「五族共和」を示すものとされた五色旗の改変が論じられていたこととも対応する。ただ、実際にこのような改変がなされたことを示す史料は未見である。

(51)『教育公報』第七年第二期、一九二〇年二月二十日。また一九一八年十一月十一日から十六日にかけて、雲南省長公署が省立第一師範学校をはじめとする省内十八の学校に軍楽隊を巡回させ国歌の演奏を行っていることが確認できるが、この際に使われた国歌が何であったかは不明である。「雲南省長公署咨督軍公署拠省立第一師範学校校長秦光玉等呈復会擬各学校

吹奏国歌日期時間表文」『雲南教育雑誌』第七巻第九号、一九一八年十一月。
(52) ただし呉稚暉は、イギリスの「上帝救助吾君」や日本の「君千代」を例に挙げて国歌を古歌から採用することを主張し、「卿雲歌」を支持する文章を発表している。稚〔呉稚暉〕「国歌」『中華新報』一九一六年十二月十五日。
(53) 呉研因「這算是中華民国的国歌嗎?」『時事新報』一九一九年九月二十九日。
(54) 郃爽秋「対於国歌的意見」『時事新報』一九一九年十月三日。この他、召予「和研因君商榷改造中華民国国歌的方法」『時事新報』一九一九年十月四日、仲子通「対於国歌的改造観」『時事新報』一九二〇年七月五日、などがある。
(55) 研因「国歌的研究」『雲南教育雑誌』第八巻第九号、一九一九年九月一日。文中に郃爽秋らの意見に対する言及があるので、実際の出版日はもっと後と思われる。
(56) 前掲繆塵「国歌問題」。
(57) 顧翊羣「国歌問題　一」『晨報』一九二〇年二月十一日。同日掲載された記事に、馮省三「国歌問題　二」もある。
(58) 西谿「国歌」『晨報』一九二〇年二月八日、孫福熙「国歌問題」『晨報』一九二〇年二月十四日。
(59) 『教育公報』第七年第一期、一九二〇年一月二十日。「日記第九」（一月五・二十六日）『魯迅全集』第一五巻三九三・三九五頁。さらに五月二十日に戴修鷺が幹事に加えられた。『教育公報』第七年第五期、一九二〇年五月二十日。
(60) 「国務総理呈請頒布国歌文」『音楽雑誌』第二巻第五・六両号合刊、一九二一年六月。
(61) 前掲李「民国国歌《卿雲歌》的誕生与争論」一〇二頁。
(62) 蕭友梅「対於国歌用卿雲歌詞的意見　附歌譜的説明」『音楽雑誌』第一巻第三号、一九二〇年五月三十一日。
(63) 『東方雑誌』第一七巻第二四号、一九二〇年十二月二十五日、『教育雑誌』第一三巻第二号、一九二一年二月二十日、阮湘他編『第一回中国年鑑』上海、商務印書館、一九二四年、一九七〇—一九七四頁。
(64) 『政府公報』第一八三四号、一九二一年四月一日、『教育公報』第八年第五期、一九二一年五月二十日、第二歴史檔案館所蔵〔北京政府〕教育部檔案「教育部国歌研究会工作活動及制定卿雲歌譜文稿」1057(2)/47。
(65) 蕭友梅「卿雲歌軍楽総譜暨燕楽譜之説明」『音楽雑誌』第二巻第五・六号合刊、一九二一年六月。
(66) 『教育公報』第八年第七期、一九二一年七月二十日。
(67) 前掲榎本『楽人の都・上海』一二五頁。ただ、当時実際にこの歌を学校で歌ったという回想も複数確認できる。曙山「我們的国歌」『掃蕩報』一九四四年一月十三日、前掲劉「関於中華民国国歌的回憶」、李琴「関於試唱「卿雲歌」的回憶」『伝記文学』第二一巻第六期、一九七二年十二月、等を参照。また一九三〇年に大学を卒業した後、北平育英中学で五年間にわたり二千人以上の学生にこの「卿雲歌」を教えたという李抱忱によれば、「この国歌〔卿雲歌〕はかなり長い間、民国十一年から民国二十五年まで歌われ、政府が党歌を暫定的に代用国歌とすることを公布したときに、初めて現在の国歌〔国民党党歌〕に換えて歌うことになった」という。前掲李「也談国歌」。実際には国民政府が国民党党歌を代用国歌としたのは一九三〇年、正式国歌としたのが一九三七年であるため、この回想は完全に正確というわけではない。しかしその他の部分が概ね正しいとすれば、北京ではむしろ国民党党歌が国歌として歌われた期間の方が短かったことになる。一九三七年末に北京に成立した対日協力政権である中華民国臨時政府が、一九四〇年に汪兆銘の国民政府に吸収されるまで、再び「卿雲歌」を国歌として使用したからである。「暫時以卿雲歌為国歌之件」（一九三八年三月二十六日）中華法令編印館編訳、中華民国臨時政府行政委員会監修『中日対訳中華民国現行法令輯覧』第一巻、北京、中華法令編印館、一九三九年、四頁。

(68)　前掲呉「国歌談」。「尽力中華」（一九一四年）趙如蘭編『趙元任音楽作品全集』上海、上海音楽出版社、一九八七年、二〇五―二〇六頁。

(69)　呉研因「通訊」『時事新報』一九二三年十月二十三日。これに対し金桂蓀が「卿雲歌」を擁護する意見を発表し、呉研因が激しく反論している。金桂蓀「所謂「国歌問題」」同十月二十五日、呉研因「通訊」同十月二十七日。

(70)　汪毓和『中国近現代音楽史』第二次修訂版、北京、人民音楽出版社・華楽出版社、二〇〇二年、九一―一一〇頁。

(71)　朱希祖「論卿雲歌不宜為国歌」『学藝』第二巻第一号、一九二〇年四月三十日。

(72)　余家菊「国慶日之教育」『中華教育界』第一三巻五期、一九二三年十一月。

(73)　羅伯夔「論教育部公布之卿雲歌」『音楽季刊』第四期、一九二四年九月一日。この文章自体が極めて文語的な文体で書かれている。

(74)　王光祈「評卿雲歌」『中華教育界』第一六巻第一二期、一九二七年六月。

(75)　前掲蕭「対於国歌用卿雲歌詞的意見　附歌譜的説明」。

(76)　更生〔趙元任〕「中華民国新歌」『民立報』一九一二年一月十五日。

(77)　郭紹虞「介紹『這個自由的標幟』」『晨報』一九二〇年二月二十七日。葉聖陶が郭に「現在各学校で、この歌を採用しているところが頗る多い」と言って紹介した、とある。

(78)　呉研因「通訊」『時事新報』一九二三年十月二十三日。

(79) 前掲王「評卿雲歌」。
(80) 張若谷「中国的国歌」『文化建設』第二巻第一期、一九三五年十月十日、による。
(81) 前掲長「国歌と国楽の位相」。
(82) 長志珠絵「ナショナル・シンボル論」『岩波講座近代日本の文化史3　近代知の成立』岩波書店、二〇〇二年。

第五章　共和革命と五色旗

第一節　はじめに

第二章では、辛亥革命前後における国旗をめぐる議論と、五色旗が中華民国国旗に採用された経緯を明らかにした。本章では、北京政府期において国旗が争点となった政治史上の事件がいくつか存在したことに着目し、それらを手掛かりに当時の社会における国旗シンボルの位置づけを探る。また、北京政府期に国旗をめぐる議論が展開される場として、国慶日前後の新聞記事や教科書、教育関連雑誌などが挙げられる。これらの議論の内容についてもあわせて検討を加えたい。

第二節　政治と国旗

一　洪憲帝制と国旗

臨時大総統となった袁世凱は、一九一三年三月二十日の宋教仁暗殺と国会における国民党切り崩し工作、四月の善後大借款調印とそれに反対する江西都督李烈鈞・広東都督胡漢民・安徽都督柏文蔚の罷免、七月の第二革命の鎮圧、国民党解散命令と国民党議員の資格剝奪、翌一九一四年一月の国会解散命令を通じて中央集権体制を固めていく。そして同年十二月の大総統選挙法の改変による大総統職の終身・世襲化を経て、一九一五年十二月に国会を代行する参政院による帝位への推戴を受諾、翌年一月一日より国名を「中華帝国」、年号を「洪憲」と改めることを決定した。ただ、この際に「国体」の変更に合わせて国旗の改変が論じられ、世間の耳目を集めていたことはあまり知られていない。

袁の即位を二カ月後に控えた一九一五年十月二十九日の『申報』に、「国体の改革」に関わる問題を列挙した記事が掲載されたが、その中には国旗の問題も含まれていた。それによれば、当時の政府内にも「国旗を五色と定めるのは、もともと五族平等の義を取ったものである。将来君主〔制〕に改めた後は、平等の説はすでに破棄されているのだから、五色国旗は当然改変すべきである」とする意見、「国旗を五色と定めるのは、意を用いること甚だ深く、全国国民の認める所となっている。国体改革後もその〔国家の〕分子はもとよりなお五族の人民が混じり合って成っている」のでそのままにすべきであるという意見、さらにその間を取って「元の五色国旗の上角に別に一種の標幟を加える」という意見があったという(1)。

さらにこの時点での新国旗案として「白地に赤い縁取りをし、共に一個の紅珠に戯れる二頭の金龍を中に描く」といったものや(2)、「国号を太炎と定めて火徳の意を取り、国旗の一角にはなお民国国旗の旧式を用いて五族共和の意を取り、旗の中心には白色中に紅日一輪をかいて五個の大球で囲み、火が永久不滅で日が君を象徴するという意を取る」というものも提案されていたという(3)。

ただ、数度の会議を経ても決定することができず、大典籌備処が十二月六日に提出した「正黄色の長方形の中に五色の五角星一つを嵌めこみ、その星の面積は旗全体の三分の一を用いる。その取義は、五族共戴の意味である」という案や、[4]これに類似した、外交部が提出した「黄地の上に五色小旗を加え、一角中に一大星を嵌めこむ」という案を経て、[5]最終的には「礼制館が修正を加え、現行の五色旗の中に、旗の横幅の百分の七十五を占める、橘紅色の日光一輪を嵌め込むものとし、五族共戴の義を取る」というものに決まった、と報じられた。[6]国体の変更と合わせて、国号・年号・国徽〔国章〕・国旗の改変について各国に通知する文書案も作成された。[7]

しかし十二月十三日の会議でこの原案にまたも変更が加えられ、「帝国国徽は長さ、幅各五尺の一旗と定め、制度は従来のものを沿用し、五色一旗の中央に杏黄色の太陽一輪を嵌め込み、輪の中に赤と金の飛龍を刺繡する」というものがさらに提案された。[8]十五日に政事堂でさらに検討がなされ、[9]また大典籌備処でも数度の討論を行い、「なお紅・黄・藍・白・黒の五色を用いるが、直線の縞ではなく、紅・白・黒・藍の四色で三角形を作って四角につづり、中に黄色で等辺四角形を作り、虎を描いて軍国主義の意を示す」という案が決議されたという。[10]

最終的には「長方四辺形内に紅色の横縦二直線で十字形をつくり、また正十字線をはさんで二直線を書いて斜十字形をつくり、どの十字線も紅色を用いる。旗内の様式は、正十字線で四正角をつくり、また斜十字線と交わるごとに正角を二つの鋭角に分割し、あわせて八つの鋭角とする。イギリスの旗と似ている。ただ四正角の中は黄・白・藍・黒の一色に分けるので、英旗の色とは区別される」というものになったという。また、「虎を描く」といった伝聞は正確でなかったとされた。[11]この案は大典籌備処から、大きさとデザインに関する説明書とともに上奏・提案された。説明書には、この旗の長所として「一、様式は光被四表〔徳が世界の隅々にまで及ぶ〕の意を取ること。一、美しいこと。一、万国と混同しないこと。一、デザインが簡単であること。一、弁別しやすいこと」が挙げられた他、動物などの絵を描かない理由、商旗は国旗を流用すること、陸海軍旗は別に定めるべきこと、などが書かれていたという。[12]この案は参政院に送付されることになり、最終的な意匠は「紅十字で旗面を四分し、右上は藍色、右下は白色、左上は黄色、左下は黒色とし、更に紅線で斜めに十字形を作り、五族連合の意を示す」というものとされた。[13]

記事自体の中でこれら連日の報道はほとんどが伝聞によると述べられていることからも、ここに挙げた意匠の全てが実際に国旗案として論じられたのかどうかは定かでない。ただ、実際に国旗の変更が政府内で問題となっていたこと、その議論の過程でさまざまな案が提出されたこと、そしてその噂が市中を飛び交っていたことは間違いない。

進歩党の梁啓超の反対や、雲南将軍〔一九一四年に都督を改称〕唐継堯・蔡鍔・李烈鈞による雲南省独立と護国軍蜂起などによって袁は帝制を延期、参政院で法制化を審議中だった新国旗案もお蔵入りとなった(14)。結局袁は三月二十二日、自ら帝制取消を宣言して中華民国を復活させることとなり、これらの案が正式に公布されることはなかった。

「中華帝国」の皇帝となるべき袁にとって、辛亥革命による君主制の打倒と五族「共和」を想起させる五色旗は国旗として必ずしもふさわしいものではなかった。それを否定するために「五族共戴」という折衷的なスローガンさえ考案されたのである。実際に一九一五年の国慶日に先立って、南京で警察庁が商民に五色国旗を新しく準備するように通達したところ、「国体問題の進行が急がれる時に、商民に共和の五色旗を新しく作らせるのは顕かに抵触する」という流言が広まる事件も起きている(15)。しかし、皇帝制度という以上に清朝の復活を意味してしまう黄龍旗を使用することは明らかに論外であった。この「中華帝国」国旗案の紆余曲折の過程は、即位に曲りなりにも国民代表の投票という形式を必要としたことに見られるように、皇帝ではあるが「全国国民」をその正当化の根拠としなければならなかった袁世凱帝制の性格を端的に反映したものだったと言える(16)。

二　丁巳復辟と国旗

一九一七年の張勲による宣統帝の復辟〔復位〕は、「民国」が再び危機に瀕した事件である。

大総統黎元洪が第一次大戦への参戦をめぐって対立した国務総理段祺瑞を解任したところ、段に続き奉天派の張作霖、直隷派の曹錕もそれぞれ独立を宣言する。これに対抗するため黎元洪が安徽督軍〔一九一六年に将軍を改称〕張勲とその軍を北京に入れたところ、張勲は突如国会を解散、七月一日に紫禁城の宣統帝を擁立して復辟と「大清帝国」の復活を宣言した。この復辟に際して張勲が用いたのは当然清朝の黄龍旗であった。張勲は宣統帝の復辟を全国に通電した際、宣統の「正朔」の使用と「龍旗」の掲揚を要請した[17]。これに対する各地の反応は様々であった。

北京では、七月一日早朝に京師警察庁総監呉炳湘が緊急庁令を発して各区の所長に戒厳を布くよう指示し、警察保安隊を各国大使館周辺に配置して警備に当たらせるとともに、各商店に龍旗を掲げて慶賀するよう命じ、十時から次々と黄龍旗が掲げられた[18]（図5－1）。張勲の軍が市内要所を押さえると、黎元洪の総統府が五色旗を掲げ続けて抵抗の意志を表明したのを除き[19]、「北京は甚だ静穏であり、軍界等がみな復辟を歓迎するために、各街ではすでに龍旗が出現しており、各公署もみな龍旗に掲げかえた[20]」。

天津でも、直隷省長の朱家宝が当初から復辟派であったこともあり、七月一日に即座に警察庁に命令を下し市民に龍旗を掲げさせた。その様子は次のようだったという。

図5–1　「討逆軍之戦蹟　廊房頭條胡同之龍旗」『東方雑誌』第14巻第8号，1917年8月

朱〔家宝〕は〔復辟への〕慶賀を打電した後、即座に龍旗を掲げた。私の家は河北〔運河北側の地域〕にあり、毎日南市〔市域南側の繁華街〕に往くのに、必ずその役所の前を通った。一日の昼、東西の轅門、中門と旗竿には、みな龍旗が掲げられていた。東西の轅門の旗は新しい黄色の緞子に成龍の首尾を刺繍し、爪は藍色の糸で縁取りして、鮮紅の円珠を配してあり、そのきらびやかさは目を奪うものだった。ついで大胡同〔大通り〕を経て南市に至ると、商店は警

察の命令を奉じて、家々に旗を掲げていた。その中では紙に書いたものが多かったが、急いで作って間に合わなかったことに因るのであり、朱の緞子の旗のようにあらかじめ準備していたのではなかった[21]。

これに対し南京では、黎元洪の要請を受けた副総統馮国璋が復辟に反対の態度を明らかにし、七月七日に代理大総統の就任式を行ったが、その際の式典は完全に民国の様式に則ったものであった。

馮河間〔馮国璋〕は今日（七日）代理大総統職に就いたが、全城の文武および紳・商・学の各界は、午前十時に一斉に府〔江蘇督軍府〕に赴いて祝賀し、車の往来が盛んで、頗るにぎやかであった。各機関は公務を一日停止し、各商店はいずれも五色国旗を掲げ、慶祝の意を示した。馮は十一時に府で就職礼を挙行した。礼堂は正門内の大堂の真中に設けられ、海陸軍の軍官および政・商・学各界が、いずれも順序に従って両側にならんだ。馮が現れると、意気軒昂で、香案〔机〕の前に就いて国旗に向かって三鞠躬礼を行い、礼が終わって、楽が演奏された。楽が止んで、海陸軍の軍官および政・紳・商・学各界の慶賀を受け、三鞠躬礼を行い、礼が終わって、また国楽が奏された。楽が止んで、馮総統代理は簡略に数語演説して言った。逆賊の張勲が謀叛をおこし、国の根本が動揺したが、今、天の幸をこうむり、逆賊の張はすでに甕の中の鼈〔袋の鼠〕となり、日ならずして殲滅することができるだろう。今、私は国人の委託を受け、約法にしたがい、暫時大総統の職権を代行し、統一の効を収めたい。……演説が終わり、斉唱した、中華民国万歳、大総統万歳。ついで撮影をして記念とした[22]。

このように中華民国の象徴である五色国旗への敬礼によって、彼らは「国人の委託」に基づき「共和」を護持する意志を表明した。

ただ、このように即座にどちらかの「国旗」を掲げるのではなく、文字通り旗幟を鮮明にすることを避けようとする動きも当然存在した。

例えば福建督軍の李厚基は復辟に際して「福建巡撫」に任命され、急遽五千元で黄龍旗千枚を作って省内各地に配布し、商会に命じて掲げさせた。しかし張勲軍敗北の報が届くと、今度は復辟への反対を各地に通電、七日には商会に黄龍旗を撤去させ、翌日には警察が各戸に五色旗の掲揚を命じたという(23)。

また吉林でも、督軍孟恩遠は「吉林巡撫」に任命されたのを受けて各機関に宣統年号及び陰暦の使用と黄龍旗の掲揚を命じ、さらに商民が間に合わないのを恐れて、警務処で黄龍旗数千枚を製造し、各戸にこれを購入させた。しかし復辟失敗の報を受け、八日には吉林城内に掲げられた黄龍旗とその命令の布告を全て撤去、五色旗を掲げさせたという(24)。

黄龍旗の掲揚は自分が復辟に与するか否かを最も明確にする指標であり、その政治的意味において命令が下され、「商民」は警察を介するその命令に従った。これがこの復辟事件中における国旗変更に対する最も一般的な反応であったと考えられる。

しかしこの時に、復辟と黄龍旗の掲揚に反対する意識的な抵抗が確認される。上海では七月三日、商界の張文卿以下百四十四人が企画して次のような内容のビラを撒き、五色旗を掲げることで復辟への反対を表明するよう市内に呼びかけた。

明日四日は我が友邦である北アメリカ合衆国共和記念の日にあたるが、目下の状況下、悔み憤る気持ちがつのっており、今敢えて肝胆を披瀝し、つつしんで我が商界の同胞の前に告げていおう。諸君がいやしくも明末清初の揚州十日・嘉定三屠の惨劇〔ともに清軍に漢人が虐殺された事件〕を忘れていないのならば、明日おのおの五色国旗を掲げ、一にはそれによって我が友邦の共和記念を祝賀し、一にはそれによって我が商民の良心上の真の是非を示さんことを請う。もし満奴の臣僕となることを願うならば、龍旗をかかげ、黒白を明白にできるようにすることを請う(25)。

やはり君主制に対する「共和」の価値とアメリカ独立記念日のモデルが標榜されるとともに、清末の「反満」の語りが再び動員されたことも確認できる。

同日、上海県教育会も緊急大会を開き、江蘇省教育会と「復辟に反対し共和を擁護する」ことで一致、南北商会と連合して六日から八日までの三日間「共和国旗」を掲げ、「共和擁護の真意を表示する」ことを提案した(26)。南北商会の通告を受けた商界団体はそれぞれ臨時緊急会議を開き、みな「共和擁護を宗旨とする」ことを決定、南京の馮国璋に電報で「出師討伐して共和を強固にする」ことを要請した他、各商店に三日間国旗を掲揚することで「共和擁護・民国尊重の決心を表わす」ことを要請、「これによって昨日〔四日〕の英美等界〔共同租界〕及び棋盤街一帯には五色旗がひるがえり、目に触れるものはみなこれであった」という(27)。六日からは各商舗に加えて公款公産処・修志局・勧学所や公立私立の各学校も参加した(28)。また、広州では「旗人・満人で広州にいる者もみな一致して民国を擁護し、五色旗を高くかかげた」ことが報じられている(29)。

七月十日、国務総理に復職した段祺瑞の「討逆軍」が張勲の軍を破って北京に入城したことで復辟は撤回され、全城の黄龍旗は瞬く間に撤去されて再び五色旗が掲げられた(30)。この数日間、国旗は各人の政治的立場を明確に示す役割を果たした。そして復辟への反対が「共和」体制の護持と「国人の委託」の遂行を標榜してなされたことで、五色旗は「共和」のシンボルと意味づけられることとなった。

三　五四運動と国旗

このように、政治的意志表示のために国旗を利用するという形式がより広範に見られるようになるのが二年後、一九一九年の五四運動である。パリ講和会議で、大戦中に日本が占領した山東省の旧ドイツ権益について、日本に譲渡することが決まったとの報に接した学生が、五月四日に北京市内でデモを行い曹汝霖宅に放火、多数の逮捕者を出すという事件が起こる。この事件に端を発し、ヴェルサイユ条約調印反対と、親日派と目された交通総長曹汝霖・幣政局総裁陸宗輿・駐日公使章宗祥らの罷免を求める学生運動が各地で起こり、上海では大規模なストライキが行われるに至った。この五四運動の中では五色旗は「愛国」の重要なシンボルとして用いられている。

例えばデモンストレーションにおいてその主張を表現する旗は不可欠の道具であったが、その中で国旗が使用されているのが確認される。

図 5–2　「北京学生示威運動撮影　学生遊行示威」『東方雑誌』第 16 巻第 6 号，1919 年 6 月

この日〔五月四日〕午後一時半、十数校の学生が天安門に集まった。人々は手に手に一・二枚の白旗を持ち、旗の上には「売国賊の曹汝霖・陸宗輿・章宗祥を誅せよ」……などと書かれており、数千枚、同じものはなかった。……二時になり、隊伍を整えて中華門の前に出た。二枚の大きな国旗が一幅の挽聯〔葬儀用の対句になった掛け物〕を挟んであって、その上には「国を売って栄達を求める、曹瞞〔曹操。同姓の曹汝霖に対する風刺〕の遺児の墓碑には文字が無いことを早く知るべきである。心を傾けて外国に媚びる、章惇〔北宋の奸臣。同じく章宗祥に対する風刺〕の残党は死んだときに首があるとはおもえない」とあった。傍らには「北京学界は曹汝霖・陸宗輿・章宗祥の悪臭が永久にのこることを哀悼する」と書いてあった(31)。

『東方雑誌』に掲載された有名な写真はこの時のものと思われるが、行進する人々の中に数メートル四方の大きな五色旗二枚が掲げられているのが見える（図5－2）。

さらに学生の「罷課」（授業ボイコット）が始まると、各地の演説会場で国旗が効果的に用いられている。

上海の公・私立の中等以上の男女二十五校約二万人が一斉に授業をボイコットして、この日に全学生で西門公共体育場を借りて罷課宣誓典礼を挙行した。前後して会場に集合し、おのおの校旗によって行列を明示し、隊を分けて整列し、全場にほとんど隙間は無く、場中に木の竿を立てて国旗を掲げるようにし、傍らに一台をおいて講演の場所とした。会長の何葆仁君が台に上がり、宣誓典礼を行う主旨、及びその必要を布告した。貧児院の軍楽隊が軍楽を奏し、童子軍（ボーイスカウト）が国旗を掲揚し、旗が上って音楽が止み、脱帽して国旗に向かって三鞠躬し、宣誓していった。「民国八年五月二十六日、上海男女各校学生万余人が、謹んで中華民国国旗の下で宣誓する。われわれは全国国民の能力を合して危機を救い、生死をかけ、義としてかえりみないことを期す。謹んで誓う。」誓い終わり、三呼した。「中華民国万歳！　学生連合会万歳！」(32)

国旗は典礼の中心となる演台の上、二万人の参加者の目の最も集中する場所に配置された。ここでは国旗はもはや単なる装飾や舞台装置ではない。軍楽の演奏を伴う国旗掲揚という行為は、それ自体が儀式の中心部分を占めた。そしてそのようにして掲揚された国旗に向かって「愛国」の訴えがなされた。少なくとも、この運動を起こした知識人・学生にとって、国旗は宣誓の対象となる、裏切ることの許されない神聖な存在と認識されていた。そして「全国国民」がそのようにすることが期待された。

長志珠絵は「国歌の時代」である十九世紀との対比において、二十世紀を「国旗」が特権化される「国旗の時代」と名づける。第一次大戦以後のアメリカの政治文化において国旗と国歌というナショナル・シンボルの組み合わせが絶対化される中、各国でも教育や軍隊経験、国際的なスポーツ大会などを通じて「国旗」への忠誠が大衆に求められ、社会化する。そこにおいて初めて登場したのが、「国旗」に忠誠を誓い、国旗そのもの、もしくは国旗の背後に存在するものに対して国歌を斉唱するという儀式の形式であった(33)。

第三節　国慶日と国旗

北京政府期を通じて、人々に国旗の存在を最も意識させる機会が、第三章で論じた中華民国における最重要の国家記念日・国慶日であった。このことは、新聞各紙の毎年の国慶日増刊号に国旗に関する論説・投稿が数多く見られることに現れている。それは国慶日という契機を通じて、国旗とその象徴する国家に対する国民の関心を喚起しようとする意図が広範に存在したことを示す。

前に触れたように、復辟事件後の一九一七年の国慶日は「共和」の復活を祝して大規模な記念活動が行われた。その翌日、『申報』は次のような論説を掲載している。

国慶を記念するという理由で、昨日の上海人は、国旗に対する重視を倍加し、各機関は最敬礼してこれを掲揚し、各学生はデモ行進して手にこれを舞わせ、その他の一般社会では、車や馬が走る際に、みな国旗の小影を見、帽子や衣服にも、しばしば国旗が付いていた。……

中国人のあたまには、昔の帝国時代においては、ただ皇帝があり大官があるだけで、国旗はそのかまう所ではなかった。近年来共和の名称にかわった後も、群〔社会〕の心酔する所は、またただ総統・総理・軍人・議員等についておびただしいのみで、国旗はまたこれを等閑視している。しかしわれわれが試みに眼を放って欧米文明の先進国民を観ると、その戦うのは帝王・総統の為ではなく、戦うのはすなわち国旗の為である。その守るのは帝王・総統の為ではなく、守るのはすなわち国旗の為である。……ああ、我が上海人は、今幸いに国慶の機会によって、翻然として国旗と自分との相関が密接であることを知ることができた。この一念を拡充すれば、中華民国の国旗は、常に日月と光を争うこととなるにちがいない[34]。

ここでは、「欧米文明の先進国民」に倣い、「総統・総理・軍人・議員」のような個人ではなく、国旗（とその象徴する国家）に対して忠誠心を持つべきことが訴えられている。

翌一九一八年の国慶日の『申報』には「国民須知」という題の投稿があり、「およそ一国民は下に列挙する数項について知らないわけにはいかない」として、「民国」「国語」「国慶」「国歌」「国恥」「国史」と並び「国旗」が挙げられている。そこでは「国旗は一国を代表する旗である。我が中華民国に五色国旗があり、それによって我が五族共和を代表するようなものである。したがって国民はいずれも国旗を重視し、他民族に汚穢させてはならない」とされた。国旗を「他民族に汚穢させてはならない」のは、国旗が一国を象徴するがゆえであり、五色旗は五族からなる中華民国をまさに象徴するものである。「民国」は「他の人間の所有ではなく、我が四億の国民の公共の所有であり、ゆえに国民は全て自己の国を愛さなければならない[35]」。だから国民は中華民国の国旗である五色旗に敬意を払わなければならない。

『紹興教育雑誌』一九一七年十一月号に掲載された講演は、掲載時期と内容からやはり国慶日に行われたものと推測される。ここに見られる議論は、北京政府期の国旗論として典型的なものである。

国旗を軽視するということは、我々自身の国家を軽視するということである。国旗を蔑視するということは、我々自身の国家を蔑視するということである。国家を軽視し、国家を蔑視するものに、国民の資格はない。国民であって国民の資格を失うというのは、恥じても恥じきれない。列席の各位には仔細に想像してほしい。我々の伯叔・兄弟・伯叔母・姉妹はそれぞれみな祖宗から伝わって我々自身の身に到っている。どの一人も中国に生まれ、中国で育ち、中国で飯を食べ、中国で働かなかった者はない。死ぬのも中国で死に、葬られるのも中国で葬られたのである。我々はこの中国に対してすでに種々の密接な関係を有している。あなたはどれだけ愛護しなければならず、どれだけ敬重しなければならないとおもうだろうか。しかし国家を愛護し、国家を敬重するのならば、先に国旗を愛護し、国旗を敬重することからはじめなければならない。なぜならこの国旗は国家のシンボルであり、対内的には我々国民の精神を繋げ、対外的には我々の国家の尊厳を表示するからである。あなたが見るように、外国の人民は誰一人として自分の国旗を敬重しないものがなく、真に神明よりも敬重している。誰一人として国旗を愛護しないものはなく、真に自分の生命よりも愛護している。もし他国人が彼らの国旗を毀損し踏み躙ることがあれば、必ず死力を尽くして争う。彼らの政府でも、国際公法に依拠して厳重な抗議を行う。ただ我々中国の人民にあってのみ、国旗を見ることが非常に冷淡である。だからわたしは特に府上〔紹興府〕に来て、列席の各位に勧めるのである。中国の国民である以上、務めて国旗を愛護しなければならない。列席の各位がもし真心から国旗を愛護することができれば、一方では国を愛するのであり、一方では列席の各位自身の人格を尊重するのである[36]。

ここで述べられている、国旗は国家の象徴であり、国民が国家を愛するならば国家の象徴である国旗を愛さなければならない、ゆえに国民は国旗を尊重しなければならない、という理屈は、近代国民国家の論理としてほとんど優等生的ですらある。それに加えてこれらの文章の中では国旗を「汚穢」し「毀損し踏み躙る」「他国人」というイメージを通じて、読者の感情に対する訴えかけが試みられている。

ただ、「他国人」が国旗を「汚穢」するというイメージは「自国人」が国旗を神聖なものと見なすのでなければ成り立たない[37]。そのためこの国旗の神聖化との関連で一貫して言及されるテーマに、国旗の規格の統一と、濫用の禁止という問題がある。

例えば一九二〇年代の文章には、「民国が創建され、五色旗が揚げられると、一般の商民は国徽が貴ぶべきものであることを知らず、開幕あるいは記念の名義に借りて旗の上に装飾・書き込みを加えて広告したものがあり、五色が錯乱して法定の順序に従わないものもあった」といった記述が見える(38)。このような状況を受けて、毎年国慶日に先立って官庁・警察が国旗の規格を定めた布告を度々発している(39)。

国旗の意匠の濫用に関しては、特に商標としての流用など広告目的での使用に対する批判が多い。一九二二年十月六日の『申報』に掲載された投稿もやはり、国旗の使用に関する注意を述べる中で「国旗の上に各種の字を書いてはならない。多くの商店が国旗の上にSALEと書き加えているようなものは、真に国家を侮辱するものである。絶対にそのようにしてはいけない」と訴えている(40)。

しかし逆に言えばこれらの議論は、当時におけるシンボルの普及が、多分にその商業目的の利用に依拠していたことを示している。普及と神聖化をめぐるこのジレンマは、この後もシンボルを通じた国民統合を目指す知識人たちを悩ませ続けることになる。

また、前述の講演の記事が掲載されたのが『紹興教育雑誌』であったことからもわかるように、国旗シンボルを通じた国民統合の試みはしばしば学校をその一つの拠点としていた。たとえば国慶日には学校を単位として提灯会が組織されたが、その他にも、一九一六年の『教育雑誌』には、「国恥記念」の教育実践の例として、生徒の両手に「国旗及び陸軍旗」を持たせて行う、「五九」という文字をモチーフとした体操の案が掲載されている（五月九日は前年一九一五年に袁世凱政権が二十一カ条の要求を受諾した日で、国恥記念日とされた）。実際にこの年の五月九日に運動会でこの体操を披露したところ、「来賓の拍手と好評を得た」という(41)。

一九二三年七月に商務印書館から出版された『小学校初級用新学制国語教科書』第五冊の第一頁には、「紅的紅」という詩と五色旗の絵が掲載されている(42)（図7-3）。一九二四年一月に出版された同書の教師用解説書である『小学校初級用新学制国語教授書』第五冊では、同頁の目的の一つとして「一つの児童歌を学習し、国旗を研究する興味を起こさせる」ことが挙げられ、教師は国旗を指して生徒と次のような対話をするよう指示されている。「これはどういうものですか?」「なぜそれを国旗というのですか?」「本の上でも国旗を見たことはありますか?」「どこで見たことがありますか?」「あなたたちは国旗歌を歌ったことがありますか? 今日は一曲の国旗歌を歌います」。また、その詩にあるように、「我が国は黄金・石炭・鉄を産出するが、それらはみな深く地下に埋まっていること」「我が国は土地が広大で、高山・大河があること」「我が国は絹糸・綿花・米・麦を産出し、どれも極めて有名であること」「我が国の書物は、新しいものから古いものまで、どれだけあるかわからないこと」について、生徒に資料を集めさせるよう指示している。[43]ここでは五色旗の意匠が「我が国」と必然的な関係を持つものであることが強調されている。

一九二六年の『教育雑誌』でも、五色旗の「郷村平民教育」の現場での使用について議論がなされている。そこでは農村で授業を休む児童に対する対策を挙げた中で、競争心をもたせる方法として、入学者の襟に赤い細長い布切れを縫いつけ、漢字の教科書を一冊読み終えるごとに黄・青・白・黒を加え、最後まで読み終えると五色旗が完成するようにする、という方法が提案されている。[44]

この他、荘適編『新法国語教科書』(上海、商務印書館、一九二二年)や董文編『新小学教科書公民課本』(上海、中華書局、一九二三年)といった教科書にも国旗を描いたイラストや、国旗に対する「三鞠躬」の仕方を教える内容が確認できる。[45]軍隊を含む公的な機関に加え、北京政府期に最も国旗の使用が問題となったのが教育の場であったのは間違いない。

これらの施策の結果、五色旗に対する認識はどの程度まで高まったのか。やはり一九二六年の『教育雑誌』に、高級小学校学生の「国家観念」についてテストを行ったという記事がある。これは安徽省視学の王衍康という人物が安徽省南部数県の男子校十二、女子校三、合計二十二クラス五百二十三人に対して行ったもので、全十六問のうち第一問が「中国の国旗はどのような色からなるか?」、第二問が「中国の国慶日は何日か?」というものだった。第一問に対しては、「紅・黄・藍・白・黒からなる」と正しく回答した学生は五百九人に上り、他の学生の回答も出題意図の誤解や書き間違いの範囲に収まるものである。そのため、この質問に対する理解はほぼ完璧といってよい。第二問に対しても、同じく五百十八人が十月十日と正しく回答している(46)。他の質問には回答にかなりのバラつきがあるものもあり、またそもそも王衍康がこのテストを行った理由が都市に比べて「内地」の学生は「国家観念」が低いということを示すことであったことからも、この結果に上方修正が加えられているとは考えにくい。王はさらに文中で、これらの質問は「都市の小学校であれば初級小学四年の学生でも答えられる」としている。そのためこの時期すでに、少なくとも沿海の主要都市、そして「内地」の小学生のレベルにおいて、国旗や国慶日がどういったものであるかはほぼ常識であったとみてよい。

しかし、教育家たちが考えたように、国旗や国慶日を知るということがただちに「国家観念」につながったわけでは必ずしもなかった。つまりこれらのシンボルは普及はしたが、神聖視はされなかったのである。

魯迅が一九二〇年の国慶日に『時事新報』に掲載した「頭髪的故事」という小品がある。この作品は、清末の日本留学生だった「N」という人物が、語り手である「私」に向かって、現在の国慶日に対する不満、清末以来体験した断髪をめぐる矛盾、そこから中国の「国民」に対する屈折した感情と諦念を語るというものである。第四章で触れたように、魯迅こと教育部官僚周樹人はこの直後に中華民国国歌の制定に関わることとなる。魯迅自身の分身とも言える「N」は次のように述べる。

ぼくは、北京の双十節風景には感心しているんだ。朝、巡査が戸毎にやって来て「旗を出せ」といいつける。「はい、出します」というわけで、たいていの家から一人の国民がのそのそ出て来て、まだらの色もあざやかな金巾の切れ〔五色旗を指す〕をかざす。そのまま夜までそうしておいて――夜になると旗をしまって戸を閉めてしまう。たまにしまい忘れたやつがあると、翌日の午後までそのままだ。やつらは記念を忘れたし、記念の方でもやつらを忘れたんだ！[47]

当時の新聞論説にも、国慶日にしか国旗が掲げられることがないことを嘆くものはしばしば見られる。[48] 辛亥革命で多くの友人を失ったという「N」（に象徴される当時の知識人）にとって、革命を記念する国慶日とその国慶日を示す五色旗は当然神聖なものであるべきだった。「やつら」にはそうではなかった。多くの「国民」にとって、国旗は国慶日に警察の命令で掲げる装飾であり、それ以上のものではなかった。

第四節　おわりに

民国初年の中華民国政府がシンボルや儀式の制定に非常に熱心であった（第三章で見たように、民国初年の国慶日においても記念活動の主体となったのは政府外の旧革命派であったが）のと比べると、特に一九一〇年代後半以降の北京政府には、国旗や国歌といったシンボル、国慶日に代表される儀式を積極的に作り出し利用しようという志向はあまり見られない。それに替わってこの時期にシンボル利用の主体となったのは、知識人や学生、社会団体などであった。これはむしろ清末の状況に通じると言えるかもしれない。

五色旗は中華民国国旗として、「専制」による二度の「民国」の危機に際して辛亥革命以来の「共和」という価値を象徴するものと位置づけられ、政治的正当性を示すために利用された。特に一九一七年の復辟事件の際には、上海の商界は、五色旗を掲げることによって共和を支持し帝制に反対するという明確な意志表示を行った。

そして五四運動に代表される新たな政治的目的遂行様式の形成の中、五色旗は動員と国家観念の喚起における最も中心的なシンボルの一つと位置づけられるようになる。デモ行進や集会において五色旗は不可欠の要素となり、国旗掲揚という形式は様々な儀式に中心的な位置を占めた。その中で学生・知識人は五色旗を神聖化し、「他国人」に「汚穢」され「毀損し踏み躙」られる五色旗というイメージを叫ぶことで、国民の感情へ訴えかけ、動員を図った。たとえ「五分間の愛国心」ではあったとしても、知識人や学生、社会団体を主体とする運動の中でその戦略は一定の有効性をもったと考えられる。

また、国慶日に警察が各家に国旗を掲げさせ、教育の場でも様々な形でその利用が試みられたことで、国慶日や国旗がいかなるものかということ自体は少なくとも都市住民にとっては常識となっていた。しかしその一方、多くの「国民」にとって五色旗はあくまで国慶日の装飾であって、それ以上のものではなかった。したがって「国民」に国旗を神聖視させるという課題は、一九二〇年代後半に国民革命によって北京政府を消滅させ政権を獲得する中国国民党・国民政府に引き継がれることになる。

(1)「国旗問題之聚訟」『申報』一九一五年十月二十九日。
(2)「籌備国体改定後事項誌聞」『大公報』一九一五年十月三十日。
(3)「国号国旗之擬定」『崇徳公報』第二三号、一九一五年十月三十一日。
(4)「中華帝国新国徽擬定之先聞」『大公報』一九一五年十二月八日。
(5)「呈鑒新擬国旗式」『崇徳公報』第二七号、一九一五年十二月十二日。
(6)「北京電」『申報』一九一五年十二月十二日、「礼制館修正新国旗之確聞」『大公報』一九一五年十二月十三日。
(7)「擬定致各国国書之内容」『大公報』一九一五年十二月十一日。
(8)「新国徽又有更議」『大公報』一九一五年十二月十六日。
(9)「国旗案之開始討論」『大公報』一九一五年十二月十七日。
(10)「国旗議定擬絵呈御覧」『大公報』一九一五年十二月二十一日。
(11)「年号与国旗之擬議」『大公報』一九一五年十二月二十二日、「年号与国旗之擬議」『盛京時報』一九一五年十二月二十五日、「新国旗之先決様式」『申報』一九一五年十二月二十五日。劉成禺『洪憲紀事詩本事簿註』、袁世凱史料彙刊一〇、台北、文

海出版社、一九六六年（初版一九一九年）、巻一、五二―五四頁、は、イギリス海軍で学んだ海軍総長劉冠雄が英国国旗を元にデザインした、としている。一般に知られる中華帝国国旗は、高労（杜亜泉）「帝制運動始末記」『東方雑誌』第一三巻第七号、一九一六年七月、に「様式は長方形で、中は紅十字で四つに分割し、左上角は黄色、右上角は黒色、右下角は白色、左下角は藍色、旗の横の長さと縦の幅は、七対五の比例とする」と紹介されているものだが、この意匠の成立経緯については不明な点が多い。

(12)「新国旗之附加説明書」『大公報』一九一五年十二月二十五日。

(13)「新帝国旗幟之大略」『盛京時報』一九一五年十二月二十四日、「新国旗業経確定」『大公報』一九一五年十二月二十七日。

(14)「関於帝制延期之所聞」『申報』一九一六年二月八日。ただし、在外の公使館には実際に国旗の変更が通達され、「国旗式様」が送付されている。外交総長陸徴祥→駐美国顧（維鈞）公使、咨、一九一六年一月十九日、中央研究院近代史研究所所蔵北洋政府外交部檔案「准大典籌備処函送新定国旗式様相応咨行査照仿製由」03-12-016-02-001。

(15)「白下新聞」『申報』一九一五年十月十三日。

(16) なお、後述する丁巳復辟の際のように五色旗が帝制に対する「共和」のシンボルとならなかったのには、洪憲帝制のシンボル作成作業が難航し、結局帝制側も暫定的に従来の五色旗を使用し続けざるを得なかったという理由もあったと考えられる。例えば北京では、一九一五年十二月十三日に共和の取消しと帝制施行の決定を祝うため、商務総会が城内外の商舗に五色国旗を掲げるよう通達している。「商民慶賀帝国」『大公報』一九一五年十二月十四日。

(17)「張勲等通告復辟電」『東方雑誌』第一四巻第八号、一九一七年八月。

(18) 張驤臯『復辟詳志』、近代中国史料叢刊三編第八〇輯七九七、台北、文海出版社、一九九六年（初版一九一七年）、六七―六八頁。

(19)「北京電」『申報』一九一七年七月三日。

(20)「北京電」『申報』一九一七年七月三日。

(21) 翹生『復辟紀実』、近代中国史料叢刊三編第八〇輯七九八、台北、文海出版社、一九九六年（初版一九一七年）、八七―八八頁。

(22) 笑「馮代総統就任記」『中華新報』一九一七年七月九日。

(23) 碧痕「李厚基一場巡撫夢」『中華新報』一九一七年七月十四日、胡平生『民国初期的復辟派』台北、台湾学生書局、一九八五年、二九九頁。

(24)「復辟声中吉林軍警界之怪現象」『民国日報』（上海）一九一七年七月十六日、前掲胡『民国初期的復辟派』三〇一—三〇二頁。

(25)「商界同人之伝単」『申報』一九一七年七月四日。

(26)「教育界之主張」『申報』一九一七年七月四日。

(27)「商界表示傾心共和」『申報』一九一七年七月五日。

(28)「商界均懸五色国旗」『申報』一九一七年七月六日、「各界擁護共和之表示」同七月七日。

(29)「辮乱要電」『中華新報』一九一七年七月九日。

(30)「北京電」「張勲末日与討逆軍入京消息」『申報』一九一七年七月十二日、「討逆軍先鋒入城後之所聞」同七月十四日。

(31) 億万「一週中北京的公民大活動」『毎週評論』第二一号、一九一九年五月十一日。

(32) 楊亮功・蔡暁舟同編『五四——第一本五四運動史料』改版、台北、伝記文学出版社、一九九三年（初版一九一九年）、六四—六五頁。

(33) 長志珠絵「政治文化としての国旗・国歌——今、日の丸・君が代問題を考える」『新しい歴史学のために』第二三八号、二〇〇〇年六月、一八—一九頁、同「国旗・国歌」西川長夫・大空博・姫岡とし子・夏剛編『グローバル化を読み解く八八のキーワード』平凡社、二〇〇三年、一二七頁。

(34)「国旗」『申報』一九一七年十月十一日。

(35)「国民須知」『申報』一九一八年十月九日。

(36) 呉邦藩「勧愛敬国旂」『紹興教育雑誌』第二二期、一九一七年十一月。

(37)「五色旗とネイションとの同一化は、人々が旗を神聖で、それ自体敬意を払われるべきものであると見なすにつれて補強された。」Henrietta Harrison, *The Making of the Republican Citizen: Political Ceremonies and Symbols in China, 1911-1929*, Oxford: Oxford University Press, 2000, p. 102.

(38) 陳伯熙編『上海軼事大観』上海、上海書店出版社、二〇〇〇年（初版一九一九年）、五一四頁。

(39)「北京電」『申報』一九一七年十月四日、「国旗尺寸之通告」『大公報』（長沙）一九一八年十月六日。

(40) 佳「国旗」『申報』一九二二年十月六日。

(41) 王懐琪「最新旗操（五月九日）」『教育雑誌』第八巻第九号、一九一六年九月。

(42) 荘適・呉研因・沈圻編『小学校初級用新学制国語教科書』第五冊、第一〇三版、上海、商務印書館、一九二七年（初版一九二三年）、一頁。

(43) 沈圻編『小学校初級用新学制国語教授書』第五冊、上海、商務印書館、一九二四年、七―一三頁。

(44) 傅葆琛「郷村平民教育実施方法的商権」『教育雑誌』第一八巻第一〇号、一九二六年十月。

(45) Harrison, op. cit., p. 52, 62.

(46) 王衍康「高級小学生国家観念測験統計」『教育雑誌』第一八巻第二号、一九二六年二月。

(47) 魯迅「頭髪的故事」『時事新報』一九二〇年十月十日。訳は、竹内好訳『阿Q正伝・狂人日記他十二篇（吶喊）』岩波書店、一九五五年、による。

(48) 鵷雛「国旗語」『申報』一九一六年十月十日、瞻廬「国慶日之旗語」同一九二〇年十月十日。

第二部　南京国民政府のシンボルと儀式

第六章　国民革命と青天白日旗

第一節　はじめに

第五章では北京政府期の社会における国旗の認識や使用について論じた。ナショナリズムの担い手となった学生や知識人、社会団体などは、五色旗を、帝制に対する「共和」のシンボル、あるいは侵略に対する「愛国」のシンボルと位置づけ、それを運動への動員に利用した。

しかしそれでは北京政府期におそらく唯一、五色旗を明確に否定する主張を行っていた孫文は、この状況をどのように認識していたのか。そしてその孫文の後を継いだ中国国民党・国民政府が北京政府に替わって政権を獲得したことによって、この中華民国国旗をめぐる状況はどのように変化したのか。本章は以上の二点について検討する。

第二節　孫文と五色旗

一九一三年の第二革命が敗北に終わったことで日本へ亡命した孫文は、翌一九一四年七月八日、東京で中華革命党を組織する。孫文が辛亥革命「失敗」の原因を、革命党内の意見の不一致と団結力の欠如に求め、「政党における一元的支配の確立を何よりも重視」することとなった結果[1]、中華革命党は「党首（すなわち孫文）の権限が極端に強められ」、「組織が極めて排他的、閉鎖的」で「孫文への個人的服従を誓わせるなど、同盟会時代に比べて孫文の個人的色彩が色濃く出た」性格を持った[2]。この中華革命党においては、国旗問題についても当然孫文の意志が徹底された。同年に作成された「中華革命党革命方略」の最初の版（一九一四年八月）の「革命軍之旗幟」の節は「革命軍の宗旨は民国を建設することにあり、その旗幟は民主国の三色旗の慣例に倣い、紅藍白の三色を旗幟の定色とする」「革命軍の旗幟は紅色を地とし、旁らに青天白日を飾りとする」と規定した[3]。

これに九月二十日から十二月十六日まで十七回の会議を経て修正を加えた後の版では、「旗幟及服制」の節に「中華民国は青天白日〔満地紅〕旗を国旗とする」「大元帥帥旗および軍旗は、区別して専用の旗を製定する以前においては、青天白日の旗章を用いて軍旗とすることができる」とある[4]。

初版の該当の条文は九月二十日の第一回会議で異義無しとして通過したとされるが、後の版の条文には異同が有る。ただこの両版の記述において注目されるのは、前者の記述が「革命軍の旗幟」なのに対し後者の記述が「国旗」となっており、また「党旗」に関する規定が存在しないことである。深町英夫は「革命方略」が党組織と革命軍との関係に言及していないことを指摘しているが[5]、シンボルの問題に目を向けてもやはり、「国旗」「革命軍旗」「党旗」の関係に混乱が見られる。このことは、後に中国国民党が国旗と党旗の関係を明確に規定した際、これらが同じ意匠を持つという事態を招くことになる。またこの時点では、この決定と当時の中華民国国旗であった五色旗との関係については触れられておらず、またなぜ一政党である中華革命党が国旗を決定することができるのかも明らかにされていない。ただ、これは一九一四年一月十日に袁世凱が国会職務停止命令を発していることから、約法体制自体がすでに消滅したという判断に基づくものかもしれない。

しかしいずれにしても中華革命党は、当初「反袁世凱のスローガンのもと、袁世凱打倒のための革命運動を指導するセンター的役割を果たすべく結成されているにもかかわらず、実際の活動においては積極的な役割を果たして」おらず、「指導センターとしての役割を果たせなかったどころか、第三革命の主流にもなれなかった」[6]。そして一九一六年六月六日の袁世凱の死後、黎元洪が大総統に就任して臨時約法と国会が回復された結果、中華革命党は革命政党としての存在意義を失い、七月二十五日には活動停止を宣言する。臨時約法の復活はそれに依拠した五色旗の正当性の復活をも意味した。結果として「孫文派革命エリートは護国運動の結果、中国政界に何等の地歩をも占めることはできなかった」のである[7]。馮自由の記述などでは、山東省濰県や広東省での中華革命党の蜂起で青天白日満地紅旗が「革命軍旗」として用いられたことが強調されているが[8]、孫文グループの具体的な活動はやはりごく一部の地域に限られたものであり、それ以外の場所で青天白日満地紅旗が国旗として掲げられることはなかった。

一九一八年五月に広東軍政府海陸軍大元帥を辞職した後、孫文は一時上海で著述に専念するが、この間に書かれた「三民主義」草稿の中でもこの国旗の問題が言及されている。

さらに無知蒙昧な者があって、革命成功の初めにおいて、漢・満・蒙・回・蔵五族共和の説を創り、官僚は従ってこれに附和した。かつ清朝の一品武官の五色旗を、我が中華民国の国旗とし、五色は、漢・満・蒙・回・蔵を代表するとした。革命党人もまた多くは察せず、吾が共和第一の烈士陸皓東先生が定めた中華民国の青天白日〔満地紅〕国旗を捨て去り、この四分五裂の官僚旗を採用した。私はこのことを争ってやまず、そこで参議院は青天白日旗を海軍旗とした。ああ！　これが民国成立以来、長く四分五裂の中にあって、海軍が常に正義を主持してきた理由である。この民国の不幸は、みな不吉の五色旗があることによって起きたのである。清朝の黄龍帝旗は、私はすでに用いず、しかし反ってその武員の五色旗を用いるというのでは、清帝の専制は覆すことができても、清朝武人の専制を絶滅させることが難しいのは、怪しむことではない[9]。

一九一九年十月十日の国慶日、中華革命党の人員を引き継ぐ形で上海で中国国民党が結成された。まさにこの日に孫文が『申報』に寄稿した文章の中でも五色旗を国旗として不適当だと論じたのは偶然ではない。

〔現在の民国は〕そのために開国の進行に対して、多くは官僚の主張に附和し、すこしも入党の新しい誓いを顧みず、三民主義、五権憲法、ことごとくこれらをかたわらに置き、理想は行い難いとみなした。甚だしいことには革命党が二十年来、先烈の血によって育ててきた青天白日〔満地紅〕旗もまた採用することができず、海軍旗に改め、かえって清朝の一品官員の五色旗を国旗とするに至った。これではどうして今日の民国が、ついに亡国大夫の天下と成り変ったことを怪しもうか。(10)

孫文のこれらの文章は、北京政府期において五色旗を正面から否定した数少ない主張である。孫文の論理は、第二章で見た一九一二年当時のそれと全く変わっていない。しかし第五章で見たようにこの時期においては五色旗が中華民国国旗であることは常識となっており、シンボルとしての青天白日満地紅旗の正当性・優越性を主張することが、彼らが支持を獲得するのに役立ったとは思われない。(11)

一九二三年三月二日、孫文は広州に陸海軍大元帥大本営を設置する。「連ソ容共」の方針をとった国民党はソ連・コミンテルンの支援の下でこの年の末から党組織の改組を行い、翌一九二四年一月二十日から三十日まで第一次全国代表大会を開催する。そして同年六月三十日に開かれた第一届中央執行委員会第三九次会議に上海執行部が、黄花崗記念日・党歌に関する提案とともに、中国国民党として正式に「青天白日旗を党旗及び軍旗とし、青天白日満地紅旗を国旗とする」案を提出、採択される。(12)これを受けて九月二十二日にこの二種類の旗の公式なデザインと規格が頒布された。(13)

以上の経過は、後の国民党の「国旗史」の上では、「中華民国の真の国旗」である青天白日〔満地紅〕旗が不当な抑圧の時期を抜け、その正当なる資格を以って歴史の表舞台に再び現れたと位置づけられる。しかしその「真の国旗」

の回復のエピソードとしてしばしば触れられる次の事件は、逆にこの時期の青天白日〔満地紅〕旗に対する一般の反応を端的に示している。

一九二三年八月十五日、上海で呉佩孚によって禁止されたため広州で開かれた全国学生連合会第五次評議会に孫文が招かれた。この時会場の広東高等師範学校講堂には国旗として五色旗が掲げられていた。孫文はこの五色旗に対する敬礼を拒否し、開会講演中で次のようにそのことに触れた。

例えば五色旗だが、あなたたちは先ほどあれに向かって三鞠躬したが、私はせず、あなたたちはきっと私が国旗に対し不敬であると思うだろう。〔しかし〕五色旗が清朝の一品官の旗であることを知れば、我々が皇帝の龍旗を革めたのに、却って官僚の五色旗を崇拝するというのは、どういうことであるか！　諸君はただちに五色旗を棄て去り、我々の従前の革命の旗幟であり、現在海軍の用いている青天白日〔満地紅〕旗を用いるべきである。(14)

つまり一九二三年の段階においては、軍政府治下の広州において、ナショナリズムを標榜する学生団体によってすら、青天白日満地紅旗は国旗として認知されていなかったということになる。

同じ一九二三年一月、広州の陸海軍大元帥大本営成立直前の時期において、共産党指導者李大釗もその文章の中で「五族共和」を評価し、五色旗を「中国の国旗」と呼んでいた。

この個性解放の運動は、同時に大同団結の運動を伴う。この二種の運動は、相反するように見えるが、実は両立するものである。たとえれば、中国の国旗は、一色が分裂して五色となっており、もとよりそれは分裂と言えるが、しかしこの五色は一枚の国旗の上に排列され、とても秩序があり、漢・満・蒙・回・蔵の五族が、一つの新しい組織となることを表現しており、連合であるとも言えるようなものである。(15)

さらに、この一九二三年十月十日の『広州民国日報』の国慶日増刊の冒頭の文章も「民国が成立して、早すでに十二年である。吾が国各界は、五色国旗を高く掲げて、みな万年〔民国が栄えるよう〕ことほぐことばをたてまつり、これを祝っている」というもので、(16)五色旗が国旗ということが前提となっていた。

孫文は彼にとって最後の国慶日になる翌一九二四年十月十日にも次のような演説を行っている。

我々が革命の成功の歴史について語らなければならないならば、まず先に革命の旗幟の歴史について語らなければならない。我々は何のためにこの青天白日の旗を我々の国旗と認め、紅・黄・藍・白・黒などを我々の国旗と認めないのか？……革命に用いた青天白日旗について講じれば、これは乙未〔一八九五〕年にはじめて用いられた。後に革命軍が鎮南関を占領した時に再び用い、フランスの新聞によって宣揚された、それゆえ世界もまたこれが歴史的価値のある旗幟であることを知っている。武昌革命成功以後に至って、なぜかえってそれを用いないのか？　これには理由がある。第一にこの旗は美術的に優れた構造をしており、その長短尺寸にはみな一定の比例があり、星の光芒にも一定の角度があり、五種の色の布を繋げて作ったものに較べておのずと作りにくく、革命の要人は、多忙でこの事を処理する暇がなかった。ちょうど上海租界に寄寓していた一団の老官僚が、人民の弱点を利用し、勢いに乗じて革命党内に侵入し、国旗を五色に改め、あわせて「革命軍起こりて、革命党消ゆ」というデマを唱えた。当時一般の老革命同志はみな何が何やらわからず、官僚が革命に賛成して来たのを、ただ海が何百もの川を飲みこむように、とりこむだけだと思い、彼らが五色旗を改めて国旗としたことに、絶大な深意があったことを知らなかったのだ。満清が未だ倒れない以前、文武の官員は多く家の奥にいて滅多に外出せず、陸行はもとより少なく、船に乗ることは更に稀で、ゆえに外出する毎に、多くの儀仗が鐘を鳴らし太鼓を打ち、大砲を撃ち音楽を演奏するということがあった。船に乗る時があれば、武官で階級が提督に達するもの、文官で階級が巡撫に達するものは、船の帆柱に一枚の五色旗を掲げ、荘重さを示した。ここから言えば、五色旗はすなわち満洲官制で文武官員の一品の官旗だったのである。民国は十三年来沿用して改めなかった、この十三年内、民国の政治がみな武人・官僚によって独占されてきたのは怪しむことではない、真に心を痛めるべきことである！　彼らが改めて五色を用いた時、私は一カ月後にはじめて上海に着いた。当時私は旗を改めることを提議したが、多数の同志はこれを標識の小事に過ぎず、現在は大事がなお多いとし、故に私も最後まで堅持しなかった。ゆえにこの十三年来、我々は実に常に官僚・武人の旗幟の下にあることになった、どうして悲しまないことがあろうか！(17)

孫文の議論は一貫しているものの、第二章で見たように、五色旗の国旗としての採用は、臨時参議院における検討の結果であり、「多数の同志はこれを標識の小事に過ぎず、現在は大事がなお多いとし」た、という主張は端的に事実に反する。しかし、以後の国民党の国旗宣伝は基本的にこれらの孫文の主張に基づいて展開されることになる。これが後に五色旗の意義が過度に貶められるようになった最大の理由であろう。

孫文の五色旗批判については、「一面で長年の革命運動の旗幟としての青天白日旗に対する愛着とともに、他面では五族共和を表現した五色旗に対するひっかかりがあったのではなかろうか(18)」あるいは「単一政党、国民党による「政治的統一」、単一中華民族の形成という「民族的統一」、五族の土地を全て包括する「領土的統一」という三つの国家成立の条件実現に向けての強い意志のあらわれ」であったという(19)、その中華民族論に基づくものであったとする解釈がある。実際に孫文がほぼ一貫して「五族共和」を否定していたことは間違いない。ただそれ以上に孫文の主張において強調されているのは「革命の歴史」の問題である。孫文の青天白日満地紅旗の中華民国旗としての正当性の主張は、孫文自身の革命の歴史を根拠とし、孫文自身が中華民国の正統勢力であるという主張と分かちがたく結びついていた。自らを革命（及びそれによって成立した中華民国）における正統勢力と主張する孫文にとって最大の政治的資源・正統性根拠は、彼が革命派の最古参であり、初代の中華民国臨時大総統であったという歴史に他ならない。その孫文が最初の蜂起以来シンボルとしてきた青天白日（満地紅）旗は、当然革命派全体の旗であり、中華民国の国旗でなければならなかった。

そしてこれらの孫文の主張にもかかわらず、「いまだ、五色旗は唯一の国旗として認識されていた[20]」。

第三節　一九二五年の二つの国旗

一　孫文の葬儀と国旗

一九二五年三月十二日、孫文が北京で病死する。段祺瑞政権の主催で盛大な国葬が行われた他、各主要都市で追悼式が行われた。この孫文の葬儀を通じて生まれた「孫中山崇拝」が中華民国の政治文化に与えた決定的な影響については、序章で述べたようにすでにかなりの研究蓄積がある。そのため、孫文の葬儀それ自体について本書があらためて付け加えることはあまりない。

そのためここでは、孫文の葬儀と中華民国の国旗シンボリズムの関係という問題に焦点を絞る。そしてそれを、同年のもう一つの大きな政治史的事件であった五三〇運動における国旗に対する認識と利用の事例と対照してみたい。

北京政府と国民党の交渉の結果、孫文は北京で国葬されることになった。北京政府は全国の政府機関に三日間の半旗を命じた。孫文の棺は三月十九日に病院から運び出され、葬儀会場となる中央公園まで移送された。この行進には十二万人以上の市民が集まったとされる[21]。「棺上は青天白日の国民党党旗及び国民党が新しく創った国旗で蓋われていた」。「棺上は青天白日旗で蓋われ、また右角に青色があり、その中に白日がある赤い旗、すなわち国民党が新しく制定した国旗に蓋われていた[22]」。また葬儀会場では、北京政府の財政部印刷局が作成した、中心に孫文の遺像を配し、青天白日旗・青天白日満地紅旗を加えた三色刷の「記念カード」が配布された[23]。三月二十三日に国葬に先立って国民党が孫文の追悼式を行ったが、三月二十四日から四月一日までの正式の葬儀期間には、会場の中央に掲げられていた

「国民党党旗」は五色旗に掛け換えられた[24]。四月二日に遺体が西山碧雲寺に移送されるまで、最終的にこの葬儀会場には外交使節・各種団体・市民あわせて七十四万人が訪れたという[25]。

海外を含め各地でも追悼会が開かれ、それらには国民党が主催したもの、地方政府が主催したもの、商会や学生などが中心となって開催されたものなどがあったが、その中で各地の国民党支部によって「中山先生遺像」に加えて青天白日（満地紅）旗を掲げる形式を採用した会場があったことが確認される[26]。

前述の北京の葬儀報道が青天白日満地紅旗を「国民党が新しく創った国旗」と表現しているのは、それまで広東以外ではほとんど知られていなかったこの「国旗」が、初めて各地で使用されたことを意味する。しかし、この一連の葬儀における青天白日旗あるいは青天白日満地紅旗の使用によって、生前の孫文が望んだように、多くの人が五色旗を捨て、青天白日満地紅旗を正統な中華民国国旗と見なすようになったというわけでは必ずしもなかった。例えば三月二十九日に上海の復旦大学で孫文の追悼会が開かれたが、来賓の惲代英、職員代表の邵力子ら国共合作下の両党党員を含む八百人が参加したこの会では、演説、孫文遺像への三鞠躬礼、三分間の黙禱、孫文の遺嘱の宣読などが他の追悼会と同様に行われた。しかし、閉会近くになされた同校の学生の演説には「中山〔孫文〕先生は数十年間努力して中国の専制を打破した、これは実に千古以来未曾有のことである。そしてその成果が赫然と諸君の目前に広げられている五色国旗なのである」とあったという[27]。ここから、会場に掲げられていた国旗が五色旗であったこと、この学生が五色旗を中華民国国旗と認識していたこと、彼が孫文の五色旗批判を知らず、孫文が当然五色旗を支持していたものと考えていたことがわかる。これは北伐以前におけるむしろ一般的な認識であっただろう。

また、これらの一連の孫文の葬儀報道がなされているちょうどその最中に『申報』に掲載された投稿に「国民が国に対して注意すべき事項」を列挙したものがあった。その「尊敬国旗」という項目の内容は、「吾が国の国旗は、紅・黄・藍・白・黒の五色が合わさって成っている。これは一国を代表する旗幟である。国民は国旗を見たならば脱帽して直立し、敬意を表さねばならない」といったもので、[28]やはり明確に五色旗を中華民国国旗と見なすものであった。

二　五三〇運動と国旗

孫文の死の二カ月後の一九二五年五月三十日、上海で労働争議中の日系紡績工場の労働者が日本人職員の発砲で死亡する事件が起こる。これに対する抗議のデモ隊に公共租界の警察が発砲、多数の死傷者・逮捕者を出す惨事となった。これを受けて学生・商人・労働者が大規模なストに入り、南京・天津・北京・広州・香港の各地でもストライキが行われた。五三〇運動である。六年前の五四運動の際と同様、この時にも集会その他で国旗がナショナリズムのシンボルとして用いられたことが確認できるが、そこからはまた、この時期の中華民国国旗をめぐる一つの問題が浮かび上がってくる。

事件を受け、一九二五年六月から一年以上にわたって繰り広げられた省港ストライキは、中国国民党、そして国共合作下の中国共産党の指導の下、中国国民党党旗・青天白日旗、そして中華民国国旗・青天白日満地紅旗を掲げて行われた。一九二六年三月に広州を訪れた伊藤武雄は次のような回想を残している。

かく準備のうえ到着した広東は、全市めざむるばかりの碧色（青天）の都であった。国民政府及び党部諸機関、陸海軍機関、省市政府諸機関、総工会並びにその下部組織工会、商民協会、対香港罷工委員会、同糾察隊等の看板と、その屋上に翻る青天白日旗、壁に絵かれた各級党部宣伝部の作成した標語表示プラカード等、すべて、碧地に白文字の染めぬかれた一様の調和が、全市にびまんしておるのであった。[29]

広東において、どの時点から五色旗を廃し、青天白日満地紅旗を国旗として掲げるようなったのか。一九二四年末の『ノース・チャイナ・ヘラルド』に次のような記事が見える。

広州のボリシェヴィキの警察の長〔全省警務処長兼省城公安局長〕である、呉鉄城将軍の命令によって、この都市の居住者は一月一日を、広州の赤軍の大元帥である孫逸仙博士の、中華民国の初代大総統としての最初の就任の記念日として祝うよう命じられた。居住者は新しく採用された国民党の赤旗を掲げるよう命じられた。それは赤地の左上角の青い長方形の中に白い太陽のあるものである。民国の虹色の国旗は赤軍の組織の過程で去年の八月に孫によって廃棄された。(30)

数週間のうちに広州の党・政府機関から五色旗は姿を消し、翌一九二五年一月一日の孫文の臨時大総統就任記念日に青天白日満地紅旗を掲げない者には五ドルの罰金が課されたという。(31)

この記事の「去年の八月」が何を指すのかは不明だが、前節で触れた一九二四年六月三十日の国民党中央執行委員会の決議がこの問題に関して重要な意味を持っていることは間違いない。この決議を受ける形で、中央執行委員会宣伝部は一九二四年十月二十六日に青天白日旗・青天白日満地紅旗の歴史とデザインに関する、確認できる限り最初の公式解釈を発表している（後述）。(32)さらに一九二五年七月一日、国民党は「国民政府組織法」に則って陸海軍大元帥大本営を国民政府に改組するが、同年の国慶日を控えた十月三日には汕頭の公安局長が青天白日（満地紅）旗を排除し、五色旗を掲げることを命じる布告を発しなければならないまでになっていた。(33)この時点で広東における五色旗と青天白日満地紅旗の地位はついに逆転したのである。

しかし、広東以外の状況はこれとは対照的であった。例えば五月三十日、まさにこの日弾圧に遭うことになる南洋大学の学生がデモに出発する前に開いた集会について報じた宣伝文書の中で、国旗は効果的な演出手段として利用されている。

五月三十日午前八時、南洋〔大学〕学生は運動場に集合して国旗に敬礼を行った。薄暗い空の下、粛殺たるラッパの音が、同胞達のふぞろいの五色旗への行礼に伴った。ある暗示が彼らに与えられた。「行軍の気概」「男子は軍服で戦場で戦死せよ！」ここにおいてみなは隊列を整えて出発した。(34)

図 6-1　「孫文牌香烟」『申報』1926 年 10 月 10 日

また、同時期の『申報』は、聖約翰大学で起きた外国人学長による中華民国国旗に対する侮辱、という事件を報じている。これは、学生たちが校内に半旗を掲げ、そこで毎朝追悼集会を開くことを学長のポット（Francis Lister Hawks Pott、卜舫済）に申し入れ、許可を得たものの、その国旗が翌日に撤去された、というものだった。

六月三日の朝に至って、空前の奇辱が起こった、我が荘厳絢爛の五色国旗が、八百人の炎黄の後裔〔漢人を指す〕の前、中華の領土の上で、異種にほしいままに奪い去られてしまったのだ。ポット先生は身分は大学学長であり、年齢は六十歳であり、来華して四十年になるが、遂にこの理性絶無の行動に出た。その中華民国の国体を蹂躙し、中華民国の民族を侮辱することは、ただ全国の同胞が忍んでも忍びきれないのみならず、そもそもまた国際礼法及び世界の主張する公道の許さない所である。……私は知っている、国民に一人として、甘んじて坐して五色国旗が凌辱に遭うのを視て、心を動かさない者は無い。私は知っている、国民に一人として、愛国心を外人の破壊抑圧に任せてよいという者は無い(35)。

以上から、五三〇運動の際に上海で「愛国心」の対象として利用された国旗が五色旗であったことが確認できる。少なくともこれらの文章の作成者が、「異種」による五色旗の「侮辱」という事件がナショナリズム喚起の有効な材料となると考えていたことは確かである。

北京政府の統治下でも各種記念行事に孫文の遺影を掲げることは彼の死以後かなりの程度一般化し、北京政府がむしろこの孫文シンボルを自らの側に取りこもうとしたこともあって、[36]それが取り締まられることもなかった。そのため、孫文のイメージは全国的な規模でナショナル・シンボルと見なされるようになる。そしてそれは孫文の後継者である国民党に対する支持を集めるのに一定の効果を発揮したと考えられる。しかし、にもかかわらず、青天白日満地紅旗は、孫文の葬儀の後も、国民党の現実の勢力範囲外においてはナショナリズムのシンボルとはなっていない。その結果、この時期のシンボリズムは国民党の意図したものから微妙にズレを含んだ形で展開されていった。例えばハリソンも指摘したように、この時期の「提倡国貨」を謳った煙草の広告には、孫文の肖像と遺嘱に、その孫文が生前誰よりも嫌った五色旗を組み合わせたものすら存在したのである[37]（図6－1）。

この状況が変化するには、結局北伐によって、各地が国民党の現実の勢力範囲内に入るのを待たねばならなかった。そしてほとんどその寸前まで、五色旗はナショナリズムの象徴と見なされ、青天白日満地紅旗がそれに替わることはなかったのである。

第四節　北伐と易幟

北伐の進行は、言いかえれば国民革命軍の行く先々における国旗の変更であった。各地の「軍閥」に「反正」の最低条件として課されたのは、五色旗を捨てて青天白日（満地紅）旗を掲げることであり、「北京政府の正朔を奉じ、国民党・国民革命軍に対抗する限り、彼等は「軍閥」であったが、他方、国民政府「中央」服従、三民主義信奉、党旗青天白日旗掲揚、軍内及び領域内国民党活動承認などを表明すれば、革命側に「反正」したものと見なされ、国民党体制下の「地方」勢力として承認された[38]」。

この五色旗から青天白日満地紅旗への全国的な移行は何を意味したのか。以下ではまずこの過程が具体的にどのように進行したのかを検討する。[39]

陸海軍大元帥大本営は一九二五年二月に陳炯明に対する第一次東征を行う。そして七月の国民政府への改組後、十月から翌一九二六年二月にかけて第二次東征を行って広東全省を統治下に置き、ついで広西の統一にも成功する。

六月五日に正式に出師北伐動員令が発布される。六月十四日に国民革命軍第四軍が広州を出発する際の歓送会で何香凝が国民党広東省党部婦女部等を代表して歓送詞を述べ、「記念旗」を贈っている。この後、何が中心となって国民党中央・広東省党部・広東省党部婦女部が「歓送北伐軍委員会」を組織、以後広州から北伐軍が出発する毎に、駅頭に婦女部党員を集めて歓送会を開き、青天白日の下に「鏟除軍閥」〔軍閥を取り除こう〕と記した記念旗を贈ったという。[40] 女性団体が戦地に赴く軍隊に国旗を贈るという儀式はアメリカの南北戦争に起源をもつとされる。[41]

七月一日、国民政府は「北伐宣言」を布告、七日に国民革命軍総司令部を組織して蔣介石が正式に国民革命軍総司令に就任。九日に誓師北伐典礼が行われた。典礼においては中央執行委員会代表の呉敬恒〔呉稚暉〕が「中央執行委員会が全党員を代表して、敬んで総理遺像・党旗・国旗を奉じ、我が革命軍蔣総司令に授ける」ことで北伐の意味を象徴した。[42] そして、「北伐の初め、各師は四万枚のスローガンを印刷したプリント、一万枚の孫逸仙の肖像、一万枚の孫逸仙の遺嘱、一万二千枚の挿絵入りのビラ、二千枚の青天白日旗、党義を解説する十九種の異なった小冊子をそれぞれ四百部、三万二千枚のビラ、そして四千部のレポートを携行していた」とされる。[43] これらの宣伝媒体は北伐軍の占領地域内外でさらに複写されて配布されることとなる。

湖南に入った北伐軍は七月十一日に長沙に入城。これを迎えた湖南省長代理の唐生智は七月十七日に長沙各界に「従前用いていた五色国旗は、現在すでに廃止した。今後は各軍隊・各機関及び各商店は慶典があれば、一律に青天白日満地紅旗あるいは青天白日の党旗にかけかえ、それによって革新の意を示し、外観を一にしなければならない」

と命じた。[44]

七月三十日に正式に湖南省政府が成立、唐生智が省主席となる。数日後に湖南入りした蔣介石は中央執行委員会常務委員会主席代理張人傑・国民政府主席委員代理譚延闓・軍事委員会に対する八月三日付の電報で次のように述べている。

中正〔蔣介石〕は総部の人員を率いて今日安んじて郴州に到ったが、道路沿いの都市・農村は色布を飾り爆竹を焚かない者は無く、極めて熱烈な歓迎の意を表し、省政府及び郴州各界の代表は郊外まで歓迎に出て来た、党旗・国旗は全城に飄揚とし、秩序は整然としており、湘〔湖南〕民の主義に対する理解は、ここに見ることができる。[45]

湖北に入った北伐軍は九月から武漢攻撃を開始、呉佩孚軍の主力を破って十月十日には武昌に入城し、湖北省全域を占領下に置く。難航した対孫伝芳軍の江西方面でも十一月八日に南昌を攻略、福建でも十二月十八日に福州を占領し、翌一九二七年一月一日に国民党中央・国民政府が武漢に移転する。この間も、各地で北伐軍を迎えるのに青天白日〔満地紅〕旗が用いられた。

さらに江蘇・浙江に向かった北伐軍は二月十七日に杭州を占領、三月二十二日に上海、二十四日には南京を占領する。上海では北伐軍到達以前に、国民党・共産党の指導下に三度にわたって武装蜂起〔上海暴動〕が試みられたが、この中で「青天白日旗」が宣伝の手段として利用されているのが確認できる。例えば一九二六年の第一次上海暴動の際には次のような事例が見える。十月二十三日の早朝二時、南洋大学に駐在していた警官が校内で不審な労働者を見つけ、銃撃戦の末取り逃がしたところ、現場には電灯の他に「青天白日旗一包」が残されていた。[46] さらに警察の捜査を受けた「機関」には銃弾の他に「青天白日旗七十面」が発見された。[47] また蜂起失敗後の戒厳状況の中、南洋大学の学生林廷書が捕まって身体検査を受けたところ、服の中に「三民五権青天白日之意義」が縫い込んであったという。[48]

蜂起の際に前もって国民党・共産党によって大量の青天白日旗とそれに関連する宣伝物が密かに上海に持ち込まれていたことがわかる。

ただ、第一次上海暴動直前の一九二六年の国慶日の『申報』には、前節で触れた孫文の図像と五色旗を組み合わせた煙草の広告が掲載されている。さらにはまさにこの暴動の最中にも『申報』には五色旗を「愛国」の象徴とする投稿が掲載されており(49)、この時点に到っても上海ではなお五色旗をナショナリズムのシンボルと見なす議論が基本的に通用していたものと思われる。

老舎はこの年に発表した作品の中で当時の状況を次のように皮肉っている。

田舎の人びとは、城内に黄龍旗が掲げてあろうが、五色旗が出ていようが、日本の旗が翻っていようが、そんなことには全然無関心である。また、国を治める者が皇帝であろうと、大総統であろうと、はたまた皇后であろうと、そんなことはどうでもいいのだ。だが城内の人はそうではない。彼らは街で歩いていても、茶館で座っていても、家で寝ていても、自分が国家の大権を握っているかのような錯覚を起こすのである(50)。

ここでは青天白日満地紅旗は選択肢としてすら挙がっていない。老舎が一九二四年以来イギリスに居住していたことを考慮に入れても、北伐軍到達以前の青天白日満地紅旗に対する一般的な認識を示すものと言ってよいだろう。むしろ例えば周作人が同じく一九二六年の国慶日に際して書簡に書いたように、多少なりとも五色旗への反感を表明していた方が例外的だったのではないか。

今日は国慶日だ。しかし私には全く国慶のようには思えない、あのボロボロの旗を除いては。国旗の色はもともとよくないのだが、市民はさらに色々な色の布切れを持ってきて縫い上げるので、紅・黄・藍はほとんど正しい色でない。どんなことでも何か事があれば、北京人は無闇に国旗を掲げるが、それは全く態をなさないので、その結果国旗を掲げれば掲げるほど醜くなって、人を不快にさせる。章太炎〔章炳麟〕はあるいはこれは国旗への侮蔑だと言わなければならないと知っていたかも知れないが、私は実際この汚い市街がボロボロの旗を一杯に掲げているのを見て、どうすべきかを知らない――ともかくどんな国慶でもないように思える。実際、北京人がもし旗を掲げなかったら、あるいは少しも〔国慶日であると〕わからないかも知れない。……去年の今日は故宮博物院が開放されたが、私はあなたと徐君とで行って見物したことを覚えている。今年は、聞くところでは〔故宮博物院は〕開放しないが、歴史博物館を開放するそうである。これもかえって面白い。歴史博物館は午門〔紫禁城の正門〕の楼上にあって、我々平民は普通上がっていくことができない。今回はその開放を〔民国〕十五年の国慶の見物としたのが、唯一適当だったと言える。ただ私はとうとう行かないで終わった。理由？　はっきりとは言えないが、ただ街頭の五色旗の下の馬鹿面を見たくなかったのがともかくその中の一つだ[51]。

一九二七年四月十二日の蔣介石のクーデターによって国共合作は崩壊、蔣介石の南京国民政府と汪兆銘ら国民党左派を中心とする武漢国民政府の対立は蔣側の勝利に終わる。一九二八年二月六日の中国国民党第二届中央執行委員会第四次全体会議で北伐再開が決議され、四月に軍事行動を再開。五月一日に済南を占領するものの、同三日に済南事件が発生、済南は同十一日に日本軍に占領される。結果、北伐は山東省を迂回する形で継続され、六月十一日には閻錫山の軍が北京に入城、翌十二日に天津が無血開城し、「関内」における北伐がほぼ完成する（図6－2）。十三日に外務部が駐アメリカ公使施隆基・駐日本公使汪栄宝ら各駐外公使に五色旗から青天白日（満地紅）旗へ改めることを命令、翌十四日にそれが実施されたことで、各国の中国公使館にも国旗として青天白日満地紅旗が翻ることになった[52]。

以上が北伐による国旗変更の経緯である。この過程において青天白日（満地紅）旗は空前の規模で製造され、配布され、使用された。

国軍が北平〔一九二八年六月二十日に北京を改称〕に入って以後、青天白日旗を掲げなければならないので、仕立て

図 6-2　「国旂変色中京師景象」『盛京時報』1928 年 6 月 20 日

屋では大いにいい商売となっている。この何日かは、その他に洋服屋も大いに中山服を作り、扇屋は中山扇を作り、書店は大いに中山章を作り、時計屋も大いに中山時計を売り、眼鏡店も大いに中山眼鏡を売っている。……中山なんとか、中山かんとか、全く騒いで少しも止まず、ここにもまた北京人の中山先生崇拝の一端を見ることができる。しかし、五色国旗の下に在ったころ、なんとか五色旗章……等々というようなものも一つどころではなかったことを思い出して欲しい。甚だしい場合は、靴下にも五色旗を印刷していたが、その製造者と著者の両方で、これが国体を傷つけることであると知っていたのだ。だから私は願う、中山先生をまたこのような物笑いの種にしてはならない！(53)

実際、上海の布地市場などでも、北伐の混乱による不況の中、「青天白日の旗幟をつくる布地」だけが「想定外の活発な取引」がなされていたと報じられている。(54)

ただ、ここに現れた認識は、青天白日満地紅旗をこれまでの五色旗を継承する国旗と見るもので、青天白日満地紅旗が中華民国成立以降一貫して正統な国旗であったとする孫文・国民党の主張はこの時点でなお一般に認知されていなかった。

国民党による五色旗に対する批判と、青天白日満地紅旗の正当性の主張が北伐期においても浸透しなかった理由として、五色旗があくまで「中華民国の国旗」であり、「北洋軍閥の国旗」とは認識されていなかった、ということが挙げられる。それは、特定のイデオロギーを持たない、あるいは「五族共和」という如何様にでも解釈可能な意味づけをなされた五色旗の特徴によるものでもあった。これは、青天白日満地紅旗がその意匠において不可避的に「中華民国の国旗」であると同時に「国民党の国旗」であったのと（そして黄龍旗が不可避的に「皇帝の国旗」であったのとも）大きく異なる。そのため、北京政府への批判、孫文・国民党への支持と五色旗＝ネイションへの忠誠は最後まで矛盾無く両立し得た。五色旗が「北洋軍閥の国旗」であるという認識が一般化するのはむしろ事後的であり、その意味ではそれこそが北伐後の国民政府の国旗宣伝の成果だったと言えるだろう。

ただ、特定のシンボルがどのように意味づけられるかは、そのシンボル自体の構成もさることながら、それが置かれた政治的文脈に大きく左右される。その顕著な例が、東三省易幟である。

第五節　東三省易幟

関東軍による張作霖爆殺事件と北伐軍の北京占領を経て国民政府と張学良の間に交渉が開始され、「〔一九二八年〕七月中旬の時点で、若干の利害調整上の問題は残っていたが、すでに奉天派・国民政府間の「妥協」、東三省易幟実行が合意されていた」(55)。しかし田中義一内閣の強硬外交の干渉を受け、結果として東三省における「易幟」は再三の延期を経、十二月二十九日に初めて東三省全域で公式に青天白日満地紅旗が国旗として掲げられることになる。この過程において張学良の決断に影響を与えた要素の一つが、東三省におけるナショナリズムの高まりであった。以下、具体的にこの時期の東三省における「易幟」要求運動について見てみたい。

この運動の最も早期の動きとして、奉天派・国民政府間の交渉開始に先立つ七月七日にすでに、吉林省教育界の張徳懋・季宗魯・杜維一・郎定遠が連名で奉天・吉林・黒龍江三省の督辦〔張学良・張作相・万福麟〕に早期の易幟を求める文書を送っており、天津の『大公報』は「東省〔東三省〕の民意の表現の第一声」としてその全文を掲載した(56)。しかし当初七月二十四日にも予定されていた易幟が延期されたことで、東三省内では青天白日満地紅旗を掲げることが禁止され、以後積極的な「易幟」要求は目立った形では見られなくなる。一九二八年の国慶日には奉天では五色旗を国旗として用いる者もあったが(57)、大連の商会は「青白旗」も従来の五色旗も共に掲げず、張学良の閲兵式にも陸軍旗〔十九星旗〕だけが用いられた(58)。

しかし十月になって張学良と日本との間の吉会鉄道交渉の事実が漏れたことが吉林省を中心とする激しい反日運動を引き起こし、これに伴う形で民間における「易幟」運動が本格化した。

延辺農工商学連合会は十一月七日、「吉林全省の各法人団体・各学校・各新聞社」に向け、「我が延辺の民衆は、国際的な地位の増進の為、そして民族精神を発揚する為に、すでに、当局が遅疑して未だ決定しない前に、我が吉林の民衆は、自決政策を採って、十一月十五日に一律に青天白日〔満地紅〕旗にかけかえるべきことを議決した」と通電した(59)。これを受けた吉林学生連合会・教職員連合会はデモの決行を議決、十一月八日に吉林で学生と市民を合わせた約三千人が省議会に集まり、「青天白日旗」を持って反日と易幟を訴えた。しかし吉林省督辦張作相はこれを解散させ、群集の所持していた「青白旗」を全て没収、代表三十三人を拘束し、学生会・教員会を解散させた(60)。この時のビラがやはり『大公報』に全文掲載されている。

現在張〔学良〕総司令はすでに国民政府政務委員〔国民政府委員〕に就任したが、これは南北がすでに統一したということであり、ゆえに我々はみな会を開いて統一の成功を慶賀しなければならない。これによって我々東省も国民政府が用いている「青天白日満地紅」の国旗に改め、実際の統一を示さねばならない。……我々みなが知らなければならない、我々は現在すでに統一したのだから、国民政府の「青天白日満地紅」の国旗を用いなければならず、あの五色旗はすでに古い国旗であって、すでに用いるのに適当ではなく、あなたがたが速やかに換えることを望む。……我々は一斉に叫ばなければならない、これより以後、五色国旗は要らない、これより以後は青天白日満地紅の国旗を用いなければならない、青天白日満地紅の国旗を用いなければならない(61)。

これらの主張の内容は「統一」とそれによる民族精神の発揚、反日の遂行を待ち望むというものである。中華民国の国旗としての「青天白日満地紅旗」が、国民党の党旗「青天白日旗」と明確に区別されている点も注目される。

翌九日には哈爾浜で学生六千人のデモ隊が軍警の銃撃を受け、数百人の死傷者を出すという惨事が起き(62)、長春でも早朝に各大通りの大小の商店が紙製の「青天白日満地紅国旗」あるいは「青天白日党旗」を掲げたのを、警察が即刻通知を発して撤去するという事件が起きている(63)。また十一日には吉林で教職員・学生連合会が「青白旗」千余枚を製作し、デモを行ってその旗を市街の各商店に掲げ、「媚日」教育庁長を罷免させている(64)。

結果としては「東三省における反対運動はこの後、当局の弾圧を受けて終息する(65)」。ただこの運動において、「易幟」を行うことが「統一」という目標の達成に直接繫がるという状況が生じていたことは重要である。この状況下においては、青天白日満地紅旗を国旗として掲げることは、間違いなくナショナリズムの表現を意味したのである。

十二月二十四日、張学良は奉天省長翟文選に二十九日に全東三省で同時に易幟を決行する旨とその際掲げる青天白日満地紅旗の規格を打電し、翌二十六日翟は省内にこれを伝達した。二十八日、国民政府は張学良らを東三省各省の政府委員に任命することを打電、翌二十九日、張学良らは国民政府への服従と三民主義の信奉を表明し、東三省各地で二十九日から元旦にかけて青天白日満地紅旗が掲げられた(66)。易幟決定の命令を受けた商会は急遽青天白日満地紅旗を製造し、各商店に配布した。また被服廠は事前に旗十万枚を準備しており、商民の掲げたものは青天白日満地紅旗だけだったが、各政府機関はこれに党旗青天白日旗を交差して掲げたという[67]。易幟の翌日から『盛京時報』には青天白日旗・青天白日満地紅旗の国民党による公式解釈や歴史、「党国旗尺度比例」「中華民国国徽国旗法」に基づいた、旗の規格を説明する記事が連続して掲載されている[68]。

第六節　おわりに

北京政府の下、学生・知識人・商会などが五色旗をナショナリズムの象徴としてデモや集会などに利用していた一方で、孫文は一貫して五色旗を否定し、自らの青天白日満地紅旗が正当な中華民国国旗だと主張していた。しかし、有体に言ってこの主張は当時においてほとんど顧みられることはなかった。

一九二五年の孫文の葬儀は、確かに死後の孫文を中華民国のナショナル・シンボルとすることに成功した。しかしその一方で、当時のナショナリズムの担い手達が五色旗を捨て、青天白日満地紅旗をナショナリズムの象徴と見なすということは起こらなかった。ある意味で政治的に中立な五色旗は、北京政府を批判すると否と、孫文・国民党を支持すると否とを問わず、ナショナル・シンボルであり続けることができた。北伐軍の現実の到達まで、この状況は基本的に続いた。

しかし、一九二八年の東三省という文脈においては事情が違った。東三省においては従来から国民党の活動は不活発であり[69]、その意味で現実の北伐軍の到来を迎えるために国旗をかけかえた「関内」とは状況が異なった。そしてそこでは、青天白日満地紅旗を国旗として掲げるという行為は、間違いなく国家の統一と、それを妨害する日本に対する抵抗というナショナリズムの表現を意味したのである。

(1) 深町英夫『近代中国における政党・社会・国家――中国国民党の形成過程』中央大学出版部、一九九九年、一三〇頁。
(2) 高橋良和「中華革命党党組織に関する覚え書き」辛亥革命研究会編『中国近現代史論集――菊池貴晴先生追悼論集』汲古書院、一九八五年、三七三―三七四頁。呂芳上『革命之再起――中国国民党改組前対新思潮的回応（一九一四―一九二四）』台北、中央研究院近代史研究所、一九八九年、一二―一六頁、も参照。
(3) 「中華革命党革命方略」（一九一四年八月）陳旭麓・郝盛潮主編『孫中山集外集』上海、上海人民出版社、一九九〇年、五六八頁。
(4) 鄒魯『中国国民党史稿』上海、商務印書館、一九四七年（初版一九二九年、第二版一九三八年）、一七三頁。省略した部分には、旗の図とその意匠の説明が書かれている。
(5) 前掲深町『近代中国における政党・社会・国家』一三三頁。
(6) 前掲高橋「中華革命党党組織に関する覚え書き」三七四頁。
(7) 前掲深町『近代中国における政党・社会・国家』一五八頁。
(8) 馮自由「中華民国国旗之歴史」『革命逸史』初集、台北、中華書局、一九八一年（初版一九四五年）、二三頁。
(9) 「三民主義」（一九一九年）中山大学歴史系孫中山研究室他合編『孫中山全集』第五巻、北京、中華書局、一九八五年、一八七頁。
(10) 孫文「八年今日」『申報』一九一九年十月十日。
(11) なお、孫文が一九二一年五月五日に広東で非常国会の選挙によって非常大総統に就任し「正式政府」を組織した際、五色旗を廃止し、青天白日（満地紅）旗を国旗・軍旗とすることを宣言したという記述が、前掲馮『革命逸史』初集、二三頁、及びそれに依拠したと思われる文章に見える（『革命逸史』はこの年を「民九」としているが、「正式政府」成立は民国十年である。同様に「十八星旗」も廃止したとあるが、当時の陸軍旗は「十九星旗」である）が、史料的には確認できない。
(12) 中央委員会秘書処編印『中国国民党第一届中央執行委員会会議紀録彙編』出版地不詳、中央委員会秘書処、一九五四年、七八頁。
(13) 中央執行委員会→青年部、通告第八〇号、一九二四年九月二十二日、中国国民党文化伝播委員会党史館所蔵上海環龍路檔案「中執会第八十号通告（致青年部）」359/43.1。

（14）「在全国学生評議会之演説」『中央党務月刊』第七期、一九二九年二月。

（15）李守常〔李大釗〕『平民主義』上海、商務印書館、一九二三年、中国李大釗研究会編注『李大釗全集』北京、人民出版社、二〇〇六年、第四巻一二二—一二三頁。

（16）「双十増刊詞」『広州民国日報』一九二三年十月十日。

（17）孫文「在韶関慶祝武昌起義十三周年紀念会上的演説」（一九二四年十月十日）『孫中山集外集』一〇九—一一〇頁。

（18）片岡一忠「辛亥革命時期の五族共和論をめぐって」田中正美先生退官記念論集刊行会編『中国近現代史の諸問題——田中正美先生退官記念論集』国書刊行会、一九八四年、二九六頁。

（19）松本ますみ『中国民族政策の研究』多賀出版、一九九九年、一三五頁。

（20）John Fitzgerald, *Awakening China: Politics, Culture, and Class in the Nationalist Revolution*, Stanford: Stanford University Press, 1996, p. 181.

（21）Henrietta Harrison, *The Making of the Republican Citizen: Political Ceremonies and Symbols in China, 1911–1929*, Oxford: Oxford University Press, 2000, p. 140.

（22）「孫中山」『申報』一九二五年三月二十三日。

（23）「孫中山葬礼雑聞」『申報』一九二五年三月二十六日、「孫公霊柩移入公園後情形再誌」『広州民国日報』一九二五年四月二日。

（24）「孫中山正式開弔」『申報』一九二五年三月二十八日。

（25）「北京各界祭弔孫公之統計」『広州民国日報』一九二五年四月十六日。

（26）ただ、新聞報道に「国旗」としか書かれていない場合、あるいは単に「青天白日旗」または「青白旗」と表現されていて、それが国民党党旗である青天白日旗を指すのか中華民国国旗である青天白日満地紅旗を指すのか判断できない場合も多い。

「各路商界追悼中山大会」『申報』一九二五年三月二十三日、「無錫　追悼孫公二次籌備会記」同三月二十四日、「日本華僑哭悼孫公大会」『広州民国日報』一九二五年四月十四日、「河南省追悼大会情形」同四月十六日、「山東各地迎孫先生遺像記」同五月九日。

（27）「三大学追悼孫中山彙紀」『申報』一九二五年三月三十日。

(28) 朱振女士「国民対国応行注意的事項」『申報』一九二五年三月二十三日。
(29) 伊藤武雄「跋」鈴江言一『孫文伝』岩波書店、一九五〇年、五四四―五四五頁。
(30) "Canton under the Volsheviks," Canton, Dec. 25, *North China Herald*, 10 January 1925.
(31) "Canton in Hands of Reds," Canton, Dec. 26, *North China Herald*, 3 January 1925.
(32) 「国旗釈議」『中国国民党周刊』第四二期、一九二四年十月二十六日。
(33) 「国内専電」『申報』一九二五年十月四日。
(34) 「従殺工人到殺学生、従殺学生到殺全国人」南洋大学学生会『五卅血泪』第二期、一九二五年六月四日、上海社会科学院歴史研究所編『五卅運動史料』第一巻、上海、上海人民出版社、一九八一年、六四一頁。
(35) 「聖約翰大学離校学生掲露校方破壊罷課」『申報』一九二五年六月九日。
(36) Harrison, op. cit., chap. 3.
(37) Harrison, op. cit., p. 184.
(38) 土田哲夫「東三省易幟の政治過程（一九二八年）」『東京学芸大学紀要　第三部門　社会科学』第四四集、一九九三年一月、七七頁。
(39) 以下、北伐についての記述は、栃木利夫・坂野良吉『中国国民革命――戦間期アジアの地殻変動』法政大学出版局、一九九七年、坂野良吉『中国国民革命政治過程の研究』校倉書房、二〇〇四年、による。
(40) 周興樑『廖仲愷和何香凝』鄭州、河南人民出版社、一九八九年、二七一頁。
(41) S・M・グインター、和田光弘・山澄亨・久田由佳子・小野沢透訳『星条旗一七七七―一九二四』名古屋大学出版会、一九九七年（原著一九九〇年）、一〇五―一〇九頁。
(42) 「呉敬恒代表中国国民党中央執行委員会在国民革命軍蔣総司令誓師北伐典礼訓詞」（一九二六年七月九日）中国国民党中央委員会党史史料編纂委員会編輯『革命文献』第一二輯、台北、中央文物供応社、一九五六年、五四頁。
(43) Harrison, op. cit., p. 179. ただし出典が明示されていない。
(44) 「唐生智飭長沙各界改懸国旗或党旗令」（一九二六年七月十七日）『革命文献』第一二輯八八頁。
(45) 「蔣総司令抵達郴州及各界歓迎情形両電」（一九二六年八月三日）『革命文献』第一二輯一五九頁。
(46) 「今晨本埠党人挙事」『申報』一九二六年十月二十四日。

(47)「昨晨党人挙事続誌」『申報』一九二六年十月二十六日。
(48)「捕獲党人与査抄機関」『申報』一九二六年十月二十七日。
(49)「安寄斯船上之五色旗影（趙為容自海外寄）」『申報』一九二六年十月二十五日。
(50)老舎「老張的哲学（二）」『小説月報』第一七巻第八号、一九二六年八月。訳は、竹中伸訳『老舎小説全集1　張さんの哲学・離婚』学習研究社、一九八二年、四七頁、を参考とした。
(51)豈明〔周作人〕「苦雨斎尺牘」『語絲』第一〇一号、一九二六年十月十六日。
(52)「中央最近情況」『広州民国日報』一九二八年六月十六日。
(53)月伴「関於中山」『大公報』一九二八年七月二日。
(54)「旗幟布料銷胃大旺」『申報』一九二七年三月二十三日。
(55)前掲土田「東三省易幟の政治過程（一九二八年）」八一頁。東三省易幟の具体的な政治過程については同論文及び、大澤武司「東三省易幟実行と日中関係の変転――「黙認」をめぐる一考察」中央大学『大学院研究年報　総合政策研究科篇』第四号、二〇〇一年二月、を参照。
(56)「吉林智識界運動三省易幟」『大公報』一九二八年七月十一日。
(57)「国慶日之形形色色」『盛京時報』一九二八年十月十二日。
(58)「奉天昨日補行閲兵礼」『大公報』一九二八年十月十二日。
(59)「吉林易幟運動」『大公報』一九二八年十一月十四日。
(60)「輔帥取締学生運動」『盛京時報』一九二八年十一月十三日、「吉省各法団昨易幟」『広州民国日報』一九二八年十一月十六日。
(61)「吉林易幟運動」『大公報』一九二八年十一月十四日。
(62)前掲土田「東三省易幟の政治過程（一九二八年）」八八頁。
(63)「長春市民首先易幟」『盛京時報』一九二八年十一月十三日。
(64)「吉林民気之盛」『大公報』一九二八年十一月十二日。
(65)前掲土田「東三省易幟の政治過程（一九二八年）」八八頁。
(66)前掲土田「東三省易幟の政治過程（一九二八年）」九〇頁。「各地方易幟彙聞」『盛京時報』一九二九年一月六日、「各地方易幟続訊」同一月七日。

(67)「白山黒水霞蔚雲蒸　山海関外一斉掲揚青天白日満地紅旗矣」『盛京時報』一九二八年十二月三十日。

(68)「国旗攷」『盛京時報』一九二八年十二月三十日、「青白旗之格式」同一九二九年一月六日、「国旗問題」同一月十一日、「国旗問題（続）」同一月十二日。以上の他、十二月二十八日には中東鉄道が五色旗とソ連旗を組み合わせた旗をこれ以後使用してはならないとの命令を受け、新しい旗の意匠について検討している。“The Flag of the C. E. R.,” Peking, Jan. 17, *North China Herald*, 19 January 1929.

(69)家近亮子「南京国民政府の北方への権力浸透について」『東方学』第八七輯、一九九四年一月、一〇八頁。

第七章　党旗と国旗

第一節　はじめに

一九二五年の死後、その葬儀と大規模な政治的デモンストレーションによって孫文のイメージは中華民国の新たなナショナル・シンボルとして広範に受け入れられた。このことは明らかに、その孫文によって創設された国民党がナショナルな支持を獲得する上で一定の積極的な役割を果たした。しかし、国民党のもう一つの代表的なシンボルであった青天白日満地紅旗については事情が異なった。北京政府期においては五色旗が国旗として知識人や学生、商会などのナショナリズム・イデオロギーの重要な要素を構成しており、その状況は基本的に北伐軍到達の寸前まで続いた。したがって因果関係としては、青天白日満地紅旗が国民党の北伐への支持を獲得する媒体として機能したというよりも、北伐の過程及びその後の宣伝によって初めてこの旗はナショナル・シンボルと見なされるようになったのである。

それでは、北伐後の国民党・国民政府は、具体的にいかなる形でこの青天白日満地紅旗を新たなナショナル・シンボルとして人々に受け入れさせようとしたのか。本章はこの問題をめぐる基礎的な作業として、南京国民政府期の青天白日満地紅旗に関する法的・イデオロギー的規定の整理と分析を試みる。具体的には、まず国民党・国民政府の国旗に関する法制の展開を整理し、次いで当時の国旗をめぐる宣伝に現れたイデオロギーの内容を分析する。そして最後に、国民党・国民政府の社会に対する最も大規模な政治的動員の試みであった新生活運動における国旗の位置づけ、そしてこの運動の推進者であり、その中でナショナル・シンボルというテーマについて最も積極的に論じ、その利用を図った人物である蔣介石の国旗論を分析する。

第二節　国旗の法的規定

一　成立

第六章で述べたように、国民革命の際に各地で使用された青天白日（満地紅）旗は北伐軍の先行部隊によって配布されたものだった。ただ、用意が間に合わない場合も多々あり、またその需要から商店が独自にこれらの旗を大量に作成して販売した。そのため、実際に使用された党旗・国旗には規格に合わないものも多かった。このことは当時からすでに問題となっていた(1)。

したがって一九二八年六月に国民革命軍が北京・天津を占領して北伐が一応の完成を告げると、早くも翌月には改めて全国の国旗の規格を正式に統一する必要性が論じられている。

七月十四日、当時国民政府委員であった張之江は次のような提議を行った。

国旗・党旗は、正に党国の精神と体面を代表するためのものであり、その尊厳を尊重すべきもので、軽んじることは許されない。したがって各国人民がその国旗を、〔自分の〕第二の生命以上のものと見なすのには、まことに理由があるのである。その尺寸にはあるいは大小があっても、製造するときには必ず一定の比例・色彩があって、わずかの改変も許してはならない。ここに天津の現状をみるに、民衆の掲げる旗幟には、紫色・黒色を用いたも

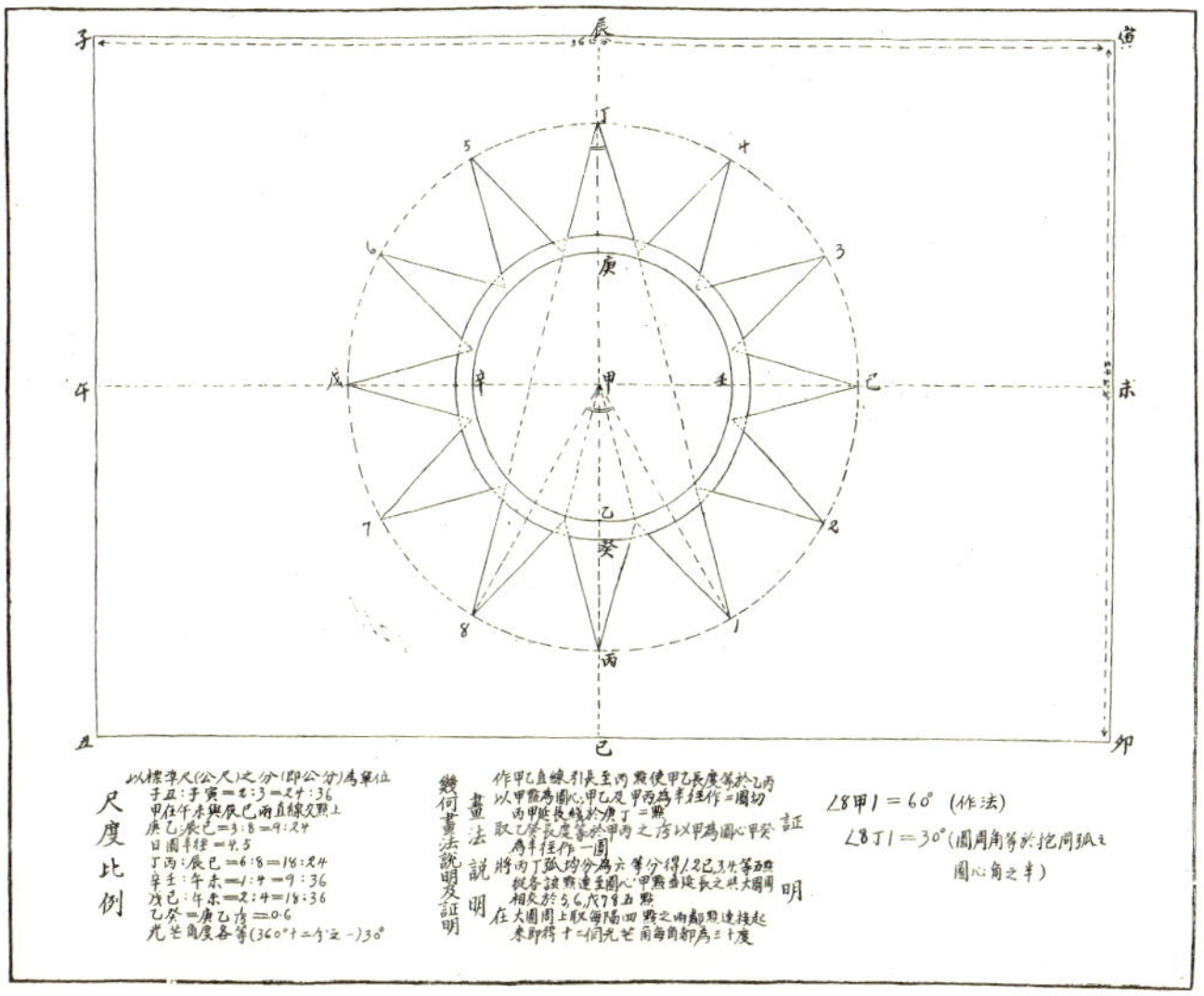

図 7–1　「党旗図案」『中央党務月刊』第 4 期，1928 年 11 月

の、あるいは反故紙を用いて作成したものがあり、ばらばらで均一でなく、景観を害するだけでなく、人民の弱点を暴露するに足る。天津がこのようであれば、他処もまたあるいは免れ難い。国民政府に対し次のことを要請する。改めて命令を発し、全国に通電して、党旗・国旗の様式・尺寸、青・白・紅色の比例、光角（太陽の光芒を表す部分）の数、及び縮小・拡大の調整法等について、詳細に指導し、あるいは別に図説を用意し、それによって模範を示すべきである。この命令以後、任意に変更することを許さず、それによって画一化の助けとし、尊重すべきことを明確にしなければならない[2]。

張之江は馮玉祥の国民軍出身の軍人で、同年に国民政府の下に「中央国術館」を組織、中国武術の組織化に関与した人物として知られる[3]。

この提議は国民政府から法制局に転送され、法制局長王世杰と国民党中央執行委員会の間で検討がなされた。その結果、宣伝部が党旗・国旗の意匠を正式に定めた「党国旗尺度比例」「党旗図案」「国旗図案」「党旗各号尺度表」「国旗各号尺度表」の草案を作成、採用された[4]（図7－1、7－2）。これらの規定の目的としてはやはり「本党党旗及び中華民国国旗は、制定、頒布施行以来、製造使用するものは、尺度比例、及び星角の光芒の距離においてつねに任意

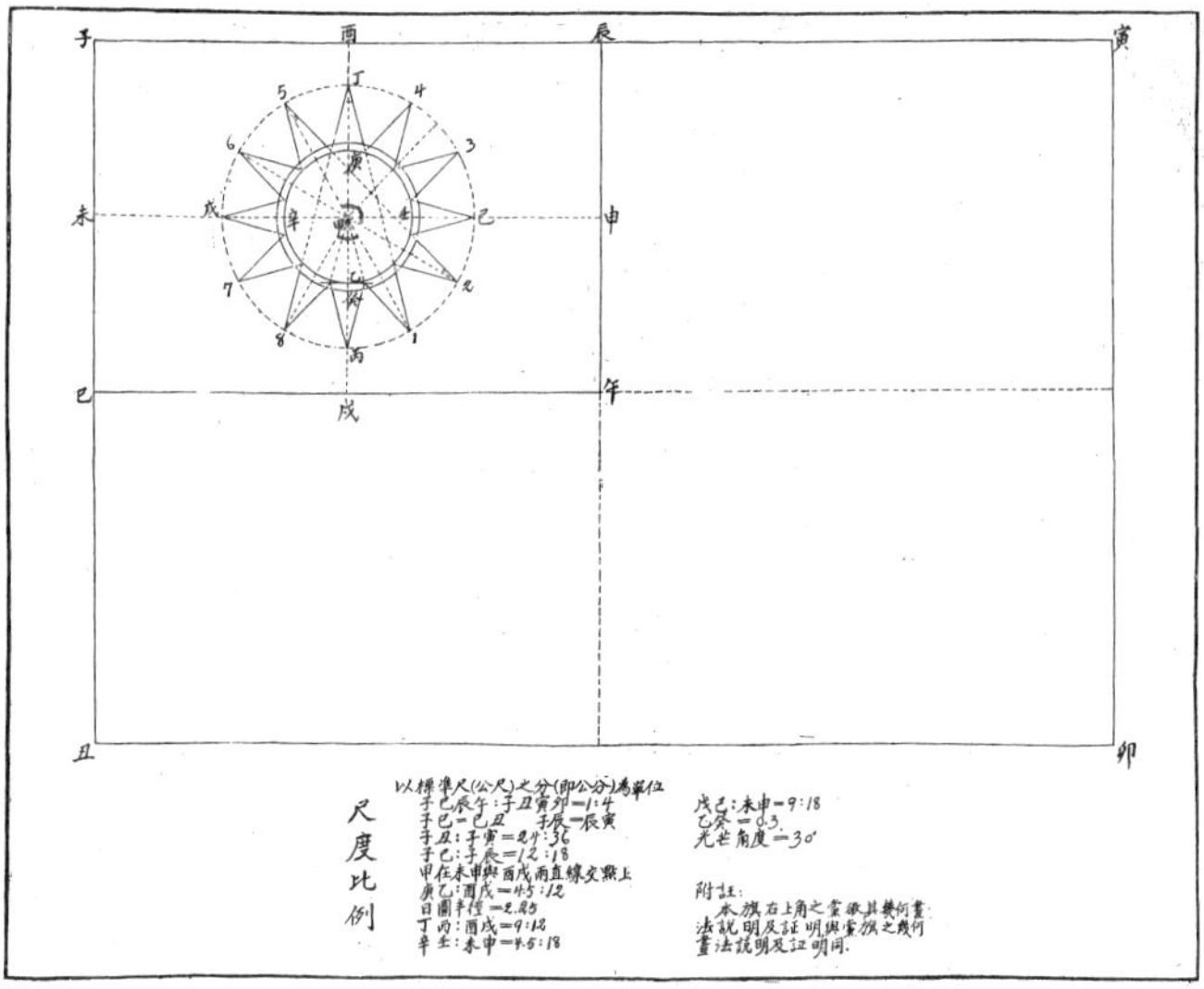

図 7-2　「国旗図案」『中央党務月刊』第 4 期，1928 年 11 月

に増減するものが多いので、すみやかに改定し、それによって画一化の助けとすべきである」ことが強調されている。[5]

さらに「党国旗尺度比例」を元に十月中に国民政府委員王寵恵・国民政府文官長古応芬が「中華民国国徽国旗法」の草案を作成、十二月十七日に国民政府から公布された。これによって、中華民国の「国徽」を円形の青天白日の意匠、国旗を青天白日満地紅旗とすること、そしてその詳細な規格が正式に決定された。[6]

これと並行して国民党中央執行委員会宣伝部が「党国旗使用条例」「党国旗製造暫行条例」「対党国旗礼節」の草案を作成、[7]中央執行委員会は、国旗に関しては政府で、党旗に関しては中央執行委員会常務委員と宣伝部で審査を行うことを決定した。[8]宣伝部は、国徽国旗法に対応する党徽党旗法の草案を作成するとともに、国民政府の公布した国徽国旗法には国旗の使用・製造及びそれに対する礼節に関する規定が無いとして、先に作成した三種の草案について再度決定を常務委員会に求めた。常務委員会はこの案を王寵恵・蔡元培・孫科・葉楚傖の四委員に審査させることとし、葉楚傖が責任者となった。[9]

この間、一九二八年三月十日に公布された中華民国刑法は「妨害秩序罪」の中に「民国を侮辱することを意図して、公然と民国の国旗・国章を損壊・除去あるいは汚辱した者は、一年以下の有期徒刑・懲役あるいは三百元以下の罰金に処す」との規定を設けた[10]。また、一九三〇年五月六日に公布された商標法も、商標としてはならないものの第一に「中華民国国旗・国徽・国璽・軍旗・官印・勲章あるいは中国国民党党旗・党徽と同じあるいは近似したもの」、第二に「総理の遺像及び姓名・別号と同じもの」を挙げている[11]。さらに一九三一年六月一日に公布された中華民国訓政時期約法の第四条には「中華民国国旗は紅地左上角青天白日と定める」ことが明記され[12]、国旗・青天白日満地紅旗の法的地位が確立されていく。

二　規格と用法

当時、青天白日満地紅旗の形状・色彩が正確でなくバラバラであった理由の一つとして、その意匠が五色旗に比して複雑であったということが挙げられる。また、国旗の掲揚の方法に関しても、新たに国旗と党旗の二本の旗を掲げなければならなくなったことから、その位置関係という問題が生じた。一九二九年四月の中央執行委員会常務委員会でも、党旗と国旗を交差して飾る際の位置関係が統一されていないことが問題となり、「党旗は国旗の右にあり、国旗は党旗の左にある」ようにするとの規定を定めて全国に通達した[13]。しかしこの後も地方党部などから、それ以前の「党旗が先にあり、国旗は後にある」ようにするという解釈と抵触するのではないか、といった疑問が繰り返し寄せられることとなり[14]、混乱が続いたことをうかがわせる。

このような事態を受け、一九三一年七月、中央執行委員会常務委員会で「党旗国旗之製造及使用辦法」が制定された。同辦法は、党旗・国旗の製造に際しては前述の「党国旗尺度比例」に従い、また「国産の絹・毛・綿・麻等で製造する」こと、商店が党旗及び国旗を製造販売する際には予め見本を当地の政府に提出し許可を求めること、党・政・軍・警の各機関・団体・学校は会議室や講堂に党旗・国旗を掲げること、「党旗・国旗の意匠は、商業上の一切の専用標記とすること、各種の符号をあしらうこと、あるいは図を印刷し文字を書くこと、及び一切の荘厳でない装飾品に製造してはならない」ことなどを定め、状況の改善を図った(15)。

さらに一九三四年八月の中央執行委員会常務委員会でこの「党旗国旗之製造及使用辦法」が修正され、「党旗国旗製造使用条例」として公布された。この修正案は上記の規定に「およそ党旗・国旗の使用に際して、本条例の規定に違反する者があれば、各地の党部は警察機関と共同で指導糾正を与え、もし規定に合わない党旗・国旗を発見したならば、これを取締りあるいは没収することができる」という罰則を追加、徹底を図ったものであった(16)。

にもかかわらず「各地の機関・商店・民家が、旗幟の大小、及び尺度比例、掲揚の方法に対し、未だ規定に依拠して行わない」という状況は続いた(17)。これに対し、国民党中央執行委員会宣伝委員会〔一九三二年一月に宣伝部を改称〕及び国民政府内政部は「党・国旗の製造は規定に依拠して必ず絶対に染印法を採用しなければならないので、製造を請け負う商店は資本が潤沢で設備が完全でなければおのずから任に耐え難い。各省市県の多くはこの類の規模宏大の商店に乏しい」との見方から、一九三五年四月、中央執行委員会常務委員会に「党旗国旗製造使用条例」の修正案及び「製售党国旗商店管理辦法」草案を提出した。この「製售党国旗商店管理辦法」は、宣伝委員会と内政部の指定あるいは許可を得た商店以外が党・国旗を製造・販売すること自体を禁止し、また各地の警察機関は販売商店に対し随時監察を加えることができる、という規制を課すものであった。これは全国の党旗・国旗の製造販売を中央が一元的に管理・統制しようとするもので、この規定に違反した者には製造した党旗・国旗の没収、製造販売権の取り消しに加え、状況に応じて罰金を科すとした(18)。これに基づいて宣伝委員会・内政部は六月一日から三十日までの期間、全国の商店の許可申請を受け付けたが、その基準は資本二十万元以上、大規模な紡織機械を有し、価格が低廉で、資本・設備・製造技能と数量・製造した旗及び旗竿の見本・価格等を申請し、審議を経て合格した上で保証金三千元を納めて初めて許可を発給するという厳しいものだった(19)。結果、宣伝委員会・内政部は上海紡織印染公司と中国製旗公司に許可を与えて合同で党国旗製銷総局を組織させた。同局は十一月二十日に正式に成立した後、「各質各号党国旗価目表」と共に次のような要請を宣伝委員会・内政部に提出している。「すでに大量の旗幟を製造して小売に供したが、各省市の党部・政府に連絡し、下部機関に転送して従前の規定に合わない旧旗を取り締まらせ、あわせて当局に各地の商人を招いて手続を整えて小売を請け負わせ、〔民国〕二十五年元旦より中央の規定した染印法を採用して製造した党旗・国旗を購入使用するのに便利なようにすることを要請する」[20]。これはもちろん、党国旗製銷総局を組織する上海紡織印染公司と中国製旗公司が、競合する同業者の排除と市場の独占を狙ったものともとれるだろう。一九三六年四月四日に「修正暫定布質各号党国旗価目表」を受領した南京特別市党部は、社会局・首都警察庁と協議し、五月五日（革命政府記念日）から党国旗製銷総局の新党旗・国旗に掲げ替え、あらゆる旧旗及び旧旗店は、この日より再び掲揚・製造販売してはならないと命じた[21]。これらの製造販売に関する規定は、裏を返せば、この時点ですでに国旗及びその意匠が商品として一定の市場をもっていたことを示している。

製造販売の管理・統制による規格の統一とは別に、一九三七年五月、中央執行委員会常務委員会は「党旗国旗製造使用条例」の党旗・国旗の使用法に関する部分を敷衍した「党国旗升降辦法」と「処置破旧党国旗辦法」を制定している。前者は「党旗国旗製造使用条例」の従来の規定に加え、各機関の昇降旗は主管長が人員を指定して行うこと、各記念日に「升降旗礼節」を行うこと、そしてその儀式の次第を定めた[22]。後者は「破損したり古くなった党旗・国旗は、重大な歴史的価値を有するものは当地から史蹟文化の保管に関する機関に送って収蔵し、その他はすべからく謹んで焼却し、破損したり古くなった党旗・国旗を任意に汚地に廃棄しあるいは別の用途に用いて尊敬を失わせてはならない」こと、「前条の規定に違反する者があれば、各地の党部あるいは警察機関が指導・糾正を与える」ことを規定したものである[23]。これらは、党旗・国旗という物体そのものを神聖化することを通じて、党・国家への「尊敬」を増進することを目指したものだった。

このように、南京国民政府における党旗・国旗に関する法的な整備は、旗の規格の統一、旗の使用法の規定、という二つの方向で進められた。これらは基本的には北京政府期においても問題とされていたことだが、国民政府期においては、明確に党・国家が主体となって罰則の規定、製造販売の統制・管理等の徹底を図った点が大きく異なった。

第三節　国旗のイデオロギー的規定

一　五色旗と青天白日満地紅旗

一九二八年十二月十七日の「中華民国国徽国旗法」公布と同二十九日の東三省易幟によって、中華民国の国旗は五色旗から青天白日満地紅旗へとほぼ完全に塗り替えられた。(24)

第六章でも触れたように、当時においては五色旗はあくまで「中華民国の国旗」であり、「北洋軍閥の国旗」とは認識されていなかった。しかしそれと対照的に、中国国民党の党旗・青天白日旗がその中に嵌め込まれた青天白日満地紅旗という国旗は不可避的に「中華民国の国旗」であると同時に「国民党の国旗」であった。

この問題を重視したのはフィッツジェラルドの研究である。フィッツジェラルドはそれを「リベラルな共和国の五色国旗」から「どちらも特定の政党に排他的に同一化された二つの国旗〔青天白日満地紅旗と中華人民共和国の五星紅旗〕」へ、という近代中国史上の転換点と見なす。(25)

ハリソンも基本的にこの見解を継承する。ハリソンは五色旗の特徴として、それが意匠に対する公式の解釈を持たず、多様な解釈の可能性に対して開かれていたことを指摘した。つまり五四運動をはじめとする、北京政府に対するデモンストレーションの中においても国旗をはじめとする愛国主義のシンボルが用いられたのは、「それらが動員の可能性を作り出したからであり、そしてほとんどどんな政治的目標でもそれらのシンボルと同一化することができたから」であった。[26]言い換えれば、五色旗の意匠と「五族共和」というスローガンの実質的な内容が極めて曖昧であったことが、北京政府期においては逆説的にその利用価値を高めていた。

これに対して青天白日満地紅旗には国民党の改組以来、明確に党によって決定され権威づけられたその歴史と意匠に関する排他的な公式解釈が存在した。そしてその公式解釈は、国民に周知徹底されるよう、様々な媒体を通じて宣伝された。以下ではそのイデオロギー的規定の具体的な内容とその論理について見ていきたい。

青天白日（満地紅）旗の意味に関する最初期の規定と考えられるものに、中央執行委員会宣伝部が一九二四年十月の『中国国民党周刊』に発表した「国旗釈義」という文章がある。これは、「（一）青天白日旗の歴史は五色旗に較べて長久である」として青天白日旗が辛亥革命以前から革命派に使用されていたこと、五色旗が辛亥革命の際に初めて使われたものであることを述べ、また「（二）青天白日旗の意義は五色旗に較べて深遠である」として青天白日旗の五色旗に対する優越性を次のように説明する。

五色旗の意味は、五族共和であるといわれている。しかしその実、五色はただ五族を代表することができるだけで、共和とは関係ない。革命の主義は民族・民権・民生である。民族主義の内容は、内に対しては各民族の平等であり、外に対しては中国民族の世界における独立と自由である。五色旗が表示することができるのは、ただ民族主義の一部分だけであり、民族主義の全てを包括することはできない。民権・民生には、更に関係しない。ゆえにただ歴史の面で革命精神を表示することができないだけではなく、意味の面においても、偏っていて完全ではなく、革命精神を十分に表現することができない。……青天白日旗の意味に至っては、広狭の二つがある。狭義から言えば、「卿雲歌」の「旭日光華、旦復旦兮（毎朝毎朝、朝日が輝く）」の主旨であり、ただ光復の意味を含むだけでなく、自強してやまず、その徳を日々新たにするという意味をも含む。国民の精神を発揚するのに、はなはだ大きな関係がある。広義から言えば、人類は天日を離れて生存することができず、天日の臨む所は、およそ人類であれば、一切平等に享受でき、差別する所が無い。これを国旗の特徴とすれば、実に民胞物与（民は全て同胞であり、物は全て仲間である）、一視同仁の意味を表示することができるのである。[27]

当時この規定が意味を持ったのは国民党が実効支配していた広東省の一部に限られたが、北伐の完成後も、基本的にはこれを受け継ぐ形で、青天白日満地紅旗の公式解釈に関する国民党の宣伝が全国規模で行われていくことになる。

二　党旗と国旗

この時期の国民党の国旗に関する公式解釈を示した宣伝媒体として最も頻繁に言及されるものの一つに、中国国民党中央執行委員会宣伝部編『党旗和国旗』（一九二九年）というパンフレットがある。[28]これは約百四十頁の小冊子で、巻末「再版小誌」によれば初版は五万部、各級党部に配布された他、同年六月の南京における孫文の奉安大典で一般に販売され、翌年には第二版が出版された。[29]五章構成で、第一章「旗の意義」は一般的な「旗」に関する概説、以下第二章「党旗と国旗の歴史」、第三章「党旗と国旗の意義」、第四章「党・国旗に対するあるべき態度」、第五章「党・国旗の製造と国民のあるべき義務」と続く。

前述の「国旗釈義」がすでにそうであったように、国民党・国民政府の国旗宣伝は二つの戦略からなっていた。一つは、青天白日満地紅旗自体の含意の素晴らしさを述べるというもの。もう一つは、それが革命の歴史上中華民国の正統な国旗であったことを証明するというものである。特に後者は、五色旗をめぐる言説が主として「共和」や「文明」、政治的に中立なナショナリズムといったイデオロギーをめぐって構築され、その歴史に対する言及はほとんどなかったのとは対照的である。これは一つには、前述のように孫文が自らの広州蜂起以来の革命史を青天白日満地紅旗と結びつけ、それゆえにこの旗に固執したという経緯による。ただもう一方では、フィッツジェラルドやハリソンが述べたように、北京政府と国民政府の統治の正当性確保の様式の違いによるものとも言える。

『党旗和国旗』第二章はその意味で、初めて体系的に構築された青天白日（満地紅）旗の公式の歴史である。ここでは「この中華民族の自由平等を象徴する旗幟、その歴史は我々中華民族が解放を求める国民革命運動史と、同様の悠久さをもつ」ことが強調され[30]、青天白日旗が広州蜂起の「烈士」である陸皓東によって考案されたところから説き起こし、清末の革命派の各蜂起におけるその使用について述べる。例えば一九〇六年の江西萍郷・湖南醴陵蜂起の際、饒西賢という人物が機転を利かせ「娘の嫁入り道具だ」と偽って二十枚の青天白日旗を作成したというエピソードが紹介されている。この蜂起には炭鉱労働者が加わっていたことから、「青天白日旗が最初に労働者運動の旗幟となった」事例と解説される[31]。一九〇七年の広東欽州蜂起の際には「防城の城頭に高々と青天白日満地紅旗を掲げ、敵軍でこれを見て、震え上がらない者はなかった」。さらに同年の広西鎮南関蜂起では、砲台を占拠した蜂起軍が弾薬の欠乏によって退却する際、軍中にあった十三歳の無名の少年が、砲台の上に一枚の青天白日満地紅旗が掲げてあったことを思い出した。少年は「旗幟は全軍の霊魂だ、敵の手に落ちてはならない」と言って周囲の制止を振り切り、砲火の中この旗を取り戻して来たという[32]。悲壮な決意を抱いて従軍する、純粋で勇敢な「国旗の保護者」の少年、というのは、国旗にまつわる歴史的エピソードとしては模範的ですらある。

これらの記述自体は、一九一二年に出版された『中国革命記』に掲載された「中華民国国旗之歴史」という文章をほぼそのまま引用したものである[33]。ただ、これらは五色旗が国旗であった北京政府期にはほとんど顧みられることがない、いわば忘れられたエピソードであった。国民党・国民政府は辛亥革命直後の語りを再び掘り起こし、国民革命に至る公式の歴史の中に組み込んだのである。

第三章「意義」の部分を見ると、まず党旗の「青天白日」は、それ無しには人間が生きられない太陽とその永遠性を表し、その十二本の光芒は十二支・十二時（二十四時間）・十二カ月を表し、それによって「無窮の過去、流転の現在、無窮の将来」を示すとされる(34)。また太陽は全ての天体の中心であり、三民主義が全ての政治思想の中心であることに対応する。国旗「青天白日満地紅」の三色については、紅は血の色で、反抗の象徴であり、それゆえに自由のために犠牲になることを表す。青は天の色で、冷静の色であるがゆえに公正を表し、平等を表す。白色は光明の色で、清潔・純潔を表し、無私であるがゆえに博愛を表す。これらは次のような図に要約される(35)。

三色旗	紅色	犠牲	自由	民有	民族主義	三民主義
	青色	公正	平等	民治	民権主義	
	白色	純潔	博愛	民享	民生主義	

次に国旗・青天白日満地紅旗が党旗のデザインを含むのは、「以党治国」（国民党が国民の主権を代行して国家を統治する）を示すと明記される。それは「本党が数十年来中華民族を導いて奮闘してきた成果から見れば、誰も本党が中華民族復興の霊魂であることを認めないわけにはいかない」こと、「欧米政党政治の破産」によって「以党治国が真正の民治に到達する唯一の方法である」ことによって正当化される(36)。

さらに、一九二六年に始まる中国青年党の「擁護五色国旗運動」への反論(37)、従前の中華民国国旗である五色旗の否定に大きな部分が割かれている。中国青年党は一九二三年十二月に結成された政治団体で、曾琦・李璜・陳啓天・左舜生・余家菊・常燕生らを主要メンバーとし、「国家主義」と反共による中国統一を主張していた。一九二六年七月一日に広東国民政府が北伐開始を宣言すると、中国青年党はその年の国慶日を翌日に控えた十月九日、機関紙『醒獅』に「上海擁護国旗大同盟宣言」を発表し、北京政府の正統性を主張し五色旗を擁護する「擁護五色国旗運動」を開始した。

全国各界の同胞たちよ！　国旗は一国家を代表するものであり、全国人民が絶対に尊敬すべきものである。ある国家の政体が変更されないのであれば、国旗も絶対に変更することができないのは、人々のみな知るところである。中国の五色国旗は、辛亥革命の成功の産物であり、合法的な民意機関の制定したものであり、五族共和の象徴であり、中華民国の唯一の代表ではないか？　このことは誰であろうとも否認できないことである。……はからずも中国共産党は陽に国民党国民革命の名を借り、陰にソヴィエト・ロシアがひそかに赤化を実行するのを助けており、その指揮下の北伐軍の到る所の地方で、一律に五色国旗を廃止し、青天白日満地紅旗に代えさせている。このような叛国の挙動は、真に喪心病狂〔心を失い気が狂う〕の極みである！

北伐軍が軍を発した当初は、ただ北方軍閥を打倒し国民革命の実現を謀ると宣言したのではなかったか？　五色国旗は正しく五族共和の代表である。軍閥と何の関係があろうか？　現在北伐軍が理不尽にもそれを顧みずに廃止しているのは、北伐ではなくソヴィエト・ロシアに代わって中華民国を伐っているのだ！　国民革命ではなく、中華民国の命を革めているのだ！　そもそも青天白日満地紅旗は、一党の旗に過ぎない。多数の政党が存在することのできるいかなる国家でも、もし党旗が国旗として許されるならば、全ての国にいくつもの国旗があることになってしまう。試みに問うが、世界中でこのようなことが過去にあっただろうか？(38)

これに対し『党旗和国旗』は、青天白日満地紅旗は青年党の言うような「赤化」を示すものではなく、また中国同盟会時代、黄興が「青天白日」の意匠は「日本の太陽旗」と紛らわしいと批判したという指摘も、「変節堕落した章太炎〔章炳麟〕が捏造したもの、あるいは口からでまかせの醒獅派の作り事である」と否定する。(39)また、法的正当性の問題に対しては次のように反論する。

青天白日満地紅国旗は、奮闘数十年にして中華民国を創造した全国の革命の先導者が組織した中国同盟会が大会を召集して正式に議決したものである。五色旗は、十数人の——大半は投機的軍人が派遣した代表が組織した臨時参議院が議決したものである。同盟会と南京臨時参議院とは、同じく局部的な機関であるが、比較して言うと、同盟会は革命的民衆の意志を代表したものであり、またそもそも中華民国の創造者であり、その議決案は十数人の軍人を代表する臨時参議院の議決案よりもずっと価値の高いものである(40)。

そして、「五色旗は南京臨時参議院の議決後、すぐに万悪の北洋軍閥の手中に落ち、十数年来彼らによって人目を引いて詐欺にかけるために利用され、災いをなし民を害し、民衆は五色旗に対して憎しみがすでに極まっている」と主張する(41)。また、五色旗が示すとされる「五族共和」も、国内の全ての民族は「千百年来、仁徳和平を基礎とする中国の王道文化の溶解と鋳造を経て、ほとんど現在すでに同化して一体となっている」という「中華民族」論によって否定される。

以上の青天白日旗・青天白日満地紅旗についての公式解釈は、以後の全ての党旗・国旗宣伝工作の基本的な論理となり、繰り返し引用されることとなる。特にこのパンフレットの意義としては、一つは五色旗に対する批判を体系化したこと、そしてもう一つは、恐らく初めて青天白日満地紅旗のデザインを明確に三民主義と結びつけたことが挙げられる。

『党旗和国旗』でなされた五色旗批判については、事実関係から言えばそもそも辛亥革命自体が孫文の手によって起こされたものとは言い難いし、また青天白日満地紅旗を国旗とすることを同盟会が正式に決議したという事実も無い。一方、五色旗は北京の臨時参議院で、同盟会議員も含めた議論の結果決議されたものである。ただ、このような記述はこれ以前から存在し、例えば一九二五年の国慶日の『広州民国日報』には、一九一一年の武昌蜂起で「革命軍旗」として「青天白日満地紅旗」が掲げられたとして「五色旗」と「双十」〔国慶日〕とは無関係であると主張する記事が見える(42)。これもまた端的に事実に反する。また一九二六年元旦の同紙にも、「袁世凱が私的に定めた五色旗」と「辛亥起義の青天白日満地紅旗」を対置し、「現在の合法的な国民政府は、私〔青天白日満地紅旗〕が堂々の起義の正式国旗であることを知り、起ってふたたび用い、五色旗の資格を取り消した。果たして人民の採用と敬意を得た」という記事が見られる(43)。ここから、このような青天白日満地紅旗をめぐる歴史の操作が一貫して国民党の国旗宣伝の中心を占めていたことがわかる。曲がりなりにも制度的に民意を反映していることを自らの正当性根拠としていた従前の約法体制を「欧米政党政治の破産」によって否定した党国家体制＝国民政府にとって、自らの正当性はその革命性によって実質的に民意を反映し、「真正の民治」に到達していると主張することによって担保される他はない。それは国民政府が歴史の解釈権を独占することによってしか自らを正当化し得ないということであり、国民政府それ自体の象徴である青天白日満地紅旗も、国民党・国民政府の公式イデオロギーである三民主義と不可分に結びつけられ、また辛亥革命に遡ってその五色旗に対する正統性・優越性を証明するためにその歴史に対して徹底的な解釈がなされた。

同じ一九二九年の天津の通俗講演所における国民党の宣伝講演の一つとして、「党旗和国旗」という題目があったが[44]、その内容はこの『党旗和国旗』と全く同じものである。これは宣伝部が作成したこの国旗解釈が公式のものとして権威を持ち、各地で様々な媒体を通じて宣伝されたことを示している。

このような国民党・国民政府のシンボルを利用した宣伝に対しては当然ながら批判も存在した。

〔国民〕党軍の勢力範囲下の各省において、ついに若干の建設があったのかは、われわれは茫然として挙げることができない。国家の大計は、いたずらに遺嘱を読み、党旗を掲げることで解決できるものではない。また街頭で大声で打倒某某と叫ぶことで完成できるものでもない[45]。

紅・黄・藍・白・黒の五色共和国旗は、十七年来軍閥・党派・官僚・政客に、互いに引き裂かれ、ただ結果として共でなく和でないのみならず、全く虚影がゆらゆらしているというべきで、問い詰めることができないようだった。ここにおいて国民党の革命軍は、遂にその青天白日旗を掲げて、二年来広東から南京そして北京にいたった。……

ただ革命軍の宗旨・主義が旗幟を改革することだけなのか否か、私は疑問無しとしない。もし僅かに旗幟を改革するだけで、局面を転換できるというのであれば、天下に恐らくそのような道理は無い。以前に清朝を顚覆した時、かつてすでに一度国旗を変更したが、人心の改革されなかったことはかくの如しである。もし革命の精神が旗に繫がらないのであれば、国旗を改変するか否かは目前の急務ではないだろう。……国民革命軍が以党私国〔党によって国を私物化する〕ではないのであれば、どうして一党の旗を以って、民衆を圧制し、国民党の下につかない者の反感を引き起こすことを欲するのだろうか。(46)

また、胡適は「訓政」への原理的な批判から、「どの月にも記念〔日〕があり、どの週にも記念週があり、壁上のどこにも標語があり、誰の口にもスローガンがある」ような宣伝政策を批判した。(47) そして、一九二八年六月に校長に就任した上海の中国公学において総理遺嘱の宣読を行わなかった。(48) しかしこのため胡適は国民党・国民政府から批判を受け、それが原因となって翌一九二九年五月に同校を辞している。(49)

第四節　蔣介石と新生活運動

一九三四年二月十九日、蔣介石は国民政府軍事委員会委員長南昌行営において「新生活運動之要義」と題した講演を行い、以後抗戦期・内戦期を経て一九四九年まで十五年にわたって続けられることになる新生活運動を開始する。この国民党・国民政府による最大規模の大衆運動であり、社会改良運動であった新生活運動に関しては近年数多くの研究が発表されている。(50) 新生活運動とは、「礼・義・廉・恥」という四つの伝統的な道徳を基本精神、「衣・食・住・行」すなわち人々の日常生活を「整斉・清潔・簡単・素朴・迅速・確実」にすることを実施原則とし、社会の「軍事化・生産化・芸術化〔合理化〕」によって、「民衆訓練・国家建設・民族復興」の実現を目指した運動であった。(51) その目的の一つは国民党・国民政府内における蔣介石自身の権力基盤の強化であったが、もう一つの大きな目的は、近い将来に予測される抗日戦争に備えるための民族意識の喚起であり、「訓政」期における国民党のヘゲモニーの下での国家統合であった[52]。

自ら新生活運動促進総会会長に就任した蔣介石は、この運動の推進にあたってシンボルの問題を非常に重視した。例えば運動の初期における最も基本的な規定であった「新生活須知（初稿）」（一九三四年）には、社会生活における「規矩（規律）」と「清潔」の二大項目に関する各種条項の中に、「国旗を昇降する際には敬礼を行わなければならない」こと、「党国歌を歌う際には起立しなければならない」ことが含まれていた[53]。この運動において、集会に際しては必ず孫文の肖像と党旗・国旗に敬礼することが義務づけられたが、これら孫文の肖像、党旗・国旗、そして中国の固有道徳としての儒教精神の発揚等は、国民党「訓政」体制に適合した国民の創出を目的としたイデオロギー的な装置であった[54]。また蔣介石は盾と羅針盤の意匠からなる、赤・黄・青・白の色彩の運動のシンボルマークを作成したが、この配色は明らかに青天白日満地紅旗を連想させるもので[55]、運動に参加する個人はこのバッジをつけ、機関・団体・学校の講堂と門、娯楽場所・公園・汽車・汽船・駅・埠頭・繁華街・酒屋・茶館・浴場・理髪店にはこの旗を掲げ、全ての印刷物及び郵便物にこのスタンプを押し、全ての国産品にこのマークをつけることが義務づけられた[56]。

以下では新生活運動の初期における蔣介石自身による党旗・国旗に関する講演・訓話の内容を検討することで、この運動における国旗の位置づけと、その意味について明らかにしたい。

新生活運動の雛型となったのは、江西の「剿匪区」における社会教育活動だったが、これに並行して蔣介石は自らの権力拡大の基盤とすべき軍事機関の一つとして一九三三年七月十八日に廬山軍官訓練団を開設、九月十八日までの期間に江西・広東・福建・湖南・湖北五省の士官あわせて七千五百九十八人に対して三期にわたって訓練を行った。参加した士官は軍事知識を学び、軍事訓練を受けた他、合計二十数回の蔣介石の精神訓話を聴講した[57]。これらの訓話の中で蔣介石は再三にわたって国旗・党旗・国歌というテーマを取り上げている。

そもそも一九三三年七月十八日の廬山軍官訓練団第一期開学典礼上の講演「廬山訓練之意義与革命前途」の中心的なテーマの一つが、軍人・党員は国旗・党旗を尊重しなければならない、というものだった。

普通国家の要素は三つあるといわれる。一つは土地であり、一つは人民であり、もう一つは主権である。……国家の構成要素をみていくと、主権はそもそも見えず、人民・土地も見尽くすことはできない。そのため我々が国家全体を見るためには、国家全体を表現する国旗が必要なのである！　だから国旗は国家全体の記号であり、我々はいつどこでも国旗を見れば、国家全体を見るのと同じであり、国旗を尊重することは、すなわち我々の国家を尊重することでもあるのだ！　我々は現代人として、必ず国家が必要であり、そうでなければ、すなわち亡国奴である！　だから国家を代表する国旗に対して、必ず国家に対するのと同様に尊重し愛護しなければならない！　もし国旗を尊敬しなければ、我々の国家を尊敬せず愛護しないということであり、現在のこの時代に在って、一個の人であることはできない！……

次に、青天白日満地紅の国旗が含む三種の色は、一つは紅であり、一つは青であり、一つは白である。この三種の色は何の意味を表すのか？　その最も重要な意味について話せば、紅は国家が我々軍人の鮮紅の血によって染め上げられていることを表しているのである！　またおよそ革命軍人に属するものはみな犠牲の決心を持つべきであり、鮮紅の血をもって国家の基礎を固めなければならないということをも表しているのである！　革命軍人の血は、とても貴重なものである。だから革命軍人は国旗を見て特別の尊重をしなければならない！　青と白については、何の意味を表すのか？　青天白日を表していることはみな知っている。では青天白日は何の意味か？　国家全体について言えば、すなわちおよそ青天の覆う所、白日の照らす所は、すべて我々の国家である！　すべて我々の国家の精神――三民主義の及ぶ所である！　我々は三民主義を発揚して輝かせ、遠いところでも届かないことがないようにしなければならず、世界全体すなわち全人類みなが光天化日の下、文明進歩の幸福を享受するようにしなければならない！　また個人について言えば、青天白日はすなわち我々国民と軍人全体の心が純潔高遠であることを！　光明磊落であることを！　正大淡白であることを！　ただ国家のため党のため主義のために奮闘し犠牲になることだけを知ることを！　一点も自私自利の心はないことを！　自分個人の生命などないことを知ることを表しているのだ！　必ずこのようであって、然る後にはじめて一個の革命軍人であることができ、一個の青天白日の新国家を作り上げることができるのである！　国旗・党旗の意味がすでにこのように重大であるにもかかわらず、我々の現在の一般の士官・兵士に徹底して理解できているものは少ない、だから今回の訓練中、我々は必ずこのような教育を特別に重視すべきであり、毎日早朝に必ず国旗・党旗に向かって敬礼し、党と国家を代表する党歌を歌い、それによって国家と党とを敬愛する心理と習慣とを養成しなければならない、それはすなわち我々の国家・党・主義に対する誠の敬愛の精神の表示でもあるのだ！[58]

この廬山軍官訓練団の他、同時期の江西省星子県党政人員訓練所[59]や、江西省党部等における多くの講演・訓話の中でも蔣介石は国旗・党旗というテーマについて論じているが[60]、基本的な内容はほぼ同じである。また、蔣介石のもう一つの軍事的基盤であった国民政府軍事委員会委員長行営は、この訓話の一つ「国旗的意義与新運要旨」を敷衍した『升降国旗須知』という約八十ページのパンフレットを作成、出版している[61]。

以上の蔣介石の国旗論の内容は、青天白日満地紅旗の意匠と三民主義イデオロギーのアナロジーを除けば、主権・領土・国民からなる抽象的な国家という存在を象徴し可視化するシンボルと国旗を位置づけ、それゆえに国旗を尊重しなければならないとするものであり、極めて一般的な国民国家イデオロギーの範疇に収まる。その意味ではそれは北京政府期の知識人たちの国旗論と共通する。

ただ、蔣介石の国旗論はそれに加え、青天白日満地紅旗の紅色が「先烈が流した多くの鮮紅の熱血が染め上げたもの」であるという点を好んで強調し、「我々の総理〔孫文〕と国家・民族のために犠牲となった祖宗先烈すべての霊魂」の寄託するものと国旗を意味づける。そして「個人の一切を犠牲にして、絶対に国旗に一点の汚辱をも受けさせてはならない」とした点に特徴があった。

国旗の紅の色は、先烈が崇高偉大な意志と、光明純潔な心を持ち、国家・民族の自由・平等を勝ち取り、苦痛を受ける人類を救うために奮闘し犠牲となった鮮血を象徴している。だから国旗の紅は、先烈が流した多くの鮮紅の熱血が染め上げたものだということができる。我々が今後救亡復興し、国家・民族の自由・平等を勝ち取り、荘厳燦爛の新国家を作り上げなければならないのならば、我々の先烈の精神を受け継ぎ、先烈の血路を踏んで、我々の満腔の鮮紅の熱血を国家・民族のために流さなければならない。〔明朝滅亡以来〕三百年来の我々みなの祖宗先烈、すなわち我々みなの祖宗は、数多の生命を犠牲にして、数多の鮮血を流して、はじめて現在のこのような荘厳燦爛の国旗を染め上げたのである。我々の総理と国家・民族のために犠牲となった祖宗先烈すべての霊魂が、この国旗の中に託されて、我々みなの頭上でひるがえり、我々の国家・民族の地位と栄光を増しているのである。だから我々全国の上下、およそ黄帝の子孫は、以後特別の至誠を以って国旗を敬愛し、熱血を以って国旗を維護しなければならない。国旗の汚辱はすなわち我々の汚辱であり、国旗の栄光は、我々の栄光である。むしろ個人の一切を犠牲にして、絶対に国旗に一点の汚辱をも受けさせてはならないと願う(62)。

これらの多くが軍人を対象としてなされた訓話であったという点を考慮しても、このナショナル・シンボルを用いて「国家と党とを敬愛する心理と習慣とを養成」するという方法が、全国民の生活を徹底的に軍事化させ、国のために何時でも犠牲を払う国民を養成するという新生活運動の目的と非常に強い親和性を持っていたことがわかる(63)。またこれらの訓話は、『党旗和国旗』の記述などと比較すると、論理よりも「三百年来我々みなの祖宗先烈」「黄帝の子孫」の犠牲によってこの旗が存在するといった抽象的な主張や、「鮮血」「霊魂」といった論理よりもむしろ感情に訴えかけるイメージの繰り返しによって国家・民族・同胞の団結と自己犠牲を要求する傾向が強い。

『升降国旗須知』は、青天白日満地紅旗の歴史や前述の国民党・国民政府の国旗関係法令の紹介の他に、「革命軍人対党国旗礼節要例」「国民政府軍事委員会委員長行営升降党国旗暫行規則」「升降国旗須知」という項目を作って、軍人に毎日時間を規定して党旗・国旗を昇降する際に典礼を行って党歌斉唱と敬礼をすることを義務づけ、その方法を詳細に定めている。また「升降国旗時国民注意」において、国民は公共の場で昇降礼を行う際にはみなそれに参加することを規定し、その報告用として詳細な項目に分かれた記入式の「挙行升降典礼週報表」が附属している。以上の国旗昇降礼の位置づけは、この『升降国旗須知』の後書きに端的に示されている。

我が国は過去、個人主義の拡張によって、帝国主義の圧迫に遭った。そのため国民の国家観念が薄いことは一枚の紙の如くであり、民族の自信力も度重なる圧迫の加重によって失われた。疑いもなく、これはおそるべき現象である！　今日、我々がもし国民のこのような観念と心理を変え、その国家観念を増加させ、その民族の自信力を回復することができなかったならば、民族の前途を復興する希望は、恐らくはるかに遠いものとなってしまうだろう。

だから、今日我々は昇降国旗運動を挙行し、正に簡単容易な方法で、国民のこのような弱点をついて、国家を象徴する神聖な標幟である国旗を認識させ、国民に国旗あるいは党国旗が我々の国家の生命と国民の精神の寄託するものであることを理解させ、それによって彼らの国家観念を喚起し、その民族意識を強化し、国家を象徴する標幟である国旗に対して、敬重し愛護することを知ることができるようにするのである。これは我々が実践運動中にあって、国民大衆を訓練するに際して最も重要で実際的な民族の精神を復興させる教育方法なのである。(64)

第五節　おわりに

近代国家において、国旗への愛情を通して国家への愛情を打ち立てようという試みはむしろ一般的である。ただ、国民政府のナショナル・シンボルの政治は、国民党・三民主義と分かちがたく結びつけられた国旗・青天白日満地紅旗の下で、社会的諸団体に国家への忠誠を誓わせるのと同時に、それらを党のイデオロギー的統制の下に置こうという試みと結びついていた点に特徴があった[65]。

その国民党・国民政府の下で蔣介石が推進した新生活運動について言えば、この運動が強制力を持たなかったこと、観念論的・精神論的傾向が強かったこと、運動の範囲が規模の大きな都市や鎮に限られていたことなどからその実効性自体には否定的な評価が多く、むしろ蔣介石の国民党内における権力獲得という政治運動的側面を重視する見方も強い[66]。しかし、この国民の日常生活の規律化による「民族の復興」を目指した運動の中で、かつてない強度で、国旗の掲揚という行為によって国家への敬意を示すことが義務づけられたのは間違いない[67]。

一方で、この時期の蔣介石が頻繁に繰り返した国旗論における軍事主義・国家至上主義の強調と、同胞の「鮮血」「精神」「霊魂」、漢人の神話的な祖先である「黄帝」といったイメージの多用、『升降国旗須知』における個人主義の否定、そして新生活運動自体の反共的性格などには、同時代の世界的趨勢であったファシズムの影響が見受けられる。その意味において、「国民大衆を訓練するに際して最も重要で実際的な民族の精神を復興させる教育方法」と位置づけられた昇降国旗運動もまた、同時代の世界的潮流の影響下にあったと見ることができる。

しかし、国民党の主要な目的が大衆のエネルギーの管理にあって、その内的・外的な「敵」に対する無制限の解放にはなかった、また新生活運動のイデオロギーがファシストや国民社会主義者の著述におけるような敵愾心や神話の創造といったトーン、現状の苦境を説明するためのスケープ・ゴートを欠いた、というアリフ・ダーリクの指摘は恐らく正しい(68)。「安内」(対共産党)を「攘外」(対日本)に優先させる政策を取った蔣介石は、満洲事変直後、そして一九三〇年代半ばの対日ナショナリズムの高まりに際して、これを抑制しつつ国民を国家建設に動員しなければならないという困難な立場に置かれた。

『党旗和国旗』の執拗なまでに詳細に規定された青天白日満地紅旗の意匠の意味に関する規定もむしろその文脈で理解すべきであろう。北京政府期と国民革命期を通じて、国旗の普及自体は一定以上に進んだ。したがって南京国民政府期に課題となったのは、やはりその国旗を神聖視させることであった。しかしそこで『党旗和国旗』が取った戦略は、青天白日満地紅旗が崇高かつ正統なものであることを、論理的に説明するというものだった。確かに『党旗和国旗』には青天白日旗の歴史上のエピソードも掲載されている。しかしそれは出典が明確、逆に言えば史料を書き写しただけで、歴史記述としては比較的正確ながら、それ以上の「物語」を作り出そうという意図が感じられない。そこで重視されたのは、青天白日満地紅旗が歴史的に見て中華民国国旗として正統であるか否か、というただ一点であった。『党旗和国旗』の内容はほぼそのまま通俗講演所で講演されたが、このような内容がどこまで「通俗」に訴えたのかは疑問である。

本章で取り上げた蔣介石の演説はあくまで党員を対象としたものだったが、前述のようにそこには論理に加え感情にも訴えるという意図が感じられる。しかし、やはり誰が「国旗を汚辱」する敵なのかを言明することができなかった(共産党は「国旗」の敵とはなり得ない)一点において、訴えかけの力を決定的に欠いていたとも言えるだろう。

(1)「政治分会函請改正国党旗式様」『広州民国日報』一九二七年二月二十二日。
(2)張之江→国民政府、呈、一九二八年七月十四日、国史館審編処編『中華民国国旗与国歌史料』台北、国史館、二〇〇三年、一―二頁。侯坤宏「中華民国国徽・国旗史料選輯」『国史館館刊』復刊第三期、一九八七年十二月、も参照。

（3）　なお、張之江はこの後禁煙委員会主席に就任、在任中の一九二九年六月三日に「林先生則徐焚燬鴉片九十週年記念」を開催、「林則徐記念章」を頒布して全国で大規模な禁煙運動を行うとともに、以後毎年この日を「禁煙記念日」とすることを行政院に提案、国民政府によって決定・公布されている。『国民政府公報』第一七七号、一九二九年五月二十九日。

（4）　「中国国民党中央執行委員会第一七三次常務会議記録」（一九二八年十月八日）中国第二歴史檔案館編『中国国民党中央執行委員会常務委員会会議録』桂林、広西師範大学出版社、二〇〇〇年、第六冊二三二頁。

（5）　中央執行委員会→国民政府、函、一九二八年十月十二日、『中華民国国旗与国歌史料』一七―一九頁。

（6）　国民政府→直轄各機関、訓令第二〇六号、一九二八年十二月十七日、『中華民国国旗与国歌史料』二〇―三三頁。なおこれとほぼ同じ時期、新貨幣に「国花」をデザインしたい、という財政部の要望を受け、中央執行委員会常務委員会で、梅の花を「国花」とする案を第三次全国代表大会に提出することが決定されている。「第二届中央執行委員会常務委員会第一九三次会議」（一九二九年一月二十八日）『中国国民党中央執行委員会常務委員会会議録』第七冊一六五―一六六頁。しかし、同年三月に開かれた第三次全国代表大会では「規定の必要はない」として却下された。孫鎮東『国旗国歌国花史話』台北、伝記文学雑誌社、一九八一年、一三〇頁。

（7）　中央宣伝部→中央常務委員会、呈、一九二八年十月二十四日、中国国民党文化伝播委員会党史館所蔵中央執行委員会檔案「擬就党国旗図式図案及尺度比例案」2.3/98.16。

（8）　中央執行委員会常務委員会第一八二次会議（一九二八年十一月十五日）。中央執行委員会→国民政府、函、一九二八年十一月十六日、『中華民国国旗与国歌史料』四四―五〇頁、中央執行委員会宣伝部→国民政府文官処、函、一九二八年十二月一日、国史館所蔵国民政府檔案「国徽国旗法案」0100.13/6028(2)。

（9）　「中国国民党中央執行委員会第一八九次常務会議記録」（一九二八年十二月二十七日）『中国国民党中央執行委員会常務委員会会議録』第七冊一〇頁。

（10）　『国民政府公報』第四三号、一九二八年三月。同様に他国の国旗に関しても「妨害国交罪」として「外国を侮辱することを意図して、公然と外国の国旗・国章を損壊・除去あるいは汚辱した者は、一年以下の有期徒刑・懲役あるいは三百元以下の罰金に処す」と規定された。また、一九三五年一月一日公布の修正中華民国刑法では同条項に「中華民国を創立した孫〔文〕先生を侮辱することを意図して、その遺像を損壊・除去あるいは汚辱した者も、同じ」の一文が追加された。『国民政府公報』第一六三〇号、一九三五年一月四日。

（11）『国民政府公報』第四六二号、一九三〇年五月七日。なお、新しい「国璽」は一九二九年の国慶日に使用が開始された。『国民政府公報』第二九一号、一九二九年十月十日。

（12）『国民政府公報』第七八六号、一九三一年六月一日。

（13）第三届中央執行委員会常務委員会第五次会議（一九二九年四月二十五日）。中央執行委員会→国民政府、函、一九二九年四月二十七日、『中華民国国旗与国歌史料』一八一―一八六頁。つまり向かって党旗が左、国旗が右になる。後述の「党旗国旗之製造及使用辦法」「党旗国旗製造使用条例」「国旗党旗製用升降辦法」も全てこれに倣う。

（14）浙江省執行委員会訓練部長李超英→中央執行委員会訓練部、呈、一九二九年六月六日、第二歴史檔案館所蔵中国国民党中央訓練部檔案「匪党旗国旗制造使用条例与該部擬具農・工・商・学・婦女団体旗幟図式和指令以及陝西・山東・浙江省党部請示制造・使用党・国旗的辦法」722/0316。国民政府の儀礼でも上座から見て右、つまり向かって左が上位である。後述する『党旗和国旗』一〇五頁では「著者の考えでは」として「国際慣例では右を上方とする。党旗が右にあるのは、党治を崇めるためである」と解釈している。

（15）第三届中央執行委員会常務委員会第一四八次会議（一九三一年七月二日）。中央執行委員会→国民政府、公函第六一九三号、一九三一年七月七日、『中華民国国旗与国歌史料』六九―八七頁。

（16）第四届中央執行委員会常務委員会第一三六次会議（一九三四年八月三十日）。中央執行委員会→国民政府、公函書字第一一八〇〇号、一九三四年九月四日、『中華民国国旗与国歌史料』一〇八―一二五頁。

（17）中央執行委員会→国民政府、公函処字第二一四五号乙、一九三五年二月二十八日、国史館所蔵国民政府檔案「国旗党旗製造使用条例」0100.13/6008.02-01。

（18）第四届中央執行委員会常務委員会第一六六次会議（一九三五年四月十一日）。中央執行委員会→国民政府、公函処字第四六一五号、一九三五年四月二十五日、『中華民国国旗与国歌史料』一二六―一三五頁、「中執会宣伝部与内政部会銜公函稿」同一四一―一四三頁。

（19）「製旗商店声請許可承製党国旗辦法」福建省政府秘書処法制室編『中華民国法規彙編』出版地不詳、福建省政府秘書処編訳室、一九四五年、「第十九編　雑件」二五頁。

（20）中央執行委員会宣伝部→国民政府文官処、公函第九号、一九三五年十二月二十六日、『中華民国国旗与国歌史料』一三六―一四七頁。ただし一九三六年九月十七日の第五届中央執行委員会常務委員会第二一次会議は「流弊甚多」として、商人承

製を取り消すことを決議し（中央執行委員会秘書処編印『中国国民党第五届中央執行委員会常務委員会会議紀録彙編』九五頁）、次いで十一月二十六日の第二六次会議で党国旗製銷総局を停業させ、「国営にすべきようである」として行政院から実業部に処理を要請することを決議した（『中国国民党第五届中央執行委員会常務委員会会議紀録彙編』一〇八頁）。ここでは具体的にどういった「流弊」があったのかは述べられていないが、一九三六年一月三十日の第五届中央執行委員会常務委員会第四次会議で、党国旗製銷総局からの「六号から十号の党国旗は機械設備が未だ備わらないため、印刷製造に頗る困難を感じており、且つ売価も比較的高く、普及を期すのが難しいため、五・六号を商民の掲げる旗とするよう改定することを請う」との要請を受けて「党国旗製造使用条例」を修正していることから（『中国国民党第五届中央執行委員会常務委員会会議紀録彙編』二六頁）、製造技術上の問題を含むと考えられる。

（21）南京特別市党部委員会→国民政府、公函宣字第六二二号、一九三六年五月二日、『中華民国国旗与国歌史料』一五六―一六三頁。

（22）第五届中央執行委員会常務委員会第四三次会議（一九三七年五月六日）。中央執行委員会→国民政府、公函孝字第五五六〇号、一九三七年五月十八日、『中華民国国旗与国歌史料』一九七―二〇六頁。「党国旗升降辦法」はこの後、一九四〇年三月二十一日の第五届中央執行委員会常務委員会第一四三次会議で条文の若干の変更が加えられ、さらに日本軍の空襲時には標的となることを避けるため党国旗を降ろし昇降旗礼節も中断すべきことを規定した「空襲時党国旗升降辦法」が定められた。中央執行委員会秘書処→国民政府文官処、公函、一九四〇年三月三十日、『中華民国国旗与国歌史料』二〇九―二一二頁。

（23）中央執行委員会→国民政府、公函孝字第五五一四号、一九三七年五月十八日、『中華民国国旗与国歌史料』二二七―二三九頁。

（24）ただしこの後も、済南事件以後日本の占領下にあった山東半島では五色旗が使用され続けた。また欧米等の各国がこの後も「誤って」五色旗を中華民国国旗と見なし続けたことに対して、外交部は繰り返し説明の文書を送付している。外交部→国民政府文官処、公函字第一二七五号、一九三〇年七月二十五日、国史館所蔵国民政府檔案「国徽国旗法案」0100.13/6028(2)、外交部→国民政府文官処、公函国字第九七七九号、一九三四年十一月六日、国史館所蔵国民政府檔案「国旗党旗製造使用条例」0100.13/6008.02-01。

（25）John Fitzgerald, *Awakening China: Politics, Culture, and Class in the Nationalist Revolution*, Stanford: Stanford

University Press, 1996, p. 180.

(26) Henrietta Harrison, *The Making of the Republican Citizen: Political Ceremonies and Symbols in China, 1911-1929*, Oxford: Oxford University Press, 2000, p. 115.

(27) 中央執行委員会宣伝部「国旗釈義」『中国国民党周刊』第四二号、一九二四年十月二十六日。この記事は、後に否定されることになる北京政府期の国歌によって、五色旗を否定し青天白日旗を正当化している点で興味深い。Harrison, op. cit., p. 189.

(28)『党旗和国旗』の「編校後記」には「由孚記於編撰科　十八、四、十七」とある。本章では東洋文庫所蔵の第二版に拠った。同書が引用している文献としては、太平洋書店編訳部編『国旗的歴史及其意義』上海、太平洋書店、一九二八年、が同様に東洋文庫に所蔵されている。

(29)『党旗和国旗』一三五頁。

(30)『党旗和国旗』一一頁。

(31)『党旗和国旗』一五―一六頁。

(32)『党旗和国旗』一八―二一頁。

(33) 上海自由社編輯『中国革命記』第二〇冊、上海、上海自由社、一九一二年。

(34)『党旗和国旗』六四―六五頁。

(35)『党旗和国旗』七二頁。

(36)『党旗和国旗』七二―七四頁。

(37) 擁護五色国旗運動については、魏（斉藤）秀実「曾琦・中国青年党と五色国旗擁護運動――日本での運動と関連させて」大阪教育大学歴史学研究室編『歴史研究』第三六号、一九九八年三月、を参照。本文中で挙げた以外の国民党側からの反論の文章としては、青琴「醒獅派国家主義者底狂悖」『民国日報』（上海）一九二六年十月八日、覚生（居正）「我個人読了国家主義者対於国民党之真正態度以後」『中国国民党周刊』第二巻第三期、一九二六年十月三十一日、等がある。

(38)「中国国家主義青年団総部第十六年元旦擁護五色国旗運動」『醒獅』第一一七期、一九二六年十二月三十一日。

(39)『党旗和国旗』七九頁。青天白日満地紅旗がソ連の赤旗に倣ったものだという批判は、この意匠が辛亥革命以前に考案されたことを考えると確かに的外れである。また章太炎云々は、第二章で述べたように、一九二八年に発表された章炳麟の自定年譜に、一九〇七年の論争で黄興が青天白日満地紅旗を批判したことに関する記載があったことによる。章炳麟『章太炎先生自定年譜』上海、上海書店、一九八六年（初版一九二八年）、一二頁。

(40)『党旗和国旗』八〇—八一頁。

(41)『党旗和国旗』八三頁。

(42) 黄戒労「「双十節」与「国旗」」『広州民国日報』一九二五年十月九日。

(43) 文「国旗語」『広州民国日報』一九二六年一月一日。

(44)「党旗和国旗」（講演員黄知行）『天津特別市市立第一通俗講演所講演文稿』民国十八年八月分第四冊（東京大学東洋文化研究所所蔵）。南京国民政府期の民衆教育・学校教育において国旗がどのように扱われたのかについてここで体系的に論じることはできない。ただ、第五章で触れたように、商務印書館の荘適・呉研因・沈圻編『小学校初級用新学制国語教科書』第五冊（初版一九二三年七月）はもともとその第一頁に「紅的紅」という詩と五色旗の絵が掲載されていたが、商務印書館のある上海が北伐軍に占領された直後に出版されたと思われる第一〇三版（一九二七年四月）は、差し替えが間に合わなかったのか、「青的青」と題する詩と青天白日満地紅旗の絵を印刷した一頁大の紙が同頁に折り込んであった（図7-3、東京大学文学部図書館所蔵）。国民革命軍の進行に伴い、教科書の上でも随時「易幟」が行われていった様子がうかがえる。

(45) 莫愁楼主人「天下大勢究竟如何？（三）党治前途如何？」『晨報』一九二七年七月十三日。

(46) 頑「革命与易幟」『盛京時報』一九二八年六月二十一日。

(47) 胡適「名教」『新月』第一巻第五号、一九二八年七月十日。

(48) 蔡元培も「中国公学では党旗・国旗を掲げず、総理遺像を掲げず、総理遺嘱を読まない」と批判したが、これに対し胡適

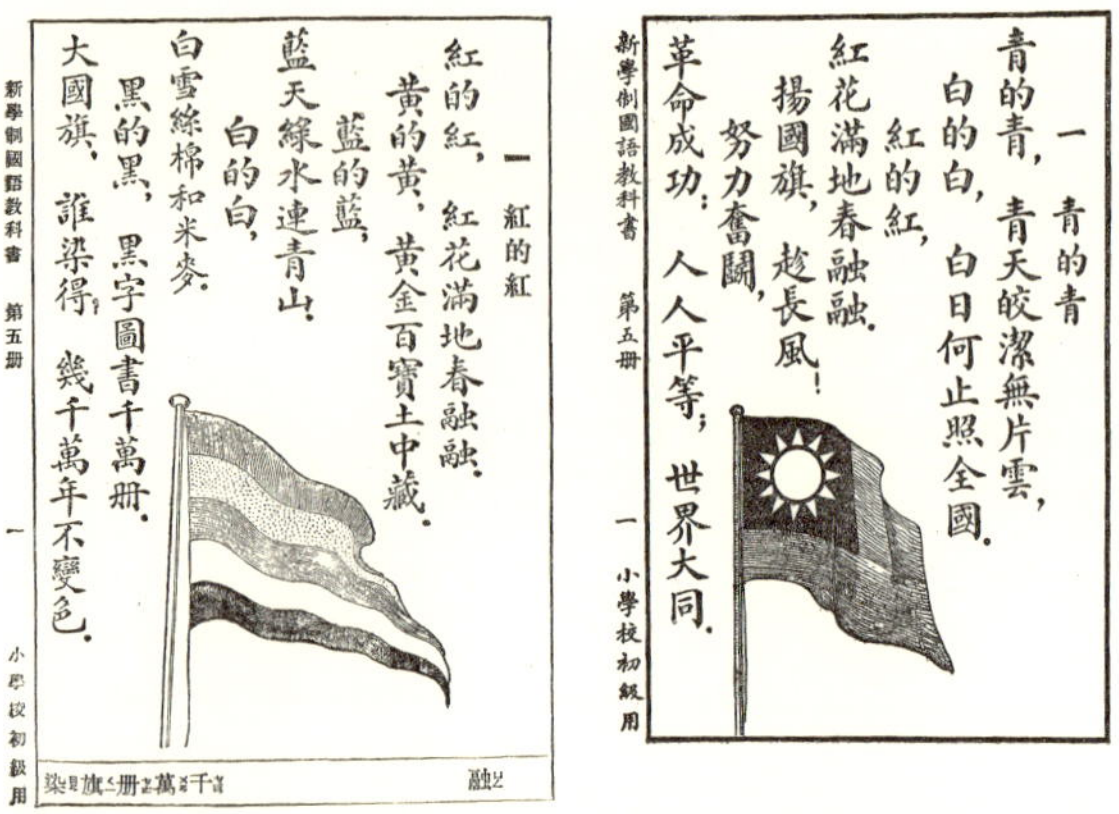

図7-3　「紅的紅」「青的青」荘適・呉研因・沈圻編『小学初級用新学制国語教科書』第5冊, 第103版, 上海, 商務印書館, 1927年（初版1923年）

は「遺嘱を読まなかったのは私の主張だが、他の二つについては〔蔡元培〕先生が見たというのは事実ではない」と反論の手紙を送っている。「日記」(一九三〇年十一月三日)胡適全集編委会編『胡適全集』合肥、安徽教育出版社、二〇〇三年、第三一巻七七九頁、「致蔡元培」(一九三〇年十一月十七日)同第二四巻六一頁。中国公学に在学した羅爾綱は、「入学して最初に痛快だったのは、国民党旗を掲げず、木曜日の午前に総理記念週をやらなかったことである」と述べている。ただし、総理記念週は月曜の午前である。羅爾綱『師門五年記・胡適瑣記』増補本、北京、三聯書店、一九八八年、七三頁。

(49) この他、一九三三年十一月、「反蔣抗日」を訴える十九路軍や「第三党」が福建に組織した「中華共和国人民革命政府」は「中華民国」という枠組自体を否定し、「すべての青天白日紅地廃国旗、及び青天白日廃党旗、及び満洲偽国総理鄭孝胥の字や画は、三日以内に管轄の警察分局・分駐所に提出せよ」と命じた。この「中華共和国人民革命政府」自体はわずか三か月足らずで瓦解したものの、当時「中間党派」と呼ばれた知識人や政治勢力にも、国民党に由来するシンボルの否定という志向が存在したことは間違いない。「廃棄之国党旗　定廿五日悉付焚毀　鄭孝胥字画亦付之一炬」『人民日報』(福州)一九三三年十二月二十三日。周偉嘉『中国革命と第三党』慶應義塾大学出版会、一九九八年、も参照。

(50) 関志鋼『新生活運動的研究』深圳、海天出版社、一九九九年、段瑞聡『蔣介石と新生活運動』慶應義塾大学出版会、二〇〇六年、温波『重建合法性——南昌市新生活運動研究(一九三四—一九三五)』北京、学苑出版社、二〇〇六年、等。

(51) 前掲段『蔣介石と新生活運動』四頁、及び、「新生活運動体系図解」陳又新・楊瑞麐合編『新生活運動之理論与実際』北京、警官高等学校、一九三五年、を参照。

(52) 前掲段『蔣介石と新生活運動』一三三頁。

(53) 「新生活須知(初稿)」前掲『新生活運動之理論与実際』第二篇一一頁。

(54) 金子肇「中華民国の国家統合と政治的合意形成——〝各省の合意〟と〝国民の合意〟」『現代中国研究』第三号、一九九八年九月、一三頁。

(55) 樹中毅「南京国民政府統治の制度化とイデオロギーの形骸化——蔣介石の独裁統治確立と安内攘外の政策過程(一九三一—一九三七)」『法学政治学論究』第三一号、一九九六年十二月、二六五頁。

(56) 前掲段『蔣介石と新生活運動』一四六頁。

(57) 前掲段『蔣介石と新生活運動』一四〇頁。

(58) 「廬山訓練之意義与革命前途」(一九三三年七月十八日)秦孝儀主編『総統蔣公思想言論総集』台北、中央文物供応社、一九八四年、第一一巻二八二―二九四頁。

(59) 星子特別訓練班、正式名称国民政府軍事委員会別動総隊は、共産党軍のゲリラ戦術に対抗するために結成された特殊部隊で、ファシズム色の強い蔣介石の腹心であったとされる。前掲樹中「南京国民政府統治の制度化とイデオロギーの形骸化」二五九―二六三頁。

(60) 「革命軍官須知」（一九三三年七月十八日）『総統蔣公思想言論総集』第一一巻二九五―三〇七頁、「革命軍人成功立業之道――向最危険道路急進」（一九三三年八月四日）同三六四―三七八頁、「国旗与軍楽之意義」（一九三三年九月三日）同四四九―四五八頁、「党政工作人員須知」（一九三三年八月十四日）同三八八―三九七頁、「紀念国慶要提倡礼儀廉恥」（一九三三年十月十日）同五八六―五九四頁、「為閩変対第三十六師官兵訓話」（一九三三年十二月一日）同六二〇―六二三頁、「革命軍人応有之覚悟」（一九三四年六月十八日）同第一二巻二五一―二六〇頁、「升旗与降旗典礼的重要」（一九三四年七月九日）同二八五―二八七頁、「対軍官団各期学員精神講話之綜合要点」（一九三四年九月二十七日）同五四一―五五九頁、「国旗的意義与新運要旨」（一九三五年七月十五日）同第一三巻三〇三―三〇九頁、「自信心与気節之重要」（一九三五年八月十二日）同三五二―三五五頁。

(61) 国民政府軍事委員会委員長行営参謀団政訓処編『升降国旗須知』出版地不詳、誠達印書店、一九三五年。この他に新生活運動期における国旗に関するパンフレットとしては、民団週刊社編『関於党旗和国旗』南寧、民団週刊社、一九三八年、というものを確認している。

(62) 「国旗的意義与新運要旨」『総統蔣公思想言論総集』第一三巻三〇七頁。なおこの文章の中で蔣介石も青天白日満地紅の三色を自由・平等・博愛に対応させているが、その組み合わせは「青天の色は、自由を象徴し、白日の色は、平等を象徴し、紅地の色は、博愛を象徴する」となっており、『党旗和国旗』のそれと異なっている。以後の国民党においては蔣介石による組み合わせが公式の解釈とされ、「青は光明、純潔、自由および民族（民族主義）を、また白は誠実、無私、平等および民権（民主）を、更に紅は犠牲、博愛および民生（社会福祉）を意味」するとされる。行政院新聞局編『国旗と国歌』台北、行政院新聞局、一九九九年。

(63) 「新生活運動之要義」（一九三四年二月十九日）『総統蔣公思想言論総集』第一二巻七八頁。

(64) 『升降国旗須知』七四頁。

(65) 前掲金子「中華民国の国家統合と政治的合意形成」一一三頁。

(66)　前掲樹中「南京国民政府統治の制度化とイデオロギーの形骸化」二六五頁、前掲段『蔣介石と新生活運動』一六二頁。

(67)　丹野美穂「民国期中国における「清潔」の希求と「国民」の創出——新生活運動の婦嬰衛生工作からみえるもの」『立命館言語文化研究』第一〇巻五・六合併号、一九九九年二月、や、深町英夫「林檎の後味——身体美学・公共意識・新生活運動」『中央大学論集』第二四号、二〇〇三年三月、同「近代中国の職業観——新生活運動の中の店員と農民」『中央大学経済研究所年報』第三四号、二〇〇四年三月、同「日常生活の改良／統制——新生活運動における検閲活動」中央大学人文科学研究所編『民国後期中国国民党政権の研究』中央大学出版部、二〇〇五年、等は、国家が個人の身体を管理・統制することを通じて近代的国民を創出するという観点から、新生活運動の日常生活の衛生化・規律化という面を重点的に論じている。昇降国旗運動における、毎日の国旗の掲揚という行為の徹底も、同様の文脈で論じることが可能だろう。

(68)　Arif Dirlik, "The Ideological Foundations of the New Life Movement: A Study in Counterrevolution," *Journal of Asian Studies*, Vol. 34, No. 4 (August 1975), p. 979.

第八章　党歌と国歌

第一節　はじめに

第四章で述べたように、清末から北京政府期にかけての国歌の問題については複数の先行研究がある。その一方で、南京国民政府期の国歌、そしてそれと不可分の関係にある国民党の党歌の問題はいまだに研究上の空白となっている。本章はこの党歌・国歌の制定過程とそれをめぐる議論について、清末や北京政府期の状況と比較、検討する。

第二節　国歌・党歌・国民革命歌

北京政府は一九二〇年に『尚書』所載の舜の作とされる詩に蕭友梅が曲をつけた「卿雲歌」を中華民国国歌に採用、翌一九二一年七月一日よりこれを施行した。しかし同じ一九二一年に広東で孫文を大総統として組織された「正式政府」にも「大中華民国国歌」という案が存在したことが確認できる。

中華国旗凌風飛揚。　　中華国旗は風をしのいでひるがえる。

興我民族華夏之光。
人民平等携手同行。
共和肇造基民本以為邦。
洪惟民国兮。人民共有共治共享。
洪惟民国兮。人民共有共治共享。

中華国旗薄雲高標。
還我民権天日為昭。
人民自由真理是效。
郅治漸臻順民心以改造。
洪惟民国兮。人民共有共治共享。
洪惟民国兮。人民共有共治共享。

中華国旗破空卓立。
裕我民生土地日闢。
人民相愛干戈永戢。
大同共登合世界以為一。
洪惟民国兮。人民共有共治共享。
洪惟民国兮。人民共有共治共享。

我が民族を興起させる、華夏の光である。
人民は平等であり、手を携え共に進む。
共和を創造し、民本に基づいて国をつくろう。
民国よ。人民が共に有し共に治め共に享受する。
民国よ。人民が共に有し共に治め共に享受する。

中華国旗は雲を薄めて高くそびえる。
我が民権を取り戻し、天日を明らかにする。
人民は自由であり、真理に倣う。
至治に次第に至り、民心にしたがって改造しよう。
民国よ。人民が共に有し共に治め共に享受する。
民国よ。人民が共に有し共に治め共に享受する。

中華国旗は空を破って屹立する。
我が民生をゆたかにし、土地は日々ひらかれる。
人民は愛し合い、戦争は永遠に止む。
大同に共にいたり、世界を合して一つにしよう。
民国よ。人民が共に有し共に治め共に享受する。
民国よ。人民が共に有し共に治め共に享受する。

作詞は「正式政府」大理院院長であった徐謙、作曲は劉斐烈である。歌詞は一番から三番までそれぞれ三民主義に対応しており、曲は西洋風の明るいものである。[1] ただ、この歌が国歌として正式に公布されたことを示す史料は確認できず[2]、以後の国歌制定をめぐる議論においてもこの歌への言及はない。

しかし、北京政府の正当性を否定し、北京政府の制定したナショナル・シンボルを認めなかった孫文が「卿雲歌」を中華民国国歌と認めなかったことは確かである。前述のように、一九二三年八月十五日に広州で開かれた全国学生連合会第五次評議会に来賓として招かれた孫文は、その開会講演の中で五色旗を清朝の官僚の旗と批判したが、同時に「卿雲歌」についても「私はきっと官僚が頒布したものだと思う」と述べ、「我々の革命の成功をまって、広く碩学を招き、大いに群賢を集めて、再び礼楽を制作する」ことを主張した。[3]

同年に中国国民党の改組が行われ、翌一九二四年に第一次全国代表大会が開かれたが、そこでも国歌、そして新たに国民党党歌の問題が提起されている。一月二十四日の同会議上、代表の劉伯倫は次のような発言を行った。

一、党旗は色彩によって本党の精神を表し、党歌は音声によって本党の精神を表す、よって党旗があって党歌がないということはありえない。二、現在の中国の国歌〔卿雲歌〕は、完全に官僚によって制定されたものであり、陳腐で堪えがたく、必ず本党の主義及び精神を含む党歌を制定し、将来は中国の国歌と定めなければならない。三、今回の大会宣言中の結晶となる意義を、一概に党歌の中に編入し、本党党員・中国国民にこれを聞いて奮起させ、本党の主義を実行するという目的を達成させる。私はこの三点にもとづいて、党歌制定の必要を認める。

この意見は異議なしとして中央執行委員会に交付して党歌を編制させることが決議された。[4]「卿雲歌」が「完全に官僚によって制定されたもの」という主張は、前述の孫文の発言を受けたものと考えられる。また、当初から国民党の「主義及び精神を含む党歌」を中華民国国歌とすることが主張されていた点には注意が必要である。前述のように、孫文は辛亥革命以前から青天白日旗を自らのシンボルとして利用し、なおかつこの青天白日旗を紅地と組み合わせた青天白日満地紅旗を正当な中華民国国旗と主張してきた。党シンボルと国家シンボルが一致もしくは非常に近いものでなければならないという発想は、一方でソ連に倣った党国家体制に関わるものであると同時に、国民党のシンボルをめぐる歴史的経緯から来たものでもあった。ただ、当時の国民党には「卿雲歌」を国歌と認める見解もみられるため[5]、この問題をめぐって党内で完全な合意が成立していたわけではない。

やはり前述したように、同年六月三十日の第一届中央執行委員会第三九次会議でも、上海執行部が（一）黄花崗陽暦記念日の規定、（二）国旗・党旗の解釈、（三）党歌案の作成、に関する提案を行っている。これに対して、（一）陽暦三月二十九日を黄花崗記念日とする、（二）青天白日旗を党旗及び軍旗とし、青天白日満地紅旗を国旗とする、（三）すでに中央執行委員会が懸賞で党歌を募集している、との決議がなされた[6]。ここでも革命記念日や国旗・党旗と並んで党歌が国民党の独自のシンボル体系構築の試みの中に位置づけられていたことがわかる。ただ、この時期に行われたという党歌募集の結果は不明である。

ところで、国民党・国民政府の歴史においては、国歌と党歌の他にもう一つ重要な歌があった。「国民革命歌」である。

打倒列強、打倒列強、除軍閥、除軍閥、　列強を打倒し、軍閥を取り除こう。
努力国民革命、努力国民革命、斉奮闘、斉奮闘。　国民革命に尽力し、共に奮闘しよう。
打倒列強、打倒列強、除軍閥、除軍閥、　列強を打倒し、軍閥を取り除こう。
国民革命成功、国民革命成功、斉歓唱、斉歓唱。　国民革命が成功するように、共に楽しく歌おう。

曲はフランスの民謡“Frère Jacques”を使用した（図8－1）。この歌の成立の経緯については不明な点が多いが、一九二五年二月の陳炯明に対する第一次東征の際、占領下の東莞で開かれた「市民連歓会」ですでに使用されていることが確認できる。

この晩東莞県の国民党は特に市民を招集して市民連歓会を開催したが、会に参加したものは千人以上だった。はじめに謝星南が三民主義の大意について演説し、……次に羅振声が国民革命歌の意味について演説し、次に周恩来が演説した。……演説が終わり、国民革命歌・殺賊歌を合唱した(7)。

一九二六年七月一日、国民政府教育行政委員会は広州の広東省教育会で中央執行委員会を開催、翌二日に「請頒布国歌案」を通過、「(甲)教育行政〔委員〕会に要請して製作・決定させる。(乙)先に文字を定め後に楽譜を定める。(丙)国歌の頒布以前には、卿雲歌等は、国民革命歌に代える」ことが決まった(8)。

C調
國民革命歌
打倒列強打倒列強
除軍閥除軍閥
國民革命成功國民革命成功
齊歡唱齊歡唱
図 8-1　「国民革命歌」師鄭編『国民革命要覧』出版地不詳，新時代教育社，1927年

この「国民革命歌」は主に軍隊の行進曲として使われたが、その軽快で覚えやすい曲と簡明な歌詞から、北伐期に非常に広範に歌われた。例えば一九二六年十一月、日本の在漢口総領事はこの年のロシア革命記念大会の様子を次のように報告している。

> 十一月七日国民党員主催ノ下ニ武漢三地市内四ヶ所ニ於テ労農露国十月革命七周年紀念大会ヲ開催セラレタルカ……会場ノ広場ニハ三台ノ演台設ケアリ中央ニ孫文、レニン、マルクスノ写真ヲ掲ケタリ
>
> 当日主催者タル国民党側ヨリハ劉文島、宛希儼、朱代杰、詹大悲、耿丹等ヲ筆頭ニ党員大多数出席シ漢口ニ於ケル労働者、学生等約二万五千名参会シ午前十時開

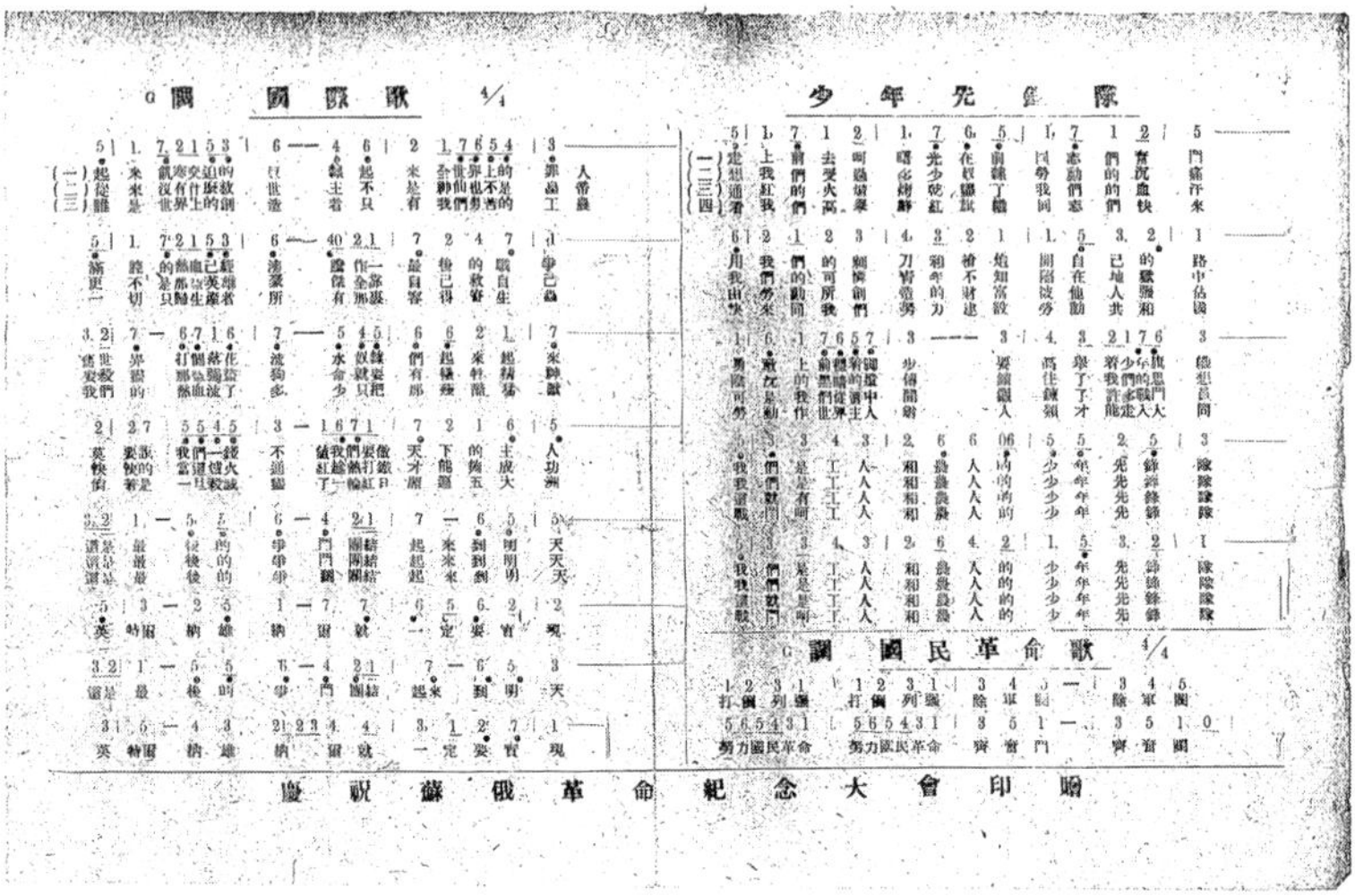

図 8–2　「国際歌」「少年先鋒隊」「国民革命歌」，「武漢ニ於ケル労農露国十月革命紀念大会報告ノ件」，在漢口総領事高尾亨→外務大臣幣原喜重郎，公信第 628 号，大正 15 年 11 月 8 日，JACAR（アジア歴史資料センター）Ref. B03051255900

会別添伝単ノ国際歌、少年先鋒歌〔隊〕、国民革命歌ノ唱歌ヲ唱ヘ孫文ノ遺嘱ヲ朗読シ[9]……

この時に配られたビラにはこれらの歌の簡譜が書かれている（図8－2）。

さらにこの歌は暫定的に党歌に相当するものとしても用いられた。例えば一九二七年九月の杭州のキリスト教学校では、孫文の遺像への三鞠躬礼、遺嘱の朗読、三分間の黙禱の後、この歌を"Party Anthem"として歌うものとされたという[10]。国歌・党歌・国民革命歌が明確に区別されない状態にあったことがわかる。

この「国民革命歌」は北伐後も長く使用されたようで、一九二九年の『ノース・チャイナ・ヘラルド』の記事にも「中国の軍隊が行進するところならどこでも、この曲と歌詞を聞くことができた」とある[11]。

第三節　党歌の制定

南京国民政府成立後、この問題をめぐって動きが見られるようになる。

一九二七年七月一日から五日にかけ、上海の『民国日報』に、中国国民党中央執行委員会宣伝部が「国民革命歌」を募集するという広告が掲載された。歌詞の意味が国民革命の精神を的確に表現することができ、またその言葉が勇壮で感情を掻き立てるものであることを条件とし、期限は七月三十一日、奨金は三百元とした[12]。前述の「国民革命歌」を代替するものを募集したものと考えられるが、その後結果は発表されていない。

これと前後する六月三十日、国民革命軍第一軍軍長の何応欽も、統一の完成に備えて「荘厳燦爛の国歌を規定して、革命成功後の吾が中華民族の自由平等の精神を表現すべきである」と、早期の「国歌」制定を求める電文を南京国民政府に送っていた[13]。

注意しなければならないのは、この時期に求められていたのが「国民革命歌」あるいは「国歌」であって「党歌」ではなかったということである。前述のようにこれらの概念が明確に区別されていなかった可能性もあるものの、「党歌」の制定という問題が「国民革命歌」や「国歌」に比べて優先順位が低かったということは充分に考え得る。しかしこの後、実際にまず決定されたのは「党歌」である。したがってその理由について検討する必要がある。

中国国民党党歌制定に関する具体的な議論は、北伐後の一九二八年十月、中央執行委員会常務委員会に戴季陶が提議を行ったことに始まる。これは、「民国十三〔一九二四〕年の総理の〔黄埔陸軍〕軍官学校に対する訓辞の「三民主義は、わが党の尊ぶところである」という一節は、字句の配置・趣旨ともに党歌として用いるのに都合がよいので、「中国国民党党歌」に定め、楽譜については、新聞に掲載して専門家の寄稿を求めるほか、本会で作曲の専門家数人を招聘して委員会を組織し、研究及び楽譜審査の責任を負うものとし、三週間を期限として完成させることを提案し、あわせて当選の作曲者に対しては、二千元の賞金を与えることを提案する」というものであった。

この案は同会議を通過し[14]、十月九日付で「中国国民党中央執行委員会徴求党歌歌譜啓事」が布告された。しかし実

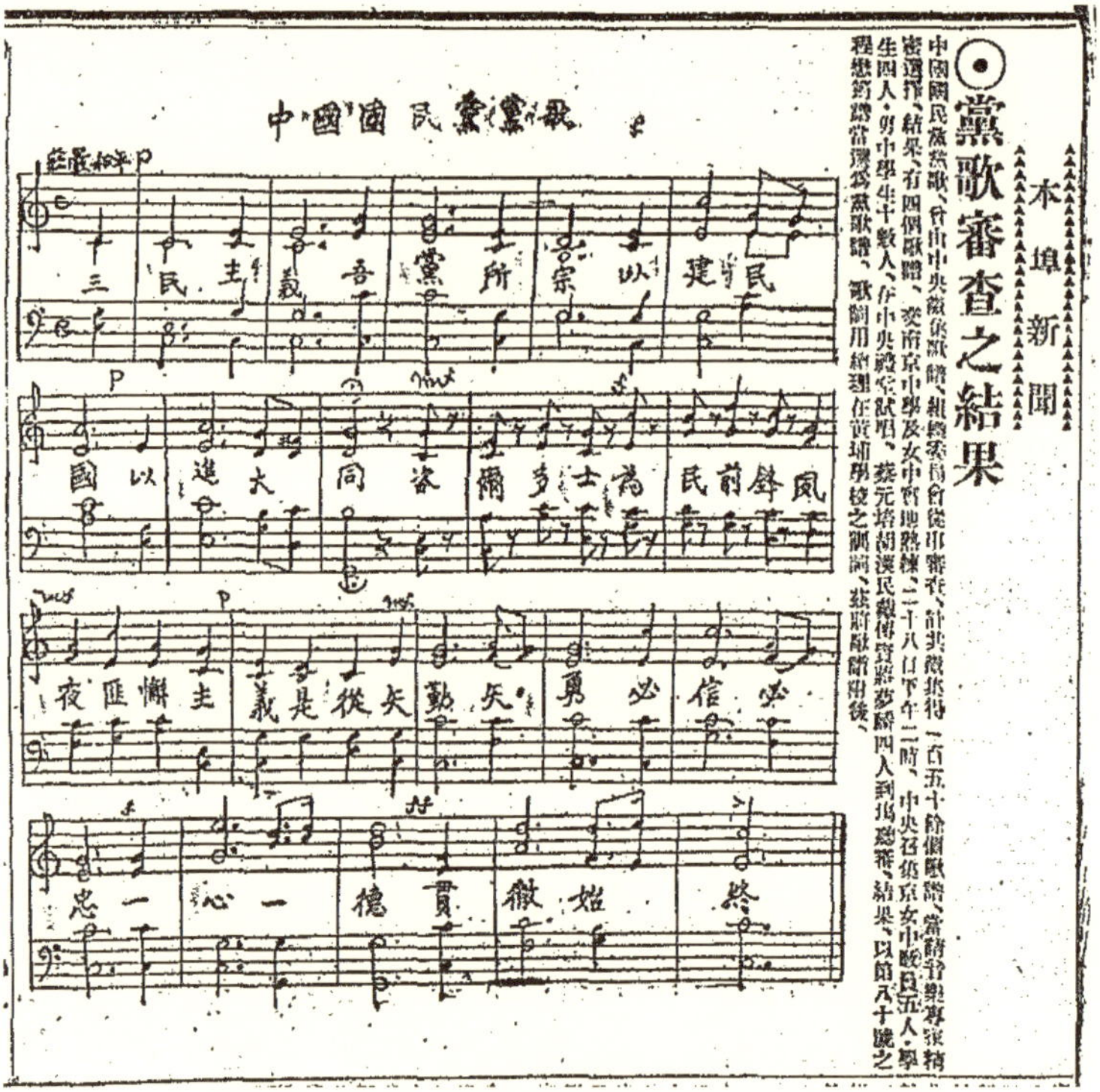

本埠新聞

黨歌審查之結果

中國國民黨黨歌、曾由中央徵求歌譜、組織委員會從事審查、計共徵求得一百五十餘個歌譜、當請音樂專家精密選擇、結果、有四個歌譜、交府京中學及女中實地練習、二十八日下午二時、中央召集京女中歌員五人・學生四人・男中學生十數人、在中央黨部試唱、蔡元培胡漢民戴傳賢蔣夢麟四人到場審聽、結果、以第八十號之程懋筠譜當選爲黨歌譜、歌詞用總理在黃埔學校之訓詞、該府歌譜附後、

図 8-3　「党歌審査之結果」『申報』1928 年 12 月 31 日

際に主要各紙にこの広告が掲載されたのは十月十三日以降であり、応募の締め切りは同二十四日とされたため、実質的な募集期間はわずか十一日間であった。また、この広告には手続きに関する説明しか書かれておらず、曲の内容に関する条件には全く触れられていない[15]。

一カ月後の同会で戴季陶が「党歌の楽譜は、すでに応募が多いため、速やかに委員会を組織して審査し頒布施行すべきである」と再度提議して催促したため、蔣介石・蔡元培・譚延闓・胡漢民・呉稚暉・張人傑・孫科・戴季陶・葉楚傖ら九人の中央執行委員会・監察委員会常務委員と教育部長蔣夢麟で党詞曲譜審査委員会を組織、蔡元培が責任者としてこれを召集し、さらに専門審査委員を招聘し、十一月末までに審査を終えて中央から頒行し、翌年一月一日の使用に備えることが決議された[16]。

この審査委員会の三度の審査を経て、百五十件あまりの応募作の中から四案が最終審査に残った。この四案について南京中学・女子中学に練習が命じられ、十二月二十八日に南京女子中学の教員五人、学生四人、男子中学生十数人が召集されて中央礼堂で試唱した。蔡元培・胡漢民・戴季陶・蒋夢麟がこれを聞き、結果、程懋筠の案が採用されることとなった[17]（図8-3）。程懋筠は当時中央大学教育学院藝術科主任などを務めていた音楽教育家である。また決定までの経緯から、党歌制定に中心的な役割を果たしたのが戴季陶であったことがわかる。

一九二九年一月に中央執行委員会常務委員会に蔡元培らが報告を行い、毎回の総理記念週の時に教育部から人員を派遣して歌唱の練習を行うよう要請することになった[18]。この曲は程懋筠本人によればやはり西洋音楽を基本としたものだが[19]、「卿雲歌」や「国民革命歌」が明るく軽快だったのに比べると、荘厳さと穏やかさが強調されている点に特徴がある。

三民主義、吾党所宗、　　三民主義は、わが党の尊ぶところであり、
以建民国、以進大同。　　それによって民国を建設し、大同に進む。
咨爾多士、為民前鋒、　　多くの志士よ、民衆の先鋒たれ。
夙夜匪懈、主義是従、　　朝夕怠ることなく、主義に従え。
矢勤矢勇、必信必忠、　　よく勤め勇気を奮い、必ず信を守り忠を尽くし、
一心一徳、貫徹始終。　　心を一つにし、終始貫徹せよ。

教育部は二月一日、全国の学校に転送配布するため簡譜と五線譜各数部を印刷発行し、各大学区・直轄大学・省教育庁・特別市教育局に、所轄の各公立・私立学校の学生に転送配布し、真剣に練習させるよう命じた[20]。上海特別市教育局ではこれを受けて三月二日に楽譜を市内の公立・私立の各学校に配布し、学生に練習させるよう訓令しているのが確認できる[21]。党と国家が入れ子構造になる党国家体制の下、当初から国家機関を通じて、国民党という一政党の

「党歌」を歌うことが国民に命じられたことがわかる。

さらに下級党部から「各級党部の党歌歌唱の方法に関しては、未だ中央から頒布されておらず、畢竟どの時間に、どの集会で挙行すべきなのか」との問い合わせがあったため、訓練部は、総理奉安大典が近いので、必ず練習し、使用できるようにしなければならない、として「各級党部練唱党歌暫行辦法」を起草、二月二十一日の中央執行委員会常務委員会で修正の上採択された。これは、各級党部が総理記念週・党員大会・講演会・討論会等を挙行する時に、主席の指導の下全員で党歌を最低二回（総理記念週の時は三回）以上練習すること、党員がこれらの集会で党歌を練習する際には理由無く早退してはならないこと、などを規定したものである。[22] 上海特別市党部訓練部はこれを受けて、「声音の道は、最も精神を啓発し、人心を感化することができ、党部の訓練に、最も重要に関わる」として練習の方法を決定した。その内容は、党歌一万部に練習方法を付記して印刷して配布させる、上海の著名な音楽家に依頼し、楽器を携帯し、次回の市党部の記念週で演奏させる、女学校に依頼し、すでに習熟した学生十人を次回の記念週に派遣し、練習に参加させる、各区党部・各区分部に通令し、おのおの代表三人を派遣し、市党部の記念週に参加させ、練習に従事させる、各社会団体に通告して次回の記念週に代表を派遣し、練習に参加させる、人員を各学校の記念週に派遣し、党歌練習の様子を考査させ、以後党員の考査の際には、党歌を唱えるか否かに注意する、といったものであった。[23] このほか宣伝部は、すでに習熟した学生を選んで党歌を唱わせ、それを録音して第三次全国代表大会での使用に備えるよう教育部に要請している。[24]

以上のようにこの党歌の決定に際しては、歌詞案の提出から曲の選定、練習の手配までが非常に短期間で行われた。その理由の一つは、史料に見えるように、この党歌を一九二九年三月十二日の総理逝世四周年記念及び同十五日開幕の中国国民党第三次全国代表大会に間に合わせる必要があったからであろう。「各級党部練唱党歌暫行辦法」と同じ二月二十一日の中央執行委員会常務委員会で制定された「総理逝世四周年紀念辦法」は、この日全国の各党・政・

軍・学の機関・各団体及び各工場・商店は一律に休日とし、半旗を掲げ、全党員及び全国の公務員は一律に喪章を付け、全国で一律に娯楽・宴会及びその他の慶典を禁止し、各地の高級党部は党員及び各機関・団体・学校の代表を召集して公祭の儀式を行うものとしたが、この儀式の次第には「党歌を唱う」ことが含まれていた[25]。

ただ、例えば上海の総理逝世四周年記念大会には十万人が参加したとされるが、報道には西成小学の生徒が党歌を歌ったとあるのみで[26]、参加者全員がこの党歌を歌ったわけではなかったようである。また、上海特別市立学校では儀式が「辦法」とは異なる順序で行われ、党歌ではなく「国民革命歌を歌う」とされた[27]。作られたばかりの党歌よりも「国民革命歌」の方が人口に膾炙していた傍証となるだろう。

ともあれこの総理逝世四周年記念の際に初めて公式の場で用いられたこの党歌は、以後の国民党のあらゆる政治儀式に組み込まれることになる。総理逝世四周年記念は、同年六月一日に開かれる「一九二〇年代末に国民党によって組織された最大にして最重要の儀式[28]」である孫文の奉安大典のリハーサルとしての性格を持っていたため[29]、各地で大規模に記念行事が展開された。そして李恭忠が指摘するように、孫文の奉安大典は「党葬」であって「国葬」ではなかった[30]。これが、この時求められたのが「党歌」であって「国歌」でなかった理由であろう。しかし、上海の各学校にこの新党歌の楽譜が送付されたのが十日前の三月二日、その他の各機関でも練習の機会は三月四日・十一日の総理記念週のほとんど二回に限られたと考えられる。

また、中国国民党第三次全国代表大会は、民衆運動を重視した国民革命期の政治路線がはっきりと否定され、民衆運動の抑圧と政府権力への一体化が明白に打ち出されるようになった、国民党の党としての転換点に位置した大会であった[31]。その意味で、この大会に用意された党歌が国民党の公式イデオロギーへの服従を命じるものだったことは象徴的と言える。

第四節　党歌をめぐる議論

党歌の決定自体について党内から異論があった様子はない。ただ、国民党の各種の儀式でそれが使用され、また教育部を通じて学校教育の場に「党歌」が持ち込まれたことで、この歌について党外の教育家・音楽家が批評や意見を発表することとなった。

一九二九年四月に『東方雑誌』に掲載された音楽家の王瑞嫻の文章は、作曲理論の観点から程懋筠の曲の構成上の問題点を指摘し、国民党党歌の歌詞に合わせた自作の曲を提示している。ただこの文章は最初に、作曲の授業でこの党歌を例として分析した結果を発表するので「願わくは好学者の参考とならんことを」との断りが入っており、また本文の内容も純粋に作曲技術上の問題に関わるもので、歌詞については全く触れていない(32)。

後述するようにこの党歌は一九三〇年三月に代用国歌に採用されるが、その決定直後の『中央日報』に邱中広という人物が欧米各国の国歌と国民党党歌を比較した文章が掲載されている。文末に「十八年十一月十二日」とあるため書かれたのはそれ以前だが、「南京に都を定めてからは、党が即ち国家であり、教育部が中国国民党党歌を公布した」として、国歌に相当するものとしてこの党歌について論じている。邱中広はまずフランス国歌〔「ラ・マルセイエーズ」La Marseillaise〕、第一次大戦前のドイツ国歌〔ここでは「世界に冠たるドイツ」Deutschland über alles のことだが、この歌が正式に国歌となったのは第一次大戦後〕、アメリカの軍歌「ヘイル・コロンビア」〔Hail, Columbia、「星条旗」以前のアメリカの非公式国歌〕、アメリカの行進曲「星条旗」〔the Star-spangled Banner、一九三一年にアメリカ国歌となる〕、ソ連の「インターナショナル」の歌詞と曲を音楽的に分析し、それぞれの「国民性」との関係を考察する。その上で国民党党歌について、「この歌の問題は文章がよくないことではない。中山先生が演台でこの文章を読んだ時にも、それでよかった。ただそれを持ってきて民衆が歌う歌にするのは間違っている」「外国語には平仄はないが、我々の使うのは平仄がある言葉である。だから西洋の作曲法を学んだだけで、中国の歌が作れるとは思えない」「歌詞を離れて曲について論じても、この歌には不適当なところがある」といった評を下した(33)。

これらの批判に対し、曲の内容にかかわる部分に関しては作曲者の程懋筠自身がやはり専ら音楽理論の観点から反論を行っている(34)。

しかし『中央日報』に掲載された邱中広の文章に対しては、「党歌をほしいままにおとしめた」として、数日後の同紙上で激しい批判が加えられた。これは、党歌成立の歴史的経緯を根拠としてその改変を拒否するというもので、その意味で以上に挙げた議論とは全く次元の異なる内容である。この文章は、「近来でたらめな批判が本当に多すぎる。主義を知らずに主義を妄りに談じ、党を知らずに党を妄りに論じる」として、邱中広を当時蔣介石と対立関係にあった閻錫山や一党独裁を批判した胡適と同類だと罵る。したがってこの批判は、音楽としてどうこうというものではなく、専ら「主義」や「党」にかかわる政治的な観点からなされたものに他ならない(35)。

北京政府期においては、教育界・音楽界を中心に、ある種理念化・理想化された国歌を追求し、その視点から現行の国歌を批判する活発な議論が繰り返し展開された。しかし中国国民党党歌に関しては、これ以後あまり積極的な議論は見られない(36)。そもそも邱中広の主張の主旨は「大音楽家の作った曲は往々にして難しすぎ、国民が歌いにくい。大文学家の作った詞は深奥な思想と典雅な字句を求めざるを得ず、往々にして大多数の国民には理解できない。このようにしてできた歌は官の歌、学者の歌であって国歌ではない」「国歌は国民の歌でなければならず、国民の心理に合わなければならず、国民の言葉で話さなければならない」といった点にあったが、これはむしろ北京政府期の大多数の音楽家・教育家に共有されてきた国歌観であり、その意味で何ら特別な主張ではない。しかし、たとえ音楽的な観点から提起された意見であったとしても「主義」や「党」に対する批判とみなされかねない。孫文の演説を歌詞とした国民党党歌は、当初から不可避的にそのような性格を持つ歌であった。そこに、国民党・国民政府の政治文化における孫文という存在の重みを見ることも可能であろう。したがって、この党歌の内容自体について論じるよりも、この党歌と別に国歌を作成するということが以後の議論の中心的な論点となる。

第五節　国歌の制定

国民党歌の制定作業が行われていた間にも、新しい中華民国国歌制定を求める議論は一貫して存在していた。例えば「各級党部練唱党歌暫行辦法」の頒布を受けて、広東省政府は国民政府に「国歌は別に制定するのか、もし制定するのであれば早急に制定・頒布し、その輝きを発揚し民気を鼓舞すべきである」と電報で要請している(37)。また国民党内でも下級党部から国歌制定の要請がしばしば中央執行委員会に転送されているのが確認できる(38)。

この国歌制定の動きが具体化するきっかけは、海外の華人学校からの要請であった。一九三〇年二月二十三日、インドネシアの万鴉渡中華学校（Chung Hwa School Manado）より国民政府に、何を国歌とするのか、次いで二十七日に、国民党歌を国歌の代わりにすることは可能か、電報で問い合わせがあった(39)。これに対し、三月十三日の中央執行委員会常務委員会は「国歌の制定以前には、党歌で代用する」との決議を行い、同二十日に国民政府から直轄各機関に通達した(40)。

この決定以降、中国国民党党歌が公式に代用国歌と位置づけられることになる。しかしこれに対しては直後から批判的な意見が発表されている。例えば一九三〇年四月の『東方公論』に掲載された文章は、党歌を国歌の代用とするのは「国民党一党専制」の象徴だという観点からこの決定を激しく批判している(41)。ただ、この措置はあくまで暫定的なものであり、国民党党歌とは別に正式な国歌を作らなければならないという認識はむしろ当時の国民党内でも共有されていた。そのためこの決定と前後して正式国歌制定の試みが開始されている。

一　国民政府教育部――一九三〇―一九三一年

一九三〇年三月、中央政治学校区執行委員会第一四次会議が中華民国国歌の制定を求める決議を行った。国民党中央執行委員会はこの決議を国民政府に転送、処理させることにした(42)。

行政院から指示を受けた教育部は、「総理の博愛の精神、及び三民主義の真諦に適合し、しばしば総理遺集にも見える」として、『礼記』礼運篇の一節を暫時国歌として採用し、それとは別に募集を行い、その結果を待って再度改める、という案を提出した(43)。ただこの案は、行政院第六二次会議で教育部に国歌を募集させることを決定しているとの理由で行政院院長譚延闓に却下された(44)。

そこで教育部は「徴集国歌歌詞辦法」を起草、行政院の許可を得て五月二十四日に各省教育庁・各特別市教育局に通令し、八月末を締め切りとして歌詞案を教育部社会教育司に送付するよう全国に布告した(45)。「徴集国歌歌詞辦法」は、「徴集国歌標準」として、(一)歌詞は民族の特性と共同の理想を表出することができ、それによって愛国の観念と民族の意識を喚起し、三民主義の精神を発揚して、国民にその向かう所を知らしめるものでなければならない、(二)歌詞は文字が簡明かつ情趣が深長で、全国の人民の男女老幼に愛唱させるよう、普及させやすいものが求められる、(三)歌詞は声調が耳に心地よく、向上し発揚し、民衆が歌唱して、歓欣鼓舞させるものであることが求められる、の三点を挙げ、この基準による審査の上、九月に結果を発表し、採用者には千元を与える、とした。

この期限内に教育部に寄せられた国歌案は七百十四件に上った(46)。教育部は、国歌はその重要性から完全を求めなければならないとして、審査国歌委員会を新たに組織し、これらの応募作品に初歩的な審査を加えたが、その結果、応募作の多くが次のような欠点を持つことがわかった。つまり、(一) 文字が簡明通俗ではなく、義務教育を受けた者に理解できない、(二) 歌詞が冗長で、覚えにくい、(三) 声調が向上発揚するものではなく、韻に叶うものが少ない、(四) 歌詞に「四万万人民」「四千余年文化」など、永久に用いるには適さない言葉を含む、(五) 表現が誇大に過ぎる、といった点である。そこで完全な国歌を求めるため、募集期限を同年十二月末まで延長することとし、十月十四日に教育部から各省教育庁・各市教育局に「修正徴集国歌歌詞辦法」を送付して再度の募集を行った(47)。

しかしこの再度の募集によって得られた作品についても、審査国歌委員会第三次会議は「佳作はなお多くないようであり、おのずから期限を延長して募集すべきである」との結論を下した。このため教育部は募集期限をさらに一九三一年六月三十日まで延長することとし、四月二日にみたび各省教育庁・各市教育局に「修正徴集国歌歌詞辦法」を送付した(48)。

しかし最終的に応募案の中から国歌が採用されることはなく、特に発表の無いまま国民政府教育部による最初の国歌制定の試みは頓挫することとなる。

二　国民政府教育部――一九三四年

三年後、一九三四年四月十日の行政院第一五五次会議に教育部長王世杰が新たに四種の「国歌編製辦法」を提出した。その内容は以下のようなものであった。

一、新しく製作した歌詞を募集する。　十八・十九の二年間〔民国十九・二十年の誤り〕、教育部は基準を定めて、広く募集し、前後三回で、二千餘首の歌詞を得、委員会で再三にわたって選考し、二十餘首〔後述の史料によれば第一次審査を通過したのは十七案〕を選び出した。ただこの二十餘首の歌詞も、なお問題が散見され、そのまま使用可能なものはほとんど一つも無かった、そのため今に至るまで、敢えて世に問うことをしなかった、もしさらに期限をきめて募集しても、恐らくは終に結果をみないであろう。
二、党歌を国歌とする。　これはもとよりこれを主張する者があったが、党歌はもともと総理が党員を激励した言葉であり、暫定的に使用する国歌とするのはよいが、将来吾が党が党綱に依拠して、政権を民に返し、憲政を実行する時に、なお党歌を国歌とするのかは、なお検討を待たねばならない。
三、礼運大同篇〔『礼記』礼運篇〕を国歌とする。　大同篇の説は、我が国で数千年国民が継承してきた政治の理想・目的というべきであり、つとに総理に激賞されており、三民主義の精髄もまたその中に含まれる。対外的にももっとも我が堂々たる国風を表現するのに足るものであり、国歌とするのに、不当ということはない。〔しかし〕国歌は全国の民衆が歌唱して鑑賞するものであり、その辞はすべからく単純明瞭で、四年の義務教育を受けた児童が理解することのできるものでなければならない。大同篇の原文は古風で難解で、かつ字句の長短は一様ではなく、また韻文でもなく、やはりあまり適当ではないようである。
四、大同の説を取って歌詞に編集する。　この方法が最も適当なようである。
ただちにこの第四項の方法に依拠して、党国の碩学を招聘し、そのおのおの製作した歌詞を募集し、さらに中央で選定後、再度教育部に交付して音楽の専門家を集め、曲を作成し、中央に送付して審定頒行するのがよいのではないだろうか(49)。

中央執行委員会政治会議はこの件について、汪兆銘・蔡元培・葉楚傖・呉敬恒・張継・石瑛・邵元冲・陳立夫・甘乃光・馬超俊・王陸一・羅家倫ら十二委員と王世杰で審査を行うことを決定する(50)。五月二十二日に開かれたこの国歌審査会第一次会議では、これらの案にそれぞれ意見がつけられた他、中央委員から歌詞を徴集する案などが論じられ、翌週に第二次審査会議を開くことが決定された。しかし二回目以降の会議が開かれることはなく、結果としてこの試みも立ち消えとなってしまった(51)。

ところで前述のように、教育部は一九三〇年の時点でも『礼記』礼運篇の章句を国歌の歌詞とする案を提示していた。この案については一定の支持があったようで、この「辦法」を提出する前に王世杰は個人的に蔡元培に意見を請い、賛同を得ている[52]。ただこの案が、『尚書』所載の舜の歌を歌詞とした北京政府期の「卿雲歌」と発想において似通ったものであった点は否定し難い。この点を彼らがどう認識していたのかは不明である。第九章で触れるが、この直後の五月三十一日、中央執行委員会常務委員会は孔子の誕生日を国民政府の公式の記念日とすることをはじめて決定している。これに際し教育部はこの『礼記』礼運篇の章句を今度は「孔子紀念歌」とすることを提案、国立音楽専科学校制作の曲を付したものが十月十八日に中央執行委員会常務委員会から国民政府に送付された[53]。孔子を記念するような歌が国歌になるところだった、とも言える。

三　国民党宣伝部――一九三六年

教育部を中心とする国歌制定の試みが挫折した後も、正式国歌制定の要望は繰り返し提出されている。例えば一九三四年、空軍の第三区分部党員大会が国民政府に早急に国歌の制定を求める建議を行った。空軍特別党部執行委員会はこれを受け、党歌を暫定国歌としているのは「畢竟一時の過渡的な方法であり、未だ永久につたえるのに適切ではなく」、また「誤ってすでに廃棄した卿雲歌を我が国の国歌とみなす者もある」として、遠東大会でフィリピンが国歌として卿雲歌を演奏した例を中央執行委員会に報告した[54]。中央執行委員会は組織委員会の批を得て、六月二十日にこれを国民政府に転送した[55]。また同年の国慶日には、国民党候補中央執行委員で中央大学校長の羅家倫が自ら作詞し唐学詠が作曲した国歌案を『申報』に発表している[56]。

一九三五年十一月に開かれた中国国民党第五次全国代表大会でも、正太鉄路特別党部籌備委員会が「党歌中の「わが党の尊ぶところである」「多くの志士よ、民衆の先鋒たれ」といった句は、いずれも国歌と性質が適合しない」として、別に国歌を制定することを提議した。大会は教育部に国歌を編訂させると決議し、この決議は十二月二十四日に中央執行委員会から国民政府に転送された(57)。

これらの事例から、国民党内においても、党歌の歌詞は国歌として不適当であり、最終的には別に正式な国歌を決定しなければならないという考えが存在し続けていたことがわかる。そのため、今度はこれらの意見を汲み上げる形で宣伝部を中心に正式国歌の制定が試みられた。

一九三六年五月、宣伝部が中央執行委員会常務委員会に「本党の主義は、すでに中華民国建国の基本原則となり、すでに全国のしたがう所となっているので、総理の党員に対する訓辞は、また全国国民に対する訓辞と異なることが無い」として、国民大会開催に先立ち、国民党党歌を正式に国歌とすることを提案した(58)。

これに対し呉稚暉が、党歌の歌詞の前に「民国肇建、建于孫公、宝其主義、民国永隆、其言有曰〔民国の創建は、孫文によるものであり、その主義を大切にすることで、民国は永く栄える、その言葉に次のように言う〕」と加えることで国歌とすることを提案、常務委員会は宣伝部に検討を命じた。宣伝部は六月二十三日に秘書処・組織部・民衆訓練部・文化事業計画委員会・党史史料編纂委員会の代表と検討した結果、次のような理由から宣伝部と呉稚暉の案はともに適当でないと判断した。

党歌は韻文であり、対句を用いるべきであり、呉〔稚暉〕委員の増加した五句は、歌ったときに口に馴染まないようである。かつ曲譜の最初の段にさらに増加すべきというのは、作曲原理からして、恐らく調和し難い。また党歌と国歌には、おのずから区別があるべきで、含意がそれぞれ異なる。党歌はもともと総理の党員に対する訓辞であり、その中の「多くの志士よ、民衆の先鋒たれ」といった言葉は、党員のために発したものであり、国歌と定めるのは、また恐らく妥当でない。加えて党歌は善いといっても、いまだ吾が民族五千年来の立国精神を表現することができないのみならず、その歌調は平板であるうえに、声病〔声調にのみ拘泥するという弊害〕がある。

この国難のまさにはなはだしいときに際しては、吾が民族精神を激発する歌詞があって、それを吟唱に供し、国魂を振るわさなければならない。

この意見は「党歌」自体に対する批判も含んでいるという点で貴重である。そのためこの報告には、本来党歌をそのまま国歌とすることを主張していた宣伝部以外の部局の意見が強く反映されたものと思われる。そこで宣伝部はこの検討結果に基づき、組織部・民衆訓練部・秘書処・文化事業計画委員会・党史史料編纂委員会と国民政府内政部・教育部が各々代表を派遣し、専門家を招いて国歌編製研究会を組織することを中央執行委員会に提案、「十月末に結果を報告せよ」との批を得て、七月二十八日に国歌編製研究会第一次会議を開催することを各機関に通達した(59)。

その第一次会議には、宣伝部秘書傅啓学、内政部礼俗司長陳念中らが参加、（一）章程を起草し、宣伝部の修正を経て中央執行委員会常務委員会に報告する、（二）本会の主任は宣伝部が担当する、（三）各参加機関は固定代表を本会の委員として派遣する、（四）宣伝部から王陸一・汪東（汪栄宝の弟）・呉梅・柳亜子・唐学詠・趙元任・蕭友梅ら七人の専門家を本会の委員として招聘する、といった内容が決定された(60)。

次いで八月十九日に開かれた第二次会議には、各機関の代表の他、汪東・趙元任・唐学詠・蕭友梅の四人が参加、（一）国歌の編製の基準は（甲）国歌の内在的な意義は、充分に民族の意識を表現し、愛国の熱情を激発し、荘厳偉大の中に、勇壮浩渾の気を含み、それにかりて民気を激励し、国魂を鼓舞鋳造し、久遠につたえられてすたれないものであることが求められる、（乙）国歌の外面的な形態は、詞句が簡約で、情趣が深長で、歌詞の文字は雅と俗とで共に賞賛され、情と智とがどちらも含まれるものであることを期し、曲譜の音律も、また一面で欣賞能力を高め、一面でなお相当の国情を顧みるものであるべきで、それによって普遍を期し歌唱に便利であるようにする、の二点とする、（二）汪東・王陸一・呉梅・柳亜子を歌詞に関する責任者とし、唐学詠・蕭友梅・趙元任を曲に関する責任者とし、会外の専門家とも検討の上、それぞれ草案を作成し次回の会議に提出する、といった具体的な内容が決定された(61)。

さらに九月二十八日に開かれた第三次会議では、前回の決定を受けて汪東の歌詞案二と唐学詠の歌詞・曲譜案、唐学詠の曲に呉瞿安（呉梅）の歌詞を付したもの一、唐鉞・呉研因の歌詞案各一とそれに対する趙元任の曲譜案二、蕭友梅の紹介による国立音楽専科学校の曲譜案四（うち一案は歌詞つき）が提出された。また教育部が国歌を募集した際の応募作のうち、第一次審査を通過して政治会議に送られた十七案の中から、今回さらに宣伝部委員狄膺・党史史料編纂委員会主任秘書徐忍茹・宣伝部秘書張国仁の三人が審査を行い、最優秀の案を選出した。そして以上の案の検討の結果、（一）先に歌詞を決定し、ついで選定された歌詞について音楽の専門家に作曲を依頼する、（二）すでに徴集した専門家の作成した歌詞と、以前の教育部の募集した案の中から数首を選出して再度中央執行委員会常務委員会に送り、最後の決定を行う、と決定した(62)。

以上三回の国歌編製研究会を経て、十月八日に国歌擬稿初選第一次会議が開かれた。この会議には、国歌編製研究会に提出された専門家の案から六首（第一—六号）、教育部への応募案から狄膺らの選出した一首（第七号）、そして新たに「中央同志方面」から提出された案三首（第八—十号）、合わせて十首の歌詞案が提出され、このうち第二・七・八・十号の四首が第一次審査を通過した(63)。この四案は次のようなものだった。

第二号

五嶽四瀆揚大風、中華立国雄。
三民五権開大同、中山建国隆。
天下為公。
地貨不棄惟興農、盗竊不作惟興工。
干戈息、礼教崇。
固辺圉、睦隣封。斉唱河清頌。

中国万歳春融融。

第七号
我中華　立国亜洲東　国旗飄揚　青天白日満地紅　三民主義　五権憲法
創導世界躋大同　民族光栄　億万斯年　民族光栄　大道之行　天下為公

第八号
我中華、立国亜洲東、声名燦爛垂無窮。三民主義、五権憲法、天下為公。
天下為公、以進大同。中華！　炎黄之冑兮、億万斯年光栄！

第十号
我中華　雄立宇宙中　土地肥沃　文物燦爛　泱泱大国風
大家向前　一斉奮勇　三民主義　世界躋大同　青天白日満地紅(64)

一見してわかるように第八号・第十号は第七号を元に改作したものであり、その意味でこの時点で歌詞の決定にかなり近い点にまで到達していたと言える。

後の宣伝部の報告は次のように説明している。「初選会議の審査を経た歌詞で、一部修正する必要があると思われるものについては、本会が原作者に要請して添削する。同時に各審査委員にもそれぞれ修正を加え、修正意見を提出するよう要請する、とした。国歌編制委員会はここで、すでにしばらく一段落を告げた」。修正意見の提出期限が十月十五日であったことから、宣伝部は十六日以後に第二次会議を開く予定であったことがわかる。しかし結局第二次会議が開かれることはなく、宣伝部による国歌制定の試みも頓挫することとなった。

四　「党歌を国歌とする」——一九三七年

半年後の一九三七年四月二十七日、宣伝部長邵力子が中央執行委員会常務委員会に、一九三〇年以来の国歌歌詞制定過程に関する概要を、国歌編制研究会の報告書、選定された国歌歌詞と修正意見、原作者と審査委員の修正稿とその他関連文書とともに提出、「早期に楽譜を募集する」ことを要請した。[65] 翌五月の中央執行委員会常務委員会で、この件については中央執行・監察委員会常務委員、五院院長が別に審議を行って編製することが決まる。[66] そして次の同会で正式に「中国国民党党歌を、中華民国国歌とする」ことが決定され、六月二十一日に国民政府から公布された。[67] その理由は次のように説明された。

> 国歌の成立には、必ずその歴史がなければならない、現行の党歌は総理の訓辞であり、〔民国〕十三年以来、はじめ国民革命軍に用いられ、ついで全国に普及し、各友邦もまた皆習用しており、重ねて別に製作するのは、転じて融通の利かない嫌いがある。教育部の選んだ各稿を詳細にみると、おのおの長所があるとはいえ、またおのおの短所もあり、すでに国歌編製研究会が注釈を加えている。現行の党歌は意義の包括する所が至って広く、あらゆる中国立国の大本は、いずれもすでに三民主義に包含されている。その中の「吾党」の二字は、本党を指して言っているのだと説く者があり、これが別に国歌を製作することを提議する原因となっているが、おもうに「吾党」の二字は、広義に解釈すれば、「吾人〔われわれ〕」と同義であり、総理は手ずから民国を創ったので、すなわちその訓辞を国歌とするのは、それにかりて全国の人民の敬慕に資するもので、もっとも至当である。[68]

第六節　おわりに

党歌を国歌の代用とする決定から正式に国歌とするまで実に七年以上の時間がかかったことになる。この理由にはいくつか考えられる。

一つには、国歌としての採用理由の中でわざわざ釈明がなされていることからも分かるように、やはり国民党党歌の歌詞に明らかに国歌にふさわしくない部分があったからであろう。それは不可避的に、党歌を国歌とすること自体に対する違和感をも生じさせることとなった。実際にこの後も国民党・国民政府に新国歌の制定を求める意見や新国歌の私案が提出されていることからも、当時において必ずしもこの説明が容易に受け入れられたわけではなかったことがわかる。

またそもそも成立の経緯において見たように、国民党党歌は一義的には総理逝世四周年記念と第三次全国代表大会で使う儀式唱歌として採用されたものであった。そのため、後に教育部が国歌案を募集する際に挙げた「歌詞は文字が簡明かつ情趣が深長で、全国の人民の男女老幼に愛唱させるよう、普及させやすいもの」「歌詞は声調が耳に心地よく、向上し発揚し、民衆が歌唱して、歓欣鼓舞させるものであること」といった条件はそもそも考慮されていない。結果としてこの国歌はこれ以後も「全国の人民の男女老幼に愛唱させる」「民衆が歌唱して、歓欣鼓舞させる」ものというよりも、専ら国民党・国民政府の政治儀式用の音楽としての性格が強いものであり続けたと考えられる。例えば第七章で触れた新生活運動の初期における最も基本的な規定であった「新生活須知」の社会生活に関する規定には、「党国歌を歌う際には起立しなければならない」という条項が含まれている。(69)ここに現れた「党国歌」観は、「愛唱」するものというよりも、むしろみだりに歌うべきでないもの、というものである。(70)この発想は国民党・国民政府のシンボル政策全般の基調であったようにも思われる。

しかし一方で党国家体制の下、国家自体が三民主義に基づいて運営される以上、国歌もやはり三民主義に基づくものにならざるを得ない。そうであるならば敢えて党歌と別のものとして国歌を制作する意味はどこにあるのか。結局のところ長期にわたる国歌制定の試みはこの二つの立場の間のせめぎ合いであったようにも思われる。

逆に、くりかえし国歌案を募集しながらも最終的な決定に至らないという過程に、北京政府期における国歌制定の試みとの連続性を見ることも可能であろう。そこには、北京政府期の多くの音楽家や教育家がそうであったように、新しく作成する国歌にこの上ない完全性を求める心性が垣間見える。理想が高すぎ、議論が続き過ぎたがゆえに完成しなかったと言ってもよいのかもしれない。

ところで、このような政治家や教育家の議論が続く一方で、当時の中国の音楽文化は上海を中心に急速な発展を遂げていた。劇場やダンスホール、バーなどでクラシックやジャズの生演奏が流れる一方、一九二〇年代後半以降レコードやラジオの普及によって流行歌が生まれ、大衆文化と呼べるものが出現しつつあった。特に一九三〇年代にはトーキーが主流となった映画が黄金時代を迎え、毎年大量の映画と映画音楽が制作されるようになった。その中で、一九三五年に一本の映画が公開された。抗戦に立ち上がる若い男女を描いたその『風雲児女』というタイトルの映画は、左翼音楽家・劇作家の田漢と夏衍が脚本を書き、共産党の組織した電通影片公司が制作したものだった。この映画は当時それなりの評判を得たが、それ以上に、田漢が作詞し、聶耳が作曲した「歌詞は文字が簡明かつ情趣が深長」で「全国の男女老幼の人民が愛唱」でき、「声調が耳に心地よく、向上し発揚し、民衆が歌唱して歓欣鼓舞する」その主題歌は爆発的に流行し、以後日中戦争期を通じて歌い続けられることとなった。「義勇軍進行曲」である。[71]

（1）　中国国民党文化伝播委員会党史館所蔵上海環龍路檔案「大中華民国国歌」359/15.1。

（2）忻平「中国国歌史略」『社会科学研究』第四七期、一九八六年十一月、は広東軍政府が徐謙作詞・劉斐烈作曲の「国歌」を制定したと述べているが、具体的な内容や史料的根拠は示していない。ただしこの歌は『音楽雑誌』第二巻第七号、一九二一年九月、に「南政府国歌譜」として紹介されている他、『清華週刊』第三一巻第一号、一九二九年三月二十九日、にも「国民政府国歌」として掲載されている。

（3）「在全国学生評議会之演説」『中央党務月刊』第七期、一九二九年二月。

（4）中国第二歴史檔案館編『中国国民党第一・二次全国代表大会会議史料』南京、江蘇古籍出版社、一九八六年、四二頁。なお、同じ提案が『中国国民党周刊』にも掲載されているが、該当箇所は「吾が党は党によって国を造る〔以党造国〕責任を担おうとしている以上、〔卿雲歌に替えて〕再度中華民国の国歌を制定し、同時にそれを本党の党歌に決めてもかまわない」となっており、国歌と党歌の前後関係が逆になっている。「全国代表大会各種重要提議（六）請製定党歌案」『中国国民党周刊』第一〇期、一九二四年三月二日。

（5）前述のように、中央執行委員会宣伝部「国旗釈義」『中国国民党周刊』第四二号、一九二四年十月二十六日、は、青天白日満地紅旗が五色旗よりも優れた国旗である根拠として、それが「卿雲歌」の主旨にかなうという理由を挙げている。

（6）中央委員会秘書処編印『中国国民党第一届中央執行委員会会議紀録彙編』出版地不詳、中央委員会秘書処、一九五四年、七八頁。

（7）「東莞各界対黄埔革命軍之信仰」『民国日報』（上海）一九二五年二月十八日。梅徳華「《国民革命歌》詞作者——羅振声」『紅岩春秋』第四一期、一九九六年九月、はこのエピソードから羅振声が国民革命歌の作詞者であるとしている。これに対し、羅才国「鄺鄘与北伐軍歌」『湖南党史月刊』第八三期、一九八八年五月、羅林遠「〝殺了鄺鄘、還有鄺鄘〞——北伐軍歌作者与蔣介石的師生糾葛」『炎黄春秋』第三六期、一九九五年三月、同「高唱軍歌赴刑場——記《北伐軍歌》作者鄺鄘」『党史縦横』第一六八期、二〇〇〇年二月、等は、黄埔陸軍軍官学校出身で国民革命軍第四軍政治部宣伝科長だった共産党員鄺鄘が一九二六年に作詞したとしている。ただし、いずれの文章にも史料的根拠は示されていない。

（8）『教育雑誌』第一八巻第八号、一九二六年八月二十日。

（9）「武漢ニ於ケル労農露国十月革命紀念大会報告ノ件」、在漢口総領事高尾亨→外務大臣幣原喜重郎、公信第六二八号、大正十五年十一月八日、JACAR（アジア歴史資料センター）Ref. B03051255900、露国革命一件／出兵関係／西比利亜政情第三〇巻（外務省外交史料館）。

（10）“The Party Anthem,” Hangchow, Sep. 14, *North China Herald*, 24 September, 1927. 同記事にはこの国民革命歌の二番の歌詞が訳出されている。

（11）“The Musical Communist,” Kiukiang, Apr. 7, *North China Herald*, 13 April 1929. 同記事によれば、この曲は国民政府高等顧問であったボロジン（Mikhail Borodin、鮑羅廷）が導入したもので、国民革命後は「ド、レ、ミ、ファ」と音階で歌っていたという。

（12）「懸奨徴求国民革命歌広告」『民国日報』（上海）一九二七年七月一―五日。

（13）何応欽→南京国民政府、電、地字九六五号、一九二七年六月三十日、第二歴史檔案館所蔵国民政府檔案「関於制定国歌問題与党務機関往来文書」1/1304。なお、Henrietta Harrison, *The Making of the Republican Citizen: Political Ceremonies and Symbols in China, 1911-1929*, Oxford: Oxford University Press, 2000, は同史料を「No. 2 Archives: 1.87」から引いているが、第二歴史檔案館の全宗号一案巻号八七は「日本投降後国際要聞剪報」であり、該当史料は存在しなかった。ハリソンは同書の数箇所で「No. 2 Archives: 1.87」から史料を引用しているが、全て檔案番号の誤記と思われる。

（14）「中国国民党中央執行委員会第一七三次常務会議記録」（一九二八年十月八日）中国第二歴史檔案館編『中国国民党中央執行委員会常務委員会会議録』桂林、広西師範大学出版社、二〇〇〇年、第六冊二三二頁。

（15）「中国国民党中央執行委員会徴求党歌歌譜啓事」『民国日報』（上海）一九二八年十月十三日、『中央日報』一九二八年十月十三日、『申報』一九二八年十月十三日、等。

（16）「中国国民党中央執行委員会第一八一次常務会議記録」（一九二八年十一月八日）『中国国民党中央執行委員会常務委員会会議録』第六冊三五〇―三五一頁。ただ、当時蔡元培が南京にいなかったため、譚延闓が責任者に改められた。「中国国民党中央執行委員会第一八三次常務会議記録」（一九二八年十一月十六日）『中国国民党中央執行委員会常務委員会会議録』第六冊三七八頁。

（17）「党歌審査之結果」『申報』一九二八年十二月三十一日。孫鎮東『国旗国歌国花史話』台北、伝記文学雑誌社、一九八一年、五二頁、は応募数を百三十九件としているが、史料的根拠は示されていない。『ノース・チャイナ・ヘラルド』はこの『申報』の記事を転載、楽譜のコピーを歌詞全文の英訳とともに第一面に掲載した。ただし同記事では「曲と歌詞はともに程懋筠によるものである」と誤って記載されている。“The New National Song,” *North China Herald*, 5 January 1929.

（18）「中国国民党中央執行委員会第一九〇次常務会議記録」（一九二九年一月十日）『中国国民党中央執行委員会常務委員会会

議録』第七冊三三頁。"China's National Song Adopted," Nanking. Jan. 10, *North China Herald*, 19 January 1929. ハリソンは、前述の一九二七年の何応欽の提案による募集の結果、中央大学のある教授が応募した、孫文の黄埔軍官学校における演説から引用した歌詞が採用され、曲は"popular folk tune"から採られた、としている。Harrison, op. cit., pp. 192-196.

(19) 程懋筠「中国国民党党歌歌譜之解釈」『中華教育界』第一九巻第五期、一九三一年十一月。

(20) 『教育部公報』第一巻第三期、一九二九年三月。

(21) 「市教育局令発党歌及歌譜」『民国日報』（上海）一九二九年二月二十八日、「市教育局通令各校演習党歌」『民国日報』（上海）一九二九年三月三日。

(22) 「中国国民党中央執行委員会第一九九次常務会議記録」（一九二九年二月二十一日）『中国国民党中央執行委員会常務会議記録』第七冊、三三八・三四八—三五一頁。この後、さらに宣伝部・組織部・訓練部が、総理記念週及び各種大会において、総理遺像に三鞠躬礼をする前に党歌を練習することを提案、採択されている。「中国国民党第三届中央執行委員会第十三次常務会議記録」（一九二九年五月二十日）『中国国民党中央執行委員会常務会議記録』第八冊、二〇八頁。

(23) 「本市訓練部積極進行党歌訓練」『民国日報』（上海）一九二九年三月十三日。

(24) 「党歌将製留声片」『民国日報』（上海）一九二九年三月一日。

(25) 『国民政府公報』第一〇五号、一九二九年三月一日。

(26) 「総理逝世四週紀念公祭式」『民国日報』（上海）一九二九年三月十三日。

(27) 「上海特別市全市各級学校紀念総理忌辰」『民国日報』（上海）一九二九年三月十三日。

(28) Harrison, op. cit. p. 207.

(29) もともと奉安大典は総理逝世四周年に合わせて開催される予定だったが、準備が間に合わなかったため、二月七日の中央執行委員会常務委員会第一九六次会議で急遽延期が決定された。『中国国民党中央執行委員会常務会議記録』第七冊、二一七—二一八頁。

(30) 李恭忠「〝党葬〟孫中山——現代中国的儀式与政治」『清華大学学報（哲学社会科学版）』第二一巻第三期、二〇〇六年五月。

(31) 久保亨「南京政府成立期の中国国民党——一九二九年の三全大会を中心に」『アジア研究』第三一巻第一号、一九八四年四月。

(32) 王瑞嫻「対於国民党党歌的歌調之商榷」『東方雑誌』第二六巻第八号、一九二九年四月二十五日。

(33) 邱中広「欧美国歌与国民党党歌之歌詞及曲調」『中央日報』副刊『大道』第二六一―二六二号、一九三〇年三月十八―十九日。

(34) 前掲程「中国国民党党歌歌譜之解釈」。文末に「十九年九月三十日稿」とある。もともと『東方雑誌』に投稿したが掲載されなかったとの説明が付されている。

(35) 之溟〔陳志明〕「答邱中広先生対党歌之批評」『中央日報』副刊『大道』第二六七号、一九三〇年三月二十六日。

(36) 数少ない例として、虞廷〔呉承仕〕「国歌改造運動」『文史』第一巻第一号、一九三四年四月十五日、が「国歌」（ここでは中国音楽全般を指す）の改造を訴える中で国民党党歌の歌詞の声調と曲が符合していないと批判している。

(37) 広東省政府→南京国民政府、電、一九二九年二月二十六日、第二歴史檔案館所蔵国民政府檔案「関於制定国歌問題与党務機関往来文書」1/1304。

(38) 中国国民党漢口特別市党務指導委員会常務委員涂允擅・林逸聖・陶鈞→中央執行委員会、呈、一九二八年十一月二十二日、第二歴史檔案館所蔵国民政府檔案「関於制定国歌問題与党務機関往来文書」1/1304、国民政府代理参軍長賀耀組→国民政府主席蔣介石、呈、一九二九年六月二十八日、同右、等。前者は漢口特別市党務指導委員会第六区指導委員会第一組党員劉家佺・曾繁鴻の提案、後者は軍楽隊長何肇廉という人物の提案を転送したもの。

(39) 万鴉渡中華学校→南京国民政府、電、一九三〇年二月二十三日、国史館審編処編『中華民国国旗与国歌史料』台北、国史館、二〇〇三年、三四三―三四六頁。

(40) 第三届中央執行委員会常務委員会第七八次会議（一九三〇年三月十三日）。中央執行委員会秘書処秘書長陳立夫→国民政府、公函第二六〇八号、一九三〇年三月十七日、『中華民国国旗与国歌史料』三五一―三五八頁、『国民政府公報』第四二四号、一九三〇年三月二十一日。

(41) 匹夫「異哉以党歌代国歌」『東方公論』第二〇期、一九三〇年四月二十日。

(42) 中央執行委員会秘書処秘書長陳立夫→国民政府文官処、公函第三一九二号、一九三〇年三月七日、第二歴史檔案館所蔵国民政府檔案「関於制定国歌問題与党務機関往来文書」1/1304。

(43) 教育部→行政院秘書処、函、一九三〇年三月二十一日、第二歴史檔案館所蔵行政院檔案「制定中華民国国徽国旗及徴集国歌辦法」2(2)/22。

(44) 行政院秘書処→教育部、箋函第五九八号、一九三〇年三月二十六日、第二歴史檔案館所蔵行政院檔案「制定中華民国国徽国旗及徴集国歌辦法」2(2)/22。
(45) 『教育部公報』第二巻第二二期、一九三〇年五月三十一日。
(46) 中央統計処編『中国国民党指導下之政治成績統計』十九年八月份。
(47) 『教育部公報』第二巻第四一・四二期、一九三〇年十月十八日。
(48) 『教育部公報』第三巻第一三期、一九三一年四月五日。
(49) 教育部部長王世杰→行政院政務処、公函第三六八八号、一九三四年四月六日、第二歴史檔案館所蔵行政院檔案「制定中華民国国徽国旗及徴集国歌辦法」2(2)/22、中央執行委員会宣伝部→中央秘書処、公函誠字第五五九四号、一九三七年四月二十七日、中国国民党文化伝播委員会党史館所蔵中央執行委員会檔案「関於国歌歌詞之編製案」5.3/44.31。
(50) 中国国民党文化伝播委員会党史館所蔵中央執行委員会檔案「中国国民党中央執行委員会政治会議第四百零五次会議紀録」（一九三七年四月二十五日）00.1/97。
(51) 中央執行委員会宣伝部→中央秘書処、公函誠字第五五九四号、一九三七年四月二十七日、中国国民党文化伝播委員会党史館所蔵中央執行委員会檔案「関於国歌歌詞之編製案」5.3/44.31。
(52) 「日記」（一九三四年二月十六日）中国蔡元培研究会編『蔡元培全集』第一六巻、杭州、浙江教育出版社、一九九八年、三一五頁。
(53) 「頌発孔子紀念歌詞」『中央党務月刊』第七五期、一九三四年十月。
(54) 一九一三年から一九三四年にかけて、フィリピン・中国・日本の三か国の間で十回にわたって開催された国際競技会。英語名称は“Far Eastern Championship Games”、日本語では「極東選手権競技大会」。高嶋航「極東選手権競技大会とＹＭＣＡ」夫馬進編『中国東アジア外交交流史の研究』京都大学学術出版会、二〇〇七年、を参照。
(55) 中央執行委員会秘書処秘書長葉楚傖→国民政府文官処、公函第八四一一号、一九三四年六月二十日、『中華民国国旗与国歌史料』二七〇―二七四頁。
(56) 羅家倫「国歌（敬擬）」『申報』一九三四年十月十日。
(57) 中央執行委員会→国民政府、公函第九〇三号、一九三五年十二月二十四日、『中華民国国旗与国歌史料』二七五―二七九頁。

(58) 中央宣伝部→中央常務委員会、呈、一九三六年五月十一日、中国国民党文化伝播委員会党史館所蔵中央執行委員会檔案「請以本党党歌正式定為国歌案」5.3/13.10、「第十三次会議」（一九三六年五月二十八日）中央委員会秘書処編印『中国国民党第五届中央執行委員会常務委員会会議紀録彙編』出版地不詳、中央委員会秘書処、出版年不詳、六九頁。

(59) 中央執行委員会宣伝部→内政部、公函誠字第二三九五号、一九三六年七月二十五日、『中華民国国旗与国歌史料』二八〇—二八四頁、中央執行委員会宣伝部→中央秘書処、公函誠字第五五九四号、一九三七年四月二十七日、中国国民党文化伝播委員会党史館所蔵中央執行委員会檔案「関於国歌歌詞之編製案」5.3/44.31。

(60) 礼俗司司長陳念中→内政部部長・次長、呈、一九三六年七月三十日、『中華民国国旗与国歌史料』二八五—二八六頁。

(61) 中央宣伝部→礼俗司第一科科長李安、函、一九三六年九月三日、『中華民国国旗与国歌史料』三一〇—三一五頁。

(62) 礼俗司司長陳念中→内政部部長・次長、呈、一九三六年十月十二日、『中華民国国旗与国歌史料』三二五—三二九頁。

(63) 礼俗司司長陳念中→内政部部長・次長、呈、一九三六年十月十三日、『中華民国国旗与国歌史料』三三一—三三三頁。

(64) 礼俗司司長陳念中→内政部部長・次長、呈、一九三六年十月九日、国史館所蔵国民政府檔案「中華民国国歌辞譜案」0100.14/5044(2)。

(65) 中央執行委員会宣伝部→中央秘書処、公函誠字第五五九四号、一九三七年四月二十七日、中国国民党文化伝播委員会党史館所蔵中央執行委員会檔案「関於国歌歌詞之編製案」5.3/44.31。

(66) 「第四十四次会議」（一九三七年五月二十日）『中国国民党第五届中央執行委員会常務委員会会議紀録彙編』一四五頁。

(67) 国民政府→直轄各機関、訓令、一九三七年六月二十一日、『中華民国国旗与国歌史料』三六七—三六九頁。

(68) 「第四十五次会議」（一九三七年六月三日）『中国国民党第五届中央執行委員会常務委員会会議紀録彙編』一四九頁。

(69) 「新生活須知（初稿）」陳又新・楊瑞麔合編『新生活運動之理論与実際』北京、警官高等学校、一九三五年、第二篇一一頁。

(70) なお結果としてこの歌が当時の国民の間にどれだけ普及したのかについては、日中戦争中の「大後方」における労働者の「国家意識」の欠如を指摘した張瑞徳の論文が参考になる。それによれば、当時の成都の各大学で百人の「工友」を対象にアンケートをとったところ、「青天白日旗はどの国の国旗か」という問いに対しては八十一人が「知っている」と答えたのに対し、「国歌を歌えるか」との問いに「歌える」と答えたのは三十四人だったという。張瑞徳「戦争与工人文化——抗戦時期大後方工人的認同問題」黄克武主編『第三届国際漢学会議論文集　歴史組　軍事組織与戦争』台北、中央研究院近代史研究所、二〇〇二年、二四六—二四七頁。

（71）榎本泰子「歴史は歌う——中国革命における歌曲の役割」臼井隆一郎・高村忠明編『シリーズ言語態4　記憶と記録』東京大学出版会、二〇〇一年。

第九章　暦の上の革命

第一節　はじめに

南京国民政府期の重要な国家儀式としては、前述のように一九二九年六月一日に南京の中山陵で行われた孫文の奉安大典が挙げられる。このテーマについてはすでに多数の先行研究があり、実証面ではほぼ完成されたといってよい。しかし、確かにこの奉安大典は国民党・国民政府の国家儀式を論じる上で非常に重要な意味を持つものの、それ自体は基本的にこの日一日に限って行われたものであり、この奉安大典をもって国民党・国民政府の儀式が完成したわけでもないし、終結したわけでもない。そしてこのような儀式を定期的に反復して行う場合、それは記念日という形式を取る。

南京国民政府期の記念日については、孫文崇拝に関わる部分について言及がなされる場合はあっても、それ以外の部分も含めた総体としての記念日体系に関する研究はなされていない。本章は南京国民政府期の革命記念日体系の主として決定過程の検討を通じて、国民党・国民政府の儀式政策の特徴を明らかにすることを試みる。

第二節　北伐以前の記念日

一　北京政府の記念日

第三章で見たように、中華民国は一九一二年九月に、十月十日を武昌蜂起を記念する「国慶日」とし、さらに南京で臨時政府が成立した一月一日を「南京政府成立之日」、宣統帝が退位の詔を発した二月十二日を「北京宣布共和南北統一之日」とすることを決定した(1)。これが中華民国における最初の国家記念日である。

さらに、洪憲帝制失敗後の一九一六年十二月十六日、「民国紀念日修正案」が参議院を通過(2)、十二月二十一日に公布されている。そこでは、一九一二年の臨時参議院の北京移転を記念する「国会開幕之日」(四月八日)及び一九一五年の護国軍蜂起を記念する「雲南倡義擁護共和之日」(十二月二十五日)が新たに加えられ、他の記念日と同様にこの日を休日とし、国旗を掲げ飾りつけをすることが規定された(3)。

また、一九一九年一月二十三日の第二届国会第一期常会参議院第二六次会議では、一九一七年の丁巳復辟の際、段祺瑞が河北省馬廠から張勲討伐を通電した七月三日を「馬廠首義再造共和之日」とする案を可決(4)、二月七日に政府から公布された(5)。第三章や第五章で見たように、北京政府期の国家シンボルや儀式が「共和」という価値を中心に展開されたことが確認できる。

以上から一九一九年時点の北京政府の国家記念日をまとめると表9－1のようになる(旧来の節日や孔子誕生日は除く)。

北京政府期の国慶日には、政府は国旗掲揚の命令といくつかの公式行事を行うのみで、政府外の社会団体が祝祭・追悼といった記念活動の中心となった。これは国慶日以外の記念日についても基本的にあてはまる。ただ、制定後最初の年などを除いては、これらの記念日における諸団体の活動は総じてあまり活発なものではなかった。そのため新聞などの扱いも小さい。むしろ北京政府期の学生や社会団体の活動にとって重要な意味を持ったのは、国家記念日とはならなかった、二十一カ条要求（一九一五年）をめぐる「国恥記念日」（日本が最後通牒を発した五月七日あるいは北京政府が受諾した五月九日）(6)や「五四」であり、一九二〇年代にはこれに国民党・共産党が組織するメーデーや国際女性デー（三月八日）が加わる。

二　黄花崗蜂起記念日

一方、国民党の記念日政策の起源を探っていくと、青天白日満地紅旗が国旗に採用されなかったのと同様、民国初年の国会において国家記念日となることができなかった黄花崗蜂起の問題にたどり着く。

第六章・第八章でも触れたが、中国国民党上海執行部は一九二四年六月三十日の第一届中央執行委員会第三九次会議で、国旗・党旗、党歌に加え、「黄花崗陽暦記念日」の規定を要請する提案を行っていた。これを受けて中央執行委員会は陽暦三月二十九日を黄花崗記念日とすることを決定した(7)。これは改組後の国民党における、党及び国家のシンボルに関する最初の決議であったと同時に、国民党が独自の記念日を公式に決定した最初の事例であった。

黄花崗蜂起の記念については、この時点までにやや複雑な経緯があった。この蜂起は一九一一年四月二十七日（辛亥三月二十九日）に起きたもので、辛亥革命後に一周年を期して北京・開封・南京・上海・杭州・広州など各地の同盟会支部が記念行事を開催した(8)。ただ、この際には陰暦で日付が計算されたため、これらの記念行事が行われたのは壬子三月二十九日つまり陽暦の一九一二年五月十五日だった。

表 9-1　北京政府の国家記念日

1/1	南京政府成立之日
2/12	北京宣布共和南北統一之日
4/8	国会開幕之日
7/3	馬廠首義再造共和之日
10/10	国慶日
12/25	雲南倡義擁護共和之日

一九一二年に辛亥革命一周年を期して「国慶日」が制定された際、臨時参議院における議論の中で、各種の記念日は原則として陽暦で行うことが確認された。したがって国慶日は陰暦八月十九日ではなく、陽暦十月十日と定められた。この時、「黄花崗諸義士起義の日」も記念日とすることが提案されたが否決され、黄花崗蜂起は中華民国の国家記念日に加えられなかった。

しかしこの後も、政府外の旧同盟会員を中心に黄花崗蜂起の「先烈」を追悼し記念する行事自体は毎年行われ続けた。ただ、その期日は一九二四年まで一貫して陰暦三月二十九日であった(9)。陽暦三月二十九日という決定は、国家記念日に採用されなかったがゆえに、長年にわたって陰暦で記念が行われたことで形成された「黄花崗蜂起＝三月二十九日」というイメージと、国家記念日は陽暦で行うという原則との間のある種の妥協点であった。この手法は、後述するように南京国民政府期に多用されることになる。この決定には反対もあったようで、例えば中国国民党駐シンガポール支部執行委員会が、黄花崗記念日を陽暦四月二十七日に改めるべきという意見を、駐南洋英属総支部執行委員会を通して一九二九年の第三次全国代表大会に提出している(10)。ただ、基本的にはこの決定は国民党内で遵守されたようで、一九二五年以降、黄花崗蜂起の記念活動は陽暦三月二十九日に固定されることとなる。

三　孫文逝去・誕生記念日

北伐以前の国民党・国民政府独自のもう一つの重要な記念日として、孫文の死去と誕生の日が挙げられる。この問題については陳蘊茜が孫文崇拝の成立との関連で論じているため(11)、簡単に触れるに止める。

一九二五年三月十二日に孫文が死亡した直後から、国民党は「孫中山崇拝」を構成するシンボルと儀式の整備を急速に進めた。例えば孫文の故郷である広東省香山県は「中山県」と改名され、一九二二年に孫文が陳炯明に追われて広東を逃れた際に乗った砲艦「永豊」は「中山」と改名された。五月に広州で開かれた国民党第一届中央執行委員会第三次全体会議では、各級党部・党団の一切の会議で、開会の時にまず主席が総理遺嘱を読み上げ、参加者全員が起立してこれを拝聴することが決まった。四月二十七日には建国粤軍総部が「総理記念週条例」を制定し、毎週月曜午前十時に「総理記念週」を挙行することを所属各部に命じた。これは、孫文の像に三鞠躬礼と三分間の黙禱を行い、各官吏・兵士は遺嘱を宣読し、官吏・兵士の長が孫中山主義と革命の歴史について講演を行う、というものだった。(12)

このような動きの中、国民政府（七月一日成立）は、孫文死後半年にあたる九月十二日、正式に「毎年三月十二日を大元帥逝世記念日とし、各機関はいずれもこの日を休日とし、学校暦にも記載する」ことを決定した。(13)

さらに翌一九二六年には、国民党サンフランシスコ市総支部が海外部を通じて中央執行委員会に「総理誕日」を「国假日期」とすることを要請した。これは、孫文の功績はワシントンを超えるもので、全国民衆はみな「国父」と崇めている。アメリカでは「ワシントン誕生日」を「全国假期」とすることを国会で規定している。これに倣って中央党部から「総理誕生日期」を宣布し「吾国假期」と規定すべきだ、というものだった。そこで同年六月の中央執行委員会常務委員会で、孫文の誕生日の陽暦の日付を息子の孫科に確認することが決まった。(14) 孫科から「総理の誕生日は同治五年十月六日すなわち西暦一八六六年十一月十二日である」との確認を得た中央執行委員会は、(15) 毎年陽暦十一月十二日を「孫総理誕期慶祝日」とし、全国の衙署（役所）・学校・機関・団体及び大小の商店・船舶はいずれも旗を掲げ、一日休日とし、永久に記念する、と定めるよう国民政府に通達した。(16) 国民政府はこれを受けて七月二十日、毎年十一月十二日を「孫公誕期慶祝日」とし、「国慶節」と同じ典礼を挙行することを公布した。(17) 誕生日を記念日とする発想がワシントンのそれに倣ったものであったこと、またそれが当初から国家記念日と位置づけられていたことがわかる。

第三節　党・国家の記念日体系――一九二七―一九二八年度

南京国民政府成立（一九二七年四月）後、教育行政委員会が頒布した「〔民国〕十六年度学校暦」から同年度（一九二七年八月一日から一九二八年七月三十一日）の祝祭日・記念日関係の記載を抜き出すと、表9‐2のようになる。陰暦の節日である中秋・重陽、節気である冬至・夏至・清明節、そして春節を陽暦に変更した元旦を除くと、休日となっているのは武昌蜂起、黄花崗蜂起、孫文の誕生・逝去、五三〇事件、その他が国恥記念日、メーデー、五四運動である。北京政府によって制定された記念日は国慶日以外採用されていない。ただ、後述するように国民党・国民政府の記念日体系においても一月一日は「中華民国成立記念日」、十二月二十五日は「雲南起義記念日」としてそれぞれ重要な位置を占めることになる。

なお、国民党・国民政府は一九二八年三月十二日の「総理逝世三週年紀念大会」の際、同時に「総理逝世紀念植樹式」を挙行している。四月七日、国民政府はこれを慣例とし、以後は清明植樹節を毎年陽暦三月十二日の「総理逝世紀念植樹式」に改め、植樹節は廃止、清明節に各機関は通常業務を行うよう命じている。したがって一九二九年以降、清明節・植樹節自体は独立した記念日としては扱われなくなる。(18)

また、一九二八年二月二十三日に大学院（一九二七年六月成立。教育行政委員会に替わる中央教育行政機関）が公布した「華僑小学暫行条例」は、華僑小学校の休日として「国慶記念日、南京政府成立記念日、総理誕生記念日、総理逝世記念日」を挙げ、「その他の各記念日及び四季の節句は、酌量して休假とすることができる」と規定している。(19)

このように国民政府が学校行事として規定した記念日以外にも、国民革命期にはさまざまな「惨案」や「先烈」の記念・追悼儀式、国際共産主義運動系の記念日活動が行われ、動員の機会となっていた。そのため、宣伝活動の便宜

表 9–2　「十六年度学校暦」『大学院公報』第 1 年第 2 期，1928 年 2 月

9/10〔陰暦 8/15〕	**秋節〔中秋〕**	
10/4〔陰暦 9/9〕	**重陽日**	
10/10	**記念武昌首義国慶日**	記念式を挙行し中華民国の開国史について講演する.
11/12	**記念総理生辰国慶日**	記念式を挙行し総理の革命の歴史について講演する.
12/23	**冬節〔冬至〕**	
1/1–4	**元旦**	
3/12	**総理逝世記念日**	記念式を挙行し中国国民党の歴史について講演する.
3/29	**黄花崗烈士殉国記念日**	記念式を挙行し七十二烈士の殉国の事略について講演する.
4/5	**植樹節〔清明節〕**	植樹典礼を挙行する.
5/1	**世界労働節**	記念式を挙行し世界の労働運動の歴史について講演する.
5/4	**学生運動記念日**	記念式を挙行し民国 8〔1919〕年の学生運動の意義について講演する.
5/9	国恥記念日	記念式を挙行し民国 4〔1915〕年の日本の我々に対する圧迫，及び二十一条件の内容について講演する.
5/30	**惨殺記念日**	記念式を挙行し民国 14〔1925〕年，上海及び各地における帝国主義者の，我々に対する虐殺の惨状，及び我が国の民衆の抵抗の情形について講演する.
6/22	**夏節〔夏至〕**	

注）**太字**は休日.

という視点から国民党内でこれらの記念日の一覧が作成されている。『革命史上的重要紀念日』はその一つである。「序言」によれば出版は一九二七年八月、編者は黄埔陸軍軍官学校政治部の謝振鐸である。内容は記念日を「総理紀念」「先烈紀念」「国慶紀念」「国恥紀念」「民衆運動紀念」「帝国主義惨殺紀念」「軍閥惨殺紀念」「国際紀念」に分け、過去に頒布された党の関連文書や党指導者の講演などをまとめたものである（表9－3）。四百五十頁に及ぶもので、内容からも配布用のパンフレットではなく、あくまで党員の参照用の書籍という性格のものである。ただし、各記念日に具体的にどのような儀式を行うか、といったことは書かれていない。

国民党のナラティブは、北京政府期をあくまでも「逸脱」と位置づけ、それを批判あるいは無視することで、自らを辛亥革命

表 9-3　謝振鐸編『革命史上的重要紀念日』出版地不詳，出版者不詳，1927 年

1/1	南京政府成立記念	国慶記念
2/7	二七記念	軍閥惨殺記念
3/8	三八記念	国際記念
3/12	総理逝世記念	総理記念
3/18	三一八記念	軍閥惨殺記念
3/29	黄花崗七十二烈士記念	先烈記念
5/1	五一記念	国際記念
5/4	五四記念	民衆運動記念
5/5	五五記念	国慶記念
5/7	五七記念	国恥記念
5/9	五九記念	国恥記念
5/18	陳英士先生記念	先烈記念
5/30	五卅記念	帝国主義惨殺記念
6/3	六三記念	民衆運動記念
6/16	総理広州蒙難記念	総理記念
6/23	六二三記念	帝国主義惨殺記念
7/1	国民政府成立記念	国慶記念
7/15	北伐記念	国慶記念
8/20	廖仲愷先生記念	先烈記念
9/5	九五記念	帝国主義惨殺記念
9 月第一日曜	少年国際記念	国際記念
9/7	九七記念	国恥記念
9/21	朱執信先生記念	先烈記念
10/10	双十節記念	国慶記念
11/12	総理誕生記念	総理記念

表 9-4　「党国旗使用条例草案」中央宣伝部→中央常務委員会，呈，1928 年 10 月 24 日，中国国民党文化伝播委員会党史館所蔵中央執行委員会檔案「擬就党国旗図式図案及尺度比例案」2.3/98.16

1/1	共和政府成立記念日	○
2/7	京漢鉄路工会惨案記念日	▲
3/8	国際婦女節	○
3/12	総理逝世記念日	▲
3/18	『三一八』惨案記念日	▲
3/29	七十二烈士殉国記念日	▲
4/12	清共護党記念日	○
5/1	国際労働節	○
5/3	済南惨案国恥記念日	▲
5/4	学生運動記念日	○
5/5	総理就任非常総統記念日	○
5/9	二十一条国恥記念日	▲
5/18	陳英士先生殉国記念日	▲
5/30	「五卅」惨案国恥記念日	▲
6/16	総理広州蒙難記念日	▲
7/1	国民政府成立記念日	○
7/15	北伐誓師記念日	○
8/20	廖仲愷先生殉国記念日	▲
8/29	南京和約国恥記念日	▲
9/7	辛丑条約国恥記念日	▲
9/21	朱執信先生殉国記念日	▲
10/10	国慶記念日	○
10/11	総理倫敦蒙難記念日	▲
11/12	総理誕辰記念日	○
12/25	雲南起義記念日	○

○：「全国で一律に国旗を掲げ，党部・政府及び各機関・団体は党・国旗を両方掲げて慶祝の意を示す．党員の家では党旗を一緒に掲げてもよい．」

▲：「党員・民衆は一律に当地の党・政機関の通令にしたがって半旗を掲げて哀悼の意を示す．」

とその指導者である孫文の正統な後継者と位置づけ、それによって自らの統治を正当化しようとした[20]。そのため国民党の記念日には孫文の個人的な事跡に関わるものが多数盛り込まれた一方、北京政府期に特徴的であった「共和」の称揚、つまり中華民国の「成功」を祝う語りは影を潜めることとなった。

一九二八年六月に国民革命軍が北京・天津を占領して北伐が一応の完成を告げると、第七章・第八章で見たように国民党は本格的に国家シンボル体系の再編を開始する。同年十月、中央執行委員会常務委員会が党旗・国旗の意匠を正式に定めた「党国旗尺度比例」「党旗図案」「国旗図案」「党旗各号尺度表」「国旗各号尺度表」を制定する[21]。これを受けて宣伝部が作成した「党国旗使用条例草案」は、党旗・国旗を掲揚すべき記念日について表9－4のように規定していた。なお、同檔案の原本では、「国際婦女節」「国際労働節」「学生運動記念日」「清共護党記念日」に斜線が引かれ、代わりに北伐の完成を記念する「九月二十三日　九二三紀念日」が書き加えられていた[22]。

北伐の記念日はちょうどこの時期に論じられていた問題である。一九二八年十月、武漢政治分会・第四集団軍総司令部・湖南省政府主席魯滌平らが「九月二十三日を完成北伐記念日とする」ことを提案[23]、中央執行委員会常務委員会はこれについて第三次全国代表大会で検討することとする[24]。一方これとは別に、第一四次国務会議に張学良が十二月二十九日の易幟の日を「国民党統一中国記念日」とする案を提出しており、一九二九年一月十六日の政治会議第一七一次会議は、この案についてもやはり第三次全国代表大会で検討することとした[25]。最終的には、三月二十一日の第三次全国代表大会第六次会議で、七月九日を「国民革命軍誓師記念日」とすることが決まった[26]。判断の分かれる北伐完成の日ではなく、開始の日を記念日としたわけである。

この「党国旗使用条例草案」自体は結局採用されなかったものの、記念日の開催方法に関する規定がこの時期に開始されつつあったことが確認できる。また、各記念日の名称も統一されつつあった。

このように北伐後に国民党側で記念日の整理や開催方法の規定が開始されていた一方、後述するように、この時期の国民政府側では新たな「暦」の作成が進められていた。その結果、教育部〔一九二八年十月に大学院を改組〕が作成したのが『中華民国十八〔一九二九〕年国民暦』であり、そこにも様々な記念日が記載されていた[27]（表9－8）。

しかし、一見してわかるように『中華民国十八年国民暦』の記載は、採用された記念日とその名称について、前述の『革命史上的重要紀念日』や「党国旗使用条例草案」と大きく異なる。したがって国民政府教育部は国民党宣伝部とは没交渉に『国民暦』に掲載する記念日を選定したものと思われる。しかしこれは結果として、『国民暦』に掲載された記念日と、現実に国民党が記念活動を行っている記念日とが乖離するという事態を招いた。

『国民暦』が頒布されると、実際にこのことが問題化した。例えば、一九二六年三月十八日に国民党・共産党が北京で組織したデモを段祺瑞政権が弾圧、多くの死傷者を出した「三一八惨案」について、国民党は一九二七年・一九二八年に記念活動を行っていた。しかし『民国十八年国民暦』にはこの事件について記載がなかった。このことに対して激しい抗議の投書が『民国日報』に寄せられた。

国府行政院教育部が新たに頒布した国民暦には、各種の記念が全てあるが、この最も沈痛で最も価値のある三一八惨案記念日は何と無かった！　まさか記念するに値しないのか？　哀痛するに値しないのか？　三一八に殉じた烈士は虐殺されて当然だったのか？　安福系の首魁段祺瑞が民衆を虐殺したのは正当なのか？……なぜこのように沈痛な三一八惨案記念が要らないのか？[28]

この投書には教育部に訂正を促す編集者の陶百川のコメントが付された。結果、記載がなかったのは編集上のミスであったという教育部の回答が数日後の同欄に掲載された[29]。

したがって、記念日に関する一元的な規定が必要と考えられるようになる。

第四節　記念日体系の確立

一　選別、一元化と形式の規定——一九二九年度

八月一日の新年度の開始を前に、中央執行委員会常務委員会は「修正各機関及学校放假日期表」を制定、五月二十九日に国民政府から公布される。また同じ会議に提出された「学校学年学期及休假日期規程」も、訓練部の修正を経て、六月十日に教育部から公布された。これらは各機関・学校の毎年の休日を表9－5のように定めた(30)。

一九二七年度の「十六年度学校暦」と比較すると、いくつかの点で変更があるのがわかる。すでに述べた「国民革命軍誓師記念日」や後述する「孔子誕生記念」が新しく休日となった他、伝統的な節日が削除されたのはこの時期の国民党・国民政府による陰暦の廃止と「国暦」の推進という政策に関係する。また、「修正各機関及学校放假日期表」「学校学年学期及休假日期規程」の草案に対し訓練部は「五四記念は学生運動記念であるので、各級学校は集会を開いて記念し、休日とすべきである」と提案したがこの意見は容れられず(31)、メーデーや五三〇事件の記念もこれらの規定から削除された。

表 9–5　「修正各機関及学校放假日期表」『国民政府公報』第 178 号，1929 年 5 月 30 日，「学校学年学期及休假日期規程」『教育部公報』第 1 巻第 7 期，1929 年 7 月

1/1	中華民国開国記念
1/2-3	新年
3/12	総理逝世記念
3/29	黄花崗七十二烈士殉国記念
7/9	国民革命軍誓師記念日
8/27	孔子誕生記念（学校に限る）
10/10	国慶記念
11/12	総理誕生記念

そしてちょうどこの時期、国民党・国民政府は記念日の本格的な一元化と、具体的な儀式内容に関する規定を開始していた。まず、五月の国民党中央執行委員会常務委員会に宣伝部・組織部・訓練部が「重要紀念日挙行儀式」及び附属の「重要紀念日備攷表」、その詳細を定めた「重要革命紀念日紀念式」の草案を提出、訓練部でさらに校正を加えること

になる。[32]訓練部が「重要紀念日挙行儀式」を修正した「紀念日挙行儀式」及び「重要革命紀念日紀念式」を修正した「革命紀念日紀念式」に、[33]中央執行委員の李文範が整理を加えて「紀念日挙行儀式」及び「革命紀念日紀念式」草案とし、[34]これにさらに宣伝部が整理を加えた「革命紀念日紀念式」及び「革命紀念日簡明表」が最終的に公布された。[35]「革命紀念日紀念式」は革命記念日とその「史略」「儀式」「宣伝要点」を説明したもの、「革命紀念日簡明表」はそれらの革命記念日を「国慶」「国恥」「哀悼」「民衆運動」の四つのカテゴリーに分類して表にまとめたものである（表9－6）。

この「革命紀念日紀念式」「革命紀念日簡明表」に規定された休日は、先に公布された「修正各機関及学校放假日期表」「学校学年学期及休假日期規程」とほぼ一致する。

また、教育部が「休日でない革命記念日に一律にそれぞれ記念会を挙行すべきか否か」と訓練部に問い合わせたのに対し、宣伝部は「革命記念日の意義は、過去の革命の歴史を追念し、現在の革命の精神を鼓舞し、将来の革命の事業を完成させることにある。各級学校は各種の革命記念日にかりて学生の革命思想を啓発しなければならない。したがって各級の学校は休日であっても休日でなくても革命記念日には代表を派遣して当地の高級党部の集会に参加するほか、おのおのでも記念会を挙行しなければならない」と回答している。そこで教育部は八月二十六日、各省教育庁・特別市教育局・国立大学及び専科学校・私立大学に、休日でない記念日にも授業を一時間中止し、全学生を招集して記念式と講演を行うよう命じた。[36]

前述のようにこれらの多くは国民革命期に国民党・共産党が学生や社会団体を動員して実際に記念活動を行ってきた日である。ただ、「革命紀念日紀念式」及び「革命紀念日簡明表」は、休日とするか否か、党旗・国旗や半旗掲揚の規定の有無、党員・民衆・各種団体といった参加者、儀式の内容によって、それらを明確に序列化した点で新しいものであった。また、国際女性デー・メーデー・五四以外は全て「各地の高級党部」が主体となって民衆大会あるい

表 9-6　「革命紀念日紀念式」「革命紀念日簡明表」『国民政府公報』第 217 号，1929 年 7 月 16 日

1/1	**中華民国成立記念日**	国慶 A
3/8	国際婦女節	民衆運動 C
3/12	**総理逝世記念日**	哀悼 A
3/18	北平民衆革命記念日	民衆運動 A
3/29	**七十二烈士殉国記念日**	哀悼 B
4/12	清党記念日	民衆運動 B
4/18	国民政府建都南京記念日	国慶 B
5/1	国際労働節	民衆運動 C
5/3	済南惨案国恥記念日	国恥 A
5/4	学生運動記念日	民衆運動 C
5/5	総理就任非常総統記念日	国慶 B
5/9	二十一条国恥記念日	国恥 A
5/18	陳英士先生殉国記念日	哀悼 C
5/30	上海惨案国恥記念日	国恥 A
6/16	総理広州蒙難記念日	哀悼 C
6/23	沙基惨案国恥記念日	国恥 A
7/1	国民政府成立記念日	国慶 A
7/9	**国民革命軍誓師記念日**	国慶 B
8/20	廖仲愷先生殉国記念日	哀悼 C
8/29	南京和約国恥記念日	国恥 B
9/7	辛丑条約国恥記念日	国恥 B
9/9	総理第一次起義記念日	哀悼 C
9/21	朱執信先生殉国記念日	哀悼 C
10/10	**国慶記念日**	国慶 A
10/11	総理倫敦蒙難記念日	哀悼 C
11/12	**総理誕辰記念日**	国慶 A
12/5	肇和兵艦挙義記念日	国慶 B
12/25	雲南起義記念日	国慶 B

注）**太字**は休日.

（一）国慶
A「全国の党・政・軍・警の各機関及び団体・学校・工廠・商店はいずれも党国旗を掲げて慶祝の意を示し，また各地の高級党部は会を召集して慶祝する.」
B「全国の党・政・軍・警の各機関及び各学校・各団体は党国旗を掲げて慶祝の意を示し，また各地の高級党部は記念会を召集する.」
（二）国恥
A「各地の高級党部は各機関・各学校・各団体の代表を召集して記念を挙行し，また全国で半旗を掲げて哀恥の意を示す.」
B「各地の高級党部は各機関・各学校・各団体の代表を召集して記念を挙行する.」
（三）哀悼
A「全国で半旗を掲げて哀悼の意を示し，また娯楽・宴会を一日停止する．正午に全国で五分間黙禱する．各地の高級党部は民衆大会を召集する.」
B「各地の高級党部は民衆大会を召集し，全国で半旗を掲げて哀悼の意を示す．正午に全国で五分間黙禱する.」
C「各地の高級党部は全党員を召集して記念を挙行する．民衆団体は代表を派遣して参加してもよい.」
（四）民衆運動
A「各地の高級党部は各機関・各学校・各団体の代表を召集して記念を挙行する.」
B「各地の高級党部は全党員を召集して会を開き記念する．民衆団体は代表を派遣して参加してもよい.」
C「各該当・関係団体は記念大会を挙行する．各地の高級党部は人員を派遣して指導する．各機関は代表を派遣して参加してもよい.」

は民衆団体の代表を召集すると規定されている。

この「革命紀念日紀念式」及び「革命紀念日簡明表」の編成過程では様々な意見が提起されており、そこから国民党の記念日政策の意図を読み取ることができる。

例えば「沙基惨案国恥記念日」「雲南起義記念日」は最初の案には存在せず、訓練部が整理を行った際に付け加えられたもの

である。[37]

原案の整理を行った李文範の報告には次のような意見が見える。「「革命紀念日紀念式」原文の儀式の一項には、婦女・労働・学生の諸記念日を除き、「各界代表が開会して記念する」とあるが、臨時の組織であるとはいっても、紛岐を免れるためいずれも「党部が召集する」と改め、統一を示す」「「革命紀念日紀念式」原文は儀式挙行時に「各地党部が召集する」とあるが、いずれも「各地」の二字の下に「高級」の二字を加え争執を免れるようにする」。これらから、国民党以外が主体となる活動を認めず、記念日の全ての活動を中央党部が統一的に管理するという意図がうかがえる。また、「「革命紀念日紀念式」原文の列挙する儀式は、いずれが重要か区別はあるといっても、なお明白でない嫌いがある。……例えば「娯楽・宴会を停止する」ことを「総理逝世」に限って規定し、厳粛さを示す」という意見は、これらの記念日のより明確な序列化を意図したものである。

また、「総理第一次起義記念」はこの李文範によって新たに加えられたものだが、その理由として次のような意見が付されている。「「総理の挙義はこれが最初である。時は清光緒乙未年九月九日〔一八九五年十月二十六日〕であるので、これにしたがって加える。ただし名称を「総理第一次挙義記念日」とするかあるいは「陸皓東先生等殉国記念日」とするかは討論を請う」。ここでもまた、陰暦の日付を陽暦に移して記念日とするという方法が取られている。また、これは同一の事件に対し、国民党がどのような公式の意味づけを与えたかを示す事例でもある。

この他、「革命記念日は国恥の面で〔一八五八年〕六月二十六日の〔中英〕天津条約の記念を挙げていない。この条約は各国が在華領事裁判権を取得した開端であり、領事裁判権の完全な取り消し以前には、記念して忘れないようにすべきである」として「天津条約の記念」を主張する意見もあったが、採用されなかった。[38] 清末の不平等条約を重視する見方は、教育部の『民国十八年度国民暦』に通じるものである。

以後、この「革命紀念日紀念式」及び「革命紀念日簡明表」は毎年の『国民暦』に収録され、それによって国民党・国民政府の記念日体系が一元化されることとなる。

それ以外にも、この「革命紀念日紀念式」及び「革命紀念日簡明表」は様々な媒体を通じて宣伝された。例えば同年の八月十四日、浙江省執行委員会から中央執行委員会に、教育部を通じて、全国の書店に、暦書・日暦・日記に「革命紀念日紀念式」及び「革命紀念日簡明表」を印刷するよう命じることを請う書簡が届いている。浙江省執行委員会は「「革命〔紀念日〕紀念式」及び「革命紀念日簡明表」は、すでに各級党部に頒発して施行し、党部が責任を負って処理しているものの、宣伝の効果は、僅かに一時に及ぶのみで、一般の民衆は、「景過ぎて情遷る」〔のどもと過ぎれば熱さを忘れる〕ことを免れ難く、その印象は深くない。かつ党部の宣伝の未だ及ばない地にあっては、民衆にはさらに影響はまったく無い」という現状に対し、「この種の宣伝の助けとなるものとして、暦書・日暦・日記にしくものはない。この三つは人生終日常覧常用の物であり、もし政府が各書店に命じて、これらの表をその中に印刷させれば、人民が調べたいときに、それを見ることができる。調べない場合も、それが時に目に映ることになる」と主張した。中央執行委員会はこの提案を国民政府に転送、国民政府は八月二十九日に行政院に実施を命じている(39)。

さらに翌一九三〇年には、上海市教育局が教育部に次のような提案を行っている。「小学校は国民革命記念節日において児童にその意義を理解させるのに、慣例として補充読物を与えているが、この類の教材はこれまでいずれも各校の担任教員が臨時に選択しており、思想が一貫しておらず、分量が適当でないことは言を待たない。本局はこれに鑑み、ここに特に人員を派遣して小学校低学年児童用の革命記念節日補充読物十種十冊を編集したので即ちに発行を請う」。教育部は「その内容は、取材が児童の需要に適応するうえ、挿図もまた精密である」と非常に高く評価し、若干の修正を行った上で「教育部審査准予発行」と明記して刊行することを許可している(40)。

二　記念日と「国暦」

民国初年の国慶日の決定の際に議論になったように、近代中国の革命記念日は暦法の問題と深く関わっていた。左玉河によれば、中華民国成立の際に暦法は陽暦に改められたが、その後北京政府の教育部観象台が作成した暦には一貫して陽暦・陰暦が併記され、民間では商業上の決算や農作業、冠婚葬祭などが陰暦に基づいて行われ続けた。その結果、北京政府期には政府機関・学校・民衆団体・新聞社といった上層社会は陽暦を採用し、農民・都市商人など下層社会は陰暦を使用するという暦法上の「二元社会」が形成された(41)。これに対し、国民党・国民政府が陽暦を社会生活全般に徹底する試みを本格的に開始したのがこの時期であった(42)。

一九二七年一月、陰暦の新年を前に広州の国民革命軍総司令部総政治部は連席会議を開き、廃除旧暦運動委員会の組織を決定した。同委員会は党・政府に対し、各機関・団体・学校に命じて陰暦の元旦を休日として年越しをすることを禁止し、陽暦・陰暦を併記した出版物を禁じて陽暦のみの新しい暦書を発行し、商業上の決算も陽暦の毎月末に行わせるようにすることなどを要請した(43)。これが国民党・国民政府による陰暦禁止・陽暦普及の試みの始まりである。

南京国民政府成立後、教育行政委員会内に時政委員会を設置、暦書の編纂を開始する。同年九月に完成し、内政部・教育部から頒布された一九二八年の暦が、国民政府が編纂した最初の暦とされる(44)。

このような動きの中、国民政府の首都となった南京特別市も十月九日の第六次市政会議で民間で一律に陽暦を使用するよう布告することを決定、市公安局が十月二十八日・十一月五日の二度にわたり南京総商会・下関商埠商会・南京特別市商民協会・南京特別市総工会・江蘇農民協会の代表を召集、意見聴取を行った。しかし、商会代表らは決算や各種契約、労働者の賃金支払いが陰暦を基準としていることなどを理由に陽暦の全面的な使用に反対、意見の一致を見なかった。そのため市政府はやむを得ず「いかんせん民間の長年の習慣は甚だ深く、一時ににわかに改革するのは容易ではない」として、国民政府に陽暦使用の宣伝と、陽暦・陰暦併記の暦書の出版禁止を要請するに止めている(45)。

実際に国民政府も十月二十五日に各省政府に対し、公私を問わず一律に陽暦を使用することを命じており[46]、同年末には江蘇省政府民政庁も各県に陽暦に従うよう命令を発している[47]。ただ、この時点ではこれらの命令は直接的な強制力をもつものではなかった。

一九二八年、内政部長薛篤弼が「旧暦」の廃止と「新暦」=「国暦」の普及を求める「普用国暦辦法」の草案を国民政府に提出、十月二十三日の国民政府第三次国務会議は、この問題について行政院で審議することを決めた[48]。行政院第二次会議はこの問題について、「国暦の制定・発行・印刷」「旧暦・新旧暦対照表・月份牌〔カレンダー〕及び旧暦の附属した鬼神の画などの密売禁止」「国暦に規定されたもの以外は、旧暦の節句には一律に旧俗通り休日とすることを許さない」「一切の旧暦の正月や節句の娯楽・宴会及び習俗上の飾りつけの品・商売品は一律に国暦の日付に依拠して挙行するように改良するよう指導する」「商店の会計決算及び休息時間などの改正」「人民に国暦に依拠して利息の収支及び財産上の契約などを行うよう命じる」「農民の用いる廉価な月份牌・月份表を作成する」「国暦実行の大規模宣伝並びに特に注意すべき冠婚葬祭上の迷信の排除や冠婚葬祭の手引き及び訃報に旧暦を用いることの取り締まり」について、それぞれ教育部・内政部・工商部・財政部が取り組むことを決めた。

国民党・国民政府の暦法政策は、公的な場に止まらず、私的な空間においても一切の陰暦の使用を禁じることで、陰暦そのものを消滅させようとするものであった。これを受け、国民党宣伝部が党側の活動を定めた「中央対普用新暦廃除旧暦協助辦法」を作成している[49]。

以上の決定を受けて教育部が編纂したのが前述の『中華民国十八年国民暦』である。四十頁弱の線装本で、見開き上段が一カ月分の暦となっており、太陽の南中時間、曜日、干支と「時令紀要」の欄がある。「時令紀要」には前述の各種記念日の他、二十四節気と月の満ち欠けが書かれている。また、下段には毎月異なる「総理遺訓」が記載されている（図9-1）。この他、節気を示した「中華民国十八年節気時分表」「中華民国十八年節気太陽出入表」と、日

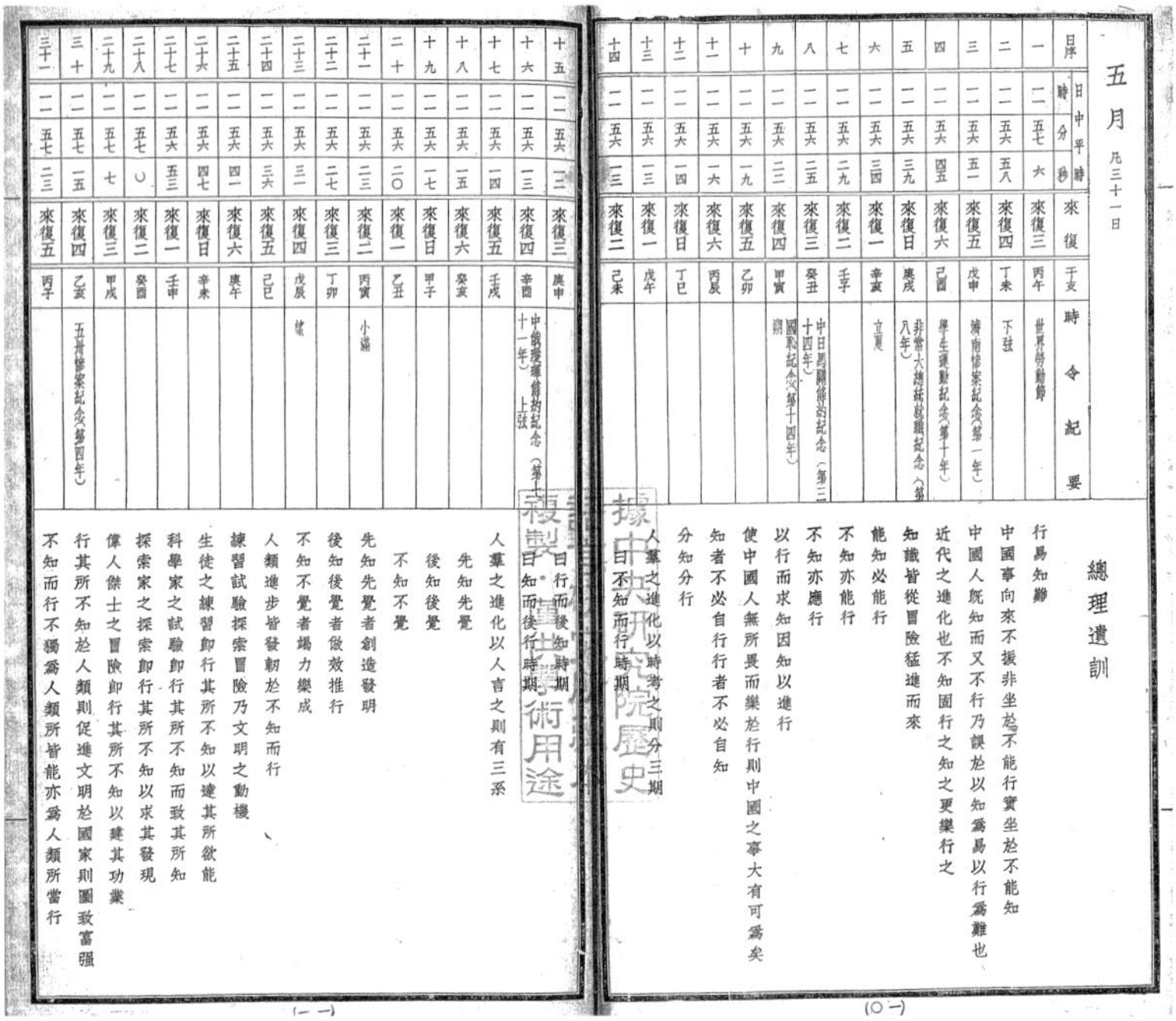

五月　凡三十一日

日序	日中平時 時	分	秒	來復	干支	時令紀要
一	一二	五七	六	來復三	丙午	世界勞動節
二	一二	五六	五八	來復四	丁未	下弦
三	一二	五六	五一	來復五	戊申	濟南慘案紀念（第一年）
四	一二	五六	四五	來復六	己酉	學生運動紀念（第十年）
五	一二	五六	三九	來復日	庚戌	非常大總統就職紀念（第八年）
六	一二	五六	三四	來復一	辛亥	立夏
七	一二	五六	二九	來復二	壬子	
八	一二	五六	二五	來復三	癸丑	中日馬關條約紀念（第三十四年）
九	一二	五六	二二	來復四	甲寅	國恥紀念（第十四年） 朔
十	一二	五六	一九	來復五	乙卯	
十一	一二	五六	一六	來復六	丙辰	
十二	一二	五六	一四	來復日	丁巳	
十三	一二	五六	一三	來復一	戊午	
十四	一二	五六	一三	來復二	己未	
十五	一二	五六	一三	來復三	庚申	
十六	一二	五六	一三	來復四	辛酉	中俄璦琿條約紀念（第七十一年） 上弦
十七	一二	五六	一四	來復五	壬戌	
十八	一二	五六	一五	來復六	癸亥	
十九	一二	五六	一七	來復日	甲子	
二十	一二	五六	二〇	來復一	乙丑	
二十一	一二	五六	二三	來復二	丙寅	小滿
二十二	一二	五六	二七	來復三	丁卯	
二十三	一二	五六	三一	來復四	戊辰	望
二十四	一二	五六	三六	來復五	己巳	
二十五	一二	五六	四一	來復六	庚午	
二十六	一二	五六	四七	來復日	辛未	
二十七	一二	五六	五三	來復一	壬申	
二十八	一二	五七	〇	來復二	癸酉	
二十九	一二	五七	七	來復三	甲戌	
三十	一二	五七	一五	來復四	乙亥	五卅慘案紀念（第四年）
三十一	一二	五七	二三	來復五	丙子	

總理遺訓

行易知難
中國事向來不振非坐於不能行實坐於不能知
中國人既知而又不行乃誤於以知爲易以行爲難也
近代之進化也不知固行之知之更樂行之
知識皆從冒險猛進而來
能知必能行
不知亦能行
不知亦應行
以行而求知因知以進行
使中國人無所畏而樂於行則中國之事大有可爲矣
知者不必自行行者不必自知
分知分行
人羣之進化以時考之則分三期
日不知而行時期
日行而後知時期
日知而後行時期
人羣之進化以人言之則有三系
先知先覺
後知後覺
不知不覺
先知先覺者創造發明
後知後覺者倣效推行
不知不覺者竭力樂成
人類進步皆發軔於不知而行
練習試驗探索冒險乃文明之動機
生徒之練習卽行其所不知以達其所欲能
科學家之試驗卽行其所不知而致其所知
探索家之探索卽行其所不知以求其發現
偉人傑士之冒險卽行其所不知以建其功業
行其所不知於人類則促進文明於國家則圖致富强
不知而行不獨爲人類所皆能亦爲人類所當行

（〇一）　（一一）

図 9–1　国民政府行政院教育部頒布『中華民国十八年国民暦』上海，中華書局，出版年不詳

食を示した「中華民国十八年五月九日日偏食時分方位表」「中華民国十八年五月九日日偏食図表」が収録されている。また，表紙裏には「総理遺像」，裏表紙には「国民政府建国大綱」「総理遺嘱」が三色刷りで印刷されている。

これ以降，『国民暦』は国民政府の公式の暦として毎年発行され，その暦法政策の中心に位置づけられることになる。翌一九三〇年の『国民暦』発行に際して，宣伝部は中央執行委員会に，従来「各地の書局が印刷・発行する暦書は，みな陰陽合暦であった」ことに鑑み，「以後は暦書にはもはや旧暦を付して国暦の推進をさまたげてはならない」と取り締まりを要請した。中央執行委員会はこの要請を国民政府に転送，国民政府は一九二九年七月二日，各省・市政府に，各書局・印刷所に「十九年暦書及び日暦内に旧暦を添付印刷することをゆるさず，それによって国暦の推進を利する」よう通達することを命じた(50)。しかしこの後，この規定をかいくぐって、上海の国粋書局の『二百年陰陽歴〔ママ〕対照全書』や、出版元不明の『民衆日用百年国歴便覧』といった陰陽暦の対照表が流通しているのが見つかった。これに対し宣伝部は「一つには公然と廃歴と国歴を並列するものであり、一つには人に陰歴を調べることができると暗示するものであり、いずれも廃歴を留伝させる資料であり、実に国歴の推行に害がある」として、上海特別市党部に命じて未販売の『二百年陰陽歴対照全書』を焼却させるとともに、各省・市党部及び各省・市政府に取り締まりを強化するよう命じている(51)。陰暦を「留伝」すらさせず、社会から完全に消滅させようという強烈な意志を感じさせる。

同年九月の中央執行委員会常務委員会で宣伝部はさらに、商店の決算、民間の契約、文書帳簿などはこれまで陰暦を用い、あるいは「国暦」と陰暦を併用してきたが、これは殊に「国暦」の推進を妨げるものなので、すみやかにすべて取締まらなければならない。そのため一九三〇年一月一日以降、これらについて「国暦」を用い、陰暦を併用しないばあいのみ、法律上の効力を有するとすることを提案した(52)。

前述の南京特別市の意見聴取会に見たように、陽暦普及の最大の障害は陰暦を基準とした商習慣であり、この提案はその強制的な改変を図ったものであった。

さらに翌一九三〇年五月二十七日、宣伝部は内政部・教育部・農鉱部・工商部及び中央研究院天文研究所の代表を召集して「推行国暦会議」を開催した。その決議案は、中央執行委員会常務委員会の修正を経た上で、「推行国暦辦法」として国民政府に送付された(53)。これは「廃暦新年の休日期日及び各種の儀礼・飾りつけ・娯楽等は国暦新年に移す」「各地の定期市及び廟会〔縁日〕等は一律に国暦を用いる」「廃暦の通信及び廃暦を記載した刊行物は一律に印刷・販売を禁じる」「各地の農民の耕作時期は国暦に改めて計算し指示する」「国暦の暦本・日暦・月份牌等を多く印刷して広く推進する」「凡そ商店の清算や民間の契約及び一切の文書帳簿等は一律に国暦を用いてはじめて法的な効力を持つものとする」といった内容だった。特に農民への「国暦」の普及について、「党政機関が人員を派遣して、各地の気候風土に依拠して各地の耕作時期の国暦への換算の方法を検討し、毎月の各節の農作業の状況について換算し、説明書及び図表・歌謡等を印刷して配布する」「各級政府が毎年の四季の節気や農作業の月ごとの予定を立札に書いて交通要所の道路や繁華な村落に区ごとに少なくとも四箇所以上立て、民衆に種まき・田植え・耕作・収穫などの基準を周知させる」「各処の農民補習教育及び農村小学教育において国暦の毎月の農作業に対する指示に注意し、またこれらの材料を検討して教科書中に編入し、各地の農民のこれに対する理解を深める」といった具体的な指示が含まれていることが注目される(54)。

左玉河によれば、国民党・国民政府の以上の施策、とりわけ契約や家賃の支払い、商店の決算などを陽暦で行うよう義務づけたことは社会に一定の影響を及ぼし、少なくとも沿海の大・中規模都市の住民の多くは陽暦を受け入れることとなった(55)。

ただもう一つ、これらの決定によって陰暦の節日の休日や祝祭が無くなることに対する抵抗も、陽暦普及のネックとなっていた。例えば民国初年の改暦以降も年越しが一貫して陰暦で行われ続けたことは、陽暦の普及を目指す者を悩ませ続けていた。一九三〇年の陰暦一月一日は陽暦の一月三十日だったが、江蘇省ではこの日に各機関は通常通り公務を行うこととなっていた。しかし江蘇省党務整理委員会は、多くの職員が理由を作って欠勤したことを報告している。この日の午後に党務整理委員会の職員が省公安局に調査に行ったところ、局内には局長はじめ誰もいなかったという(56)。

このような状況を受け、一九三〇年二月二十六日、内政部・教育部は共同で次のような意見を行政院に提出している。「旧暦の廃止は、すでに本年において厳格に執行し、あらゆる旧暦の一切の節日も、これにともなって消滅した。ただ移風易俗は、漸衰漸勝〔漸進的な改良〕の道を取るべきである。……職部ら〔内政部・教育部〕がおもうにこの旧を除き新を布く際に当たっては、別に相当の代替節日を定めて、民間の休息と楽しみに供するべきである」。つまり、一九二九年に公布された「修正各機関及学校放假日期表」「学校学年学期及休假日期規程」「革命紀念日簡明表」によれば、休日とされた記念日のうち、「総理逝世」及び「七十二烈士殉国」の両記念日は国を挙げて哀悼の意を示さなければならないため娯楽とすることができず、わずかに「中華民国開国」「国慶」「国民革命軍誓師」「総理誕辰」の四つの記念日が利用できるだけである。しかしこれらの日は全て革命記念で、宣伝を重視しなければならないため、新年しかないことになる。しかしわずかに二日では、休息と娯楽の機会は限られており、一年の苦労を紛らわすことができるか疑問である。したがって従来の元宵・上巳・端陽・七夕・中元・中秋・重陽・臘八といった節日を全て廃するのは妥当ではない。ただこれらの節日の計算はこれまでいずれも旧暦に依拠していた。もし全て旧慣にならうならば、旧暦禁止の法令に抵触する。そのため、別に相当の代替節日を定め、全国に通行させるのがよい。そこでこれらの節日を全て新暦に改め、それぞれ新暦の一月一日を元旦、一月十五日を元宵、三月三日を上巳、五月五日を端陽、というように設定し、その日に民間の各種の娯楽・休息の風習を行うようにすれば、「国暦」推進の一助ともなる。よって新暦の代替節日を一九三一年の『国民暦』に掲載すべきである[57]。

行政院第六〇次会議はこの提案を国民政府に転送することとし、国民政府は三月二十一日の第六八次国務会議で文官処が審査すると決めた[58]。審査の結果、原案から七夕を削除し、端陽を「重五」、重陽を「重九」、上巳を「禊辰」、元宵を「上元」と改名するという修正を経て、三月二十八日の第六九次国務会議で行政院に送付することが決まった[59]。

同様にこの時期、昌平県執行委員会の「全国の各学校に通令して旧暦の年寒假〔正月休み・冬休み〕を廃止し、国暦の年假を実行させることを請う」との要請が、河北省党務整理委員会を通じて中央執行委員会に提出されている。これは、前年の「学校学年学期及休假日期規程」が二週間の冬休みを設けていたことについて、旧暦の「度歳」〔年越し〕の習慣を残すものであるためこれを廃止し、かわりに「国暦年假日期」〔陽暦の正月休みの期間〕を延長して各種の習俗はこの期間に行うようにするという提案だった。中央執行委員会はこれを教育部に転送、教育部は「特に国府がくりかえし国暦を実行し廃暦を禁用すると明確に命じている趣旨にしたがい、また河北省党務整理委員会のもとの文書の意図を採用し、この十数年来学校教育の大害であった冬休みを廃止することを決定した。〔民国〕十九年度より、全国の各級学校は、一律に冬休みをとることはできないこととする」とし、さらに「国暦の年假日期を三週間に延長し、一般の民衆に、以前の廃暦の年末年始のあらゆる祭祀・慶賀・宴会・娯楽・休息の各習俗は、一律にこの年假期間中に挙行することができるようにする」ことを中央執行委員会秘書処に提案した。教育部はさらに「修正学校学年学期及休假日期規程」を作成、行政院の許可を得て一九三〇年三月二十四日に各省教育庁・各特別市教育局、国立・私立の各専科学校・大学に送付、同年八月一日の新年度から施行するよう命じた(60)。

同年には南京市執行委員会も「国府に命じて京内外の各機関に通達し廃暦の正月・節句の宴会を厳禁し、国暦を重んじさせる」ことを中央執行委員会に要請している。中央執行委員会はこれを国民政府に転送、七月四日に行政院が各部・会・省・市にこれに従うよう命じている(61)。

同年末には、中央執行委員会はさらに国民政府に「国暦を提唱し、慶祝の範囲を拡大し、人民の習俗をかえるため、国暦の新年休暇の期日を、十二月三十一日から一月四日の五日間に改定し、旧暦の新年には、各界は一律に休業をゆるさない」ことを通達、国民政府は十二月二十日に各院・部・処・会にこれに従うよう命じている(62)。

以上から、国民党・国民政府の「国暦」普及政策が、一九二九年から一九三〇年にかけての革命記念日の体系化と並行して行われたことがわかる。

三　削減と修正——一九三〇年度以降

一九二九年の「革命紀念日紀念式」及び「革命紀念日簡明表」によって国民党・国民政府の革命記念日体系は一応の完成を見た。しかしこれらが国民革命期に党が参画した記念活動をほぼ網羅した結果、年間の記念日が二十八日に及んだことに対しては、当初から煩雑であるという意見が多かった。

〔民国〕十八年七月一日の本会第二〇次常会を通過した革命紀念日簡明表及び革命紀念日紀念式は、頒布施行以来、およそ革命記念の期日の確定、名称の統一、儀式の繁雑なものと簡略なものの区別、宣伝要点の指示について、みな明文規定があり、その宣伝の統一に裨益し、国人の観察後の印象に影響することは実に浅くない。ただ施行以来、各地の報告原案によれば、なお未だもっとも妥当であるとはいえないところがある。（一）記念日の数が過多で、転じて記念の意義を増進することができないということになっている。（二）相類似する記念日が重複し過ぎ、転じて意義を減少させるということになっている、等。したがってふたたび修正を加える必要がある。

そのため、一九三〇年五月の中央執行委員会常務委員会で、蔣介石・呉稚暉・王寵恵・胡漢民・譚延闓・鄧沢如・古応芬・戴季陶・邵元冲・葉楚傖・林森・張継ら十二委員が修正草案の審査を行うことになった[63]。胡漢民らの修正案をさらに宣伝部が整理した「革命紀念日簡明表」の修正案と、「革命紀念日紀念式」を改訂した「革命紀念日史略及宣伝要点」の草案が七月の同会を通過[64]。国民政府第八六次国務会議でその施行が決まり、新年度の開始を翌日に控えた七月三十一日に公布された[65]。これによって、革命記念日を国定記念日と本党記念日に分けた他、次のような修正がなされた。

①「国際婦女節」（三月八日）・「国際労働節」（五月一日）・「学生運動記念日」（五月四日）を削除。

②「国民政府建都南京記念日」（四月十八日）・「国民政府成立記念日」（七月一日）を「総理就任非常総統記念日」（五月五日）に統合し「革命政府記念日」と改称。休日とする[66]。

③「済南惨案国恥記念日」（五月三日）・「上海惨案国恥記念日」（五月三十日）・「沙基惨案国恥記念日」（六月二十三日）・「南京和約国恥記念日」（八月二十九日）・「辛丑条約国恥記念日」（九月七日）を「二十一条国恥記念日」（五月

九日）に統合し「国恥記念日」と改称。
④「七十二烈士殉国記念日」（三月二十九日）を清末の蜂起における「先烈」全体の記念日とし「革命先烈記念日」と改称。

この統廃合によって革命記念日は年間十八、うち国定記念日が八（うち休日七）、本党記念日が十となった（表9－7）。ただし、「国際婦女節」「国際労働節」はこの後も『国民暦』に記載され、党・国家全体の記念日ではなく、それぞれの帰属集団ごとの記念日として記念活動が行われていくことになる。(67)『国民暦』に記載されなかった「五四」や「五三〇」も基本的には同様である。

前年の「革命紀念日紀念式」がほぼ全ての記念活動を「各地の高級党部」が主催するとしていたのに対し、国定記念日の記念集会は「各地の党・政・軍・警の各機関・各団体・各学校」がそれぞれ開くとした点も変更と言える。ある意味あまりに理念的だった前年の規定を、実際の試行を経て調整したものと言ってもよいだろう。

各記念日に行われる儀式に関する記述の形式も統一され、これ以後基本的にはこの「革命紀念日簡明表」及び「革命紀念日史略及宣伝要点」に依拠して国民政府の革命記念日に関する政策は施行されていくことになる。これらは前述のように毎年の『国民暦』に収録された他、一九三一年六月二日に教育部が再度修正公布した「修正学校学年学期及休假日期規程」も、この「革命紀念日簡明表」に依拠して各級学校の毎年の「記念假」を定めている。「各級学校〔民国〕二十年度学校暦」も同様である。(68)

ただし「革命紀念日簡明表」及び「革命紀念日史略及宣伝要点」については、以後も頻繁に儀式内容の修正や記念日の追加が行われている。

第四届中央執行委員会常務委員会第一四七次会議（一九三四年十一月十五日）修正(69)

①「革命政府記念日」（五月五日）・「国民革命軍誓師記念日」（七月九日）・「総理逝世記念日」（三月十二日）を休日から平日に変更。

②「雲南起義記念日」（十二月二十五日）を本党記念日から国定記念日に変更。「各地の高級党部は各界記念大会を召集開催する」と規定。

③「先烈黄克強先生逝世記念日」（十月三十一日）を本党記念日に追加。

休日の削減は、「現在の学校は休日が多すぎ、殊に学業の妨げとなるので、以後各種記念日に学校は休日とすべきでない」という孫科の意見による[70]。また「先烈黄克強先生逝世記念日」の規定は、一九三四年一月二十五日の第四届中央執行委員会第四次全体会議第四次会議に提出された張継・覃振・何成濬・張知本の臨時提議による[71]。

表 9-7　「革命紀念日史略及宣伝要点」「革命紀念日簡明表」『国民政府公報』第 535 号, 1930 年 8 月 1 日

1/1	**中華民国成立記念日**	国定記念日 A
3/12	**総理逝世記念日**	国定記念日 C
3/18	北平民衆革命記念日	本党記念日
3/29	**革命先烈記念日**	国定記念日 D
4/12	清党記念日	本党記念日
5/5	**革命政府記念日**	国定記念日 B
5/9	国恥記念日	国定記念日 E
5/18	先烈陳英士先生殉国記念日	本党記念日
6/16	総理広州蒙難記念日	本党記念日
7/9	**国民革命軍誓師記念日**	国定記念日 B
8/20	先烈廖仲愷先生殉国記念日	本党記念日
9/9	総理第一次起義記念日	本党記念日
9/21	先烈朱執信先生殉国記念日	本党記念日
10/10	**国慶記念日**	国定記念日 A
10/11	総理倫敦蒙難記念日	本党記念日
11/12	**総理誕辰記念日**	国定記念日 B
12/15	肇和兵艦挙義記念日	本党記念日
12/25	雲南起義記念日	本党記念日

注）**太字**は休日.

国定記念日：

A「全国で一律に旗を掲げ装飾を施し灯篭を掲げ慶祝の意を示す．各地の党・政・軍・警の各機関・各団体・各学校はいずれもそれぞれ集会して慶祝し，また各地の高級党部は各界慶祝大会を召集開催する.」

B「全国で一律に旗を掲げ慶祝する．各地の党・政・軍・警の各機関・各団体・各学校はいずれもそれぞれ集会して記念し，また各地の高級党部は各界記念大会を召集開催する.」

C「全国で一律に追悼記念を挙行し，娯楽・宴会を停止する．各地の党・政・軍・警の各機関・各団体・各学校はいずれもそれぞれ集会して記念し，また各地の高級党部は各界記念大会を召集開催する.」

D「各地の高級党部は当地の各機関・団体・学校を召集し，それぞれ革命のために死んだあらゆる烈士を祭祀し，また記念大会を挙行する.」

E「全国の党・政・軍・警の各機関・団体・学校は一律にそれぞれ集会して記念し，娯楽・宴会を停止し，また当地の高級党部は民衆大会を召集開催し，不平等条約廃除運動を併催する.」

本党記念日：「各地の高級党部は党員を召集して会を開き記念する．各機関・団体・学校は代表を派遣して参加してもよい.」

第四届中央執行委員会常務委員会第一六四次会議（一九三五年三月二十八日）修正(72)

①「総理逝世記念日」（三月十二日）を再び休日に変更。

②「総理逝世記念日」・「国恥記念日」（五月九日）に「全国で一律に半旗を掲げる」と加筆。

③「雲南起義記念日」（十二月二十五日）に「全国で一律に旗を掲げ記念する」と加筆。

④「北平民衆革命記念日」（三月十八日）・「先烈陳英士先生殉国記念日」（五月十八日）・「先烈廖仲愷先生殉国記念日」（八月二十日）・「先烈朱執信先生殉国記念日」（九月二十一日）、「先烈黄克強先生逝世記念日」（十月三十一日）に「各党・政・軍・警の機関・学校・団体で一律に半旗を掲げ哀悼の意を示す」と加筆。

⑤「清党記念日」（四月十二日）・「総理広州蒙難記念日」（六月十六日）・「総理第一次起義記念日」（九月九日）・「総理倫敦蒙難記念日」（十月十一日）・「肇和兵艦挙義記念日」（十二月十五日）に「各党・政・軍・警の機関・学校・団体で一律に旗を掲げ記念する」と加筆。

旗の掲揚に関する規定の追加は、「華洋雑処の各大都市、各外国駐華使館も国際友誼を示すため、また多く我国にしたがって旗を掲げ記念するため、景観に関係すること、最も重要である」という宣伝委員会の提議による。(73)

第四届中央執行委員会常務委員会第一八四次会議（一九三五年八月十五日）修正(74)

①「革命先烈記念日」（三月二十九日）に「全国で一律に半旗を掲げる」と加筆。

第四届中央執行委員会常務委員会第一八八次会議（一九三五年九月十二日）修正(75)

①「先烈鄧仲元先生殉国記念日」（三月二十三日）を本党記念日に追加。

表 9–8　1927–1930 年国民党・国民政府記念日規定対照表

	革命史上的重要紀念日（序言 1927/8/11）	党国旗使用条例草案 1928/10/24	中華民国十八年国民暦（1928/10 以降）	革命紀念日簡明表 1929/7/1	革命紀念日簡明表 1930/7/10	事由
1/1	南京政府成立記念	共和政府成立記念日	建国記念	**中華民国成立記念日**	**中華民国成立記念日**	1912 中華民国成立
1/3			漢口惨案記念			1927 英兵が演説会に発砲
2/7	二七記念	京漢鉄路工会惨案記念日				1923 呉佩孚がストを弾圧
2/24			中俄伊犂条約記念			1881 締結
3/6			膠澳条約記念			1899 膠州湾租借条約締結
3/8	三八記念	国際婦女節		国際婦女節		1910 成立（国際女性デー）
3/12	総理逝世記念	総理逝世記念日	総理逝世記念	**総理逝世記念日**	**総理逝世記念日**	1925 孫文死去
3/17			中英蔵印条約記念			1890 締結
3/18	三一八記念	『三一八』惨案記念日		北平民衆革命記念日	*北平民衆革命記念日*	1926 段祺瑞がデモを弾圧
3/24			南京惨案記念			1927 南京事件
3/27			中俄旅大条約記念			1898 旅順大連租借条約締結
3/29	黄花崗七十二烈士記念	七十二烈士殉国記念日	黄花崗烈士殉国記念	**七十二烈士殉国記念日**	**革命先烈記念日**	1911 黄華崗蜂起失敗
4/12		清共護党記念日		清党記念日	*清党記念日*	1927 蔣介石クーデター
4/18			国民政府遷都南京記念	国民政府建都南京記念日		1927 南京国民政府成立
4/25			旅大租界専条記念			1899/5/7 締結
5/1	五一記念	国際労働節	世界労働節	国際労働節		1884 成立（メーデー）
5/3		済南惨案国恥記念日	済南惨案記念	済南惨案国恥記念日		1928 済南事件
5/4	五四記念	学生運動記念日	学生運動記念	学生運動記念日		1919 五四運動

5/5	五五記念	総理就任非常総統記念日	非常大総統就職記念	総理就任非常総統記念日	革命政府記念日	1921「正式政府」成立
5/7	五七記念					1919 二十一カ条要求最後通牒
5/8			中日馬関条約記念			1895 下関条約締結
5/9	五九記念	二十一条国恥記念日	国恥記念	二十一条国恥記念日	国恥記念日	1919 二十一カ条要求受諾
5/16			中俄瑷琿条約記念			1858 締結
5/18	陳英士先生記念	陳英士先生殉国記念日		陳英士先生殉国記念日	*先烈陳英士先生殉国記念日*	1914 陳其美暗殺
5/30	五卅記念	「五卅」惨案国恥記念日	五卅惨案記念	上海惨案国恥記念日		1925 五三〇事件
6/3	六三記念					1919 学生運動弾圧
6/9			中法越南条約記念 中英香港界址条約記念			1885 天津条約締結 1898 九龍租借条約
6/11			漢口惨案記念			1925 英兵がデモに発砲
6/16	総理広州蒙難記念	総理広州蒙難記念日		総理広州蒙難記念日	*総理広州蒙難記念日*	1922 陳炯明クーデター
6/18			中美天津条約記念			1858 締結
6/23	六二三記念		沙基惨案記念	沙基惨案国恥記念日		1925 英兵がデモに発砲
6/26			中英天津条約記念			1858 締結
6/27			中法天津条約記念			1858 締結
7/1	国民政府成立記念	国民政府成立記念日	国民政府在広州成立記念 威海衛専条記念	国民政府成立記念日		1925 広東国民政府成立 1898 威海衛租借条約締結
7/9			国民革命軍総司令就職記念	**国民革命軍誓師記念日**	**国民革命軍誓師記念日**	1926 蔣介石，国民革命軍総司令就任
7/15	北伐記念	北伐誓師記念日				1926/7/14 出師宣言

7/24			中英緬甸条約記念			1886 締結
8/20	廖仲愷先生記念	廖仲愷先生殉国記念日		廖仲愷先生殉国記念日	*先烈廖仲愷先生殉国記念日*	1925 暗殺
8/29		南京和約国恥記念日	中英江寧条約記念	南京和約国恥記念日		1842 中英南京条約締結
9/5	九五記念		万県惨案記念			1926 英艦が四川万県を砲撃
9月第一日曜	少年国際記念					1915 成立（国際青年デー）
9/7	九七記念	辛丑条約国恥記念日	辛丑条約記念	辛丑条約国恥記念日		1901 北京議定書調印
9/9				総理第一次起義記念日	*総理第一次起義記念日*	1895 広州蜂起未遂
9/13			中英芝罘条約記念			1876 締結
9/21	朱執信先生記念	朱執信先生殉国記念日		朱執信先生殉国記念日	*先烈朱執信先生殉国記念日*	1920 暗殺
10/10	双十節記念	国慶記念日	革命記念	**国慶記念日**	**国慶記念日**	1911 武昌蜂起
10/11		総理倫敦蒙難記念日		総理倫敦蒙難記念日	*総理倫敦蒙難記念日*	1895 ロンドン公使館監禁事件
10/16			広州湾租界条約記念			1899/11/16 広州湾租借条約締結
10/24			中英北京条約記念			1860 締結
10/25			中法北京条約記念			1860 締結
11/12	総理誕生記念	総理誕辰記念日	総理誕辰 中法広州湾条約記念	**総理誕辰記念日**	**総理誕辰記念日**	1866 孫文誕生 1899/11/16 広州湾租借条約締結
11/14			中俄北京条約記念			1860 締結
12/5				肇和兵艦挙義記念日	*肇和兵艦挙義記念日*	1915 陳其美の反袁蜂起失敗
12/25		雲南起義記念日		雲南起義記念日	*雲南起義記念日*	1915 雲南護国軍蜂起

注）**太字**は休日，*斜体*は本党記念日．

鄧鏗（仲元は字）は「正式政府」の粤軍参謀長兼第一師長で、一九二二年三月二十一日に陳炯明の部下に銃撃され、同二十三日に死亡した。一九三五年七月八日、国民党中央執行委員会西南執行部常務委員会第一七六次会議で陳済棠・劉蘆隠・劉紀文・崔広秀が「鄧仲元先生革命記念日」の制定を中央に提案することを決定。七月二十五日の中央執行委員会常務委員会第一八一次会議で、宣伝委員会に「革命紀念日簡明表」に追加させることとなった(76)。宣伝委員会が起草した「紀念鄧仲元先生辦法」も同じ常務委員会第一八八次会議を通過している。

この他、一九三七年三月の中央執行委員会常務委員会で、前年に死去した胡漢民を記念するため五月十二日を「胡展堂先生逝世記念日」とすることを決定(77)、宣伝部に「革命紀念日簡明表」「革命紀念日史略及宣伝要点」に追加することを命じている(78)。宣伝部は「胡展堂先生逝世紀念辦法」を起草(79)、常務委員会を通過した(80)。しかし、日中戦争の影響と思われるが、実際にはこの「胡展堂先生逝世紀念日」を「革命紀念日簡明表」及び「革命紀念日史略及宣伝要点」に追加する修正は行われなかった。

また満洲事変については、直後の一九三一年九月二十三日に浙江省杭県執行委員会が九月十八日を「国難日」と定めることを要請したが、中央執行委員会常務委員会は「追って議論する」としたのみで(81)、同年十一月の第四次全国代表大会にも程天放・劉峙・何応欽らがこの日を「中華民国国難記念日」に定めるという臨時動議を行ったが、やはり「国難記念日問題は暫くは決定しない」とされた。翌一九三二年には中央執行委員会常務委員会が「九一八国難週年紀念辦法」を制定しており(82)、一九三三年には陸軍第一・二・三師特別党部が「九一八」を国恥記念日に定めることを中央に要請しているが(83)、結局この日について恒久的な形で毎年の記念儀式の開催法を規定するということは行われていない。

したがって、変更点は「先烈記念日」の追加を除けばほとんど条文の党旗国旗・半旗掲揚に関する規定の追加程度に止まるもので、一九三〇年七月の「革命紀念日簡明表」及び「革命紀念日史略及宣伝要点」以降大幅な改変はない。そのため国民政府の革命記念日体系はこの時点でほぼ完成を見たということができる。

四　孔子誕生記念日

ただ、国民政府の公的な記念日が革命記念日だけだったわけではない。その例として『国民暦』にも記載された孔子誕生記念日が挙げられる。中華民国における孔子崇拝の問題はそれ自体非常に大きなテーマのため、本書の内容に関わる部分についてのみ触れるに止める。

もともと国民革命期の国民党・国民政府は孔子の祭祀について基本的に廃止の方針を取っていた。例えば一九二七年三月、長沙県党部は「学宮〔孔子廟〕が春秋に祭礼を挙行するのは、専制時代・封建思想の遺物であり、孔子は君権の擁護者と見なされたので、専制君主に尊崇されたのである……現在革命の時期にあたり、すみやかに封建思想を打破し、民主政治を建設しなければならない。したがって封建政治を代表する領袖はすでに尊崇する必要はない」として同県政府に対し孔子祭祀の廃止を要請した。これによってこの年の上巳〔陰暦三月三日〕の孔子祭祀は中止され、湖南省党部もこれを「甚だ正当である」とし、他の各県にも春秋の典礼の停止を命じている[84]。

南京国民政府成立後も基本的にはこの方針が踏襲された。一九二八年二月十八日には大学院がやはり、孔子の「人格・学問」を評価しつつも、「ただ尊王忠君の一点で、歴代の専制帝王は〔孔子を〕師表として利用してきた。……実に現代の思想自由の原則、そして本党の主義と大いに背反する」として、春秋の上丁〔陰暦二月と八月上旬の丁の日〕に行われてきた孔子祭祀の廃止を各大学・各省教育庁・各特別市教育局に命じている[85]。

この方針が転換するのは同年後半以降である。孔子の誕生日は陰暦八月二十七日とされるが、一九二八年の陰暦八月二十七日は陽暦十月十日に当たった。そこでこれに先立って湖南省主席魯滌平と湖南省政府委員何鍵は、国民政府に電報で「孔子誕日を記念日とし、全国で一律にしたがわせ、またこの日に記念式を挙行する時、孔子の言行・事蹟について講演する」ことを要請した。国民政府から検討を命じられた大学院・内政部は「孔子誕日を記念日とし、儀式を規定して全国各学校に通行して全体でしたがわせる」べきと回答する。しかし十月六日、国民政府は最終的に「孔子誕日を記念日と定めることは行うべきだが、儀式を規定する必要はない」と決定、大学院・内政部から全国に公布した。(86) そのためこの年の孔子誕生日に、長沙では魯滌平・何鍵が省政府の経費で省政府全委員と指揮下の軍隊を動員し、前年と一転して大規模な孔子祭祀が行われたが、その儀式次第は国民政府が規定したものではなく、彼らが独自に企画したものだった。(87)

一方、教育部もこの後独自に「以後の孔子誕日には、全国の学校は、おのおの二時間授業を停止し、孔子の事蹟を講演し、記念する」と定め、十一月十七日に各省教育庁・各特別市教育局に通達した。(88) しかしこの後、前述の「国暦」推進の中、行政院第八次会議で「孔子誕生紀念」は陽暦八月二十七日に変更され、またそれを受けて一九二九年六月に教育部自身が公布したやはり前述の「学校学年学期及休假日期規程」でこの日を学校休日と定めた。そのため、一九二八年十一月の規定は一度も適用されないまま廃止された。(89) 翌一九三〇年三月二十四日に教育部が公布した「修正学校学年学期及休假日期規程」にも「孔子誕生記念」は「記念假」として記載された。(90) したがって孔子誕生日については国民政府には具体的な規定がなく、教育部の規定によって学校だけが休日となる状態が続いた。

この状況がさらに変化するのは四年後である。一九三四年五月の国民党中央執行委員会常務委員会に、蔣介石・戴季陶・汪兆銘・葉楚傖が「八月二十七日を先師孔子誕辰記念日とする」ことを提案した。議論の結果、この日を「国定記念日と定め、国民政府に交付して明令公布し、また宣伝委員会に交付して記念辦法を擬定させる」ことが決まった。(91) 宣伝委員会は内政部・教育部と協議の上「先師孔子誕辰紀念辦法」を起草して常務委員会に提出、(92) 七月二十三日に国民政府から公布された。同辦法は、陽暦八月二十七日を「先師孔子誕辰記念」とし、「この日は休日一日とし、全国各界は一律に旗を掲げて慶祝の意を示し、党・政・軍・警の各機関・各学校・各団体はそれぞれ集会を行い、また各地の高級行政機関はそれぞれ記念大会を開く」と定めた(93)。

この年の第一回「先師孔子誕辰記念」には、孔子の生地である曲阜で盛大な記念儀式が行われた。この国民政府による最初の孔子誕生日の儀式は、参加者の範囲や規模（知識人男性のみから女性を含む全国民へ）、陽暦の採用や西洋的な儀式との折衷、儀式の名称・内容の統一、三民主義と儒学の結合といった点で、従来とは全く異なるものとなった(94)。そして以後、基本的にはこの時に作り出された様式に従って毎年孔子誕生日の儀式が執り行われていくことになる。この一九三四年は、『文化建設』（国民党中央執行委員会組織委員会主任委員陳立夫が理事長を務める中国文化建設協会の機関誌）に発表された「中国本位的文化建設宣言」をめぐって中国本位文化論戦が起こり、また蔣介石が新生活運動を開始した年でもあった。国民党・国民政府の孔子祭祀に対する態度の変化もこのような当時の「中国文化の復興」という思潮との関係で理解することができる。

第五節　おわりに

政策過程を決定過程・施行過程・浸透過程に分けた場合、本章は主として決定過程について検討した。この決定過程の前提となる思想・政治・社会的背景や、その具体的な施行・浸透過程は今後明らかにしていかなければならない課題である。そのため、ここではいくつかの事例から南京国民政府期の革命記念日の施行状況の実態をうかがうに止めたい。

一九二九年、国民党・国民政府は五月三日から五月九日の一週間を「五三」「五四」「五五」「五九」の四つの記念日を合わせた革命記念週とし、記念行事を行うことにした。そのため中央執行委員会常務委員会は四月の時点ですでに「五月革命紀念週挙行辦法」を制定、頒布していた(95)。しかし、直前になって蔣介石が「国恥紀念辦法」を提案(96)、各機関に急遽次のような電報が送られた。

五月革命記念週内の五三・五四・五九の三記念日はいずれも国恥記念日であり、その挙行方法は、すでに公布した〔五月革命紀念週挙行辦法〕五条についてはすでに通達したものの、ここに中央第六次常務会議は以下の原則にもとづいて補充の〔国恥紀念辦法〕五項を決議した。つまり、国恥を記念するという意義によって、消極的に過去を回顧すべきではなく、積極的に将来を準備すべく、記念の態度については泣きわめきさわいではならず、沈痛厳粛たるべく、記念日には消極的に作業を停止してはならず、積極的に生産を増加し、それによって臥薪嘗胆、生聚教訓の精神を激励しなければならない。もっとも注意すべきは、記念の前後にはデモ行進をしてそれによってわれわれの共同の敵愾心を暴露し、敵に警戒させてはならないということである(97)。

そのため、各党部・各学校・各機関・各軍隊・各工場及び各団体は通常通り作業し休日とすることを許さず、作業時間の他に一時間を国恥記念の講演に充てることとした。また講演も各団体がそれぞれ敷地内で行い、デモ行進や遊戯をすることは許さず、標語も会場外に貼ってはならないとした。上海では淞滬警備司令部が四月三十日に軍・警各機関に無許可の集会やデモの禁止を通達、許可を得たものについても軍・警に加えて「便衣偵探」「秘密偵探」〔私服のスパイ〕を派遣し、警備区内での歩哨・巡察を強化し、緊急事態発生の場合は随時交通を遮断して付近の軍・警に報告するとした(98)。その結果、実際に市内各学校で大量の「反動宣伝品」が発見されたため、中央の命令で五月四日・九日は当初の予定を変更して記念行事自体を中止、通常通り授業を行うこととなった(99)。

ここで問題となったのは、記念日のデモや集会がナショナリズム高揚の機会となってしまい、当時進行中であった「敵」つまり日本との済南事件をめぐる交渉に影響を及ぼすこと、そしてそれを弱腰と批判する共産党の宣伝の機会となることであった。ナショナリズム喚起の最も効果的な方法は、言うまでも無く「国恥」を叫び、「敵愾心」を露にし、同胞とともに「泣きわめきさわぐ」ことに他ならない。北京政府打倒後、今度は自らが体制の側に立ち、なおかつ圧力を強める日本との交渉に当たらなければならなくなった国民党・国民政府は、自らがナショナリズムの体現者であることを証明しなければならない一方で、単純に対外強硬路線をアピールすることによってナショナリズムの支持を獲得するという戦略を取ることも困難になった。その困難さが最も端的に現れたのがこの「国恥」記念活動であった。

三週間後の五月二十八日にも、国民政府は孫文の奉安大典に先立って次のような命令を発している。

目下、総理奉安典礼は至って盛大であり、およそ国民は敬意と哀悼の意を尽くし、おのずから秩序を厳守し共に安寧を保たなければならない。……軍閥の残党・共産党分子とその陰謀擾乱の徒とは、蠢動してややもすれば常に隙を伺って妄りにほしいままにしようとする。この世界が喪に服している時に、時機を利用してデマを流して事件を起こし、民衆を扇動し治安を擾乱することを企むのを妨げるのは難しい。各地方の軍・警長官で職責の関連あるものは、所轄区域内に対して務めて全体で厳密に警備して疎かにするようなことがあってはならない。この奉安期間においては、もし仮に名義を借りて自由〔勝手〕に集会あるいは集団でデモをする者があればいずれも適切に停止させ、もし敢えて違反するのであればただちに逮捕し暫行反革命治罪法に照らして厳格に処罰しなければならない。(100)

この布告からも、国民党・国民政府が孫文の奉安大典を国民の動員に利用しようとしたのと同時に、当初から国民党以外の主体（具体的には共産党）がそれを利用することを徹底して警戒していたことがわかる。

第三章で見た民国初年の記念日をめぐる議論と南京国民政府期のそれを比較した場合、一つ大きな違いがあることに気づく。民国初年においては、国慶日は休暇や娯楽としての役割ももち、その娯楽を通じて「共和」「愛国」「尚武」といった価値を国民に伝えることが期待されていた。それは従来の節日を置き換える「文明」的な祝祭として設計されたものであった。

これに対し南京国民政府期の革命記念日は、一義的には厳粛な追悼儀式や革命史の講演会を開く時間であって、休暇でもなければ祝祭でもなかった。国家記念日とは別に、陰暦の節日を陽暦に移し、名称を変更して休暇・娯楽の機会にするというまわりくどい措置が必要となったのはそのためである。

もともと国民革命期の国民党・共産党は、国慶日に代表される祝日よりも、むしろ北京政府の国家記念日とはならなかった「国恥」や「惨案」に関わる記念日を重視した。国民革命期の国民党・共産党はこれらの記念日を梃子に、「軍閥」と「帝国主義」に与えられた屈辱という語り、それらに対する怒りや憤りの感情を喚起することで学生や社会団体を動員した。ただ、仕事や授業を離れてのデモや集会はある意味で非日常の空間であり、したがって休暇であり祝祭でもあった。

しかし、前述のように北伐後に体制の側に立った国民党・国民政府にとって、このような「国恥」や「惨案」の語りと結びついた祝祭は、むしろある意味では政権に対する不満と結びつき、秩序と体制を崩壊させる力に転化しかねない危険なものとなった。その最も顕著な例が満洲事変の記念活動であろう。前述の「九一八国難週年紀念辦法」も、やはり各地の党部に、「軍・警と連絡して厳密に秩序を維持する」こと、各地で民衆大会や各界記念大会を開くとしつつも「日人雑居の各重要都市では日人と誤解を起こし衝突を招くのを避けるため」各界の代表のみの大会とすること、「日人あるいは反動分子」の騒乱事件を厳しく取り締まること、を命じていた。[101] そしてそれは一時的なものではなく、これ以後一貫して南京国民政府期の記念日政策を規定する構造的要因となる。

（1）『政府公報』第一五二二号、一九一二年九月二十九日。

(2)「参議院議事日程（第二期常会第二十五号）」『政府公報』第三四一号、一九一六年十二月十五日。

(3)『政府公報』第三四八号、一九一六年十二月二十二日。

(4)「速記録　第二十六次会議」『参議院公報』第一期第六冊、一九一九年三月。

(5)『政府公報』第一〇八三号、一九一九年二月八日。

(6)国恥記念日成立の経緯に関しては、羅志田『乱世潜流——民族主義与民国政治』上海、上海古籍出版社、二〇〇一年、七四—七八頁、Zhitian Luo, "National Humiliation and National Assertion: The Chinese Response to the Twenty-one Demands," *Modern Asian Studies*, Vol. 27, Part 2 (May 1993), pp. 310-311. Paul A. Cohen, *China Unbound: Evolving Perspectives on the Chinese Past*, London: RoutledgeCurzon, 2003, pp. 151-166. 等を参照。

(7)中央委員会秘書処編印『中国国民党第一届中央執行委員会会議紀録彙編』出版地不詳、中央委員会秘書処、一九五四年、七八頁。

(8)「南京電報」「杭州電報」「広東電報」『民立報』一九一二年五月十六日、「北京電報」「河南電報」同五月十七日、「専電」「大追悼会記事」『申報』一九一二年五月十六日、「専電」「寗垣近事」同五月十七日。

(9)一九二四年も、四月十日の中国国民党中央執行委員会第二〇次会議で林森が「廿九日黄花崗公祭」の準備を行うことを提議し、陰暦三月二十九日（陽暦五月二日）に記念儀式を行っている。『中国国民党第一届中央執行委員会会議紀録彙編』四一頁、「黄花号」『広州民国日報』一九二四年五月二日、「黄花崗烈士紀念」『民国日報』（上海）一九二四年五月四日。

(10)駐南洋英属総支部執行委員会→中央執行委員会、呈、一九二九年二月二十三日、中国国民党文化伝播委員会党史館蔵中央執行委員会檔案「黄花崗紀念日応改為二十七日案」3.1/3.8。

(11)陳蘊茜『崇拝与記憶——孫中山符号的建構与伝播』南京、南京大学出版社、二〇〇九年。

(12)李恭忠「孫中山崇拝与民国政治文化」『二十一世紀』第八六期、二〇〇四年十二月、一〇五頁、石川禎浩「死後の孫文——遺書と記念週」『東方学報』第七九冊、二〇〇六年九月、四三—五一頁。総理記念週に関する専論としては他に、陳蘊茜「時間、儀式維度中的〝総理紀念週〞」『開放時代』第一七八期、二〇〇五年七月、李恭忠「〝総理紀念週〞与民国政治文化」『福建論壇（人文社会科学版）』第一六四期、二〇〇六年一月、がある。

(13)『中華民国国民政府公報』第九号、一九二五年九月。

(14)「中国国民党中央執行委員会常務委員会第卅五次会議録」（一九二六年六月十八日）中国第二歴史檔案館編『中国国民党中

央執行委員会常務委員会会議録』桂林、広西師範大学出版社、二〇〇〇年、第二冊三〇一―三〇二頁。

(15)「中国国民党中央執行委員会常務委員会第卌八次会議録」（一九二六年六月二十九日）『中国国民党中央執行委員会常務委員会会議録』第二冊三五六頁。

(16) 中央執行委員会秘書処→国民政府、公函、一九二六年六月二十九日、国史館所蔵国民政府檔案「紀念節日案」0516.16/2780-9。

(17)『中華民国国民政府公報』第三九号、一九二六年七月。

(18)『国民政府公報』第四七期、一九二八年四月。以後の国民政府における総理逝世紀念日の植樹行事については、陳蘊茜「植樹節与孫中山崇拜」『南京大学学報（哲学・人文科学・社会科学版）』第四三巻第五期、二〇〇六年九月、が詳細に論じている。

(19)『大学院公報』第一年第四期、一九二八年四月。

(20) 例えば、Henrietta Harrison, *The Making of the Republican Citizen: Political Ceremonies and Symbols in China, 1911–1929*, Oxford: Oxford University Press, 2000, p. 208.

(21)「中国国民党中央執行委員会第一七三次常務会議記録」（一九二八年十月八日）『中国国民党中央執行委員会常務委員会会議録』第六冊二三二頁。

(22) ただし、実際に一九三一年七月二日の第三届中央執行委員会常務委員会第一四八次会議で制定された「党旗国旗之製造及使用辦法」には党旗・国旗を掲揚する記念日の具体的な内容に関する規定はない。国史館審編処編『中華民国国旗与国歌史料』台北、国史館、二〇〇三年、六九―八七頁。

(23) 中国国民党文化伝播委員会党史館所蔵中央執行委員会檔案「中国国民党中央執行委員会政治会議第一百五十八次会議紀録」（一九二八年十月十二日）00.1/153。

(24)「中国国民党中央執行委員会第一七六次常務会議記録」（一九二八年十月十五日）『中国国民党中央執行委員会常務委員会会議録』第六冊二八二頁、中央政治会議→中央執行委員会、函、一九二八年十月十三日、中国国民党文化伝播委員会党史館所蔵中央執行委員会檔案「請定九月廿三日為完成北伐永久紀念日案」2.3/92.12。

(25) 中国国民党文化伝播委員会党史館所蔵中央執行委員会檔案「中国国民党中央執行委員会政治会議第一百七十一次会議紀録」00.1/154。

(26) 中国国民党第三次全国代表大会訓令第二号、中国国民党文化伝播委員会党史館所蔵中央執行委員会檔案「三全代会致国民政府訓令（第二号）」3.1/12.15、『国民政府公報』第一二六号、一九二九年三月二十七日。
(27) 国民政府行政院教育部頒布『中華民国十八年国民暦』上海、中華書局、出版年不詳。
(28) 亜強「三一八的血是狗血」『民国日報』（上海）副刊『覚悟』一九二九年三月一日。
(29) 「三一八的血是人血」『民国日報』（上海）副刊『覚悟』一九二九年三月五日。
(30) 「中国国民党第三届中央執行委員会第十一次常務会議記録」（一九二九年五月十三日）、「中国国民党第三届中央執行委員会第十五次常務会議記録」（一九二九年六月三日）『中国国民党中央執行委員会常務委員会会議録』第八冊一六一・一七三―一七五・二四〇頁、『国民政府公報』第一七八号、一九二九年五月三十日、『教育部公報』第一巻第七期、一九二九年七月。
(31) 『中国国民党中央執行委員会常務委員会会議録』第八冊二四〇頁。
(32) 「中国国民党第三届中央執行委員会第八次常務会議記録」（一九二九年五月六日）『中国国民党中央執行委員会常務委員会会議録』第八冊一〇〇頁、中央組織部・中央訓練部・中央宣伝部→中央常務委員会、呈、一九二九年五月二日、中国国民党文化伝播委員会党史館所蔵中央執行委員会檔案「重要紀念日挙行儀式」3.3/27.6。
(33) 「中国国民党第三届中央執行委員会第十八次常務会議記録」（一九二九年六月二十四日）『中国国民党中央執行委員会常務委員会会議録』第八冊三七五―三七六頁。
(34) 「中国国民党第三届中央執行委員会第十九次常務会議記録」（一九二九年六月二十七日）『中国国民党中央執行委員会常務委員会会議録』第八冊四〇五頁。
(35) 「中国国民党第三届中央執行委員会第二十次常務会議記録」（一九二九年七月一日）『中国国民党中央執行委員会常務委員会会議録』第八冊四一八・四二四―四五四頁、『国民政府公報』第二一七号、一九二九年七月十六日。
(36) 『教育部公報』第一巻第九期、一九二九年九月。
(37) 中央組織部・中央訓練部・中央宣伝部→中央常務委員会、呈、一九二九年五月二日、中国国民党文化伝播委員会党史館所蔵中央執行委員会檔案「重要紀念日挙行儀式」3.3/27.6。
(38) 李文範→中央執行委員会常務会議、報告、日付不明、中国国民党文化伝播委員会党史館所蔵中央執行委員会檔案「報告関於革命紀念日之分類或類別案」3.3/39.7。
(39) 『国民政府公報』第二五六号、一九二九年八月三十日。

(40)『教育部公報』第二巻第三四期、一九三〇年八月二十三日。
(41)左玉河「評民初暦法上的〝二元社会〟」『近代史研究』第一二九期、二〇〇二年五月。
(42)左玉河「従〝改正朔〟到〝廃旧暦〟――陽暦及其節日在民国時期的演変」『民間文化論壇』第一四二期、二〇〇五年四月、同「論南京国民政府的廃除旧暦運動」中国社会科学院近代史研究所編『中華民国史研究三十年（一九七二―二〇〇二）』北京、社会科学文献出版社、二〇〇八年。
(43)「粤省実行廃用陰暦」『申報』一九二七年一月二十六日。
(44)張志明「中国近代的暦法之争」『近代史研究』第六五期、一九九一年九月、一一三頁。
(45)「呈請通令一体改用陽歴」『申報』一九二八年一月一日。
(46)『中華民国国民政府公報』第三号、一九二七年十月。
(47)「蘇民政庁令各県遵用陽暦」『申報』一九二八年一月一日。
(48)「第三次国務会議紀」『中央日報』一九二八年十月二十四日。
(49)第二届中央執行委員会常務委員会第一八五次会議（一九二八年十二月六日）。中央宣伝部→中央常務委員会、呈、一九二八年十二月五日、中国国民党文化伝播委員会党史館所蔵中央執行委員会檔案「行政院関于廃除旧暦普用新暦之決議案」2.3/99.7。
(50)『国民政府公報』第二〇七号、一九二九年七月三日。
(51)『国民政府公報』第三一九号、一九二九年十一月十四日。
(52)「中国国民党第三届中央執行委員会第三十六次常務会議記録」（一九二九年九月十九日）『中国国民党中央執行委員会常務委員会会議録』第九冊三二九頁。
(53)「中国国民党第三届中央執行委員会第九十七次常務会議紀録」（一九三〇年六月十九日）『中国国民党中央執行委員会常務委員会会議録』第一二冊一〇七―一一六頁。
(54)「中国国民党第三届中央執行委員会第九十八次常務会議紀録」（一九三〇年六月二十六日）『中国国民党中央執行委員会常務委員会会議録』第一二冊一二二・一四一―一四三頁。
(55)前掲左「従〝改正朔〟到〝廃旧暦〟」、同「論南京国民政府的廃除旧暦運動」。
(56)中国国民党中央執行委員会秘書処→国民政府文官処、公函第一八七一号、一九三〇年二月十日、行政院長譚延闓→国民政府文官処、公函第七七八号、一九三〇年四月十八日、第二歴史檔案館所蔵国民政府檔案「廃除旧暦」1/1796。

(57)『教育部公報』第二巻第一〇期、一九三〇年三月九日。

(58)中国国民党文化伝播委員会党史館所蔵中央執行委員会檔案「国民政府第六十八次国務会議議事紀録」00.8/9。

(59)中国国民党文化伝播委員会党史館所蔵中央執行委員会檔案「国民政府第六十九次国務会議議事紀録」00.8/9。

(60)『教育部公報』第二巻第一三期、一九三〇年三月二十九日。

(61)『行政院公報』第一六六号、一九三〇年七月九日。

(62)『国民政府公報』第六五五号、一九三〇年十二月二十三日。

(63)「中国国民党第三届中央執行委員会第九十三次常務会議紀録」（一九三〇年五月二十二日）『中国国民党中央執行委員会常務委員会会議録』第一一冊四八六—四八七頁。

(64)「中国国民党第三届中央執行委員会第一〇〇次常務会議紀録」（一九三〇年七月十日）『中国国民党中央執行委員会常務委員会会議録』第一二冊二〇一頁。

(65)『国民政府公報』第五三五号、一九三〇年八月一日。

(66)中央執行委員会常務委員の「五月五日は総理就職大総統紀念日であり、また国暦の五五節でもあるので、放假一日とし、廃暦の端陽には放假を許さない」との諭を受け、教育部は「五月五日は毎年均しく放假とするのか、それとも本年に限るのか」との問い合わせを国民政府に転送するよう行政院に呈請した。一九三〇年六月十二日の中央執行委員会常務委員会第九六次会議で、「以後毎年五月五日は均しく放假とする」と決議され、六月二十一日に国民政府が行政院・直轄各機関に訓令した。国民政府文官処→中央執行委員会秘書処、公函第三八四〇号、一九三〇年六月九日、中国国民党文化伝播委員会党史館所蔵中央執行委員会檔案「行政院致国府文官処函」3.3/120.21、『中国国民党中央執行委員会常務委員会会議録』第一二冊七一—七二頁、『国民政府公報』第五〇二号、一九三〇年六月二十三日。

(67)同様に『国民暦』に記載された帰属集団ごとの記念日としては、一九三一年に教育部が制定した児童節（四月四日）などがある。『教育部公報』第三巻第三二期、一九三一年八月二十三日。

(68)『教育部公報』第三巻第二一期、一九三一年六月七日。

(69)中国国民党文化伝播委員会党史館所蔵中央執行委員会檔案「中国国民党中央執行委員会第一四七次常務会議紀録」4.3/167.1、『国民政府公報』第一六〇六号、一九三四年十二月四日。また、同常務委員会第一五六次会議でも一部の語句の修正がなされた。中国国民党文化伝播委員会党史館所蔵中央執行委員会檔案「中国国民党中央執行委員会第一五六次常務会議紀録」4.3/176.1、『国民政府公報』第一六六六号、一九三五年二月十五日。

(70) 中国国民党文化伝播委員会党史館所蔵中央執行委員会檔案「中国国民党中央執行委員会第一四六次常務会議紀録」4.3/166.1。

(71) 中国国民党文化伝播委員会党史館所蔵中央執行委員会檔案「中国国民党第四届中央執行委員会第四次全体会議第四次会議紀録」4.2/30.1。

(72) 中国国民党文化伝播委員会党史館所蔵中央執行委員会檔案「中国国民党中央執行委員会第一六四次常務会議紀録」4.3/184.1、『国民政府公報』第一七一六号、一九三五年四月十六日。

(73) 中央宣伝委員会→中央常務委員会、呈、一九三五年三月二十七日、中国国民党文化伝播委員会党史館所蔵中央執行委員会檔案「請規定革命紀念日之懸旗辦法並修正補充紀念日簡明表案」4.3/184.14。

(74) 中国国民党文化伝播委員会党史館所蔵中央執行委員会檔案「中国国民党中央執行委員会第一八四次常務会議紀録」4.3/246、『国民政府公報』第一八三七号、一九三五年九月五日。

(75) 中国国民党文化伝播委員会党史館所蔵中央執行委員会檔案「中国国民党中央執行委員会第一八八次常務会議紀録」4.3/206.1、中央執行委員会宣伝委員会→中央秘書処、公函第九九八号、一九三五年九月七日、中国国民党文化伝播委員会党史館所蔵中央執行委員会檔案「擬具紀念鄧仲元先生紀念辦法案」4.3/206.14。

(76) 中国国民党文化伝播委員会党史館所蔵中央執行委員会檔案「中国国民党中央執行委員会第一八一次常務会議紀録」4.3/201.1、西南執行部→中央執行委員会、呈、一九三五年七月九日、中国国民党文化伝播委員会党史館所蔵中央執行委員会檔案「請在革命紀念日簡明表内規定鄧仲元先生革命紀念日案」4.3/201.22。

(77) 「第三十八次会議」（一九三七年三月十一日）中央委員会秘書処編印『中国国民党第五届中央執行委員会常務委員会会議紀録彙編』出版地不詳、中央委員会秘書処、出版年不詳、一二〇頁。

(78) 中央執行委員会秘書処→中央宣伝部、公函、一九三七年三月十五日、中国国民党文化伝播委員会党史館所蔵中央執行委員会檔案「明定五月十二日為胡漢民（展堂）先生紀念日案」5.3/38.16。

(79) 中央執行委員会宣伝部→中央秘書処、公函誠字第五二二三号、一九三七年三月二十六日、中国国民党文化伝播委員会党史館所蔵中央執行委員会檔案「胡展堂逝世紀念辦法草案」5.3/40.10。

(80) 「第四十次会議」（一九三七年四月一日）『中国国民党第五届中央執行委員会常務委員会会議紀録彙編』一三四―一三六頁。

(81)「中国国民党第三届中央執行委員会第一六三次常務会議紀録」（一九三一年十月八日）『中国国民党中央執行委員会常務委員会会議録』第一六冊三七〇頁。
(82)「中国国民党第四届中央執行委員会第三十六次常務会議紀録」（一九三二年九月一日）『中国国民党中央執行委員会常務委員会会議録』第一八冊一六九—一七二頁。
(83)「函中央宣伝委員会（附一件）」『中央党務月刊』第五五期、一九三三年二月。
(84)「湘省実行廃孔」『申報』一九二七年三月二十三日。
(85)『大学院公報』第一年第三期、一九二八年三月。
(86)『国民政府公報』第九八期、一九二八年十月、「内政部公布孔子紀念日」『申報』一九二八年十月八日。
(87)「湘省熱烈挙行孔誕紀念」『申報』一九二八年十月十九日。
(88)『教育部公報』第一巻第一期、一九二九年一月。
(89)『教育部公報』第一巻第七期、一九二九年七月。
(90)『教育部公報』第二巻第一三期、一九三〇年三月二十九日。
(91)第四届中央執行委員会第一二三次会議（一九三四年五月三十一日）。中国国民党文化伝播委員会党史館所蔵中央執行委員会檔案「中国国民党中央執行委員会第一二三次常務会議紀録」4.3/142.1。
(92)第四届中央執行委員会常務委員会第一二八次会議（一九三四年七月五日）。中国国民党文化伝播委員会党史館所蔵中央執行委員会檔案「中国国民党中央執行委員会第一二八次常務会議紀録」4.3/147.1。
(93)『国民政府公報』第一四九六号、一九三四年七月二十五日。
(94)孔凡嶺「略論南京政府首次紀念孔子誕辰活動」『済南大学学報』第九巻第三期、一九九九年六月。
(95)「中国国民党第三届中央執行委員会第二次常務会議記録」（一九二九年四月十五日）『中国国民党中央執行委員会常務委員会会議録』第八冊一二一—一二三頁。
(96)「中国国民党第三届中央執行委員会第六次常務会議記録」（一九二九年四月二十九日）『中国国民党中央執行委員会常務委員会会議録』第八冊七四—七五頁。
(97)『国民政府公報』第一五五号、一九二九年五月三日。
(98)「五月革命紀念日軍警加増防衛」『民国日報』（上海）一九二九年五月一日。

(99)『中央日報』一九二九年五月四日、同五月九日。
(100)『国民政府公報』第一七七号、一九二九年五月二十九日。
(101)「中国国民党第四届中央執行委員会第三十六次常務会議紀録」『中国国民党中央執行委員会常務委員会会議録』第一八冊一六九―一七二頁。

終章　ナショナル・シンボルの中国近代史

第一節　通史的概観

近代中国においては、政権の交代ごとにナショナル・シンボルが何度も変更された。したがってナショナル・シンボルの歴史を追うことは、そのまま近代中国の歴史を追うことになる。

天津・北京条約締結後の一八六二年、最初の「国旗」である黄龍旗が制定される。これは当初は「官船」の識別という限られた目的で採用されたものだった。しかし、十九世紀末の世界的な「国家間の儀式の競争」（ホブズボーム）の時代に西洋や日本との接触を持った清朝の外交官たちは、一様にこれらの国家儀礼、そしてそれに使用するナショナル・シンボルの重要性を認識することとなる。その結果が、一八六八年の欧米への使節団による黄龍旗の使用開始であり、一八八三年に曾紀沢がイギリスで自作した「国調」であった。一八八八年に頒布された「北洋海軍章程」には、国旗、そして「国楽」（実際に制定されるのは一九一一年）に関する規定が盛り込まれた。これらのシンボルは一義的には「国家間システムの交換儀礼、軍隊儀礼の新たな技術として要請され「輸入」されたものであった[1]。

袁世凱や張之洞は、日清戦争後に創設された新建陸軍で黄龍旗を軍旗に採用し、西洋人の指導の下に軍楽隊を組織して独自の「国楽」を使用するなど、軍隊儀礼上の必要性からシンボル体系の構築に携わった。一方では外交・通商関係の官庁や船舶などにおける黄龍旗の使用が進んだ結果、一八九〇年代には黄龍旗が清朝の旗であるという認識は一定程度共有され、条約港知識人や華僑を中心にそれを萌芽的なナショナリズムと結びつける思考も現れていた。しかし、当時の清朝の側には「商民」の忠誠を調達するためにこの黄龍旗を利用しようという発想は希薄であった。

この状況に変化が生じるのが一九〇〇年代の「新政」期である。この時期には、官庁に加え教育会・新聞社などにも日常的に黄龍旗が掲げられ、皇帝や皇太后の誕生日である「万寿聖節」、官僚の観送迎などの際に警察を介して「商民」に国旗の掲揚が命じられるようになる。一方、「商民」や学界などの側でも、追悼儀式や記念会などの舞台装置としてこの旗を積極的に利用するようになった。また、学校にも黄龍旗や「国歌」案、「愛国心の養成」を目指した「記念日」の導入が試みられていたことが確認できる。

この他、本書では詳述しなかったものの、梁啓超の「新史学」に代表される、各王朝を超えた通史的な存在である「中国」という「国名」[2]、そして「中国文化」の固有性・優越性に関する言説、地図を用いた「国土」の表現といった様式が教科書、雑誌といった媒体に現れるのもこの時期である[3]。

さらにこの時期には、清朝の体制変革を目指す立憲派・革命派もそれぞれ烈士追悼や記念日といった新しい儀式の導入を試みていた。革命派は、漢人の祖としての黄帝や岳飛に代表される「民族英雄」の図像や語りを「排満」の宣伝に用いた。革命派は一方で当時の最新の「科学」であった人種論を援用して漢人と満人の差異を強調し、漢人ナショナリズムの理論的根拠とするとともに[4]、会党との連合などの場においては、民間信仰やより民俗的な要素を利用して満人への「復仇」を人々の感情に訴えかけるという手法をとった。これらのうち、追悼儀式や黄帝は、意味づけを替えて清朝側からも利用されるほどに普及した。

一九〇七年頃には、立憲派・革命派内でそれぞれ、皇帝と結びついた黄龍旗に換えるべき新しい国旗の意匠をめぐって議論がなされている。しかし、革命派の国旗論争は、孫文が自らの革命歴と結びついた青天白日満地紅旗の採用を強硬に主張したことで、むしろ同盟会の分裂を招くこととなった。ただ、以後散発的な蜂起において軍旗として用いられていた限りにおいては、複数存在した革命派の旗の統一というようなことは問題とならなかった。そのため、辛亥革命時には各省でさまざまな「国旗」が使用されることになる。

革命勃発後、現実的には「排満」が困難であることが明確となり、革命派・立憲派の協力の下に中華民国が成立すると、一転して「五族共和」がスローガンとなり、アメリカとフランスをモデルとした「共和」と「文明」を標榜する国家シンボル体系の構築が開始される。そのため、民国初年に臨時参議院の議論を経て決定されたナショナル・シンボル「五色旗」と国家記念日「国慶日」は、さまざまな政治的利害を持つ集団に広く受け入れられることを目指したものとなった。そしてその結果、同盟会の主張した青天白日満地紅旗や黄花崗蜂起記念日は、民国初年の議会政治においては、いずれも国家シンボルとして採用されなかった。さらに民国初年の制度設計者たちが革命以前との連続や復古よりも専ら断絶と革新を強調した結果、陽暦で定められた国慶日は、民俗的な要素を否定し、「文明」を強く志向した祝祭となった。

同じ民国初年に制定が試みられつつ、国旗や記念日と異なる経過をたどったのは国歌である。教育部は最初は公開募集、次には著名知識人への依頼という形で国歌の制定を試みた。前者においては清末の学堂楽歌の系譜に連なる啓蒙的な唱歌が、後者においては西洋的な要素を廃した、古典の引用からなる歌詞が提示された。しかし、そのどちらも採用されることはなかった。そのため、一九一五年に袁世凱が礼制館に作成させた「国楽」が中華民国の最初の国歌となった。しかし洪憲帝制と結びついたこの「国楽」は、その後の教育家や音楽家からは忌避されるものとなってしまった。

他方、民国初年に制定された五色旗や国慶日は北京政府期を通じて広く認知されるものとなる。ただ、北京政府期のナショナル・シンボルや儀式をめぐってはその操作の主体が問題となる。国慶日の法的規定には政府行事として閲兵・宴会・叙勲などについての記載があるのみで、国民に義務づけられたのは国旗を掲げることだけだった。そのため、民国初年の国慶日において北京で革命記念展示や演劇、運動会、提灯行列などを主催したのは、旧革命派を中心とする、人員・経費の両面で政府外の団体である革命記念会（共和記念会）だった。そのため、総じて言えば北京政府にはシンボルの操作や儀式への参加を通じた大衆の動員という意図は希薄であったと判断できる。これは、「北京政府は「宣伝」と「動員」、そして「説明」ということをあまりおこなわない政府で」あったというその性格にもよるだろう(5)。実際、民国初年を除けば、北京政府期に新たに制定されたシンボルは非常に少ない。これは後の南京国民政府期とは対照的である。

そのためこれ以後も北京政府期においては政府でも政党でもなく、民間の知識人や商会、教育会、学生連合会などの社会団体がシンボル操作の主体となった。この点については、中国においては「北京の中央政権の実効統治が弛緩するにもかかわらず（あるいはそれゆえに）、さまざまな愛国運動の高揚が進展することになる。この点で、たとえば日本やフランスで、中央政府の施策を大きな動因としつつ均質的な国民形成が志向されたのとは異なっていると言えそうである」という吉澤誠一郎の指摘が示唆的である(6)。

またそのシンボル操作には、全国レベルで通用するシンボルを独自に創造するのではなく、民国初年に創出された儀式やシンボルに新たな意味づけを行うことで、自らの政治的意志表明に利用するという特徴があった。例えば張勲の復辟に反対する際には、商会などによって君主制に対する「共和」を象徴するシンボル・儀式として五色旗や国慶日が利用された。他方、一九一九年の五四運動や一九二五年の五三〇運動に際しては、五色旗は学生団体などによって侵略に対する「愛国」の象徴として使用された。第一次大戦後の「国旗の時代」（長志珠絵）において、デモや集会に際しての国旗掲揚は儀式の一部として不可欠のものとなった。

さらにこの時期には、二十一カ条要求（一九一五年）の「国恥」や「五四」が国家に採用されることなしに全国レベルで共有される記念日となる。また、ナショナリズムの喚起、大衆動員への利用という必要性が認識されたことで新たな国歌の模索が始まり、学生・教育界・音楽界による活発な議論が戦わされた。また、数多くの国歌私案が発表され、実際にそのいくつかは独自に学校教育に導入されて一定の普及を見た。ただ、このような動きの中で一九二一年に教育部が制定した「卿雲歌」は、当時において国歌の条件とされた、ナショナリズム感情を掻き立てる勇壮な曲、大衆に理解可能な簡明な歌詞、といった条件に適うものではなかった。また、当時の音楽文化の発展の中で高まりつつあった、新しい中国音楽をどのように作り上げるか、という問題意識とも無縁であった。そのため、この国歌に満足した論者は少なく、理想の国歌をめぐる議論はその後も続くこととなる。

以上のようなナショナル・シンボルと儀式をめぐる状況に大きな変化が起こるのは、やはり国民革命期である。第二革命の失敗（一九一三年）によって政治的影響力を失った後も、孫文とそのグループは五色旗ではなく青天白日満地紅旗が正当な中華民国国旗であると主張し、また黄花崗蜂起の烈士追悼儀式を（ただし陰暦で）行い続けていた。一九二一年に広州に「正式政府」が組織された際には、三民主義を組み込んだ独自の国歌案も作成されていた。ただ、これらは当時においてほとんど注目されなかった。

国民党改組後、一九二四年六月の中央執行委員会で、正式に陽暦三月二十九日を黄花崗記念日とし、青天白日旗を党旗及び軍旗、青天白日満地紅旗を国旗とすることが決定され、また（結果は未詳ながら）党歌の募集も行われた。国民党のシンボルの体系化はここから始まる。

さらに、翌一九二五年の孫文の死は、国民党のシンボル体系に決定的な影響を及ぼした。北京における葬儀を経て作り上げられた「孫中山崇拝」に関わる孫文の遺像、遺嘱、総理記念週、孫文逝去・誕生記念日などは、国民党にとって最重要のシンボルとなった。そして一九二六年に始まる北伐に際しては、北伐軍の行く先々で「国民革命歌」が歌われ、総理遺像が掲げられ、五色旗から青天白日満地紅旗への「易幟」が行われた。またその過程では、様々な

「国恥」や「惨案」の記念日が動員や運動の機会として利用された。

一九二八年六月の北伐完了後、南京の中山陵造営、翌一九二九年六月の孫文奉安大典と並行して、新たな恒久的な国家シンボル体系の整備が急速に進められた。一九二八年十月に党旗・国旗の規格が、一九二九年一月に党歌が、同年五月に「革命紀念日簡明表」が公布され、一九三〇年三月には党歌が暫定国歌と定められた。この過程で、辛亥革命を記念する国慶日を除き、ほぼ全ての国家シンボルが一新された。

国旗・青天白日満地紅旗と党旗・青天白日旗は、その規格や使用法について詳細な規定がなされた。そしてまたその意味づけや歴史についても公式の解釈が定められ、五色旗に対する優位性が主張された。制度的に民意を代表することを曲がりなりにも正当性の根拠とした北京政府期に対し、訓政期の国民党は、前衛政党としての革命性によって自らを正当化する他なく、それには自らの革命運動の歴史を国民に周知させる必要があった。そのため、国民党・国民政府はこれらのシンボルにそれぞれ明確な意味づけと歴史を設定し、それは党や学校における宣伝を通じて国民に周知徹底されるべきものとされた。

新たな記念日体系は、孫文の個人的な事蹟、国民党指導者の追悼、国民革命期の事件からなる、国民党の革命の歴史を構築するものだった。そしてそれは国民党・国民政府の徹底した陽暦普及政策と結びつけられ、『国民暦』を通じて全国に周知された。そして各記念日は、休日とするか否か、党旗・国旗や半旗掲揚の規定の有無、党員・民衆・各種団体といった参加者、儀式の内容によって明確に序列化された。記念活動自体も党が主催するものとされ、一元的な組織化が図られた。そしてこれらの記念日は、北京政府期と異なり、一義的には休暇や娯楽の機会ではなく、厳粛な革命史の講演や烈士の追悼を行う場と位置づけられた。

また、北京政府期にすでに国旗や国慶日に関する知識の普及自体はかなりの水準にまで達していたと考えられる。そのため南京国民政府期に問題となったのはむしろ、それらの普及よりも、それらを神聖視させることであった。国旗や孫文の遺像・遺嘱などの商業利用は厳しく取り締まられ、国旗の折りたたみ方や廃棄の仕方までもが法的に規定された。一九三四年に始まる新生活運動の中では、国旗に対する礼節が強調され、国歌を歌う際には起立が義務づけられた。

特に蔣介石はこれらのシンボルを積極的に利用し、それを通じた党員教育、国民統合と民衆動員を図った。蔣介石の主張が多分に同時代のヨーロッパのファシズムの影響を受けたものであったことは否定できない。しかし、「国恥」や「九一八」の記念活動の制限に見られるように、困難な対日交渉を余儀なくされた国民党・国民政府のシンボル・儀式政策全体のトーンは、国民革命期のそれに比して、むしろ「敵」に対する感情の表出よりも、多分にその管理と統制を念頭に置いたものとならざるを得なかった。

第二節　戦中と戦後

以上のような近代中国の儀式とシンボルの状況はその後どのように変化したのか。以下に簡単にまとめておく。

一九三七年七月七日に盧溝橋事件が起こる。シンボルや儀式の問題に関して、日中戦争期の国民党・国民政府に特徴的な現象としては、まず記念日体系の再度の改編が挙げられる。第九章で述べたように、一九三七年時点の国民党・国民政府の革命記念日は国定記念日八、本党記念日十三の計二十一日であった。しかし、上海・南京陥落後、国民党・国民政府の移転先となった武漢で一九三八年三月に公布された「各項紀念日暫行帰併挙行日期表」は、特定の記念日に複数の記念行事を一括して行うことで、事実上記念日の数を削減することを定めた(7)。さらに、この時点ではこの措置はあくまで暫定的なものであったが、党内の議論を経て一九四二年六月に制定された「国定紀念日日期表

表 10-1　日中戦争期国民党・国民政府記念日規定対照表

	革命紀念日簡明表 1935/9/12	各項紀念日暫行帰併挙行日期表 1938/3/1	国定紀念日日期表 革命紀念日日期表 1942/6/22
1/1	**中華民国成立記念日**	**中華民国成立記念日**	**中華民国開国記念**
3/12	**総理逝世記念日**	**総理逝世記念日**	
3/18	*北平民衆革命記念日*	（規定なし）	
3/23	*先烈鄧仲元先生殉国記念日*	（3/29 に挙行）	
3/29	**革命先烈記念日**	**革命先烈記念日**	**革命先烈記念**
4/12	*清党記念日*	（規定なし）	*清党記念*
5/5	革命政府記念日	革命政府記念日	*革命政府記念*
5/9	国恥記念日	国恥記念日	
5/12	*（胡展堂先生逝世記念日）*	（3/29 に挙行）	
5/18	*先烈陳英士先生殉国記念日*	（3/29 に挙行）	
6/16	*総理広州蒙難記念日*	（9/9 に挙行）	*総理広州蒙難記念*
7/9	国民革命軍誓師記念日	国民革命軍誓師記念日	国民革命軍誓師記念
8/20	*先烈廖仲愷先生殉国記念日*	（3/29 に挙行）	
8/27			**孔子誕辰**
9/9	*総理第一次起義記念日*	*総理第一次起義記念日*	*総理第一次起義記念*
9/21	*先烈朱執信先生殉国記念日*	（3/29 に挙行）	
10/10	**国慶記念日**	**国慶記念日**	**国慶**
10/11	*総理倫敦蒙難記念日*	（9/9 に挙行）	
10/31	*先烈黄克強先生逝世記念日*	（3/29 に挙行）	
11/12	**総理誕辰記念日**	**総理誕辰記念日**	**国父誕辰**
12/5	*肇和兵艦挙義記念日*	（12/25 に挙行）	*肇和兵艦挙義記念*
12/25	雲南起義記念日	雲南起義記念日	

注 1)「胡展堂先生逝世記念日」は 1937 年 4 月 1 日制定
注 2) **太字**は休日，*斜体*は本党記念日（「革命紀念日日期表」で革命記念日と改称）

（附紀念辦法）」及び「革命紀念日日期表（附紀念辦法）」は、この記念日の削減をほぼそのまま固定化した[8]（表10－1）。

しかし、このような記念日の恒久的規定の削減は、国民党・国民政府が記念日という手法を動員の契機として重視しなくなった、ということを意味するものではない。むしろ逆に、日中戦争期に国民党・国民政府は「中国空軍日」（八月十四日）[9]、「防空節」（十一月二十一日）[10]、「連合国節」（六月十四日）[11]、「青年節」（三月二十九日、革命先烈記念日と併催）[12]、「報功節」（十一月十六日）[13]といった数多くの記念日を制定し、戦時動員に利用している。ただ、「九一八」「七七」が「国定紀念日日期表」及び「革命紀念日日期表」に記載されず、別途「臨時紀念辦法」として規定されたように[14]、これらの記念日はあくまで戦時の一時的なものであり、恒久的規定に記載すべきではないと考えられていたようである。

しかし一方で、これらの戦時記念日活動が増加すると、むしろ国民革命以前の事件が多くを占める恒久的な記念日体系の方の重要性が薄れた。これが戦時の国民党・国民政府の記念日政策において従来の記念日が削減された理由と考えるべきであろう。そして、この削減に際しても「国定記念日」として残された「中華民国開国記念」（一月一日）・「革命先烈記念」（三月二十九日）・「孔子誕辰」（八月二十七日）・「国慶」（十月十日）・「国父誕辰」（十一月十二日）などは、戦後、そして遷台後の中華民国においても引き続き国家記念日と位置づけられ、今日に至っている。

また、日中戦争期以降のシンボルや儀式をめぐる問題の特徴として、中国の中央政府を標榜する複数の政権が存在し、それぞれが異なる国旗・国歌・国家記念日を採用したということが挙げられる。

一九三二年に成立した満洲国が「新五色旗」を国旗に採用したのはさておき[15]、日中戦争期に各地に組織された対日協力政権のうち、「中華民国臨時政府」（北京、一九三七年十二月―）・「中華民国維新政府」（南京、一九三八年三月―）はともに国旗・国歌として北京政府期の五色旗と「卿雲歌」を採用した[16]。また、陽暦の記念日が元旦と国慶日を残して全て削除され、逆に南京国民政府期に廃止された陰暦の節日が祝日として復活した。さらに両政権の下では、法的に定められたわけではなかったものの、日本の紀元節・天長節・明治節・陸軍記念日などにも政府主催の記念会が開催された[17]。

一九四〇年三月にこの臨時政府・維新政府を吸収して汪兆銘を首班とする国民政府（南京）が成立する。正統な国民政府を標榜する汪兆銘政権は、当然ながら国旗に青天白日満地紅旗（ただし「和平反共建国」と書いた黄色の三角形の小旗をつけたもの）を、国歌に中国国民党党歌を使用した。また、国恥記念日を除いて国民党・国民政府の記念日をほぼそのまま踏襲し、記念活動を行った[18]。これに対し重慶の側でも、汪兆銘政権成立とほぼ同時期に孫文を「国父」と呼称することを改めて決定するなど、正統な国民政府を名乗る二つの政権の間で、ナショナル・シンボルをめぐる激しい争奪戦が行われた[19]。

しかし、日中戦争の最終的な展望が見え始めると、重慶では別の視点からシンボルや儀式の問題が注目され始める。つまり、訓政の終了と憲政の実施が現実の政治課題となる中で、訓政期に確立した党・国家の一体化したシンボル体系が見直しを迫られることになったのである。

まず、党旗・国旗の問題である。この時期にも、党旗や国旗自体を改変すべきという意見は見られない。変化があったのは、この党旗と国旗の関係である。一九四四年三月、国民党中央執行委員会常務委員会は、従来党旗・国旗の規格・用法を規定していた「党国旗尺度比例」「党旗国旗製造使用条例」「党国旗升降辦法」「処置破旧党国旗辦法」について、これらは重複が多く煩雑であるという理由で一律に廃止し、その内容を整理・簡略化した「国旗党旗製用升降辦法」を国民政府から公布することを決定した[20]。また、一九四五年十一月二十一日には、内政部と宣伝部が作成した、国旗と党旗の折りたたみ方を規定した「国旗党旗之摺畳法」が同じく国民政府から公布されている[21]。一見してわかるように、この二つの辦法の名称では、従来の全てのそれと異なり、国旗が党旗に優先している。

次に党歌・国歌についてである。一九三七年六月の「党歌を国歌とする」決定の直後に日中戦争が本格化したこともあって、この後国歌の変更が具体的に試みられることはなかった。しかし、日中戦争期にも新国歌制定を求める要請が断続的に国民党・国民政府に提出されていたことが確認できる[22]。そして一九四四年一月十三日の『掃蕩報』の記事は、「党歌を暫定的に国歌の代わりとしている」現状について述べた上で「現在は礼楽を制作する時か？　この新年、我々は抗戦の前途について、ますます勝利が近づいているように感じられる。戦後一年以内に国民大会を開き、憲法を公布し、憲政を実施するのであれば、まだその時が来ていないということはできない」と明確に新国歌の制定を訴えた[23]。

戦後、一九四六年三月二十六日の『文匯報』は、蔣介石が自ら国歌を作成していると報じた。この記事には、「現在国民党はすでに政を民にかえすことを決定しているので、以党治国の時期は終わりを告げるのであり、党と国は分けなければならないので、党歌を国歌の代わりにすることができないのは、理の当然である」というコメントが付されている[24]。

国民大会を経て翌一九四七年一月一日に中華民国憲法が公布される。そして国民政府の改組と中国青年党・民主社会党の政府参加を目前にした四月、国民党中央執行委員会常務委員会にこれらの問題に関する二つの議案が提出された。一つは、従来の「総理紀念週辦法」は「凡そ中国国民党各級党部及び国民政府所属の各機関・各軍隊は、一律に毎週内に記念週を一回挙行する」と規定していたが、すでに憲法が公布され、まもなく各党各派が政府に参加するため、この辦法は修正を加えなければならない。もう一つは、党旗・国旗の掲揚や集会の際に総理遺嘱を黙読するという規定について、従来「凡そ党・政・軍・警の各機関・各団体・学校等は、いずれも党旗・国旗を会議室・講堂及び集会の場の正面に掲揚し、会議の開催を宣言した後に主席が総理遺嘱を黙読しなければならない」と規定していたが、この辦法もやはり修正を加えなければならない、というものだった。この二つの提案について、于右任・張厲生・張道藩・邵力子・王啓江・張知本・馬超俊ら七委員が検討することになった[25]。于右任らは二度の検討を経て次のような報告を常務会議に提出した。

（一）　総理記念週に関して

甲案　別に簡易な辦法を制定して名称を「月会」あるいは「週会」に改め、鞠躬礼や黙禱や守則の朗読を廃止した上で、〔従来通り〕全国で一律に挙行する。

乙案　各級政府・民意機関・人民団体及び各級学校は、一律に挙行を停止し、本党各級党部は以前と同じく挙行する。……

丙案　党部及び政府機関でいずれも一律に挙行を停止する。

以上三案について常会の審議・決定を請う。

（二）　党国旗掲揚に関して

党旗国旗升降辦法は、凡そ党・政・軍の各機関・団体・学校等は、いずれも必ず国旗・党旗を会議室・講堂及び集会の場の正面に掲揚し、党旗は国旗の右にあり、国旗は党旗の左にあり、それぞれ角度が三十から四十度の下垂形になるようにし、旗の間に総理遺像を掲げると規定していた。今後党部は以前の通り掲揚し、変更する必要はないが、政府機関・団体・学校はただ国旗及び国父遺像だけを掲げるものとし、別に掲揚の方式を定める。

（三）　開会時に国父遺嘱を誦読することに関して

中央党部は以前に会議の開催を宣言した後に主席が遺嘱を黙誦すると規定した。今後党部は以前の通りとし、変更する必要はないが、政府機関・団体・学校は、免除をゆるすことを提案する。

（四）　国歌に関して

政府の新国歌の制定以前には、暫定的に以前の通りにする（現行の国歌には歴史的な意義があるので、改変し難い。また各国でも革命歌曲を沿用して国歌とするのは先例がある）。[26]

この報告について四月十六日の同第六四次常務会議で検討が行われた。その結果、総理記念週については、「もともと総理の崇高にして偉大な人格を記念し、全国人民に理解させるために、種々の規定があったのである。今、三民主義はすでにあまねく全国人民に崇拝されており、中心信仰がすでに確立したのであるから、訓政の終結と憲治の開始の際に乗じて、それぞれの規則について改めて改正するのがよい」との理由から、甲案と乙案を組み合わせ、民意機関・人民団体・学校等では総理記念週を廃止し、政府の制定した「週会」「月会」を行い、党部は従来通りにする、とした。党旗・国旗、国父遺嘱、国歌についてはいずれも報告案の通り決定された(27)。

以上の過程から、訓政の終了と憲政の開始に際し、党シンボルと国家シンボルの形式的な分離という志向が国民党内外に明確に存在していたことがわかる。王世杰は一九三四年の国歌問題をめぐる議論の中で「将来吾が党が党綱に依拠して、政権を民に返し、憲政を実行する時に、なお党歌を国歌とするのかは、なお検討を待たねばならない」という指摘を行っていたが、この問題はその後も一貫して国民党・国民政府に伏在し続けたのである。

この後、国共内戦の激化によって「新国歌」が実際に公布されることはなく、国民党・中華民国は遷台後も引き続き国旗として青天白日満地紅旗を、国歌として中国国民党党歌を使用し続けることとなる。しかし中華民国の台湾「本土化」と一九八〇年代以降の民主化の結果、二〇〇〇年の総統選挙で陳水扁が当選し、国民党から民主進歩党への政権交替が実現したことで、これら国民党の党旗・党歌と結びついた国旗・国歌の問題性が再浮上した。またその民進党政権下で「中正紀念堂」が「台湾民主紀念館」と改名され、さらに二〇〇八年の選挙で政権に返り咲いた国民党がこれを旧名に復した、という事件も記憶に新しい。

一方、日中戦争期・国共内戦期の共産党の農村根拠地における儀式やシンボルの問題については、丸田孝志が詳細な研究を行っている。丸田によれば、一九三七年の第二次国共合作以後、共産党根拠地でも従来の党旗に加えて青天白日満地紅旗が国旗として掲げられるようになる。これは共産党政権が中華民国の枠組と矛盾しないことを示すもの、あるいはむしろ共産党政権こそが中国ナショナリズムを代表できることを主張するものであった。

陽暦使用の徹底に代表されるように、国民党が民俗的慣習をほぼ全否定した近代化・文明化を志向したのに対し、農村に拠った共産党は「民俗様式の利用と改造」という両面作戦を基本方針とした。特に一九三九年末の国共関係悪化によって国民党・国民政府の記念日が挙行されなくなり、さらに一九四二年の整風運動以降、民俗様式に固有の価値を認める「マルクス主義の中国化」の方針が確立すると、共産党は究極的には陽暦の浸透や迷信の排除を目指しつつ、春節や二十四節気、清明節、端午、中秋などに代表される旧来の節日に新しい意味づけを付与することで積極的に（ただし選択的に）宣伝活動に利用し始める。この中では、もともと陽暦で開催されていた記念活動が、時期の接近する陰暦の節日や、廟会・集市の日などに行われた例も確認できる。さらに、整風運動以降に確立する毛沢東の個人崇拝も、農村で毛の肖像が神像として崇拝の対象となったという事例が示すように、民間信仰と結びつくことで強化された側面がある(28)。

他方、「義勇軍進行曲」を含む共産党の宣伝における音楽利用については洪長泰や榎本泰子の研究が詳しい。非識字者の多い農村根拠地において、共産党は民謡の曲を使った「三大規律八項注意」に代表される平易な唱歌を宣伝に効果的に利用し、それは共産党と紅軍の特徴ともなっていた(29)。

ただ、共産党においてナショナル・シンボルの問題が本格的に論じられるようになるのは、国共内戦の勝利が確実となり、一九四九年一月に共産党が憲法と「法統」の廃止、つまり中華民国という枠組自体の否定を明確にして以降である。共産党は一九四九年六月十五日に北平で中国人民政治協商会議籌備会を発足させ、人民共和国の建国準備を開始する。七月四日、同会の第六小組第一次会議は、新国家の国旗・国徽（国章）・国歌を一般に募集することを決定、八月二十日を締め切りとし、各紙に広告を掲載した(30)。この結果、国旗案二千九百九十二種、国徽案九百種、国歌歌詞案六百九十四種が寄せられた。この中から国旗には五星紅旗が選ばれたが、国歌については応募作に適切なものがなかったことから、「義勇軍進行曲」を暫定的な国歌とすることとし、九月二十七日の中国人民政治協商会議第一届全体会議で「中華人民共和国の国歌の正式決定以前には、義勇軍進行曲を国歌とする」「中華人民共和国国旗は紅地五星旗とし、中国革命人民の大団結を象徴する」ことが全会一致で決議された。なお、国徽については応募作に適当なものがなかったためこの時には決定されなかった。

赤地に黄色で五つの星を描いた五星紅旗は、当然ながら共産党が政権を握る国家を示すものとしてデザインされた。「義勇軍進行曲」が暫定国歌となった経緯に至っては、その規定の文章まで含めて、南京国民政府期の状況と瓜二つである。このように、中華人民共和国の公式のナショナル・シンボル決定の経緯は、むしろ国民政府のそれと共通する部分が非常に多い。しかし、その後もこれらのナショナル・シンボルの扱いは、その時々の政治的な状況に大きく左右されることとなった。例えば、一九六五年に作詞者の田漢が批判を受けたことで、文革期には「義勇軍進行曲」は曲が演奏されるだけで歌われないという事態が生じている。さらに文革終了後の一九七八年には、華国鋒政権の下で毛沢東を称える内容に歌詞が改変された。「義勇軍進行曲」の歌詞が元のものに戻され、正式な国歌と決定されたのは、実に人民共和国成立後三十年余りを経た一九八二年のことである[31]。

さらに、戦後も大陸の中華人民共和国と台湾の中華民国という、中国の正統政権を標榜する二つの政権が存在したことで、国際的にも中国のナショナル・シンボルは政治的なイシューであり続けた。一九五八年の長崎国旗事件[32]や、海外華僑にとって毎年の「国慶節」を十月一日に行うか十月十日に行うかがどちらの政権を支持するかを示す踏み絵となってきたことはその一例である。

第三節　結　論

以上述べてきたように、中国・台湾において現在まで続くナショナル・シンボルをめぐる政治の起源を、本書が対象とした清末から南京国民政府にかけての時期に求めることは不当ではないだろう。本書が扱ったのは、国旗、国歌、そして国慶日を中心とする記念日体系という限られた対象だったが、これらの成立と変容の過程を通じて、近代中国ナショナリズムのいくつかの特徴が浮かび上がってきたように思われる。

長志珠絵は明治日本における国旗・国歌といったナショナル・シンボルの導入について、それが当初においては国民統合の効果を期待されておらず、むしろ戦前の日本において国民統合のシンボルとして重視されたのは天皇の肖像であったことを指摘している(33)。これに対し辛亥革命後の中華民国は、天皇に相当する統合のシンボルとなる具体的な人物を欠いた。また、清末の立憲派・革命派を問わず、ことナショナル・シンボルの問題に関してはモデルとされたのは一貫して共和国であるアメリカとフランスであった。民国初年において国旗や革命記念日が非常に重視され、また「共和」や「文明」といった価値が強調されたのはそのためである。しかし、「抽象度の高いイコンが象徴として機能するためには、共感をかきたてるための磁場の一方のシンボルを受け止める側、これらのメッセージを読む読者との相互補完的な関係が構築される必要がある(34)」。ホブズボームは、ナショナリズムの課題を容易にするために潜在的に利用され得る、近代国家に先行して存在した共同体におけるシンボルや集団的帰属感を「プロト・ナショナリズム」と名づけ、エリートの書き言葉、エスニシティ、宗教、ある政治的実体に帰属してきたという意識、といったものを挙げた(35)。しかし近代中国の知識人たちには、少なくともナショナル・シンボルにこれらの要素を組み込んで積極的に利用しようとする姿勢は相対的に希薄であったように思われる。吉澤誠一郎は、二十世紀初頭の中国ナショナリズムが、「圧倒的に国際的契機の下で生まれた」ものであったと指摘する。そのためそれは例えばヒンドゥー教に依拠したインド・ナショナリズムなどと比較した場合、「民衆の生活文化とかけはなれた空疎さ」によって特徴づけられるものとなった[36]。その意味でそれは、「民衆」へ浸透するための経路を発見しにくいものであった。そしてまたこの点で近代中国のナショナリズムは、「天皇像の二つの身体」（フジタニ）を通じて近代的な諸価値を巧妙に（かつ選択的に）「創られた伝統」に組み込んでいった日本とは異なる道を歩むこととなった。

仮に、日本の明治時代に相当する時期に清朝が制定した黄龍旗や「国楽」がそのまま使用され続けたとすれば、それが「中国の伝統文化」に基づくものだというような言説が可能であったかもしれない。しかし、辛亥革命後も「革命」のたびにナショナル・シンボルが変更されたことで、ことこの問題に関して言えば、「起源の忘却」をその条件とする「伝統の創造」という手法を適用することは不可能となった。青天白日満地紅旗はどこから見ても「国民党の国旗」であり、五星紅旗はどこから見ても「共産党の国旗」である。これはある意味では、孫文が辛亥革命以前に国旗を考案していたが、それが民国成立時に採用されず、なおかつその孫文の創設した国民党が十五年という時間をはさんだ後に政権を掌握した、という歴史的な偶然による。しかしその結果、以後の近代中国のほぼあらゆるナショナル・シンボルは、明白に特定の歴史的な時点の刻印を押されたものとなった。したがってそれらの正統性を証明するには、「起源の忘却」ではなく、その起源についてどれだけ多くを語るかが問題となった。そしてその正統性の根拠となる歴史解釈は、権威ある、排他的なものとして決定され、周知されなければならなかった。日本の「国旗」や「国歌」が明確な法的規定なしに通用し続けたのに対し、近代中国のナショナル・シンボルの政治が一貫してその法的規定をめぐって展開されたのはそのためである。そしてその結果、政権の交代に際しては、前政権に強固に結びつけられたナショナル・シンボルは廃さざるを得なくなる。しかしそのようにして新政権が作り出した新しいナショナル・シンボルも、やはり「伝統」の力を借りて正統化することはできない。したがってそのナショナル・シンボルを正統化するためには、それを新しい政権の歴史と結びつける言説が再び大量に生産されることとなる。これが近代中国のナショナル・シンボルの政治の特徴と言える。

近代国家が個々の国民に直接働きかける方法はいくつか考えられる。例えばそれは徴税・徴兵や治安維持に関わる末端行政の整備であり、国家の隅々に至る君主の巡幸であり、逆に全国の国民が首都で指導者に謁見するような儀式であろう。ただ、近代中国は末端にまで至る行政を整備する経済的条件や、君主あるいはそれに相当するような絶対的な指導者を欠き、また全国から国民が首都に集まるにはいささか領土が大きすぎた。それが可能になるには、毛沢東の時代を待たなければならなかった。だからこそ、近代中国においては社会に対する動員はしばしば「運動」という形式を取らざるを得なかったのであり、国民政府期の昇降国旗運動のパンフレットがいみじくも自ら述べたように、ナショナル・シンボルというある意味「簡単容易な方法」に頼らざるを得なかったのである。

その一貫した努力の結果、最終的に近代中国の国家、政党、知識人たちは、国旗や国慶日が何者であるかという知識の普及という点ではその所期の目的を相当程度達成できたと考える。しかし彼らは、国民にそれらに対する何らかの崇高さの感覚を抱かせるという点では必ずしも成功しなかった。それはなぜか。近代を「未完のプロジェクト」(ハーバマス)と捉える見方に立てば、このような問いはそもそも無意味かもしれない。また、シンボルという視点だけから答えを出すことができる問いでもないかもしれない。ただ、本書の検討した限りにおいて一つだけ仮説を提示してみたい。

近代中国においてシンボルをめぐる言説を展開した知識人たちに共通する特徴として一つ挙げられるのは、彼らが総じて極めて論理的だったということである。シンボリズムの政治は本来、論理的な合理性よりもむしろそれが人々の情緒に訴えかけるものであるところにその特徴と影響力の大きさの所以がある。[37]「ナショナリズムの主張とは、そもそもが、それほど論理的な説得力をもつというよりも、情念に訴えかけようという性格のものであ」る。[38]しかし、近代中国の知識人たちには、一貫して、個々人の情念に訴えかけるような物語を作り上げるよりも、論理的な説得によって国民に国家を愛させようとする傾向があったように思われる。

しかしこれは、近代中国の知識人たちの思考様式の問題であるとともに、彼らが置かれた具体的な歴史的状況に由来するジレンマでもあった。清末の「反満」の語りは確かに多くの漢人の感情を刺激した。しかし清朝の領土を継承し「五族共和」を標榜した民国の下では「反満」を愛国心の喚起に利用することはできなくなった。国民革命期の「反帝」「反封建」の語りは確かに学生や都市住民の感情をゆさぶった。しかし、特定の階級（地主・資本家）や民族（ユダヤ人）といった「敵」の排除を訴えることで力を得たソ連やファシズムと異なり、南京国民政府は労使協調路線を取り、安内攘外路線を取らざるを得なかった。全ての問題を共産党の所為にするには、日本の侵略はあまりに明白に過ぎた。

ナショナリズムの「我々」を統合する側面は、「敵」を排除するという側面と表裏一体である。「敵」が何であるかを明確に示すことなく統合を訴えるナショナリズム言説が迫力と魅力を欠くものであった点は否定できない。

ただ、一方で忘れてはならないのは、北京政府期は言うに及ばず、南京国民政府期においてさえ、党や国家がナショナル・シンボルの解釈を完全に独占することはできなかったということである。党と国家の一体化がその特徴とされる国民政府の下においても、党と国家のシンボルは分離すべきだという議論は一貫して伏在した。これは、国民党党歌を国歌とすることが決定された後も、長期にわたって国歌の制定が試みられ続けたこと、そして戦後憲政期において、最終的に総理記念週、党旗の掲揚、孫文の遺嘱の黙読といった儀式が政府機関や学校において廃止され、国民党党歌が再び暫定国歌とされ、新国歌の制定が論じられたことに明らかである。さらに、（むしろ北京政府期と同様に）排他的な解釈を確立しにくい曖昧さゆえに様々な政治勢力がそれを利用し得たことが、死後の孫文をして政治を超越した国民統合のシンボルたらしめた、という解釈すら主張されている(39)。

そして何よりも、シンボルの商業利用を完全に禁止することはできなかったという点が挙げられる。本書の各所でも確認してきたように、近代中国においては、五色旗・青天白日満地紅旗や孫文の遺像・遺嘱などがしばしば商業的な宣伝や広告に大規模に利用された。これはナショナル・シンボルを神聖視させるという政府や政党・知識人の意図とは相反するものであり、したがって繰り返し取り締まりがなされた。しかしそれにもかかわらず、国旗や孫文像は商品のデザインや商業広告に利用され続けた。

確かに国民政府期には、党以外の主体がシンボルの操作に関与する余地は減少した。しかしそれでもシンボルの様々な読み替えや転用は続いた。そしてそれが逆にシンボルに新たな生命力や利用価値を与えた面もあったように思われる。

もう一つ指摘すべきは、同じ党国家体制としてくくられがちな共産党政権との差異である。国民党・国民政府の「文明」志向が民国初年の（さらに遡れば清末新政期の）それを徹底させたものだったのに対し、究極的には同じ課題を共有しつつも、農村根拠地という現実の下、民俗的慣習や大衆文化の選択的利用という面において、毛沢東の共産党ははるかに柔軟かつ巧妙であった。

国歌を斉唱することで国家との一体感を得、「国恥」を自らの恥と感じ、国家を象徴する国旗のために死に、それを追悼し記念することでまた別の国民の国家のために死ぬという感情を掻き立てる。近代中国の知識人たちはある意味でこのような国民国家の理念をあまりに生真面目に追求しすぎたとも言える。彼らの「民族教育的FIRST　STEP」の行きついた先は、どこだったのだろうか。

（1）長志珠絵「国旗・国歌」西川長夫・大空博・姫岡とし子・夏剛編『グローバル化を読み解く八八のキーワード』平凡社、二〇〇三年、一二六頁。
（2）川島真「「支那」「支那国」「支那共和国」――日本外務省の対中呼称政策」『中国研究月報』第四九巻第九号、一九九五年

九月、同「天朝から中国へ――清末外交文書における「天朝」「中国」の使用例」『中国――社会と文化』第一二号、一九九七年六月。

（3）田中比呂志「創られる伝統――清末民初の国民形成と歴史教科書」『歴史評論』第六五九号、二〇〇五年三月、黄東蘭「清末・民国期地理教科書の空間表象――領土・疆域・国恥」『中国研究月報』第五九巻第三号、二〇〇五年三月。高田幸男「辛亥革命期における「国民」の創造――その初歩的考察」『近きに在りて』第三九号、二〇〇一年八月、も参照。

（4）坂元ひろ子『中国民族主義の神話――人種・身体・ジェンダー』岩波書店、二〇〇四年。

（5）川島真『中国近代外交の形成』名古屋大学出版会、二〇〇四年、三四八頁。

（6）吉澤誠一郎『愛国主義の創成――ナショナリズムから近代中国をみる』岩波書店、二〇〇三年、八五頁。

（7）「第七十次会議」（一九三八年三月一日）中央委員会秘書処編印『中国国民党第五届中央執行委員会常務委員会会議紀録彙編』出版地不詳、中央委員会秘書処、出版年不詳、一九〇―一九一頁、『国民政府公報』渝字第三〇号、一九三八年三月十二日。

（8）「第二〇四次会議」（一九四二年六月二十二日）『中国国民党第五届中央執行委員会常務委員会会議紀録彙編』八九五―八九八頁。なお、「国定紀念日日期表」に「孔子誕辰」が記載されたため、一九三四年の「先師孔子誕辰紀念辦法」は廃止された。

（9）『国民政府公報』渝字第二〇二号、一九三九年十一月四日。

（10）「中国国民党第五届中央執行委員会常務委員会第一五三次会議紀録」（一九四〇年七月二十五日）中国第二歴史檔案館編『中国国民党中央執行委員会常務委員会会議録』桂林、広西師範大学出版社、二〇〇〇年、第三〇冊三三五―三三六頁。

（11）「中国国民党第五届中央執行委員会常務委員会第二零二次会議紀録」（一九四二年五月二十五日）『中国国民党中央執行委員会常務委員会会議録』第三五冊二頁。

（12）「第二五〇次会議」（一九四四年三月六日）『中国国民党第五届中央執行委員会常務委員会会議紀録彙編』一一六九頁。

（13）「第二六八次会議」（一九四四年十月三十日）『中国国民党第五届中央執行委員会常務委員会会議紀録彙編』一二六二―一二六三頁。ここで挙げた以外にも様々な記念日が存在した。簡濤「略論近代立春節日文化的演変」『民俗研究』第四六期、一九九八年四月、を参照。

（14）「中国国民党第五届中央執行委員会常務委員会第二一三次会議紀録」（一九四二年十月十九日）『中国国民党中央執行委員

会常務委員会会議録』第三五冊一九七―一九八頁。
(15) 満洲国の国旗・国歌については、貴志俊彦『満洲国のビジュアル・メディア――ポスター・絵はがき・切手』吉川弘文館、二〇一〇年、一七―二六頁、等を参照。
(16) 堀井弘一郎「中華民国維新政府の成立過程」(上)(下)『中国研究月報』第四九巻第四・五号、一九九五年四・五月。
(17) 丸田孝志「華北傀儡政権における記念日活動と民俗利用――山西省を中心に」曽田三郎編『近代中国と日本――提携と敵対の半世紀』御茶の水書房、二〇〇一年。
(18) 同右。
(19) 潘光哲「「国父」形象的歴史形成」曾一士総編輯『第六届孫中山与現代中国学術研討会論文集』台北、国立国父紀念館、二〇〇三年。
(20) 第五届中央執行委員会常務委員会第二五一次会議(一九四四年三月二十日)。中央執行委員会秘書処→国民政府文官処、公函、一九四四年四月十一日、国史館審編処編『中華民国国旗与国歌史料』台北、国史館、二〇〇三年、一六八―一七九頁。
(21) 『中華民国国旗与国歌史料』二一九―二二六頁。
(22) 高子泉→国民政府主席林、呈、一九三八年十一月十七日、何映基→国民政府主席林、函、一九四一年一月二十一日、『中華民国国旗与国歌史料』三三四―三四二頁。
(23) 曙山(周曙山)「我們的国歌」『掃蕩報』一九四四年一月十三日。
(24) 「歓迎新国歌」『文匯報』一九四六年三月二十六日、「主席与国歌」同五月四日。
(25) 「第六十三次会議」(一九四七年四月二日)中央委員会秘書処編印『中国国民党第六届中央執行委員会常務委員会会議紀録彙編』出版地不詳、中央委員会秘書処、一九五四年、四〇四頁。
(26) 日付不明、「総理紀念週及懸掛党国旗開会黙読遺嘱等辦法審査意見」中国国民党文化伝播委員会党史館所蔵中央執行委員会檔案 6.3/91.4。
(27) 『中国国民党第六届中央執行委員会常務委員会会議紀録彙編』四一〇頁。
(28) 丸田孝志「陝甘寧辺区の記念日活動と新暦・農暦の時間」『史学研究』第二二一号、一九九八年七月、同「抗日戦争期・内戦期における中国共産党根拠地の象徴――国旗と指導者像」『アジア研究』第五〇巻第三号、二〇〇四年七月、同「時と権力――中国共産党根拠地の記念日活動と新暦・農暦の時間」(Ⅰ)(Ⅱ)『社会システム研究』第一〇・一一号、二〇〇五年三・九月、同「太行・太岳根拠地の追悼のセレモニーと土地改革期の民俗」『近きに在りて』第四九号、二〇〇六年五月。

(29) Chang-tai Hung, "The Politics of Songs: Myths and Symbols in the Chinese Communist War Music, 1937–1949," *Modern Asian Studies*, Vol. 30, Part 4 (October 1996). 榎本泰子「歴史は歌う——中国革命における歌曲の役割」臼井隆一郎・高村忠明編『シリーズ言語態4　記憶と記録』東京大学出版会、二〇〇一年。

(30)「新政協籌備会制定条例徴求国旗国徽図案及国歌辞譜」『人民日報』一九四九年七月十三日、「国旗国徽国歌徴求条例発表」『文匯報』一九四九年七月十三日。

(31)「国旗定為五星紅旗」『文匯報』一九四九年九月二十八日、中国人民政治協商会議第一届全体会議秘書処編『中国人民政治協商会議第一届全体会議紀念刊』北京、人民出版社、一九九九年（初版一九五〇年）、二三五—二三六・三四九—三五三頁、榎本泰子「「義勇軍行進曲」の未来——中国国歌に関する一考察」『中国——社会と文化』第一四号、一九九九年六月、一五六—一五八頁。

(32) 長崎市内のデパートで開催された中国切手・切り絵展の会場に掲げられた五星紅旗が引きずり降ろされ、これに中華人民共和国政府が抗議して日中貿易が一時停止するまでに至った事件。

(33) 長志珠絵「ナショナル・シンボル論」『岩波講座近代日本の文化史3　近代知の成立』岩波書店、二〇〇二年。

(34) 同右一二五頁。

(35) E・J・ホブズボーム、浜林正夫・嶋田耕也・庄司信訳『ナショナリズムの歴史と現在』大月書店、二〇〇一年（原著一九九二年）、五八・九七頁。

(36) 吉澤誠一郎「中国ナショナリズム構想期における国民統合論」『インターカルチュラル』第四号、二〇〇六年四月、二九—三〇頁。

(37) C・E・メリアム、斎藤真・有賀弘訳『政治権力——その構造と技術』東京大学出版会、一九七三年（原著一九三四年）一四八—一六四頁、グレーアム・ウォーラス、石上良平・川口浩共訳『政治における人間性』創文社、一九五八年（原著一九二四年）、六八—六九頁。

(38) 前掲吉澤『愛国主義の創成』一八頁。

(39) Liping Wang, "Creating a National Symbol: The Sun Yatsen Memorial in Nanjing," *Republican China*, Vol. 21, No. 1 (April 1996), pp. 53-54.

史料・文献一覧

Ⅰ　史料

未刊行史料

中国国民党文化伝播委員会党史館所蔵上海環龍路檔案
中国国民党文化伝播委員会党史館所蔵中央執行委員会檔案
国史館所蔵国民政府檔案
中央研究院近代史研究所所蔵外務部檔案
中央研究院近代史研究所所蔵北洋政府外交部檔案
第二歴史檔案館所蔵国民政府檔案
第二歴史檔案館所蔵行政院檔案
第二歴史檔案館所蔵中国国民党中央訓練部檔案
第二歴史檔案館所蔵〔北洋政府〕教育部檔案
東京大学東洋文化研究所所蔵『天津特別市市立第一通俗講演所講演文稿』

外務省外交史料館外務省記録

公報・新聞・雑誌

『参議院公報』『晨報』『崇徳公報』『大公報』『大公報』（長沙）『大学院公報』『点石斎画報』『東方公論』『東方雑誌』『広州民国日報』『国民政府公報』『海軍雑誌』『湖南教育雑誌』『教育部編纂処月刊』『教育部公報』『教育公報』『教育雑誌』『教育週報』（浙江省教育会）『臨時公報』『臨時政府公報』『毎週評論』『民国日報』（上海）『民立報』『内閣官報』『清華週刊』『清議

報』『人民日報』『人民日報』（福州）『掃蕩報』『紹興教育雑誌』『申報』『盛京時報』『時報』『時事新報』『順天時報』『太平雑誌』『図画日報』『文化建設』『文史』『文匯報』『語絲』『小説月報』『新民叢報』『新世紀』『新小説』『新月』『醒獅』『行政院公報』『学部官報』『学藝』『音楽季刊』『音楽界』『音楽雑誌』『雲南教育雑誌』『政府公報』『中国国民党指導下之政治成績統計』『中国国民党周刊』『中華教育界』『中華新報』『中央党務月刊』『中央日報』

『支那』（東亜同文会調査編纂部）『読売新聞』

The North-China Herald and Supreme Court & Consular Gazette.

その他刊行史料

宝鋆等修『籌辦夷務始末（同治朝）』、近代中国史料叢刊第六二輯六一一、台北、文海出版社、一九七一年（初版一八八〇年）。

蔡少卿整理『薛福成日記』長春、吉林文史出版社、二〇〇四年。

曹亜伯『武昌革命真史』上海、上海書店、一九八二年（初版一九三〇年）。

陳伯熙編『上海軼事大観』上海、上海書店出版社、二〇〇〇年（初版一九一九年）。

陳三井・居蜜合編『居正先生全集』上巻、台北、中央研究院近代史研究所、一九九八年。

陳旭麓・郝盛潮主編『孫中山集外集』上海、上海人民出版社、一九九〇年。

陳又新・楊瑞麐合編『新生活運動之理論与実際』北京、警官高等学校、一九三五年。

馮自由『中華民国開国前革命史』第一冊、台北、世界書局、一九五四年（初版一九二八年）。

――――『華僑革命開国史』台北、商務印書館、一九七五年（初版一九四六年）。

――――『革命逸史』初集、台北、中華書局、一九八一年（初版一九四五年）。

福建省政府秘書処法制室編『中華民国法規彙編』出版地不詳、福建省政府秘書処編訳室、一九四五年。

国民政府軍事委員会委員長行営参謀団政訓処編『升降国旗須知』出版地不詳、誠達印書店、一九三五年。

国民政府行政院教育部頒布『中華民国十八年国民暦』上海、中華書局、出版年不詳。

国史館審編処編『中華民国国旗与国歌史料』台北、国史館、二〇〇三年。

郭則澐編『侯官郭氏家集彙刻』、近代中国史料叢刊第三〇輯二九九、台北、文海出版社、一九六八年（初版一九三四年）。
侯坤宏「中華民国国徽・国旗史料選輯」『国史館館刊』復刊第三期、一九八七年十二月。
胡適全集編委会編『胡適全集』合肥、安徽教育出版社、二〇〇三年。
湖南省社会科学院編『黄興集』北京、中華書局、一九八一年。
黄遵憲『日本雑事詩』、近代中国史料叢刊続編第一〇輯九五、台北、文海出版社、一九七四年（初版一八七九年、定本一八九〇年）。
姜泣群編『民国野史』第一編、上海、光華編輯社、一九一四年。
姜義華・張栄華編校『康有為全集』北京、人民大学出版社、二〇〇七年。
経世文社編訳部編『民国経世文編』上海、経世文社、一九一四年。
李根源『雪生年録』、近代中国史料叢刊第二輯一五、台北、文海出版社、一九六六年（初版一九三四年）。
李秋生「「関於中華民国国歌的回憶」一文的補充」『伝記文学』第二〇巻第五期、一九七二年五月。
李琴「関於試唱「卿雲歌」的回憶」『伝記文学』第二一巻第六期、一九七二年十二月。
劉成禺『洪憲紀事詩本事簿註』、袁世凱史料彙刊一〇、台北、文海出版社、一九六六年（初版一九一九年）。
劉錦藻撰『清朝続文献通考』上海、商務印書館、一九三六年（初版一九〇五年）。
劉師舜「関於中華民国国歌的回憶」『伝記文学』第二〇巻第四期、一九七二年四月。
劉志恵点校輯注、王澧華審閲『曾紀沢日記』長沙、岳麓書社、一九九八年。
魯迅『魯迅全集』北京、人民文学出版社、二〇〇五年。
羅爾綱『師門五年記・胡適瑣記』増補本、北京、三聯書店、一九八八年。
民団週刊社編『関於党旗和国旗』南寧、民団週刊社、一九三八年。
銭仲聯箋注『人境廬詩草箋注』上海、上海古籍出版社、一九八一年（初版一九一一年）。
麹生『復辟紀実』、近代中国史料叢刊三編第八〇輯七九八、台北、文海出版社、一九九六年（初版一九一七年）。
秦孝儀主編『総統蔣公思想言論総集』台北、中央文物供応社、一九八四年。
丘逢甲『嶺雲海日楼詩鈔』上海、上海古籍出版社、一九八二年（初版一九一三年）。
阮湘他編『第一回中国年鑑』上海、商務印書館、一九二四年。

桑兵・黄毅・唐文権合編『戴季陶辛亥文集』香港、中文大学出版社、一九九一年。
上海社会科学院歴史研究所編『五卅運動史料』第一巻、上海、上海人民出版社、一九八一年。
上海市文物保管委員会編『康有為与保皇会』上海、上海人民出版社、一九八二年。
上海自由社編輯『中国革命記』第二〇冊、上海、上海自由社、一九一二年。
尚秉和『辛壬春秋』台北、文星書店、一九六二年（初版一九二四年）。
沈圻編『小学校初級用新学制国語教授書』第五冊、上海、商務印書館、一九二四年。
時事新報館編輯『中国革命記』第一冊、上海、時事新報館、一九一一年。
師鄭編『国民革命要覧』出版地不詳、新時代教育社、一九二七年。
宋教仁『我之歴史』台北、文星書店、一九六二年（初版一九二〇年）。
太平洋書店編訳部編『国旗的歴史及其意義』上海、太平洋書店、一九二八年。
湯志鈞編『康有為政論集』北京、中華書局、一九八一年。
王栻主編『厳復集』北京、中華書局、一九八六年。
王孝煃「秋夢録」『南京文献』第五号、一九四七年五月。
王彦威・王亮編『清季外交史料』、近代中国史料叢刊三編第二輯一一―一九、台北、文海出版社、一九八五年（初版一九三二―一九三五年）。
王照『方家園雑詠紀事』、近代中国史料叢刊第二七輯二六六、台北、文海出版社、一九六八年（初版一九二八年）。
謝振鐸編『革命史上的重要紀念日』出版地不詳、出版者不詳、一九二七年。
薛福成『出使英法義比四国日記』、近代中国史料叢刊第二一輯一一七、台北、文海出版社、一九六七年（初版一八九一年）。
袁世凱『新建陸軍兵略録存』、袁世凱史料彙刊四、台北、文海出版社、一九六六年（初版一八九八年）。
楊堅編『郭嵩燾日記』第三巻、長沙、湖南人民出版社、一九八二年。
楊亮功・蔡暁舟同編『五四――第一本五四運動史料』改版、台北、伝記文学出版社、一九九三年（初版一九一九年）。
易国幹等編『黎副総統政書』上海、上海古今図書局、一九一五年。
印鋳局官書科編『法令輯覧』第九冊、北京、印鋳局官書科、一九一七年。
尹占華校注『王建詩集校注』成都、巴蜀書社、二〇〇六年。

載振・唐文治『英軺日記』、近代中国史料叢刊第七四輯七三四、台北、文海出版社、一九七二年（初版一九〇三年）。
曾国藩『曾国藩全集・書信（四）』長沙、岳麓書社、一九九二年。
章炳麟『章太炎先生自定年譜』上海、上海書店、一九八六年（初版一九二八年）。
張徳彝『欧美環游記（再述奇）』長沙、湖南人民出版社、一九八一年。
張驥畲『復辟詳志』、近代中国史料叢刊三編第八〇輯七九七、台北、文海出版社、一九九六年（初版一九一七年）。
張俠・楊志本・羅澍偉・王蘇波・張利民合編『清末海軍史料』北京、海洋出版社、一九八二年。
趙如蘭編『趙元任音楽作品全集』上海、上海音楽出版社、一九八七年。
志剛『初志泰西記』長沙、湖南人民出版社、一九八一年（初版一八七七年）。
中国蔡元培研究会編『蔡元培全集』第二巻、杭州、浙江教育出版社、一九九七年。
中国蔡元培研究会編『蔡元培全集』第一六巻、杭州、浙江教育出版社、一九九八年。
中国第二歴史檔案館編『中国国民党第一・二次全国代表大会会議史料』南京、江蘇古籍出版社、一九八六年。
――編『中国国民党中央執行委員会常務委員会会議録』桂林、広西師範大学出版社、二〇〇〇年。
中国国民党中央委員会党史史料編纂委員会編輯『革命文献』第三輯、台北、中央文物供応社、一九五三年。
――編輯『革命文献』第一二輯、台北、中央文物供応社、一九五六年。
中国国民党中央執行委員会宣伝部編『党旗和国旗』出版地不詳、出版者不詳、一九二九年。
中国李大釗研究会編注『李大釗全集』北京、人民出版社、二〇〇六年。
中国人民政治協商会議第一届全体会議秘書処編『中国人民政治協商会議第一届全体会議紀念刊』北京、人民出版社、一九九九年（初版一九五〇年）。
中国人民政治協商会議湖北省委員会編『辛亥首義回憶録』第四輯、武漢、湖北人民出版社、一九八一年（初版一九六一年）。
中国人民政治協商会議全国委員会文史資料研究委員会編『辛亥革命回憶録』第一集、北京、文史資料出版社、一九八一年（初版一九六一年）。
――編『辛亥革命回憶録』第六集、北京、文史資料出版社、一九八一年（初版一九六三年）。
――編『辛亥革命回憶録』第八集、北京、文史資料出版社、一九八二年。
中国社会科学院近代史研究所中華民国史研究室他合編『孫中山全集』第二巻、北京、中華書局、一九八二年。

中国史学会主編『辛亥革命』、中国近代史資料叢刊、上海、上海人民出版社、一九五七年。

中華法令編印館編訳、中華民国臨時政府行政委員会監修『中日対訳中華民国現行法令輯覧』第一巻、北京、中華法令編印館、一九三九年。

中山大学歴史系孫中山研究室他合編『孫中山全集』第五巻、北京、中華書局、一九八五年。

中央委員会秘書処編印『中国国民党第一届中央執行委員会会議紀録彙編』出版地不詳、中央委員会秘書処、一九五四年。

――――編印『中国国民党第五届中央執行委員会常務委員会会議紀録彙編』出版地不詳、中央委員会秘書処、出版年不詳。

――――編印『中国国民党第六届中央執行委員会常務委員会会議紀録彙編』出版地不詳、中央委員会秘書処、一九五四年。

荘適・呉研因・沈圻編『小学校初級用新学制国語教科書』第五冊、第一〇三版、上海、商務印書館、一九二七年（初版一九二三年）。

鄒魯『中国国民党史稿』上海、商務印書館、一九四七年（初版一九二九年、第二版一九三八年）。

著者不詳『宣統政紀』、近代中国史料叢刊三編第一八輯一八〇、台北、文海出版社、一九八六年。

行政院新聞局編『国旗と国歌』台北、行政院新聞局、一九九九年。

黄遵憲、実藤恵秀・豊田穣訳『日本雑事詩』平凡社、一九六八年。

宋教仁、松本英紀訳註『宋教仁の日記』同朋舎出版、一九八九年。

内閣官報局編『法令全書』第三巻、原書房、一九七四年（初版一八八七年）。

長澤規矩也解題『和刻本漢籍随筆集』第一四集、汲古書院、一九七七年。

フェルナン・ファルジュネル（Fernand Farjenel）、石川湧・石川布美訳『辛亥革命見聞記』平凡社、一九七〇年（原著一九一四年）。

老舎、竹中伸訳『老舎小説全集1　張さんの哲学・離婚』学習研究社、一九八二年。

魯迅、竹内好訳『阿Q正伝・狂人日記他十二篇（吶喊）』岩波書店、一九五五年。

Bell, H. T. Montague and Woodhead, H. G. W., *The China Year Book 1913*, London: George Routledge, 1913.

Bruner, Katherine F., Fairbank, John K., Smith, Richard J., eds., *Entering China's Service: Robert Hart's Journals, 1854–*

1863, Cambridge: Harvard University Press, 1986.
Holcombe, Chester, *The Real Chinese Question*, New York: Dodd, Mead, 1900.
Lo Hui-min（駱惠敏）, ed., *The Correspondence of G. E. Morrison*, Cambridge: Cambridge University Press, 1976.
Sun Yat Sen（孫逸仙）, *Kidnapped in London: Being the Story of My Capture by, Detention at, and Release from the Chinese Legation, London*, Bristol: J. W. Arrowsmith, 1897.
Tse Tsantai（謝纘泰）, *The Chinese Republic: Secret History of the Revolution*, Hongkong: South China Morning Post, 1924.

Ⅱ　著書・論文

中国語文献（拼音順）

陳恒明『中華民国政治符号之研究』台北、台湾商務印書館、一九八四年。
陳蘊茜「論清末民国旅游娯楽空間的変化——以公園為中心的考察」『史林』第八〇期、二〇〇四年十月。
——「時間、儀式維度中的〝総理紀念週〟」『開放時代』第一七八期、二〇〇五年七月。
——「日常生活中殖民主義与民族主義的衝突——以中国近代公園為中心的考察」『南京大学学報（哲学・人文科学・社会科学版）』第四二巻第五期、二〇〇五年九月。
——「空間重組与孫中山崇拝——以民国時期中山公園為中心的考察」『史林』第九〇期、二〇〇六年二月。
——「合法性与〝孫中山〟政治象徴符号的建構」『江海学刊』第一四二期、二〇〇六年三月。
——「植樹節与孫中山崇拝」『南京大学学報（哲学・人文科学・社会科学版）』第四三巻第五期、二〇〇六年九月。
——「〝総理遺像〟与孫中山崇拝」『江蘇社会科学』第二二九期、二〇〇六年十一月。
——「建築中的意識形態与民国中山紀念堂建設運動」『史林』第一〇三期、二〇〇七年十二月。
——「民国中山路与意識形態日常化」『史学月刊』第三二六期、二〇〇七年十二月。
——『崇拝与記憶——孫中山符号的建構与伝播』南京、南京大学出版社、二〇〇九年。
村田雄二郎「孫中山与辛亥革命時期的〝五族共和〟論」『広東社会科学』第一〇九期、二〇〇四年九月。
高偉濃『二十世紀初康有為保皇会在美国華僑社会中的活動』北京、学苑出版社、二〇〇九年。

関志鋼『新生活運動的研究』深圳、海天出版社、一九九九年。
胡平生『民国初期的復辟派』台北、台湾学生書局、一九八五年。
胡岩「〝五族共和〟口号的提出及其意義」『西藏研究』第五四期、一九九五年二月。
黄東蘭「岳飛廟――創造公共記憶的〝場〟」孫江主編『事件・記憶・叙述』杭州、浙江人民出版社、二〇〇四年。
簡濤「略論近代立春節日文化的演変」『民俗研究』第四六期、一九九八年四月。
姜瑞学「北洋政府与中華民国国民塑造――以〝双十節〟為中心的考察」『聊城大学学報（社会科学版）』二〇〇六年第三期。
孔凡嶺「略論南京政府首次紀念孔子誕辰活動」『済南大学学報』第九巻第三期、一九九九年六月。
李抱忱「也談国歌」『伝記文学』第二一巻第二期、一九七二年八月。
李恭忠「喪葬政治与民国再造――孫中山奉安大典研究」南京大学博士学位論文、二〇〇三年。
――――「開放的紀念性――中山陵建築精神遡源」『二十一世紀』網絡版、第一三期、二〇〇三年四月。
――――「開放的紀念性――中山陵建築精神的表達与実践」『南京大学学報（哲学・人文科学・社会科学版）』第四一巻第三期、二〇〇四年五月。
――――「中山陵徴地考」『江蘇社会科学』第二一五期、二〇〇四年七月。
――――「孫中山崇拝与民国政治文化」『二十一世紀』第六八期、二〇〇四年十二月。
――――「建造中山陵――現代中国的工程政治」『南京社会科学』第二〇八期、二〇〇五年六月。
――――「中山陵――政治精神的表達与実践」黄東蘭主編『身体・心性・権力』杭州、浙江人民出版社、二〇〇五年。
――――「〝総理紀念週〟与民国政治文化」『福建論壇（人文社会科学版）』第一六四期、二〇〇六年一月。
――――「孫中山先生葬事籌備処述略」『歴史檔案』第一〇一期、二〇〇六年二月。
――――「〝党葬〟孫中山――現代中国的儀式与政治」『清華大学学報（哲学社会科学版）』第二一巻第三期、二〇〇六年五月。
――――『中山陵――一個現代政治符号的誕生』北京、社会科学文献出版社、二〇〇九年。
李静「民国国歌《卿雲歌》的誕生与争論」『文藝研究』第一八一期、二〇〇七年三月。
李霞・李恭忠「領袖崇拝与民族認同」『天府新論』第一二八期、二〇〇六年三月。
李新主編『中華民国史　第一編全一巻　中華民国的創立（下）』北京、中華書局、一九八二年。
李紓「辛亥年間同盟会員在倫敦活動補録」『史学月刊』第二五四期、二〇〇一年十一月。

李学智「《中華民国国旗史略》正誤」『歴史檔案』第六二期、一九九六年五月。
――「《中華民国史辞典》正誤両則」『天津師大学報（社会科学版）』第一二六期、一九九六年六月。
――「辛亥上海起義旗幟考」『歴史教学』第四〇五期、一九九七年八月。
――「民元国旗之争」『史学月刊』第二三一期、一九九八年一月。
――「《中華民国史大詞典》正誤二則」『近代史研究』第一四〇期、二〇〇四年三月。
――『民国初年的法治思潮与法制建設――以国会活動為中心的研究』北京、中国社会科学出版社、二〇〇四年。
――「政治節日与節日政治――民国北京政府時期的国慶活動」『南京大学学報（哲学・人文科学・社会科学版）』第四三巻第五期、二〇〇六年九月。
李玉偉「北洋政府的民族政策与内蒙古的民族問題」『内蒙古社会科学（漢文版）』第二五巻第二期、二〇〇四年三月。
李志新「武昌首義与九角十八星旗」『伝記文学』第一三巻第六期、一九六八年十二月。
劉鳳翰『新建陸軍』台北、中央研究院近代史研究所、一九六七年。
劉雲波「論孫、黄〝国旗式様之争〟」『中州学刊』第九六期、一九九六年十一月。
羅才国「鄺鄘与北伐軍歌」『湖南党史月刊』第八三期、一九八八年五月。
羅爾綱『湘軍兵志』北京、中華書局、一九八四年。
羅林遠「〝殺了鄺鄘、還有鄺鄘〟――北伐軍歌作者与蔣介石的師生糾葛」『炎黄春秋』第三六期、一九九五年三月。
――「高唱軍歌赴刑場――記《北伐軍歌》作者鄺鄘」『党史縦横』第一六八期、二〇〇〇年二月。
羅志田『乱世潜流――民族主義与民国政治』上海、上海古籍出版社、二〇〇一年。
呂芳上『革命之再起――中国国民党改組前対新思潮的回応（一九一四―一九二四）』台北、中央研究院近代史研究所、一九八九年。
梅徳華「《国民革命歌》詞作者――羅振声」『紅岩春秋』第四一期、一九九六年九月。
潘光哲「「国父」形象的歴史形成」曾一士総編輯『第六届孫中山与現代中国学術研討会論文集』台北、国立国父紀念館、二〇〇三年。
――『華盛頓在中国――製作「国父」』台北、三民書局、二〇〇六年。
彭虹星「民初国歌考」『台北連合報』一九五九年八月二十一日。

皮後鋒「中国近代国歌考述」『近代史研究』第八六号、一九九五年三月。
瞿駿『辛亥前後上海城市公共空間研究』上海、上海辞書出版社、二〇〇九年。
沈松僑「我以我血薦軒轅——黄帝神話与晩清的国族建構」『台湾社会研究季刊』第二八号、一九九七年十二月。
——「振大漢之天声——民族英雄系譜与晩清的国族想像」『近代史研究所集刊』第三三期、二〇〇〇年六月。
盛巽昌「我国早期的国歌」『江蘇音楽』一九八一年第九期。
孫江・黄東蘭「岳飛叙述、公共記憶与国族認同」『二十一世紀』第八六期、二〇〇四年十二月。
孫鎮東『国旗国歌国花史話』台北、伝記文学雑誌社、一九八一年。
汪林茂「清末第一面中国国旗的産生及其意義」『故宮文物月刊』第一〇巻第七期、一九九二年十月。
汪毓和『中国近現代音楽史』第二次修訂版、北京、人民音楽出版社・華楽出版社、二〇〇二年。
王開璽「中国近代的外交与外交儀礼」『史学月刊』第二五〇期、二〇〇一年三月。
王暁葵「革命記憶与近代公共空間——従〝黄花崗公園〟到〝広州起義烈士陵園〟」黄東蘭主編『身体・心性・権力』杭州、浙江人民出版社、二〇〇五年。
温波『重建合法性——南昌市新生活運動研究（一九三四—一九三五）』北京、学苑出版社、二〇〇六年。
呉琨煌「武昌首義九角旗的故事」『藝文誌』第三七期、一九六八年十月。
忻平「中国国歌史略」『社会科学研究』第四七期、一九八六年十一月。
——「五色旗——青天白日満地紅旗」「《卿雲歌》——《三民主義歌》」忻平・胡正豪・李学昌主編『民国社会大観』福州、福建人民出版社、一九九一年。
徐公喜「関於〝青天白日満地紅〟的両個問題」『歴史檔案』第四九期、一九九三年二月。
許師慎編纂『国父当選臨時大総統実録』台北、国史叢編社、一九六七年。
曾永玲『郭嵩燾大伝——中国清代第一位駐外公使』瀋陽、遼寧人民出版社、一九八九年。
張瑞徳「戦争与工人文化——抗戦時期大後方工人的認同問題」黄克武主編『第三届国際漢学会議論文集　歴史組　軍事組織与戦争』台北、中央研究院近代史研究所、二〇〇二年。
張永「従〝十八星旗〟到〝五色旗〟——辛亥革命時期従漢族国家到五族共和国家的建国模式転変」『北京大学学報（哲学社会科学版）』第三九巻第二期、二〇〇二年三月。

張玉法『民国初年的政党』台北、中央研究院近代史研究所、一九八五年。

張志明「中国近代的暦法之争」『近代史研究』第六五期、一九九一年九月。

趙友慈「中華民国国旗史略」『歴史檔案』第四一期、一九九一年二月。

――「中華民国国旗国歌歴史沿革」『文史資料選編』第四三輯、一九九二年六月。

――「中華民国国旗考」『文史春秋』第四〇期、二〇〇〇年五月。

周開慶『行知集』台北、暢流半月刊社、一九七五年。

周興梁『廖仲愷和何香凝』鄭州、河南人民出版社、一九八九年。

左玉河「評民初暦法上的〝二元社会〟」『近代史研究』第一二九期、二〇〇二年五月。

――「従〝改正朔〟到〝廃旧暦〟――陽暦及其節日在民国時期的演変」『民間文化論壇』第一四二期、二〇〇五年四月。

――「論南京国民政府的廃除旧暦運動」中国社会科学院近代史研究所編『中華民国史研究三十年（一九七二―二〇〇二）』北京、社会科学文献出版社、二〇〇八年。

日本語文献（五十音順）

阿部斉『概説現代政治の理論』東京大学出版会、一九九一年。

家近亮子「南京国民政府の北方への権力浸透について」『東方学』第八七輯、一九九四年一月。

石川禎浩「二〇世紀初頭の中国における〝黄帝〟熱――排満・肖像・西方起源説」『二〇世紀研究』第三号、二〇〇二年十二月。

――「死後の孫文――遺書と記念週」『東方学報』第七九冊、二〇〇六年九月。

――「思い出せない日付――中国共産党の記念日」小関隆編『記念日の創造』人文書院、二〇〇七年。

井上裕正「レイ・オズボーン艦隊事件の外交史的意義について」『東洋史研究』第三四巻第二号、一九七五年九月。

グレーアム・ウォーラス（Graham Wallas）、石上良平・川口浩共訳『政治における人間性』創文社、一九五八年（原著一九二四年）。

榎本泰子『楽人の都・上海――近代中国における西洋音楽の受容』研文出版、一九九八年。

――「『義勇軍行進曲』の未来――中国国歌に関する一考察」『中国――社会と文化』第一四号、一九九九年六月。

――「歴史は歌う――中国革命における歌曲の役割」臼井隆一郎・高村忠明編『シリーズ言語態4　記憶と記録』東京大学出版会、二〇〇一年。

王暁葵「二〇世紀中国の記念碑文化――広州の革命記念碑を中心に」若尾祐司・羽賀祥二編『記録と記憶の比較文化史――史誌・記念碑・郷土』名古屋大学出版会、二〇〇五年。

大澤武司「東三省易幟実行と日中関係の変転――「黙認」をめぐる一考察」中央大学『大学院研究年報　総合政策研究科篇』第四号、二〇〇一年二月。

長志珠絵「国歌と国楽の位相」西川長夫・松宮秀治編『幕末・明治期の国民国家形成と文化変容』新曜社、一九九五年。

――「政治文化としての国旗・国歌――今、日の丸・君が代問題を考える」『新しい歴史学のために』第二三八号、二〇〇〇年六月。

――「ナショナル・シンボル論」『岩波講座近代日本の文化史3　近代知の成立』岩波書店、二〇〇二年。

――「国旗・国歌」西川長夫・大空博・姫岡とし子・夏剛編『グローバル化を読み解く八八のキーワード』平凡社、二〇〇三年。

モナ・オズーフ（Mona Ozouf）、立川孝一訳『革命祭典――フランス革命における祭りと祭典行列』岩波書店、一九八八年。

小野信爾「辛亥革命と革命宣伝」小野川秀美・島田虔次編『辛亥革命の研究』筑摩書房、一九七八年。

D・I・カーツァー（David I. Kertzer）、小池和子訳『儀式・政治・権力』勁草書房、一九八九年（原著一九八八年）。

片岡一忠「辛亥革命時期の五族共和論をめぐって」田中正美先生退官記念論集刊行会編『中国近現代史の諸問題――田中正美先生退官記念論集』国書刊行会、一九八四年。

金子肇「中華民国の国家統合と政治的合意形成――〝各省の合意〟と〝国民の合意〟」『現代中国研究』第三号、一九九八年九月。

川島真「「支那」「支那国」「支那共和国」――日本外務省の対中呼称政策」『中国研究月報』第四九巻第九号、一九九五年九月。

――「天朝から中国へ――清末外交文書における「天朝」「中国」の使用例」『中国――社会と文化』第一二号、一九九七年六月。

――『中国近代外交の形成』名古屋大学出版会、二〇〇四年。

――「「抗日勝利日」――歴史記念日の揺らぎ」『中国研究月報』第五九巻第八号、二〇〇五年八月。

――「戦争をめぐる記念日の「歴史認識」――東アジアの敗戦・終戦記念日」『読書人の雑誌　本』第三〇巻第九号、二〇〇五年八月。

魏（斉藤）秀実「曾琦・中国青年党と五色国旗擁護運動――日本での運動と関連させて」大阪教育大学歴史学研究室編『歴史研究』第三六号、一九九九年三月。

貴志俊彦『満洲国のビジュアル・メディア――ポスター・絵はがき・切手』吉川弘文館、二〇一〇年。

樹中毅「南京国民政府統治の制度化とイデオロギーの形骸化――蔣介石の独裁統治確立と安内攘外の政策過程（一九三一―一九三七）」『法学政治学論究』第三一号、一九九六年十二月。

S・M・グインター（Scot M. Guenter）、和田光弘・山澄亨・久田由佳子・小野沢透訳『星条旗一七七七―一九二四』名古屋大学出版会、一九九七年（原著一九九〇年）。

久保亨「南京政府成立期の中国国民党――一九二九年の三全大会を中心に」『アジア研究』第三一巻第一号、一九八四年四月。

黄興濤「近代中国ナショナリズムの感情・思想・運動」飯島渉・久保亨・村田雄二郎編『シリーズ20世紀中国史1　中華世界と近代』東京大学出版会、二〇〇九年。

黄東蘭「清末・民国期地理教科書の空間表象――領土・疆域・国恥」『中国研究月報』第五九巻第三号、二〇〇五年三月。

高婷『近代中国における音楽教育思想の成立――留日知識人と日本の唱歌』慶應義塾大学出版会、二〇一〇年。

阪本英樹『月を曳く船方――清末中国人の米欧回覧』成文堂、二〇〇二年。

坂元ひろ子『中国民族主義の神話――人種・身体・ジェンダー』岩波書店、二〇〇四年。

佐藤慎一『近代中国の知識人と文明』東京大学出版会、一九九六年。

佐藤卓己『八月十五日の神話――終戦記念日のメディア学』筑摩書房、二〇〇五年。

――・孫安石編『東アジアの終戦記念日――敗北と勝利のあいだ』筑摩書房、二〇〇七年。

澤田瑞穂『中国の庶民文藝――歌謡・説唱・演劇』東方書店、一九八六年。

島下美喜「清末留学生と「黄帝紀元」」『千里山文学論集』第六〇号、一九九八年九月。

周偉嘉『中国革命と第三党』慶応義塾大学出版会、一九九八年。

ウィリアム・M・ジョンストン（William M. Johnston）、小池和子訳『記念祭／記念日カルト――今日のヨーロッパ、アメリカにみる』現代書館、一九九三年（原著一九九一年）。

鈴江言一『孫文伝』岩波書店、一九五〇年。

妹尾達彦「帝国の宇宙論――中華帝国の祭天儀礼」水林彪・金子修一・渡辺節夫編『王権のコスモロジー』弘文堂、一九九八年。

孫江「連続と断絶――二十世紀初期中国の歴史教科書における黄帝叙述」『中国研究月報』第六二巻第一〇号、二〇〇八年十月。

高嶋航「極東選手権競技大会とYMCA」夫馬進編『中国東アジア外交交流史の研究』京都大学学術出版会、二〇〇七年。

高田幸男「辛亥革命期における「国民」の創造――その初歩的考案」『近きに在りて』第三九号、二〇〇一年八月。

高綱博文「上海事変と日本人居留民――日本人居留民による中国人民衆虐殺事件の背景」中央大学人文科学研究所編『日中戦争――日本・中国・アメリカ』中央大学出版部、一九九三年。

高橋孝助「『点石斎画報』における日本のイメージ――日清戦争前後における日本関係記事の紹介を中心に」宮城教育大学社会科教育講座編『新しい世界認識の総合的研究　一九九三―一九九四年度特定研究報告書』一九九五年。

高橋良和「中華革命党党組織に関する覚え書き」辛亥革命研究会編『中国近現代史論集――菊池貴晴先生追悼論集』汲古書院、一九八五年。

多木浩二『天皇の肖像』岩波書店、二〇〇二年（初版一九八八年）。

竹内弘行「清末の私紀年について」『名古屋学院大学論集　人文・自然科学篇』第三一巻第一号、一九九四年七月。

――――「中華民国年号の成立に関する一考察」町田三郎教授退官記念論文集刊行会編『町田三郎教授退官記念中国思想史論叢』中国書店、一九九五年。

立川孝一『フランス革命と祭り』筑摩書房、一九八八年。

田中比呂志「創られる伝統――清末民初の国民形成と歴史教科書」『歴史評論』第六五九号、二〇〇五年三月。

樽本照雄「雑誌の黄帝紀年――旧暦新暦問題」『清末小説から』第七一号、二〇〇三年十月。

段瑞聡『蔣介石と新生活運動』慶應義塾大学出版会、二〇〇六年。

丹野美穂「民国期中国における「清潔」の希求と「国民」の創出――新生活運動の婦嬰衛生工作からみえるもの」『立命館言語文化研究』第一〇巻五・六合併号、一九九九年二月。

塚原康子『十九世紀の日本における西洋音楽の受容』多賀出版、一九九三年。

土田哲夫「東三省易幟の政治過程（一九二八年）」『東京学芸大学紀要　第三部門　社会科学』第四四集、一九九三年一月。

寺内直子「日本文化の展示――一八八四年ロンドン衛生万国博覧会に展示された日本の音楽資料」『国際文化学研究』第二四号、二〇〇五年九月。

栃木利夫・坂野良吉『中国国民革命――戦間期アジアの地殻変動』法政大学出版局、一九九七年。

中村聡「アジア近代化の諸相――中国近代の紀年問題」『論叢　玉川大学文学部紀要』第四五号、二〇〇五年三月。

ピエール・ノラ（Pierre Nora）編、谷川稔監訳『記憶の場――フランス国民意識の文化＝社会史』第一―三巻、岩波書店、二〇〇二―二〇〇三年（原著一九八四―一九九二年）。

原武史『可視化された帝国――近代日本の行幸啓』みすず書房、二〇〇一年。

――『増補　皇居前広場』筑摩書房、二〇〇七年（初版二〇〇三年）。

リン・ハント（Lynn Hunt）、松浦義弘訳『フランス革命の政治文化』平凡社、一九八九年（原著一九八四年）。

坂野正高『近代中国外交史研究』岩波書店、一九七〇年。

――『近代中国政治外交史』東京大学出版会、一九七三年。

坂野良吉『中国国民革命政治過程の研究』校倉書房、二〇〇四年。

平山大樹「中華民国成立初期における「五族共和」と漢民族主義について」『地域文化研究』第三号、二〇〇〇年一月。

深町英夫『近代中国における政党・社会・国家――中国国民党の形成過程』中央大学出版部、一九九九年。

――「林檎の後味――身体美学・公共意識・新生活運動」『中央大学論集』第二四号、二〇〇三年三月。

――「近代中国の職業観――新生活運動の中の店員と農民」『中央大学経済研究所年報』第三四号、二〇〇四年三月。

――「日常生活の改良／統制――新生活運動における検閲活動」中央大学人文科学研究所編『民国後期中国国民党政権の研究』中央大学出版部、二〇〇五年。

藤岡喜久男『張謇と辛亥革命』北海道大学図書刊行会、一九八五年。

T・フジタニ（Takashi Fujitani）、米山リサ訳『天皇のページェント――近代日本の歴史民族誌から』日本放送出版協会、一九九四年。

藤谷浩悦「湖南省の辛亥革命と民衆文化――姜守旦再来の謡言を中心に」馬場毅・張琢編『叢書現代中国学の構築に向けて（四）改革・変革と中国文化、社会、民族』日本評論社、二〇〇八年。

――「近代中国の国民統合と亀裂――民国初期の湖南省を中心に」久留島浩・趙景達編『国民国家の比較史』有志舎、二〇一〇年。

ケネス・E・フット（Kenneth E. Foote）、和田光弘他訳『記念碑の語るアメリカ――暴力と追悼の風景』名古屋大学出版会、二〇〇二年（原著一九九七年）。

ジョン・ボドナー（John E. Bodnar）、野村達朗・藤本博・木村英憲・和田光弘・久田由佳子訳『鎮魂と祝祭のアメリカ――歴史の記憶と愛国主義』青木書店、一九九七年（原著一九九二年）。

エリック・ホブズボウム（Eric J. Hobsbawm）、テレンス・レンジャー（Terence Ranger）編、前川啓治・梶原景昭訳『創られた伝統』紀伊國屋書店、一九九二年（原著一九八三年）。

E・J・ホブズボーム、浜林正夫・嶋田耕也・庄司信訳『ナショナリズムの歴史と現在』大月書店、二〇〇一年（原著一九九二年）。

堀井弘一郎「中華民国維新政府の成立過程」（上）（下）『中国研究月報』第四九巻第四・五号、一九九五年四・五月。

松本英紀『宋教仁の研究』晃洋書房、二〇〇一年。

松本ますみ『中国民族政策の研究――清末から一九四五年までの「民族論」を中心に』多賀出版、一九九九年。

丸田孝志「陝甘寧辺区の記念日活動と新暦・農暦の時間」『史学研究』第二二一号、一九九八年七月。

――「華北傀儡政権における記念日活動と民俗利用――山西省を中心に」曽田三郎編『近代中国と日本――提携と敵対の半世紀』御茶の水書房、二〇〇一年。

――「抗日戦争期・内戦期における中国共産党根拠地の象徴――国旗と指導者像」『アジア研究』第五〇巻第三号、二〇〇四年七月。

――「時と権力――中国共産党根拠地の記念日活動と新暦・農暦の時間」（Ⅰ）（Ⅱ）『社会システム研究』第一〇・一一号、二〇〇五年三・九月。

――「太行・太岳根拠地の追悼のセレモニーと土地改革期の民俗」『近きに在りて』第四九号、二〇〇六年五月。

――「国共内戦期冀魯豫区の大衆動員における政治等級区分と民俗」『アジア社会文化研究』第一一号、二〇一〇年三月。

村田雄二郎「康有為と孔子紀年」『学人』第二輯、一九九二年七月。

――「二〇世紀システムとしての中国ナショナリズム」西村成雄編『現代中国の構造変動3　ナショナリズム――歴史か

らの接近』東京大学出版会、二〇〇〇年。

———「辛亥革命期の国家想像——五族共和をめぐって」『現代中国研究』第九号、二〇〇一年九月。

C・E・メリアム（Charles E. Merriam）、斎藤真・有賀弘訳『政治権力——その構造と技術』東京大学出版会、一九七三年（原著一九三四年）。

ジョージ・L・モッセ（George L. Mosse）、佐藤卓己・佐藤八寿子訳『大衆の国民化——ナチズムに至る政治シンボルと大衆文化』柏書房、一九九四年（原著一九七五年）。

遊佐徹「大清国「黄龍旗」と二〇世紀の中国「国旗」」『文化共生学研究』第二号、二〇〇四年二月。

———「宣統三年の大清国国歌」『中国文史論叢』第一号、二〇〇五年三月。

吉澤誠一郎『愛国主義の創成——ナショナリズムから近代中国をみる』岩波書店、二〇〇三年。

———「近代天津における廟会の変遷——媽祖信仰と皇会」『アジア遊学』第七八号、二〇〇五年八月。

———「中国ナショナリズム構想期における国民統合論」『インターカルチュラル』第四号、二〇〇六年四月。

英語文献（アルファベット順）

Cohen, Paul A., *China Unbound: Evolving Perspectives on the Chinese Past*, London: RoutledgeCurzon, 2003.
Dirlik, Arif, "The Ideological Foundations of the New Life Movement: A Study in Counterrevolution," *Journal of Asian Studies*, Vol. 34, No. 4 (August 1975).
Fitzgerald, John, *Awakening China: Politics, Culture, and Class in the Nationalist Revolution*, Stanford: Stanford University Press, 1996.
Harrison, Henrietta, "Martyrs and Militarism in Early Republican China," *Twentieth Century China*, Vol. 23, No. 2 (April 1998).
———, *The Making of the Republican Citizen: Political Ceremonies and Symbols in China, 1911–1929*, Oxford: Oxford University Press, 2000.
———, *China: Inventing the Nation*, London: Arnold, 2001.
Hung, Chang-tai（洪長泰）, "The Politics of Songs: Myths and Symbols in the Chinese Communist War Music, 1937–1949,"

Modern Asian Studies, Vol. 30, Part 4 (October 1996).

———, "Henrietta Harrison. *The Making of the Republican Citizen: Political Ceremonies and Symbols in China, 1911–1929*" (Review), *China Review International*, Vol. 8, No. 2 (Fall 2001).

Luo, Zhitian（羅志田）, "National Humiliation and National Assertion: The Chinese Response to the Twenty-one Demands," *Modern Asian Studies*, Vol. 27, Part 2 (May 1993).

Shi, Mingzheng（史明正）, "From Imperial Gardens to Public Parks: The Transformation of Urban Space in Early Twentieth-Century Beijing," *Modern China: An Interdisciplinary Journal*, Vol. 24, No. 3 (July 1998).

Strauss, Julia C. "*The Making of the Republican Citizen: Political Ceremonies and Symbols in China, 1911–1929*, by Henrietta Harrison" (Review), *The China Journal*, issue 46 (July 2001).

Wang, Liping（汪利平）, "Creating a National Symbol: The Sun Yatsen Memorial in Nanjing," *Republican China*, Vol. 21, No. 1 (April 1996).

Zarrow, Peter, "Henrietta Harrison. *The Making of the Republican Citizen: Political Ceremonies and Symbols in China, 1911–1929*" (Review), *American Historical Review*, Vol. 107, No. 2, (April 2002).

初出一覧

本書は著者が二〇〇七年に提出した博士論文「国旗・国歌・国慶――近代中国におけるナショナリズムと政治シンボル」に基づく。各章の初出は以下の通りだが、発表後の研究の進展や史料の発見などにより、それぞれ加筆・訂正を行っている。

序章　一部を「関於近代中国政治象徴符号近十年来的研究綜述」日本学術振興会資助項目「江南百年」工程杭州会議、浙江大学西渓校区（杭州）、二〇〇七年三月二十―二十一日、として報告。加筆して日本語訳したものを「最近十年来の近代中国政治シンボル研究の展開について」として『近きに在りて』第五二号、二〇〇七年十一月、に掲載。

第一章　「中国最初の国旗――清朝・黄龍旗について」『中国研究月報』第五七巻第一〇号、二〇〇三年十月。

第二章　「清末民初の国旗をめぐる構想と抗争――青天白日旗と五色旗について」『歴史学研究』第八〇三号、二〇〇五年七月。

第三章　「民国初年の革命記念日――国慶日の成立をめぐって」『中国――社会と文化』第二〇号、二〇〇五年六月。

第四章　「平衡国民性与民族性――清季民初国歌的制定及其争議」『中山大学学報（社会科学版）』第四九巻第一期、二〇〇九年一月、として発表。加筆して日本語訳したものを「近代中国の国歌問題――清末から北京政府期を中心に」として『中国哲学研究』第二四号、二〇〇九年十一月、に掲載。

第五章　書き下ろし

第六章　書き下ろし

第七章　「南京国民政府におけるナショナル・シンボルの再編――青天白日満地紅旗をめぐって」『史学雑誌』第一一三編第一一号、二〇〇四年十一月。

第八章　「南京国民政府的国歌政策――《三民主義》的成立過程」、第二届近代知識与制度体系転型学術研討会、中山大学（広州）、二〇〇八年十一月二十八―三十日、として発表。日本語訳したものを「南京国民政府期の党歌と国歌」として石川禎浩編『中国社会主義文化の研究』京都大学人文科学研究所、二〇一〇年五月、に掲載。

第九章　「南京国民政府的革命紀念日政策与国民主義」第二届近代中国思想与制度研討会、国立国父紀念館（台北）、二〇〇五年十月二十二―二十三日、として発表。「南京国民政府的革命紀念日政策与国族主義」と改題して、彭明輝・唐啓華主編『東亜視角下的近代中国』台北、国立政治大学歴史学系、二〇〇六年九月、に掲載。

終章　書き下ろし

あとがき

振り返れば、本書の完成までにじつに多くの方に助けられてきたのだということに今更ながら感慨を覚えざるを得ない。

東北大学東洋史研究室は、熊本崇先生や先輩方に東洋史のイロハを教えていただいた、私の出発点である。四年生の時にたまたま集中講義にいらした東京大学の佐藤慎一先生にこのテーマを与えられたのが、中国近代史研究の道に足を踏み入れるきっかけだった。卒業論文の史料収集に出かけた東京で駒場の村田雄二郎先生の研究室に押しかけ、それから今に至るまで十数年、指導教員として面倒を見ていただいている。

東京大学大学院では並木頼寿先生、吉澤誠一郎先生に特にお世話になった。両先生には本書の元となる博士論文の審査にも加わっていただいている。並木先生に本書をお届けすることができなかったのが心残りである。また、久保亨先生たちの中国現代史研究会は、私にとって最も重要な研究交流の場だった。南京大学留学中にご指導をいただいた陳謙平先生・陳紅民先生をはじめ、国外の先生方にも本書は多くを負っている。これら多くの方のご指導を、少しでも形にすることができていれば幸いである。

大学院修了後、日本学術振興会特別研究員として東洋文庫に受け入れていただいた後、二〇〇八年に京都大学人文科学研究所附属現代中国研究センターに助教として採用された。森時彦先生、石川禎浩先生をはじめとする人文研の先生方には、素晴らしい研究環境を与えていただいている。

出版助成の採否やタイトルな出版スケジュールをめぐり、本書の編集を担当していただいた東京大学出版会の山本徹さんには大変にご迷惑をおかけすることになってしまった。山本さんのご尽力がなければ、本書が日の目を見ることはなかっただろう。特にお礼を申し上げたい。

最後に、こういった道に進んだ息子をこれまで暖かく見守ってくれた両親にあらためて感謝したい。なかなか親孝行できないでいるのが、慙愧の至りである。

私に誇れるものがあるとすれば、人との出会いに恵まれたことだろうと思う。本書が歴史研究の蓄積の上に何ほどかの貢献ができているとすれば、それはそのお蔭である。もちろん、本書の誤りの責任は全て小野寺個人にある。

二〇一一年春

小野寺史郎

本書は、京都大学「平成二十二年度総長裁量経費　若手研究者に係る出版助成事業」によって出版される。

な　行

は　行

ま　行

や　行

ら行・わ

た　行

索　引

（本書全体を通じて頻出する語については頁数を省略した）

あ　行

か　行

著者紹介

1977年　岩手県一関市に生まれる．
1999年　東北大学文学部卒業．
2005年　東京大学大学院総合文化研究科博士課程単位取得満期退学．
日本学術振興会特別研究員を経て，
現　在　京都大学人文科学研究所附属現代中国研究センター助教．

主要著書・論文

「梁啓超と「民族主義」」（『東方学報』第85冊，2010年）
「地方史研究と王清穆日記」（高田幸男・大澤肇編著『新史料からみる中国現代史――口述・電子化・地方文献』東方書店，2010年）
「1920年代の世界と中国の国家主義」（村田雄二郎編『リベラリズムの中国』有志舎，近刊）
『思想空間としての現代中国』（汪暉著，共訳，岩波書店，2006年）

国旗・国歌・国慶
――ナショナリズムとシンボルの中国近代史

2011年3月22日　初　版

［検印廃止］

著　者　小野寺史郎《おのでらしろう》

発行所　財団法人　東京大学出版会
代表者　長谷川寿一
113-8654 東京都文京区本郷7-3-1 東大構内
http://www.utp.or.jp/
電話　03-3811-8814　Fax　03-3812-6958
振替　00160-6-59964

印刷所　株式会社暁印刷
製本所　誠製本株式会社

ISBN 978-4-13-026140-1　Printed in Japan

佐藤慎一著　近代中国の知識人と文明　A5　五二〇〇円

區　建英著　自由と国民　厳復の模索　A5　九八〇〇円

佐々木揚著　清末中国における日本観と西洋観　A5　七〇〇〇円

岡本隆司・川島真編　中国近代外交の胎動　A5　四〇〇〇円

貴志俊彦・谷垣真理子・深町英夫編　模索する近代日中関係　A5　五八〇〇円

園田節子著　南北アメリカ華民と近代中国　A5　七四〇〇円

石島紀之・久保亨編　重慶国民政府史の研究　A5　九〇〇〇円

飯島渉・久保亨・村田雄二郎編　シリーズ20世紀中国史［全四巻］　A5　各三八〇〇円

久保・土田・高田・井上著　現代中国の歴史　A5　二八〇〇円

ここに表示された価格は本体価格です．御購入の際には消費税が加算されますので御了承ください．